Introducción a la economía española

Sección: Economía

Otros libros de Ramón Tamames en Alianza Editorial:

Ramón Tamames:
Introducción a la economía española

El Libro de Bolsillo
Alianza Editorial
Madrid

Primera edición: 1967
Segunda edición: 1968
Tercera edición: 1968
Cuarta edición: 1969
Quinta edición: 1970
Sexta edición: 1971
Séptima edición (ampliada y revisada): 1972
Octava edición (revisada): 1973
Novena edición (revisada): 1975
Décima edición (revisada): 1976
Undécima edición (ampliada y revisada): 1977
Duodécima edición (revisada y ampliada): 1978
Decimotercera edición (revisada y ampliada): 1980
Decimocuarta edición (revisada): 1982
Decimoquinta edición: 1985
Decimosexta edición (revisada y ampliada): 1986
Decimoséptima edición (revisada): 1987
Decimooctava edición (revisada): 1989
Decimonovena edición (revisada): 1991
Vigésima edición (revisada): 1992
Vigesimaprimera edición (revisada): 1993

© Castellana Cien, S. A.
© Alianza Editorial, S. A., Madrid, 1967, 1968, 1969, 1970, 1971, 1972, 1973, 1975, 1976, 1977, 1978, 1980, 1982, 1985, 1986, 1987, 1989, 1991, 1992, 1993
Juan Ignacio Luca de Tena, 15; 28027 Madrid; teléf.: 741 66 00
I.S.B.N.: 84-206-1090-9
Depósito legal: M. 32.531-1993
Compuesto e impreso en Fernández Ciudad, S. L.
Catalina Suárez, 19. 28007 Madrid
Printed in Spain

Nota a la vigesimaprimera edición (1993)

Los cambios experimentados en el marco político, social y económico en el último año, han sido tenidos en cuenta en esta edición, con ocasión de la cual he podido revisar a fondo todo el libro; tanto en sus partes analíticas, como también en lo concerniente a cuantificaciones. Prácticamente ningún capítulo quedó sin actualizarse.

Nuevamente, quiero expresar aquí mi reconocimiento a los numerosos seguidores de esta *Introducción a la Economía Española* —docentes y discentes—, y asimismo a todas las entidades y empresas que me facilitaron, tan cordialmente siempre, los documentos y demás informaciones que les solicité.

* * *

La presente edición de esta *Introducción,* que en 1993 cumple sus ventiseis años, quiero dedicársela, *in memoriam,* a Fernando González Bernáldez, Catedrático de Ecología que fue de la Universidad

Autónoma de Madrid, y que en junio de 1992 vio cortada su incansable actividad por la muerte. Unas semanas antes de su último trance, le visité en su casa; y aún le vi lleno de proyectos para el futuro.

Hablamos de muchas cosas, incluyendo la *Cumbre de la Tierra,* en Río de Janeiro, que estaba a punto de empezar. Me animó a que no dejara de estar allí, y me alentó a que prosiguiera en tantas inquietudes comunes en el área de lo medioambiental.

Fernando, un joven maestro, de quien tanto aprendimos nos dejó. Aunque su obra, su esposa Catherine, y sus muchos discípulos —entre los que en cierto modo me incluiría—, harán perdurable su memoria. Descanse en paz el buen amigo, el incisivo observador de la Naturaleza, y el gran profesor.

Madrid (Universidad Autónoma)
12 de octubre de 1993

Prólogo a la séptima edición (1972)

Esta *Introducción a la Economía Española,* que ahora cumple sus cinco años de vida, ha alcanzado una cierta difusión entre los estudiantes de los centros de enseñanza más diversos, así como en el ámbito cada vez más amplio de los lectores que por simple preocupación general se sienten interesados por los problemas económicos de nuestro país. Ello ha sido un estímulo indudable para atender a la necesidad de actualizar, en cada nueva edición, las cifras básicas y los análisis sectoriales contenidos en el libro.

Sin embargo, mi compromiso como autor aspira a ir más lejos que esa mera actualización, y de ello creo que puede ser una muestra esta nueva versión. Además de la obligada puesta al día —con capítulos completamente reelaborados, como el 3, sobre el sector FAO, y el 16, relativo a la planificación del desarrollo— incluimos ahora, por primera vez, un análisis gráfico de la economía española.

Para ello hemos preparado 51 figuras, que se refieren a una gran diversidad de temas. Cada una de ellas va acompañada de un comentario autónomo, en el que se indican las fuentes utilizadas, se aclara —cuando ello nos ha parecido preciso— la metodología empleada y se destacan los rasgos básicos del esquema, mapa, circuito o diagrama representado en cada caso.

Este análisis gráfico ha sido no poco trabajoso de elaborar, pero a la postre creo que el esfuerzo realizado bien merece la pena. En mi opinión, el conjunto de las 51 láminas puede considerarse como un remanso en la lectura del libro. Pero no simplemente con la idea de descansar de la prosa —lo cual ya sería útil de por sí—, sino también para meditar, sintetizando una serie de ideas básicas, o planteando casos concretos de las cuestiones generales tratadas en el libro, o para preguntarse, en fin, cuáles pueden ser las soluciones o respuestas a una serie de interrogantes que se dejan abiertos.

* * *

En los últimos tiempos, el estudio de la Economía en general y de nuestros problemas económicos en particular están ganando extensión en España. Al convertirse en asignatura del último curso del bachillerato y en materia incluida en los programas de una gran diversidad de estudios técnicos y de formación profesional, querría expresar mi punto de vista, aunque sea en muy pocas palabras, sobre su enseñanza y aprendizaje. A mi juicio, en manera alguna debe hacerse siguiendo el hilo fácil de una lección rutinariamente explicada, y no menos rutinariamente recibida. Afortunadamente, no es ésa la tendencia, pues la mayoría de los profesores de las nuevas generaciones ya no se sentirían satisfechos con un planteamiento como éste; ni los estudiantes verían cumplidas sus lógicas aspiraciones a aprender algo de la vida misma tal como en ella se representa, es decir, en un contexto vivo, con toda clase de problemas mediatos e inmediatos y las inevitables tensiones, y con opciones de cara al futuro, sobre las cuales todos pueden y deben saber pronunciarse hoy, mañana y siempre.

En este sentido, además de la relación cotidiana entre quienes enseñan y quienes aprenden —aunque también quienes enseñan pueden aprender mucho en las aulas—, y que lógicamente se traduce en un diálogo sobre los temas abordados, creemos que es necesario un nuevo y mejor enfoque en el proceso de estudió; la clase y la lectura han de completarse con la reflexión sobre los temas analizados, con trabajos sobre aquellas cuestiones —que son todas— que tienen soluciones alternativas, con el conocimiento más directo posible de la forma en que se desarrollan los principales procesos de producción y de cambio.

Por supuesto, tales propósitos de innovación de la enseñanza y en el aprendizaje exigen medios y un entorno adecuados. Pero el *primer medio,* por ser el que crea o transforma en buena parte las condiciones del propio entorno, radica precisamente en la aspiración del cambio a mejor, en la ambición de transformar. Y para ello, inexcusablemente, hay que entrar en profundidad en el análisis teórico y empírico de las circunstancias en que se produce la vida colectiva en que estamos inmersos. Reflexionemos: ¿existe siempre ese *primer medio?* ¿Cuando se habla de mejora de la educación no nos ocultan muchas veces las cifras aparentemente brillantes toda una serie de realidades profundas sin resolver? ¿No es ésta una de ellas?

En línea con la idea de cambio que apuntamos, el análisis gráfico que hemos incorporado a esta séptima edición es una invitación —y en alguna medida puede ser una contribución— a esa gran tarea de innovar que nos corresponde a todos, si queremos que el producto del estudio llegue a ser algo más que unos medios instrumentales para simplemente situarse individualmente en un determinado puesto de la estructura social sin ninguna aspiración efectiva a inducir en ella las transformaciones que hoy le son exigibles.

*   *   *

En el primer centenario de su nacimiento en tierra vasca, querría dedicar la presente edición de esta *Introducción* a la memoria de nuestro gran novelista Pío Baroja. En 1953, durante mis años de estudiante en la Universidad, tuve la fortuna de conocerle y de ver cómo seguían vivas la imaginación y la ironía del autor de *La dama errante, César o nada* y *Los visionarios;* por no citar sino tres de sus libros que son otros tantos análisis en profundidad de lo real en España. Frente a la sociedad en que vivió, Baroja supo responder con un sentido poco frecuente para la captación del propio entramado de la lucha por la vida, y también con una crítica subyacentemente regenerante de la tierra en que nació, en la que transcurrieron sus días, y de la que tantas cosas siguen diciéndonos hoy las páginas de su obra.

Madrid, 30 de julio de 1972

Prólogo a la primera edición (1967)

Desde hace algún tiempo se me venía solicitando la preparación de un compendio de mi obra *Estructura Económica de España* para poner lo esencial de su contenido al alcance del gran público. La última de estas proposiciones —y todo indica que también la más conveniente— me fue hecha por Alianza Editorial, cuya colección «El Libro de Bolsillo» está convirtiendo en realidad el propósito de difundir un extenso repertorio bibliográfico en tiradas amplias, bien cuidadas y accesibles a la inmensa mayoría.

Creo que el esfuerzo realizado en la presente obra para sintetizar mi propia visión, interpretación y crítica de la economía española puede tener un cierto sentido y ser de alguna utilidad. Vivimos en una época en la que —como es obvio— cada vez revisten mayor importancia los problemas económicos, y en la cual —y esto no resulta tan obvio para muchos— el conocimiento del fondo de estos problemas constituye un elemento básico en el bagaje vital, y no sólo para los estudiosos de la Economía, sino también para todos

aquellos que se mueven en el complejo mundo de las
relaciones de producción y de cambio.

De hecho, los estudiantes, trabajadores, técnicos y
profesionales, empresarios, funcionarios y docentes necesitan como telón de fondo de su actividad un conocimiento del contexto económico en que se encuentran. Y si en muchas ocasiones no llegan a tener una
idea clara de ese contexto, en parte no desdeñable la
responsabilidad recae sobre los economistas, quienes
—en cierto modo olvidando nuestro propio aprendizaje teórico— no tenemos en cuenta el «dato» del
escaso tiempo generalmente disponible para empren-
der la lectura de textos que, en el marco de la actividad
del no especialista, resultan excesivamente extensos.
Así pues, con esta obra, en la que he tratado de com-
binar análisis y síntesis en un espacio relativamente
corto, espero contribuir a que sectores más amplios de
nuestra sociedad lleguen a tener conciencia clara de la
realidad económica en que —querámoslo o no— nos
encontramos inmersos en una interdependencia general.

La sociedad española de nuestros días se encuentra
en plena efervescencia; los cambios económicos están
transformando con celeridad hábitos y mentalidades
tradicionales y están desvelando mitos casi seculares.
No obstante, para evitar que las transformaciones pre-
senciadas hasta ahora se frustren a mitad de camino,
y para alcanzar las metas a que en definitiva aspira la
mayoría de la nación —una democracia económica y
política—, es absolutamente preciso que las clases y
grupos sociales más avanzados refuercen su conocimiento de los mecanismos económicos que articulan a
nuestra sociedad. Es necesario que sepan cuáles son
los centros desde donde se ejerce el poder económico,
y que no ignoren o traten de olvidar las trabas que ese
dominio puede suponer para la salida justa por la que
todos los españoles conscientes estamos obligados a
luchar. Si este libro tuviera una incidencia positiva en
el haz de esfuerzos que hoy se despliegan en esa di-

rección, la ilusión que he puesto en esta obra se vería ampliamente colmada.

No obstante mis palabras iniciales, este volumen de *Introducción a la Economía Española* que ahora doy a la luz no es un simple compendio de mi obra *Estructura Económica de España.*

Entre ambos libros existen ciertamente zonas secantes y tangentes considerables, como no podía por menos de ocurrir a dos trabajos que versan sobre una misma realidad. Pero la finalidad básica de esta *Introducción* no consiste en abreviar una obra más amplia, sino que tiene el propósito —y el tiempo dirá si lo he conseguido— de proporcionar al lector una formación de base, para situarlo en condiciones de proseguir sus estudios o de hacer permanente su interés por los temas que aquí se tratan. Por otra parte, el lector más avisado podrá advertir que en este libro me ocupo de una serie de aspectos de nuestra realidad económica no analizados en anteriores trabajos míos. En buena medida, esta nueva atención tiene su raíz en las lecciones sobre *Estructura e instituciones económicas españolas* que he venido dictando a lo largo de los cursos 1962-1967 en la Facultad de Ciencias Económicas de la Universidad de Madrid.

Escribo este prólogo en tierras americanas, en donde la huella de España está presente por doquier; en los nombres de su ancha geografía, en los grandes monumentos coloniales, en el acento cantarino de nuestra lengua común y en la sangre que nuestros emigrantes aportaron al futuro engrandecimiento de diecinueve países y de una sola nación tan próxima a la nuestra. Si a los economistas y a los técnicos españoles se nos empieza a llamar hoy para participar con nuestros conocimientos en el desarrollo de los pueblos iberoamericanos, pienso esperanzadamente que no ha de estar lejano el día en que sobre el suelo de nuestra entrañable Península podamos crear una sociedad nueva sobre la base de una economía renovada. Por ello quiero dedicar este libro a todos los trabajadores y universitarios que con sus esfuerzos de hoy constituyen la mejor garantía de la gran Patria española de mañana.

Buenos Aires, República Argentina
25 de agosto de 1967.

Capítulo 1

El «hábitat» económico

Las bases de nuestra economía —como en cualquiera otra economía nacional— están constituidas por recursos físicos y humanos. El conjunto de los recursos físicos disponibles viene dado por las condiciones naturales del espacio geográfico en que estamos situados y en donde vivimos; ese marco constituye, pues, nuestro «hábitat» económico. Pero globalmente considerada, la economía nacional es una creación humana, integrada por el conjunto de las actividades productivas y de intercambio que sobre el soporte de los recursos físicos lleva a cabo la población.

España, situada en la Península Ibérica, tiene, con sus islas adyacentes, una *extensión* de 503.478 kilómetros cuadrados, aproximadamente cuatro milésimas partes de la superficie de las tierras emergidas del Globo. Está comprendida entre los 35° 39' y los 43° 47' de latitud Norte y los 3° 19' de longitud Este y 9° 18' de longitud Oeste respecto al meridiano de Greenwich. La *latitud* es favorable, pudiendo decirse que España está en un *paralelo de civilizaciones*.

Sin embargo, el país no se beneficia de muchas de las ventajas de que disfruta Europa. Si la mayor extensión de Europa está comprendida entre los límites de la zona templada, España, situada en el sur de esa zona, tiene ya veranos africanos; por la altitud de sus tierras, los inviernos son fríos en gran parte de la superficie española, y, lo que es más importante, las lluvias son escasas e irregulares en casi todo el país. Además, si en general la configuración de Europa, abierta a las influencias marítimas por lo recortado de sus costas, es favorable al tráfico marítimo, España, si se exceptúan las rías gallegas, tiene un litoral con pocos puertos naturales.

En cualquier caso, por su posición geográfica, España disfruta de una auténtica *renta de situación*; que explota de manera más intesa desde su integración, en 1986, en la Comunidad Europea (CE).

La *orografía* es un elemento que ha desempeñado siempre un papel clave, tanto en la historia como en la economía. España es —en frase tan repetida— el segundo país de Europa en altura media (el primero es Suiza). Aproximadamente el 20 por 100 de nuestro territorio está a más de 1.000 metros de altura sobre el nivel del mar; el 40 por 100, entre 500 y 1.000, y sólo el restante 40 por 100 a menos de 500. El bloque fundamental a la atormentada orografía española es la Meseta, extensa área de unos 210.000 kilómetros cuadrados de extensión, poco menos de la mitad de la España peninsular, que tiene por límites la cordillera Cantábrica, el sistema Ibérico y la cordillera Mariánica. Partida en dos mitades por la cordillera Carpetovetónica, la altura media de la submeseta Norte (700 metros, aproximadamente) es superior a la de la submeseta Sur (650 metros). Adosados a la Meseta, en su periferia, se distinguen tres cuencas terciarias: la depresión del Ebro, la depresión Bética y la Orla Mesozoica Portuguesa, siendo esta última la única salida no accidentada de la Meseta al mar, a la cual se interpone, sin embargo, la barrera política de la frontera con Portugal. A estos elementos geográficos esenciales hay que añadir la Cornisa Cantábrica, la faja costera levantina y la cadena litoral catalana.

Lo complejo de la orografía ha influido en nuestro desarrollo histórico y económico. Separados del resto de Europa por los Pirineos, también el aislamiento entre las distintas regiones españolas fue grande hasta la aparición de los modernos medios de transporte. Al surgir éstos, la orografía dificultó los tendidos del ferrocarril y frenó la construcción de carreteras.

Por otro lado, la configuración montañosa del país, comporta la faceta del paulatino despoblamiento de sus zonas de mayor altitud; que es preciso compensar con facilidades del tipo de la *agricultura de montaña*, y de desarrollo regional, para evitar el variamiento irreversible —y nada deseable— de comarcas enteras.

Es proverbial desde antiguo la riqueza minera de España, cuyo *subsuelo* contiene yacimientos conocidos y aprovechados desde hace muchos siglos. La dominación romana desarrolló en España, en los últimos siglos de la Edad Antigua, una explotación minera comparable a la que en la Edad Moderna llevaron a cabo los españoles en América. Y la abundancia de minerales fue también el incentivo de la inversión de capital extranjero en la España de los siglos XIX y XX, que explotó a fondo los mejores yacimientos de minerales de hierro, cobre, cinc, plomo, potasas, etcétera.

Pensar que la edad de oro de nuestra minería ya pasó no es ser pesimista. Los mejores yacimientos de minerales de hierro, cobre y plomo se hallan exhaustos, y muchos otros en vías de agotamiento. Sin embargo, la minería del cinc, las piritas, el mercurio y las potasas ofrecen todavía un porvenir brillante, y en minería radiactiva nuestra situación —aún no conocida con toda exactitud— ofrece expectativas altamente prometedoras. Cierto que faltan casi por completo la bauxita y otros minerales tan importantes como los del

Figura 1: TIPOS CLIMATICOS

Los climas de la Península Ibérica se representan en este mapa según la clasificación de Köppen modificada por el profesor A. López González (*Atlas* de Aguilar), y simplificada por nosotros a solamente cuatro tipos, en vez de los cinco que distingue el citado autor; para ello, hemos fusionado el tipo climático «frío de interior y de montaña» con el «frío de montaña más húmedo».

Además, están los llamados «límites de cultivo» bien típicos de España, de carácter mediterráneo (vid, olivo y cítricos) o subtropical (caña de azúcar y platanera). Esos límites nos muestran con toda claridad nuevas subdivisiones climatológicas: las que marcan el olivo y la vid dentro de la zona de frío continental; y los cítricos, la caña de azúcar y la platanera dentro del clima cálido y costero de transición.

También registramos en el mapa los que pueden llamarse polos del frío y del calor, en base a las observaciones meteorológicas publicadas por el Instituto Nacional de Estadística (INE) para períodos largos. La «sartén de Andalucía» al Sur, y una serie de localidades en torno al Sistema Ibérico y en ambas mesetas, son los puntos destacables, con máximas y mínimas que dan una diferencia térmica a nivel nacional de 69,6° (de 45,6° a −24,0°).

Los tipos climáticos de la Península están influidos fundamentalmente, como es fácil de apreciar a la vista del mapa, por la orografía. La barrera montañosa formada por la cordillera Cantábrica y los Pirineos dificultan el paso de las formaciones lluviosas a la extensa meseta interior. Sobre este aspecto fundamental del clima —precipitaciones— puede verse la figura 2, con la frontera entre las dos Iberias, la Seca y la Húmeda.

Por otro lado, tan importante como el mismo nivel de precipitaciones lo es su relación con la temperatura. La combinación más frecuente de ambas variables dentro de la Iberia Seca es la que nos define el gráfico incluido en el recuadro. En la Iberica Seca, la integral pluviométrica está muy desfasada respecto de la termométrica, produciéndose una situación en la que la única forma de elevar los rendimientos de la tierra reside en su puesta en riego.

Debemos destacar, finalmente, que tan importante como la visión de los climas a nivel nacional es el conocimiento de los microclimas, que introducen para zonas en general de muy poca extensión, variantes muy notables dentro del panorama general que refleja esta figura 1.

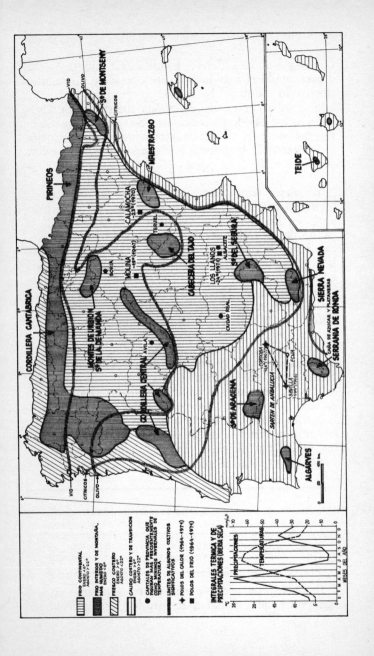

PRINEOS

CORDILLERA CANTÁBRICA

S^a DE MONTSENY

OLIVO
VID

CÍTRICOS

MAESTRAZGO

CALAMOCHA

SORIA

TERUEL

MOLINA
-15° (4.907)

CABECERA DEL TAJO

MONTES DE URBIÓN
S^a DE LA DEMANDA

LOS LLANOS
-24° (4.917)

ALBACETE

S^a DEL SEGURA

CORDILLERA CENTRAL

ÁVILA

CIUDAD REAL

SIERRA NEVADA

CAÑA DE AZÚCAR Y PLATANERAS

S^a DE CARTAGENA

SERRANÍA DE RONDA

CÓRDOBA
46° (4.931)

DEPRESIÓN DE ANDALUCÍA

ÉCIJA

SEVILLA
44° (4.946)

ALGARVES

TEIDE

OLIVO
VID
CÍTRICOS

0   50   100 Km.

FRÍO CONTINENTAL
ENERO < 4°
AGOSTO > 22°

FRÍO INTERIOR Y DE MONTAÑA,
MÁS HÚMEDO
ENERO < 6°

FRESCO COSTERO
ENERO > 6°
AGOSTO < 22°

CÁLIDO COSTERO Y DE TRANSICIÓN
ENERO > 6°
AGOSTO > 22°

● CAPITALES DE PROVINCIA QUE
REGISTRAN MÁS FRECUENTEMENTE
COMO MÍNIMOS INVERNALES DE

+ POLOS DEL CALOR (1964-1974)

■ POLOS DEL FRÍO (1964-1974)

LÍMITES DE ALGUNOS CULTIVOS
SIGNIFICATIVOS

INTEGRALES TÉRMICA Y DE
PRECIPITACIONES (IBERIA SECA)

PRECIPITACIONES

TEMPERATURAS

MESES DEL AÑO

E F M A M J J A S O N D

cromo y el níquel. Pero la insuficiencia minera que ha representado el más importante obstáculo en nuestro desarrollo industrial ha sido la de combustibles.

Sin embargo, en una economía abierta como desde 1959 lo fue siendo cada vez más la española, los mayores proveedores de las materias primas y productos intermedios de la minería a la economía española, han pasado a serlo otros países.

El *suelo,* junto con el clima y los avances de la técnica agronómica, constituyen la base del desarrollo agrícola. En general, el suelo en España es, desde el punto de vista agronómico, de calidad mala o mediocre. Es muy conocida la clasificación de Mallada sobre las características de nuestro suelo, según la cual está constituido en un 10 por 100 de rocas enteramente desnudas; en un 35 por 100, de terrenos muy poco productivos, o por la excesiva altitud, o por la sequedad, o por la mala composición; en un 45 por 100, de terrenos medianamente productivos, escasos de agua y de condiciones topográficas poco favorables, y, finalmente, sólo en un 10 por 100, de terrenos que nos hacen suponer que hemos nacido en un país privilegiado.

Pero la idea más aproximada de las posibilidades agrícolas en cuanto a suelo, la obtenemos realizando una comparación entre la superficie territorial de dos distintos países y las áreas expresivas de su capacidad bajo un clima estándar. Tal comparación, referida a España y Francia, es como sigue:

	Superficie real	Area equivalente bajo un clima «estándar»
Francia...............	551.000 Km²	511.000 Km²
España...............	503.000 Km²	265.000 Km²

Es decir, con una superficie muy semejante en los dos países, la capacidad de producción agrícola de

España —por razones de su suelo— es tan sólo poco más de la mitad de la de Francia. A consideraciones análogas sobre la productividad de nuestro suelo llegó el geógrafo español Del Villar al apreciar lo que él llamó el bajo «valor ecético» de España en comparación con el de otros países.

Todas esas circunstancias obligan a la mejora de los suelos, especialmente en las áreas en que son alentadoras las expectativas climáticas y de puesta en riego.

Puede definirse el *clima* como el conjunto de condiciones atmosféricas que caracteriza a una región; esas condiciones son: la radiación solar, la temperatura, el contenido del aire en vapor, el agua precipitada en forma de lluvia o nieve, la presión del aire y los vientos. Por este conjunto de condiciones pueden distinguirse en España tres tipos de climas: el atlántico, el continental y el mediterráneo, que permiten una producción agrícola muy diversificada (ver figura 1).

Las provincias del Norte, Galicia y la mitad septentrional de Portugal, que gozan de clima atlántico, constituyen la «Iberia húmeda», que recibe precipitaciones superiores a los 800 mm. (ver figura 2). El resto, la «Iberia seca», que abarca las zonas climáticas continental y mediterránea (todo el resto del país, excepto las zonas más altas), raramente supera la pluviosidad de los 700 mm., no llegando en muchas zonas ni siquiera a los 300 (Monegros, estepas manchegas, Murcia y Almería). Por otra parte, en la «Iberia seca» las épocas de mayores precipitaciones (primavera y otoño) no coinciden con los períodos de mejores condiciones térmicas.

Por todo ello, el aprovechamiento y la redistribución del agua escasa se configura como uno de los grandes problemas nacionales. Este es —decía Macías Picavea en 1899— el gran problema geográfico nacional, vital y primario para España: buscar y obtener el medio de redistribuir la muy irregular cantidad media de humedad que anualmente recibe, de contener las enormes pérdidas anuales, de utilizar todos sus depósitos, y de dotar con suficiente cantidad media a todas y a cada una de sus regiones, comarcas o provincias.

Lo cual no debe hacernos olvidar la otra cara del problema: el gravísimo derroche de agua en que se incurre en todas sus utilizaciones.

A consecuencia del régimen de lluvias, la irregularidad es la característica más acusada de nuestro *sistema hidrográfico*. Otra característica del mismo es su descomposición; mientras en años normales la vertiente mediterránea sólo recibe unos 20.900 millones de metros cúbicos (de los que 17.500 se encauzan por el Ebro), la región atlántica recibe más de 31.000. Las aportaciones fluviales son, pues, menores en todo el Levante y el litoral surmediterráneo, que por el clima y el suelo constituyen precisamente las zonas más apropiadas para el cultivo intensivo.

Por otra parte, el aprovechamiento de los ríos para riego y para fines hidroeléctricos, de vital interés para nuestra economía por la escasa pluviosidad y el déficit de combustible, resulta enormemente costoso, ya que la irregularidad del caudal de los cursos fluviales exige la construcción de embalses de gran capacidad, en muchos casos hiperanuales.

Las dos circunstancias señaladas han llevado a la formulación de posibles trasvases, como el preconizado en 1933 por Manuel Lorenzo Pardo para el Tajo-Segura, y luego realizado en la década de 1960.

Por otro lado, en el contexto global del «hábitat» tienen una importancia creciente los *problemas del medio ambiente* (contaminación del aire, suelo, aguas continentales y marinas, ruido, hacinamiento, etc.). A todos esos problemas todavía no se les dedica en España una atención suficiente, siendo aún comparativamente escasa la superficie de los espacios naturales de conservación demarcados (véase el cuadro 1-1 y figura 15);

aunque debe reconocerse el impulso que tal política ha adquirido en las Comunidades Autónomas, si bien en muchos casos no se pasa de meras declaraciones nominales.

En esta materia, las instituciones básicas son la Secretaría de Estado de Medio Ambiente del MOPT, y el Instituto de Conservación de la Naturaleza (ICONA), que está adscrito al Ministerio de Agricultura. Importancia creciente están adquiriendo las asociaciones ecologistas.

La política medioambiental se inició simbólicamente en España en 1971, en la preparación de la asistencia a la conferencia *ad hoc* de la ONU en Estocolmo. Se crearon entonces el Instituto de Conservación de la Naturaleza (ICONA), la Comisión Delegada del Gobierno para el Medio Ambiente (MA), y la Comisión Interministerial de MA (CIMA).

Más tarde, con la democracia, el artículo 45 de la Constitución de 1978 reconoció una serie de principios medioambientales, y la UCD reforzó el dispositivo, con la creación de la Dirección General de Medio Ambiente.

Después de la victoria del PSOE en las elecciones generales del 82, la política medioambiental apenas experimentó progresos. El proyecto de Ley General del Medio Ambiente, para el desarrollo del artículo 45 de la Constitución no ha llegado a promulgarse. De hecho, el proceso legislativo ha sido de adopción de la normativa de la CE.

Por lo demás, no existe un replanteamiento global sobre cuestiones fundamentales como son los espacios naturales, el reciclado de desechos, la lucha contra la contaminación de las aguas, o la propia idea de la cubierta vegetal. Como se puso de relieve en *El libro de la Naturaleza* que con Catalina Brenan y Santos Ruesga dirigí para *El País* (Madrid, 1984), se plantea, además, la incertidumbre sobre la coordinación de toda la política ambiental. Si recordamos que los problemas ecológicos no tienen fronteras nacionales (ahí

Figura 2: PRECIPITACIONES MEDIAS ANUALES

En este mapa se registran las precipitaciones medias anuales en el conjunto de territorio nacional. La isoyeta —línea que une los puntos del territorio con un mismo nivel de precipitaciones— de 800 milímetros, equivalentes a 800 litros de agua por m^2 y año, marca el límite entre la Iberia Seca y la Iberia Húmeda. Claro es que dentro de la Iberia Seca los sistemas montañosos configuran determinadas áreas con niveles de precipitaciones mayores, que, al igual que para las zonas más secas, se identifican en el mapa. En él incluimos también los polos pluviométricos según los registros meteorológicos del INE.

La Tierra de Campos en la Meseta Norte, los Monegros y el desierto de Calenda en el Valle del Ebro, la cuenca del Segura y el litoral de Almería en el sureste (el área privilegiada para «exteriores» de la industria cinematográfica) son, todas ellas, zonas de muy baja pluviosidad; lo que, junto con un alto nivel de evapo-transpiración, hace de ellas subregiones de muy elevada aridez.

Precisamente la relación entre precipitaciones y evapo-transpiración nos suministra el conocimiento de la aridez, que en base a las estimaciones del *Atlas Económico de Europa Occidental* de la Universidad de Oxford, recogemos en los dos gráficos menores del extremo izquierdo inferior de la figura. El primero de ellos incluye las isolíneas de evapo-transpiración, que en España varían entre 700 y 1.300 mm. anuales, según las zonas. El gráfico inferior combina la evapo-transpiración con las precipitaciones, y nos delimita, con el signo negativo de sus isolíneas, las extensas zonas áridas de España, con el nivel de precipitaciones adicionales —hasta de 750 mm. por año— que requerirían para poder ser calificadas de húmedas. La gradación del paisaje vegetal desde las verdes umbrías permanentes de Galicia y el Cantábrico hasta los duros secanos del Sureste en su largo verano, es la expresión plástica del escalonamiento técnicamente reflejado en el gráfico.

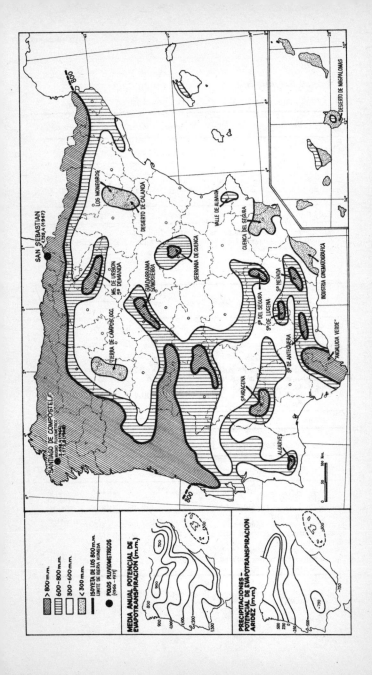

> > > 800 m.m.
> 600 - 800 m.m.
> 300 - 600 m.m.
> < 300 m.m.
ISOYETA DE LOS 800 m.m.
LIMITE DE ISOYA NUMERA
● POLOS PLUVIOMETRICOS
(1966-1971)

MEDIA ANUAL POTENCIAL DE
EVAPOTRANSPIRACION (m.m.)

PRECIPITACION-
POTENCIAL DE EVAPOTRANSPIRACION
ARIDEZ (m.m.)

SAN SEBASTIAN 1755,4 (1967)

SANTIAGO DE COMPOSTELA
1,886 (1970)
1,771 (1966)

DESIERTO DE MAGALLANES

DESIERTO DE OLANDA

LOS MONEROS

VALLE DE ALBAIDA

CUENCA DEL SEGURA

SERRANIA DE CUENCA

MES DE URBION
Sª DE DEMANDA

GUADARRAMA
SOMOSIERRA

Sª DEL SEGURA

Sª NEVADA

TIERRA DE CAMPOS OCC.

Sª DE LUCENA

INDUSTRIA CINEMATOGRAFICA

"ANDALUCIA VERDE"

Sª MAGENA

Sª DE ANTEQUERA

ALGARVE

100 km.
50 100

CUADRO 1-1
El hábitat natural

I. AREAS AGRICOLAS SEGUN EL GRADO DE EROSION (miles de Ha)

Región	Inapreciable	Moderada	Grave	Muy grave	Protegida
Meseta Sur-Extremadura (1)	651	891	95	5	—
Norte (2)	1.300	3.158	1.477	276	15,4
Meseta Norte (3)	1.362	4.075	3.057	934	17,9
Valle del Ebro (4)	594	1.973	1.035	376	3,2
Levante (5)	410	1.745	1.157	366	6,0
Andalucía	654	1.537	2.061	1.323	227,0
Canarias	61	173	136	99	—
Total España	5.032	14.002	9.018	3.379	269,5

(1) Extremadura más Castilla-La Mancha.   (2) Incluye Galicia, Asturias y el País Vasco.
(3) Toda Castilla y León.   (4) Aragón, Navarra y La Rioja.   (5) Cataluña, Comunidad Valenciana, Murcia y Baleares.
Fuente: SNCS (BIRF).

II. PARQUES NACIONALES

Denominación	Localización	Superficie (Ha)	
		Original	Total (1)
1. Doñana	Huelva, Sevilla	75.765	77.260
2. Teide	Tenerife	13.571	25.854
3. Caldera de Taburiente	La Palma	4.690	10.646
4. Timanfaya	Lanzarote	5.107	5.107
5. Garajonay	Gomera	3.974	8.510
6. Montaña de Covadonga y Picos de Europa	Oviedo y León	16.925	16.925
7. Aigües Torres y Lago de San Mauricio	Lérida	22.396	89.722
8. Valle de Ordesa y Monte Perdido	Huesca	15.709	35.288
9. Las Tablas de Daimiel	Ciudad Real	1.812	7.338
10. Archipiélago Cabrera	Baleares	1.900	1.900
Total		161.876	278.550

III. RECURSOS HIDRAULICOS (1)

Conceptos	Total peninsular	Vertiente atlántica	Vertiente mediterránea
Superficie (km^2)	493.455	311.459	181.960
Lluvia (Hm^3/año)	331.897	228.177	103.720
Aportación superficial (Hm^3/año)	96.895	71.815	25.080
Población actual (10^3 habitantes)	31.934	19.412	12.522
Población futura (10^3 habitantes)	52.178	30.318	21.860
Lluvia específica mm/m^2/año)	673	732	570
Aportación superficial	196	230	138
Específica hoy (m^3/habitantes/año)	3.034	3.700	2.033
Aportación superficial por habitante en el futuro (m^3/habitantes/año) (2)	1.857	2.369	1.147

(1) Promedio anual del período 1943-1963.
(2) Año 2000 para una hipótesis de población de 44,8 millones de habitantes.
Fuente: MOPT.

están el deterioro de la capa de ozono, el efecto invernadero, la desertificación, la lluvia ácida, la sobrepesca, etc.), mucho menos pueden tener límites de una comunidad autónoma a otra. Y por ello se plantea la cuestión de cómo federalizar —coordinar eficazmente— tales cuestiones en un órgano representativo y operativo, un Consejo sobre Medio Ambiente con poderes más amplios y efectivos, sin perjuicio de la transferencia de antiguas competencias a las Comunidades Autónomas.

Las nuevas leyes de aguas y de costas, la ley de conservación de la flora y la fauna silvestre y de las especies naturales, el decreto legislativo sobre impacto ambiental, y las normativas en relación con los residuos tóxicos y peligrosos —todos ellos textos promulgados entre 1983 y 1991— suponen un esfuerzo legal por ir adaptando la legislación española a las disposiciones de la Comunidad Europea. Pero no significan que haya habido, todavía, la ecologización profunda que la política económica española precisa en un horizonte regeneracionista.

De hecho, los niveles de *contaminación atmosférica* en ciertas áreas urbanas españolas (Avilés, Bilbao, Huelva, Madrid, etc.) siguen siendo preocupantes. En términos de *cubierta vegetal,* la *deforestación* y la *erosión* alcanzan los índices más elevados de Europa Occidental al igual que sucede con los incendios forestales. Y no es extraño que en tales condiciones España figure como el país con mayores agresiones.

Por otra parte, nuestros *ríos* también están altamente contaminados en general (el cuadro 1-2 es bien expresivo), y en parte otro tanto sucede con los *acuíferos.* Y el desprecio por la *preservación de ciertas especies* amenazadas de extinción (oso pardo, águila imperial, buitre negro, focas mediterráneas, etc.) se patentiza de tiempo en tiempo por la persistencia de un furtivismo omnipresente.

Y en cuanto a *espacios naturales,* lo sucedido con Riaño, Anchuras, etc., evidencia también la tónica ge

neral de abandono e inhibición en lo ecológico, que se
hace patente asimismo en la renuencia a aceptar las
directivas de la CE.

Frente a ese panorama, la adopción por la CE, en
1992, de su *V Programa Medioambiental, 1991-2002,*
abre todo un haz de esperanzas. Sobre todo si la Agencia Medioambiental Europea fijara, finalmente, su sede
en Madrid.

De cara al futuro ambiental de los próximos decenios, tendrán importancia los dos proyectos esbozados
en 1993: el Plan Hidrológico Nacional (250 nuevos
embalses) y el Programa de Reforestación (5 millones
de Ha. en 40 años). Pero de momento no son sino
nebulosas o futuribles.

CUADRO 1-2

Depuración de vertidos urbanos (1993)

Comunidad Autónoma	Municipios		
	Censados	Con depuración	%
Andalucía.	7.000	3.097	44
Aragón.	1.225	655	53
Asturias.	1.115	438	39
Cantabria.	525	102	19
Castilla-La Mancha.	1.664	920	55
Castilla-León.	2.557	986	39
Cataluña.	5.946	3.385	57
Madrid.	4.875	4.677	96
Murcia.	1.018	707	69
Valenciana.	3.772	2.640	70
Extremadura.	1.090	478	44
Galicia.	2.782	727	26
Islas Baleares.	751	651	82
Islas Canarias.	1.628	867	53
La Rioja.	262	74	28
Navarra.	506	344	68
País Vasco.	2.136	957	45
Totales.	38.852	21.669	56

Fuente: Ecología y Sociedad, mayo 1993, pág. 93.

1. Evolución y distribución

En términos estrictamente económicos, la población realiza dos funciones básicas: satisfacer una serie de necesidades de bienes y servicios (consumo) y contribuir a la obtención de los mismos (producción). Desde el punto de vista del consumo, la población viene a ser el divisor de la Renta Nacional, y de ahí el nombre de «Dividendo Nacional» que se dio a esta última magnitud en los primeros tiempos de la ciencia económica, y que aún hoy es frecuentemente empleado. Desde el ángulo de la producción, la población constituye la base misma del sistema productivo, y en este sentido puede ser considerada como el primer activo de la economía nacional.

Sólo a partir de 1857, un año después de la organización por el Estado de los Servicios estadísticos, comenzaron a confeccionarse en España Censos oficiales. A partir de 1877 se realizaron de diez en diez años, estando referidos desde 1900 a la población existente al 31 de diciembre de todos los años terminados en cero. Sin embargo, para evitar las interferencias de las fuentes migraciones festivas del mes de diciembre, desde 1981 se busca una fecha de referencia más estable (en 1991 fue el 11 de marzo).

El aumento continuado de la población que refleja el cuadro 2-1, tiene una serie de consecuencias para nuestra economía. Si el nivel de vida de los españoles ha de mantenerse, el ritmo de crecimiento de la Renta Nacional debe ser por lo menos igual al que sigue el desarrollo de la población. Al no haber sucedido así en algunos períodos (por ejemplo, en el lapso 1939-1950, como resultado de las secuelas de la Guerra Civil), se producen descensos en el nivel de vida. Por lo demás, las cifras del cuadro 2-1 nos muestran que España está entrando en la fase —lógica en todo el entorno de la Europa industrial y urbana— de la *maduración demográfica;* lejos aún del crecimiento cero poblacional de países como Alemania, Dinamarca, etc., pero en rápida disminución de su mayor ritmo anterior. Sólo *el retorno* de una buena parte de la emigración española transpirenaica, a partir de la crisis económica que se desencadenó en 1973, mantuvo las tasas de aumento que se aprecian en el cuadro.

La densidad de población de España, calculada según los datos del censo de 1991, es de 77,2 habitantes por kilómetro cuadrado, cifra notablemente inferior a la de otros países de Europa occidental en años próximos (Portugal, 107; Francia, 103; Italia, 192; Reino Unido, 235; Holanda, 361).

Tanto la cifra de población absoluta de 38,87 millones de habitantes como la densidad de 77,2 habitantes/kilómetro cuadrado, prácticamente nada nos dicen sobre la distribución de esa población en el territorio nacional. Empleando cifras de 1991, puede decirse que en la España interior, que comprende el 66,9 por 100 del territorio nacional sólo vive el 37,5 de la población total, mientras que la periférica e insular, con sólo un 33,1 por 100 de la superficie, comprende un 62,5 por

CUADRO 2-1

Evolución de la población absoluta (Censos desde 1857)

Años	Miles de habitantes	% de aumento anual durante el período intercensal	Indice de población
1857....................	15.454	0,41	100,0
1860....................	15.465	0,37	101,2
1877....................	16.622	0,56	107,6
1887....................	17.549	0,32	113,6
1897....................	18.108	0,89	117,2
1900....................	18.618	0,72	120,5
1910....................	19.992	0,71	129,4
1920....................	21.508	0,73	139,2
1930....................	23.845	1,04	154,3
1940....................	26.188	0,94	169,4
1950....................	28.172	0,80	182,2
1960....................	30.776	0,88	199,1
1970....................	34.041	1,01	220,3
1981....................	37.682	1,00	243,8
1986 (padrón)..........	38.473	—	248,9
1991....................	38.872	0,31	251,5
1992 (padrón)..........	39.085	—	252,9

Fuente: INE.

100 de la población global. En síntesis, la zona interior tiene una densidad media de 44 habitantes/kilómetro cuadrado, características de un mercado de débil consumo, en tanto que en la periferia se alcanzan los 144 habitantes/kilómetro cuadrado, densidad más próxima a un mercado de consumo de tipo medio europeo (figs. 3 y 4).

Otra forma de establecer la relación entre población y espacio es por medio del estudio de la distribución de la misma entre zonas rural, urbana e intermedia. Aquí, el principal problema reside en elegir una de las muchas convenciones disponibles en cuanto a la línea que separa a una de otras zonas. Según los datos del censo de 1991, de los 8.000 municipios españoles, el 60 por 100 tienen una cifra menor de 1.000 habitantes, reuniendo menos del 5 por 100 de la población. Esto

Figura 3: NUCLEOS DE POBLACION SEGUN EL CEN-SO DEMOGRAFICO DE 1991

La información del censo de 1991 nos ha permitido elaborar este mapa con los núcleos de población de más de 50.000 habitantes. Además de servir como punto de referencia sobre muchas observaciones de localización que se hacen a lo largo de todo el libro, a la vista de la figura, dos apreciaciones resultan inmediatas.

La primera, la fuerte concentración de los núcleos mayores en las tres zonas que se destacan en los recuadros, y que se configuran como auténticos **polos demográficos** del país (Madrid, Barcelona y Bilbao). Estas tres áreas, de fuerte densidad y de alto grado de urbanización, son las que ejercen las influencias básicas en la marcha histórica del **centro de gravedad demográfico,** que en los años del crecimiento acelerado de los 60 y primeros 70 tendió a desplazarse, con considerable rapidez, en dirección NEE. Después, desde 1973, la crisis económica ha frenado esa «marcha» hacia el NEE, como también ha supuesto una desaceleración en la expansión urbana y en el despoblamiento del medio rural. Con todo, en las tres áreas señaladas (Madrid, Barcelona y Bilbao, que junto con Valencia serían los cuatro vértices del cuadrante Nordeste), se polariza gran parte de la actividad económica del país en todos los órdenes, razón por la cual a sus cabeceras las denominamos **centros neurálgicos,** pues es en ellas donde se generan los impulsos fundamentales del sistema económico y social.

La segunda evidencia que nos suministra el mapa consiste en que es en el litoral donde hay un mayor número de núcleos de población superior a 50.000 habitantes, lo que configura una España periférica de población mucho más densa y urbanizada que la interior. Puede relacionarse este mapa con el de la figura 4, dedicado expresamente al tema de las densidades a nivel provincial.

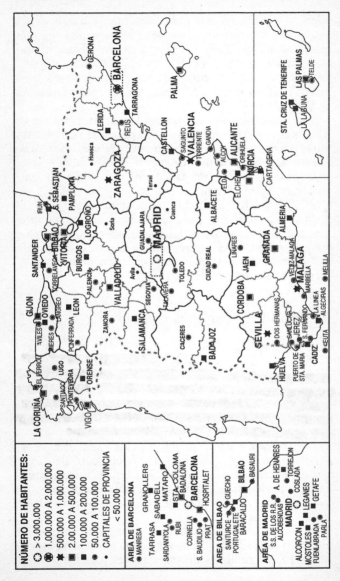

viene a significar que prácticamente la mitad de la superficie del territorio nacional alberga una mínima parte de la población. En contraste con ese acentuado «minifundismo municipal», nos encontramos con que los 100 municipios reúnen demográficamente mayores más de 20 millones de habitantes, lo que representa más del 50 por 100.

Ese desequilibrio de poca población en torno a muchos pequeños municipios, y de concentración en sólo unas decenas de algunos realmente grandes, es actualmente uno de los temas de mayor interés de la economía española. Por un lado, una profusión de microayuntamientos con un volumen de recursos y de posibilidades tan limitado que ni siquiera permite satisfacer los servicios indispensables con una mínima calidad. Del otro extremo, los grandes municipios que están recibiendo el impresionante flujo migratorio de los últimos años, y que tampoco encuentran medios para afrontarlos en debida forma.

2. Población activa, empleo y paro

Según la definición adoptada por la Oficina Internacional de Trabajo, «población activa es el conjunto de personas que suministran mano de obra disponible para la producción de bienes y servicios. La población activa la constituyen, de una parte, todas las personas que tienen un empleo; de otra parte, aquellas que, no teniéndolo, están a la expectativa de alguno.»

Los censos nacionales, efectuados cada diez años, recogen datos que permiten el conocimiento de diversas características de la población activa. Sin embargo, la información más completa y actualizada procede de las encuestas trimestrales de población activa (EPA), realizadas por el INE.

Según la encuesta específica correspondiente, a 30 de junio de 1993, la población activa en España ascendía a 15,264 millones de trabajadores (cuadro 2-3).

Por su parte, el coeficiente de población activa relaciona a la suma de la población ocupada, y la que busca trabajo (parados), con el total de la población. Varía normalmente entre el 30 y el 55 por 100. En España, en diciembre de 1992, se situaba al nivel del 40,1 por 100, por debajo de la mayoría de los países europeos (cuadro 2-2).

Las diferencias internacionales más notables en el coeficiente de población activa son imputables —y éste es el caso de España— al mayor o menor grado en que la mujer participa en las actividades económicas registradas en las estadísticas oficiales (5,4 millones equivalentes en junio de 1993 al 38,5 por 100 de la población activa total).

La distribución porcentual de la población activa entre los distintos sectores de la economía nacional, nos proporciona uno de los mejores indicadores para determinar el grado de desarrollo en que se encuentra un país (la denominada Ley Petty-Clark). En el cuadro 2-2 cabe apreciar fácilmente el progreso que en este sentido ha experimentado España entre 1900 y nuestros días; puede destacarse que en 1940 se observó un proceso regresivo, una secuela más de la Guerra Civil, al elevarse el coeficiente de población activa en la agricultura del 45,5 al 50,5 por 100.

Durante las décadas de 1940 y 1950, el paro en España se dispersaba en una población agraria creciente o estabilizada a altos niveles. Después, la espita de la emigración mantuvo bajo el nivel de desempleo interior. Pero desde 1973, con el *primer choque petrolero,* el paro no dejó de crecer, hasta situarse en el cuarto trimestre de 1985 en una cifra total de 3 millones de personas, según la Encuesta de Población Activa del INE, más fiable que las estimaciones del Ministerio de Trabajo, de «paro registrado» en las oficinas del Instituto Nacional de Empleo (INEM).

Como puede deducirse del cuadro 2-3, el nivel de desempleo se situó a mediados de 1993 en el 22,25 por 100 de la población activa, el más elevado coeficiente de Europa Occidental; e indicador máximo de la gravedad de la crisis y de lo ineficaz de la política de empleo seguida (tema al que nos referimos en el capítulo 16). Que la situación se vea «aliviada» por la economía sumergida (oculta o encubierta, como se prefiera, de la que nos ocupamos en el capítulo 11) es cuestión aparte. El paro fue en definitiva, el gran problema nacional de los años 80, tanto por lo que supuso de destrucción de puestos de trabajo (por quiebras, suspensiones de pago y regulaciones de empleo) como por falta de creación de otros nuevos para quienes —en medio de toda clase de frustraciones— iban accediendo al mercado laboral. Y es el problema en los años 90, sobre todo en ciertas regiones (cuadro 2-3).

CUADRO 2-2

Evolución de la población activa

Años	% sobre total	Distribución por sectores				
		Agrícola	Industria	Construcción	Servicios	Sin empleo anterior
1990.....	35,3	63,6	16,0	—	17,8	—
1910.....	35,4	66,0	15,9	—	18,2	—
1920.....	35,1	57,3	22,0	—	20,8	—
1930.....	35,5	45,5	26,5	—	28,0	—
1940.....	34,6	50,5	22,1	—	27,3	—
1950.....	37,1	47,6	26,5	—	25,9	—
1960.....	38,1	39,7	33,0	—	27,2	—
1970.....	37,4	29,1	37,3	—	33,6	—
1975.....	36,1	21,7	38,0	—	40,3	—
1980.....	34,2	17,3	25,9	10,10	42,0	4,50
1985.....	34,0	16,0	22,79	8,79	43,77	8,56
1986.....	36,1	14,5	22,49	8,69	45,62	8,52
1987.....	36,5	13,8	21,53	8,31	46,00	10,32
1988.....	36,8	13,2	21,17	8,41	46,95	10,20
1989.....	37,0	12,3	21,41	8,99	48,89	8,38
1990.....	38,2	10,7	21,66	9,76	51,01	6,82
1991.....	39,9	10,3	22,00	9,70	58,00	—
1992.....	40,1	9,7	21,80	9,30	59,20	—

Fuentes: INE y (BBV para 1991 y 1992).

3. Dinámica natural y migraciones

Los movimientos que tienen lugar en nuestra población pueden agruparse en dos clases: naturales y sociales. Dentro de los primeros entran la natalidad, mortalidad y nupcialidad; entre los segundos, los movimientos migratorios interiores y exteriores.

La evolución del movimiento natural de nuestra población en lo que va de siglo, se resume en el cuadro 2-4. Las cifras hablan por sí mismas: continuo descenso de la natalidad y de la mortalidad; y fluctuaciones de la nupcialidad, que resulta extraordinariamente sensible a las ondas de la coyuntura.

El crecimiento vegetativo, que viene dado por la diferencia entre el desarrollo de la natalidad y el de la mortalidad, se mide por medio del llamado índice de Burdofer (coeficiente de natalidad menos el de mortalidad). Este índice, en nuestra población, ha bajado en el último período intercensal al 2,2 por 1.000, debido al fuerte descenso experimentado en la natalidad (véase cuadro 2-4).

Los movimientos migratorios se producen por diferencias de tensión demográfica sobre los recursos económicos disponibles. El funcionamiento de este mecanismo se aprecia claramente en nuestra migración interior. El más fuerte crecimiento vegetativo de la España peninsular se daba tradicionalmente en las regiones castellanoleonesas, gallega, manchega y extremeña y en el interior de Andalucía. Todas las mencionadas eran —y son hoy todavía— zonas de baja renta *per capita,* siendo, por consiguiente, en ellas donde la alta tensión demográfica sobre los recursos originaba la emigración a las zonas de mayor desarrollo industrial y menor crecimiento vegetativo. Se crearon así una serie de corrientes migratorias desde Extremadura, Andalucía, las dos Castillas y Galicia a Madrid, todo el Norte y Cataluña. Las capitales de provincia actuaron también, en mayor o menor medida, como

CUADRO 2-3

Población activa, inactiva, empleo y paro

Años	Activa								Población de 16 y más años				Activa % (A)	Paro % (B)	Empleo % (A)
	(A) Total	(B) Total	Ocupadas						Inactiva						
			Total	No asalariados	Asalariados			Parados	Total	Hombres	Mujeres	Población en servicio militar o contada aparte			
					Total	Sector privado	Sector público								
1987	29.306,7	14.306,6	11.368,9	—	7.973,0	6.165,8	1.810,0	2.937,7	14.747,8	4.282,4	10.465,4	252,4	48,81	20,54	38,79
1988	29.763,9	14.620,6	11.772,7	3.421,2	8.351,5	6.504,5	1.847,0	2.847,9	14.885,5	4.505,9	10.379,6	257,9	49,12	19,48	39,55
1989	30.173,1	14.819,1	12.258,3	3.378,8	8.879,8	6.879,8	1.999,7	2.560,8	15.097,8	4.613,5	10.484,3	256,2	49,11	17,28	40,62
1990	30.429,7	15.019,9	12.578,8	3.305,4	9.273,4	7.167,3	2.106,2	2.441,2	15.182,7	4.637,4	10.545,3	227,1	49,36	16,25	41,34
1991	30.690,0	15.073,1	12.609,4	3.236,6	9.372,8	7.223,9	2.148,9	2.463,7	15.393,6	4.821,3	10.572,3	223,4	49,11	16,34	41,09
1992	30.990,0	15.154,8	12.366,2	3.290,0	9.076,3	6.909,7	2.166,8	2.788,5	15.644,0	5.081,0	10.563,0	191,2	48,90	18,40	39,90
1993	31.170,0	15.182,0	11.881,7	3.170,9	8.710,9	6.607,9	2.103,0	3.300,3	15.829,0	5.229,5	10.599,5	159,0	48,71	21,74	38,12
	31.238,2	15.264,3	11.867,6	3.167,8	8.699,8	6.579,8	2.120,0	3.396,7	15.813,2	5.227,2	10.586,0	160,8	48,86	22,25	37,99

(1) Porcentaje sobre el total de población activa masculina y femenina, respectivamente.
Fuente: Encuestas de Población Activa, INE.

Coeficientes de paro por Comunidades Autónomas (%)

Años	Total	Anda-lucía	Ara-gón	Astu-rias	Balea-res	Cana-rias	Canta-bria	Casti-lla-La Man-cha	Casti-lla y León	Cata-luña	Valen-cia	Extre-ma-dura	Gali-cia	Ma-drid	Mur-cia	Nava-rra	País Vasco	Rioja	Ceuta y Me-lilla
1987	20,5	30,8	14,0	20,3	14,2	24,2	18,9	15,5	17,2	20,7	19,0	26,7	12,7	17,0	19,4	16,3	23,2	13,6	—
1988	19,5	28,9	13,9	19,5	11,2	22,4	20,8	15,3	17,6	19,1	17,2	26,4	12,3	16,5	17,3	14,6	21,8	13,5	—
1989	17,3	27,0	12,1	17,8	10,7	21,5	17,8	14,1	16,7	14,3	15,4	26,4	12,1	13,3	16,2	12,8	19,6	10,1	30,9
1990	16,3	25,6	9,5	17,3	10,5	23,0	6,8	13,0	15,3	12,7	14,3	24,5	12,0	12,5	15,8	11,7	18,8	8,4	29,8
1991	16,3	25,8	9,9	15,9	9,9	24,5	6,0	13,0	14,9	12,2	15,7	23,8	12,2	12,2	18,1	10,6	18,5	9,6	28,3
1992	18,4	28,1	12,1	17,2	11,3	24,8	16,5	15,6	17,4	13,6	19,2	25,9	16,0	13,2	21,0	11,1	19,8	13,5	26,1
1993 (1)	21,7	31,9	15,2	20,3	18,1	28,7	18,9	18,7	20,0	17,2	22,2	30,0	18,0	16,5	24,8	14,9	23,5	14,9	24,6
(2)	22,3	32,3	16,0	20,4	16,3	27,9	20,0	19,5	20,0	18,8	23,8	30,3	17,6	17,1	24,5	13,0	23,2	14,2	22,7

1) Primer trimestre.   2) Segundo trimestre
Fuente: Encuestas de Población Activa, INE.

CUADRO 2-4

Natalidad, mortalidad, nupcialidad y crecimiento vegetativo (CV)

Años	Coeficiente por mil habitantes			
	Natalidad	Mortalidad	C. V.	Nupcialidad
1990.............	33,8	28,3	5,5	8,8
1910.............	32,6	23,0	9,6	7,0
1920.............	29,3	23,2	6,1	7,2
1930.............	28,5	17,8	10,7	7,6
1940.............	24,3	16,5	7,8	8,4
1950.............	20,0	10,8	9,2	7,5
1960.............	21,6	8,6	13,0	7,7
1965.............	21,1	8,5	12,6	7,2
1970.............	19,7	8,5	11,2	7,4
1975.............	18,7	8,3	10,4	7,6
1980.............	15,2	7,7	7,5	6,7
1981.............	15,1	7,7	7,4	5,7
1982.............	13,4	7,4	6,0	6,0
1983.............	12,7	7,9	4,8	5,1
1984.............	14,3	7,8	4,5	5,1
1985.............	11,7	8,0	3,7	5,0
1986.............	11,2	7,9	3,3	5,3
1987.............	10,7	7,9	2,8	5,4
1988.............	10,7	8,2	2,5	5,5
1989.............	10,5	8,2	2,3	5,5
1990.............	10,4	8,2	2,2	5,6

Fuente: INE.

focos de atracción respecto de los pueblos comprendidos en sus límites.

La intensificación del proceso de industrialización, durante el período 1961-1970, movió —en términos netos— más de tres millones de personas desde la Meseta, Galicia, Extremadura y Andalucía a los suburbios de Madrid y de las ciudades industriales del Norte y de Cataluña. Ese vasto movimiento, inevitable en el crecimiento «salvaje» de los años 60 y primeros 70, agudizó el problema de la vivienda hasta límites casi irresistibles y, por otra parte, se tradujo en el despoblamiento de numerosas provincias del interior, que perdieron población entre 1951 y 1991 (ver fig. 5 y cuadro 2-5).

En otras palabras, se produjo el doble fenómeno del despoblamiento de comarcas enteras, e incluso regiones —el Macizo Ibérico y una extensa área de las zonas más montañosas de Extremadura, el sur de Castilla-La Mancha y el norte de Andalucía—, en tanto que del otro lado la población se hacinaba en torno a los mayores núcleos industriales. Frente a esa doble inercia, poco es lo que se consiguió con los polos de desarrollo de la planificación indicativa (ver el capítulo 16) de los años 1964-1973. Por el contrario, fue la crisis del *primer choque petrolero* (1973) la que frenó ese proceso.

Como es fácil apreciar, las provincias de inmigración neta durante los años de mayor movimiento fueron las que tienen como eje el Valle del Ebro. En el extremo NO de ese eje aparecen el País Vasco y Navarra; en el centro, la provincia de Zaragoza, y en el extremo inferior, todo el litoral mediterráneo, desde Gerona a Alicante. Aparte de este verdadero sistema demográfico español de rápido ritmo de crecimiento, figuran también como provincias de inmigración neta Madrid y los dos archipiélagos (ver fig. 5).

En una perspectiva de recuperación a plazo medio y largo, tras la recesión que se inició en 1973, las migraciones interiores ya no volvieron a alcanzar intensidades como las de los años 60 y 70, debido al envejecimiento medio bastante pronunciado de las antiguas zonas de mayor emigración, de natalidad decreciente por comparación con las grandes áreas urbanizadas donde la edad promedio es mucho menor. Así se explica que mientras en provincias, antes de gran emigración, como Orense y Granada la natalidad está ya en sus límites inferiores, en Madrid y Sevilla —polos de inmigración recientes— aún se mantiene considerablemente elevada.

CUADRO 2.5.—*Evolución intercensal (1981/1991) de la población de España, por provincias.*

Provincias	1970 Total	1981 Total	Censo de 1991 Total	% sobre total	% acumulado
Madrid	3.761.348	4.686.895	4.845.851	12,61	12,61
Barcelona	3.915.010	4.623.204	4.577.396	11,91	24,52
Valencia	1.768.552	2.065.704	2.112.490	5,50	30,02
Sevilla	1.336.669	1.478.311	1.585.099	4,13	34,15
Alicante	922.027	1.149.181	1.273.642	3,31	37,46
Vizcaya	1.041.461	1.189.278	1.150.872	3,00	40,46
Málaga	853.579	1.025.609	1.140.717	2,97	43,43
Asturias	1.052.048	1.129.556	1.091.093	2,84	46,27
La Coruña	1.030.745	1.093.121	1.088.505	2,83	49,10
Cádiz	832.047	988.388	1.072.734	2,79	51,89
Murcia	781.334	955.487	1.032.275	2,69	54,58
Pontevedra	757.433	883.267	888.892	2,31	56,89
Zaragoza	741.659	828.588	828.453	2,16	59,05
Granada	731.317	758.618	785.131	2,04	61,00
Córdoba	548.984	720.823	751.699	1,96	63,05
Las Palmas	576.458	708.762	749.527	1,95	65,00
Santa Cruz de Tenerife	532.946	658.884	706.947	1,84	66,84
Baleares	626.049	655.909	702.770	1,83	68,67
Guipúzcoa	701.709	694.681	671.785	1,75	70,42
Badajoz	668.206	643.519	645.859	1,68	72,10
Jaén	433.138	639.821	632.292	1,65	73,75
Tarragona	562.766	513.050	537.951	1,40	75,15
León	469.077	523.607	524.139	1,36	76,51
Cantabria	466.593	513.115	523.633	1,36	77,87
Navarra	412.357	509.002	516.333	1,34	79,21
Girona	413.026	467.000	492.757	1,28	80,49
Valladolid		481.786	491.743	1,28	81,77

Toledo	477.732	474.634	487.804	1,27	83,04
Ciudad Real	512.821	475.129	473.899	1,23	84,27
Almería	377.639	410.831	451.649	1,18	85,45
Castellón	386.516	431.893	445.065	1,16	86,61
Huelva	403.405	418.584	440.637	1,15	87,76
Cáceres	467.687	421.449	404.631	1,05	88,81
Lugo	423.064	405.365	381.888	0,99	89,80
Salamanca	380.133	364.305	356.845	0,93	90,73
Burgos	361.181	363.523	351.968	0,92	91,65
Lleida	347.101	353.160	351.825	0,92	92,57
Orense	441.260	430.159	350.458	0,91	93,48
Albacete	340.720	339.373	339.806	0,88	94,36
Álava	199.777	257.850	270.758	0,70	95,06
La Rioja	234.628	254.349	261.634	0,68	95,74
Zamora	258.527	227.771	213.107	0,55	96,29
Huesca	221.761	214.907	206.763	0,54	96,83
Cuenca	251.619	215.975	204.323	0,53	97,36
Palencia	201.532	188.479	184.998	0,48	97,84
Ávila	211.556	183.586	173.972	0,45	98,29
Segovia	162.106	149.361	146.443	0,38	98,67
Guadalajara	149.804	143.473	144.251	0,38	99,05
Teruel	173.861	153.457	143.305	0,37	99,42
Soria	117.462	100.719	94.280	0,25	99,67
Ceuta	62.607	65.264	68.288	0,18	99,85
Melilla	60.892	53.593	56.497	0,15	100,00
Total	34.041.531	37.682.355	38.425.679	100,00	100,00

Fuente: Censo de población 1991. Avance de resultados INE.

Figura 4: DENSIDAD DE POBLACION POR PROVINCIAS EN 1987

La densidad de población por provincias define con nitidez una España interior escasamente poblada, en tanto que en casi todo el litoral y en el eje del Ebro las densidades son superiores a la media nacional. Con base en ese promedio de la nación (índice=100), puede trazarse una isolínea de densidad 100 que nos separa muy expresivamente a las dos Españas, de inferior (<100) y mayor densidad (>100).

En las áreas de baja densidad es claro el predominio de la actividad rural; esas provincias tienen un crecimiento vegetativo todavía relativamente alto (sobre todo en el Sur), lo que junto con las diferencias de renta (véase la figura 33) genera migraciones desde ellas a la España más industrializada y demográficamente más densa.

Tanto en este mapa como en el de la figura 5 es fácil apreciar cómo la decisión política de fijar la capitalidad de la Nación en el punto geográfico central de la Península hizo configurarse un islote de alta densidad en medio de un semidesierto demográfico. Este último se explica no sólo por la dureza del clima y del suelo, sino también porque hacia el Oeste la larga frontera hispanoportuguesa mantuvo —hasta la adhesión de los dos países ibéricos a la CE en 1986— a las franjas a uno y otro lado de la **raya** en áreas de menor actividad económica por la escasez de tránsito entre ellas.

En definitiva, esta figura verifica, una vez más, la conocida ley de que la población tiende a desplazarse desde las zonas altas y montañosas a los valles, y desde el interior del territorio a la costa. Al menos ésa es la tendencia espontánea, aunque no sea siempre la deseable ni la más racional.

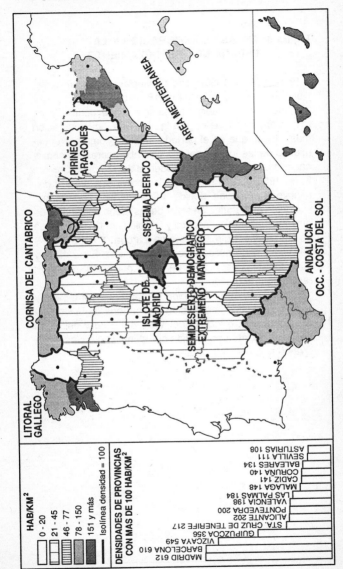

HAB/KM²

	0 - 20
	21 - 45
	46 - 77
	78 - 150
	151 y más

Isolínea densidad = 100

DENSIDADES DE PROVINCIAS
CON MAS DE 100 HAB/KM²

MADRID 612
BARCELONA 610
VIZCAYA 549
GUIPUZCOA 356
STA. CRUZ DE TENERIFE 217
ALICANTE 202
PONTEVEDRA 200
VALENCIA 198
LAS PALMAS 184
MALAGA 148
CADIZ 141
CORUÑA 140
BALEARES 134
SEVILLA 111
ASTURIAS 108

CORNISA DEL CANTABRICO

LITORAL GALLEGO

PIRINEO ARAGONES

SISTEMA IBERICO

AREA MEDITERRANEA

ISLOTE DE MADRID

SEMIDESIERTO DEMOGRAFICO EXTREMEÑO - MANCHEGO

ANDALUCIA OCC. - COSTA DEL SOL

Figura 5: AREAS DE INMIGRACION Y LA ESPAÑA DE DESPOBLAMIENTO

Entre 1941 y 1950, ocho provincias perdieron población. Entre 1951 y 1960 fueron 18 las que vieron decrecer el número de sus habitantes, tanto a consecuencia de las migraciones internas originadas por una industrialización más intensa que en el período anterior, como por el comienzo de las fuertes salidas de trabajadores españoles hacia la pletórica Europa Occidental del Mercado Común. Entre 1961 y 1970 fueron 23 las provincias en que disminuyó la población, debido a la aceleración de los movimientos migratorios en favor de las áreas nacionales de mayor expansión económica y también por la persistencia de las salidas a otros países de Europa. Y entre 1971 y 1981 otro tanto sucedió con 9 provincias. Entre 1981 y 1991 fueron las que cayeron en su población; aparecen rayadas en el mapa.

El censo de 1991 deja bien en claro que entre 1981 y 1991 bajó mucho la atracción inmigratoria de la Cornisa del Cantábrico, e incluso del Valle del Ebro y del litoral de Cataluña, en gran medida por el impacto de las sucesivas recesiones industriales

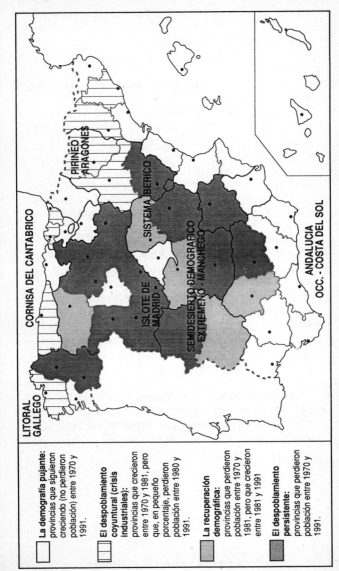

LITORAL GALLEGO

CORNISA DEL CANTABRICO

PIRINEO ARAGONES

SISTEMA IBERICO

ISLOTE DE MADRID

SEMIDESIERTO DEMOGRAFICO EXTREMEÑO - MANCHEGO

ANDALUCIA OCC. - COSTA DEL SOL

La demografía pujante: provincias que siguieron creciendo (no perdieron población) entre 1970 y 1991.

El despoblamiento coyuntural (crisis industriales): provincias que crecieron entre 1970 y 1981, pero que, en pequeño porcentaje, perdieron población entre 1980 y 1991.

La recuperación demográfica: provincias que perdieron población entre 1970 y 1981, pero que crecieron entre 1981 y 1991.

El despoblamiento persistente: provincias que perdieron población entre 1970 y 1991.

**Figura 6: DATOS DEL CENSO
          DE POBLACION**

En el cuadro de la página de encuentro, figuran los datos del censo de 1991.

Incluimos esta información preliminar con algunas reservas sobre su acuracidad. Incluso el propio Instituto Nacional de Estadística, al presentarla advirtió sobre su posible revisión.

Como puede apreciarse por el cuadro, entre 1981 y 1991 se produjo un incremento demográfico que no llegó a 1.200.000 personas, que queda por debajo del 0,32 por 100 anual acumulativo; algo así como la tercera parte de lo que fue, según las estimaciones oficiales, el pulso demográfico español entre 1971 y 1980.

En el momento de hacerse públicas las cifras de 1991, los responsables del Instituto Nacional de Estadística no se extrañaron de los resultados, argumentando que «son los más próximos a la realidad, porque se han empleado más y mejores medios en la elaboración del censo». Adicionalmente, manifestaron que los censos anteriores podían estar muy hinchados por el mantenimiento de personas fallecidas, y por el hecho de que españoles residentes en el exterior seguían censándose dentro de España.

De lo que podemos estar seguros es de que en España hay muchos inmigrantes foráneos sin censar, tanto trabajadores en situación irregular, como tercera edad que mantiene nexos con sus países de origen.

Comunidades Autónomas	Censo 1981	Padrón 1986	Censo 1991	Variación absoluta	1991-1981 %
Andalucía.	6.440.985	6.789.772	7.040.627	599.642	9,3
Aragón.	1.196.952	1.184.295	1.221.546	24.594	2,0
Asturias.	1.129.556	1.112.186	1.098.725	−30.831	−2,7
Baleares.	665.909	680.933	745.944	90.035	13,7
Canarias.	1.367.646	1.466.391	1.637.641	269.995	19,7
Cantabria.	513.115	522.664	530.281	17.166	3,3
Castilla-La Mancha.	1.648.584	1.675.715	1.651.833	3.249	0,2
Castilla y León.	2.583.137	2.582.327	2.562.979	−20.158	−0,8
Cataluña.	5.956.414	5.978.638	6.115.579	159.165	2,6
Comunidad Valenciana.	3.646.778	3.732.682	3.923.841	277.063	7,6
Extremadura.	1.064.968	1.086.420	1.056.538	−8.430	−0,8
Galicia.	2.811.912	2.844.472	2.720.445	−91.469	−3,25
Comunidad de Madrid.	4.686.895	4.780.572	5.030.958	344.063	7,3
Región de Murcia.	955.487	1.006.788	1.059.612	104.125	7,3
Navarra.	509.002	515.900	523.563	14.561	2,8
País Vasco.	2.136.100	2.136.100	2.104.041	−32.059	−1,5
La Rioja.	260.024	260.024	263.434	3.410	1,3
Ceuta y Melilla.	117.539	117.539	124.215	6.676	5,6
Total Nacional.	37.682.355	38.473.418	38.872.268	1.189.913	3,1

Fuente: INE.

Figura 7: PIRAMIDES Y PROYECCIONES
DE POBLACION

En el gráfico adjunto, en la imagen superior, aparece la pirámide demográfica española al 31 de diciembre de 1990, siendo evidentes en ella, por el estrechamiento de su base, los típicos síntomas de envejecimiento de su población. En otras palabras, las cohortes representativas de los efectivos de los más jóvenes, son ya de una longitud menor que las inmediatas edades superiores.

En la parte de abajo de la figura, se representa la estimación, hecha por el Instituto Nacional de Estadística, sobre cuál puede ser la pirámide en el año 2010. Para ello, se tuvieron en cuenta las tendencias de fuerte caída de la natalidad, que están contribuyendo a una disminución muy rápida de la *tasa media de fecundidad* (TMF). La imagen muestra cómo se agudiza el declive de las cohortes poblacionales más jóvenes, que resultarían bastante más estrechas de lo que eran en 1990.

La TMF equivale el número medio de hijos por mujer en el período demográfico de que se trate; y se considera que para mantener el stock de población a largo plazo, la TMF debe situarse en torno a 2,1 hijos, cifra que se conoce con el nombre de *tasa de reemplazo* (TR). La TMF de España en 1991 se cifraba en 1,3 lo cual significa que la población ya tiende al crecimiento cero (al que teóricamente se llegaría en el 2030); e incluso a la disminución, al no alcanzar la TMF el nivel de la TR. Naturalmente, esas predicciones sólo resultarían válidas si se mantuviera la tendencia de caída de la natalidad, y otras hipótesis complementarias, sin entrar en las consecuencias de las migraciones internacionales, que en los últimos tiempos muestran en España un claro signo a favor de la inmigración.

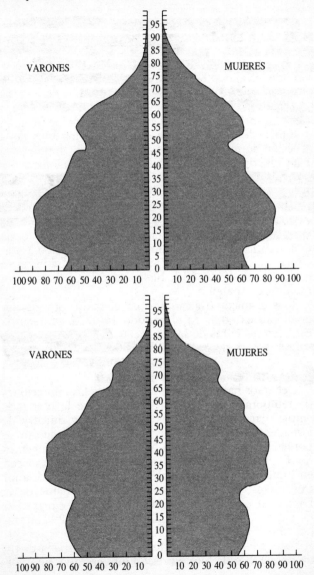

En lo relativo a las migraciones exteriores, la población española entró en una fase de fuerte movilidad a partir de 1959. Los estímulos para ello fueron, por un lado, los efectos del Plan de Estabilización (recesión de los años 59-61) y la onda de fuerte prosperidad apreciada en Europa a partir de 1956 (año de entrada en vigor del Tratado de Roma, por el cual se creó la CE). Es interesante subrayar que la salida de un gran volumen de mano de obra española en los años de la recesión supuso uno de los factores más importantes para el éxito a corto plazo del Plan de Estabilización. Sin la espita de la emigración, el paro en España se habría elevado a cifras muy importantes, las remesas de emigrantes no habrían alcanzado tan altos valores, y tal vez se habría producido un retroceso en las medidas estabilizadoras. Lo cierto es que con esa onda emigratoria desde 1959, unida a la emigración tradicional y a pesar de su ulterior ralentización, al iniciarse la década de 1990 aún había fuera del país más de un millón de españoles.

Tras el máximo alcanzado en el saldo total de migraciones externas en el período 1961-70, se inició la caída en las cifras de salidas netas. Y a partir de 1973, debido a la crisis económica, y a la recuperación de la democracia (1977), se produjo el fenómeno reinmigratorio (el retorno de los emigrantes).

Debemos hacer también referencia a las migraciones de temporada, que tienen como acicate la oferta de empleo en Francia por los trabajos (muy duros y de jornadas largas) de la vendimia. Al llegar agosto se ponían en marcha hacia el Norte grandes contingentes de obreros agrícolas de nuestro país, que permanecen en Francia un lapso variable, casi nunca superior a los tres meses. En los últimos años, según datos de la Dirección General de Empleo, la cifra de emigración de temporada viene situándose en torno a 20.000 trabajadores, con tendencia evidente a casi desaparecer. A *sensu contrario,* lo característico de la España de fin de siglo XX, es la fuerte presión inmigratoria, especialmente del Norte de Africa, Iberoamérica, y países del Este de Europa. Y frente a esa nueva tendencia, serán precisas políticas para facilitar la vida de los inmigrantes no españoles, y evitar los focos —ya evidentes— de racismo, de explotación y de crispaciones de todo tipo. Por otro lado, la introducción de visado para los países iberoamericanos —con los que hay acuerdos de doble nacionalidad— por presión de la CE, sería un acto unilateral de insolidaridad y contrario a las relaciones especiales con los pueblos de nuestro mismo tronco cultural.

Primera parte
El sistema productivo

1. Introducción al sistema productivo

El hombre, en su aprovechamiento y transformación de los recursos naturales, realiza el proceso de producción. Cuando pasamos del plano individual al colectivo, al de toda una sociedad humana, inmediatamente se aprecian las interdependencias que relacionan entre sí a las distintas actividades productivas. El conjunto de esas actividades e interdependencias es lo que podemos denominar sistema productivo. En este sentido, la mejor síntesis macroeconómica de un sistema productivo nos la proporciona la tabla *input-output* (confeccionada en España desde la de 1954 hasta la de 1985), en la que la gran multiplicidad de diferentes actividades se agregan, se agrupan, en unos pocos sectores económicos, cuyas recíprocas transacciones se registran de manera precisa en una tabla de doble entrada.

Dentro de esos sectores convencionalmente construidos; al considerarlos del lado de las entradas o *inputs,* los hay de dos clases: sectores productivos y sectores finales. Los primeros aportan los componentes reales de la producción (bienes y servicios), en tanto que los segundos contribuyen con una serie de prestaciones que tienen una serie de compensaciones: Retribuciones, Seguridad Social, Beneficios, Impuestos indirectos y Ahorro. Por tanto, para conocer el sistema productivo hemos de estudiar lo que en la tabla *input-output* llamamos sectores productivos, que para un mejor análisis podemos agrupar nosotros en dos grandes supersectores: el Sector FAO y el Sector Industria.

El primero incluye —lo mismo que la agencia especializada de las Naciones Unidas que lleva ese nombre— todo lo referente a agricultura, ganadería, bosques y pesca. El segundo —también llamado sector secundario— comprende todo lo relativo a la transformación fabril de primeras materias en bienes intermedios y finales. Habría que mencionar un tercer sector —el «sector terciario»— que abarca actividades como transporte, comercio, comunicaciones, espectáculos, etc. Pero este sector no es una parte, en sentido muy estricto, del sistema productivo, sino que constituye el mecanismo de distribución física de los bienes obtenidos por el sistema productivo (casos de los transportes y del comercio), o de redistribución de la renta obtenida en el sistema productivo (caso, por ejemplo, de los espectáculos). Por ello, las principales actividades del «sector terciario» las analizamos dentro de la segunda parte (capítulos 6 y 7), al ocuparnos de los circuitos de distribución, o en la parte tercera (capítulos 8 a 10), al estudiar las actividades del que llamamos sector exterior.

Así, pues, iniciamos el análisis de nuestro sistema productivo por el Sector FAO, dentro del cual la agricultura ocupa un puesto predominante.

2. Los antecedentes del sector agrario

La actual estructura agraria española es el resultado de dos elementos: las bases físicas, estudiadas en el capítulo 1, y la política económica desarrollada hasta el presente. Así, pues, para un conocimiento cabal, y sobre todo para una interpretación correcta de la actual realidad española, es preciso tener en cuenta los antecedentes de la política agraria que la han configurado en sus diferentes aspectos (distribución de la propiedad de la tierra, regímenes de su tenencia, etc.), y que han hecho surgir la serie de instituciones que hoy desempeñan un papel importante en el sector.

En esta introducción sobre antecedentes es ineludible una alusión a nuestros agraristas del siglo XVIII (Campomanes, Olavide, Jovellanos) que por primera vez hicieron una crítica rigurosa de las perniciosas consecuencias que las instituciones feudales tenían en el desarrollo agrícola de España: los abusos de la Mesta; los excesos del proceso de amortización, concentrando lo mejor de las tierras en manos de la Iglesia, las órdenes religiosas y la nobleza, como puso de relieve el Catastro de Ensenada; las trabas al libre comercio interior, etc.

Todos los obstáculos citados fueron removiéndose a lo largo del siglo XIX. Pero por la forma en que se produjo la Desamortización —raíz del actual problema de los latifundios— es preciso que hagamos una específica referencia a este punto concreto de nuestro desarrollo histórico.

2-1. La desamortización

La desamortización fue, al lado de la polémica librecambio-proteccionismo y del problema constitucional de la libertad de cultos, una de las cuestiones clave del siglo XIX español, un siglo de guerra civil y social casi crónica.

La desamortización no se promovió básicamente como una operación de política agraria, sino que en lo fundamental tuvo una relación muy estrecha con los problemas de la Hacienda española. Un primer

Figura 8: FINCAS MAYORES DE 500 HA

Esta figura la hemos construido con base en los datos obtenidos por el INE a través de la «Encuesta de Fincas Agrarias Privadas de 500 y más hectáreas», realizada en 1969 y publicada en 1970. El hecho de referirse solamente a fincas privadas hace que el mapa sea aún más significativo, pues en él no están comprendidas ni las tierras comunales y de propios de los Ayuntamientos, ni las propiedades de otras corporaciones públicas como el ICONA, el IRYDA, el Patrimonio Nacional, etc., que en conjunto totalizan casi 10 millones de hectáreas, y que en su mayor extensión corresponden a fincas de más de 500 hectáreas.

Las fincas privadas mayores de 500 hectáreas son 5.722, con un total de 5.726.944 hectáreas, equivalente al 12,83 por 100 de la superficie agraria útil registrada en el último censo agrario (**superficie censada** = 43.890.967 hectáreas), y con una dimensión media por finca de 1.001 hectáreas. Esas grandes fincas —latifundios— se distribuyen de forma muy distinta según las regiones del país, tal como se destaca en el mapa con las líneas isocuantas que hemos trazado en base al % de la superficie censada que ocupan en cada provincia.

Efectivamente, puede apreciarse que en el Norte los latifundios no llegan ni siquiera al 4 por 100 de la superficie censada. En la Meseta del Duero, en la Cataluña Vieja y en la mayor parte de Levante se sitúan entre el 4 y el 10 por 100, de forma que en todas esas áreas el minifundio sigue siendo absolutamente predominante. Por el contrario, en Castilla la Nueva, Extremadura y Andalucía, la intensidad del fenómeno latifundista varía entre el 10 y casi el 40 por 100, correspondiendo los máximos a Cáceres y Ciudad Real, con el 36,8 por 100 y el 33,5 por 100.

Las fuertes diferencias regionales puestas de relieve se deben tanto a características climatológicas e hidrográficas, como —sobre todo— a razones históricas analizadas en las secciones 2-1 y 2-3 de este capítulo.

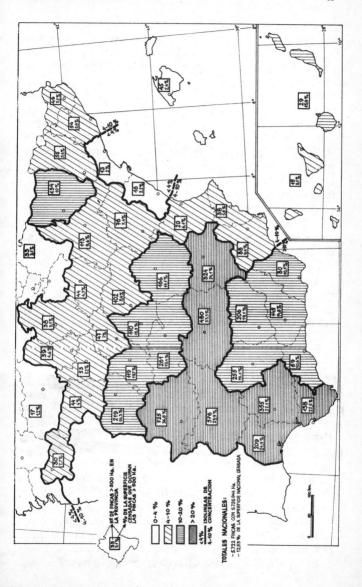

incentivo para promoverla provenía del hecho de que la mayor parte de los bienes amortizados de la Iglesia no pagaban tributos y, por tanto, su enajenación había de significar mayores ingresos futuros por contribución rústica.

Por otra parte, en el primer tercio del siglo XIX estaba muy generalizada la idea de que la Deuda pública, de la que tanto se abusó en los últimos años del siglo XVIII (vales reales) y en las primeras décadas del siglo XIX, sólo podría amortizare precisamente con el producto extraordinario de la venta por el Estado de los bienes amortizados. Finalmente, las guerras carlistas contribuyeron también a poner en marcha el proceso desamortizador; los recursos urgentemente necesarios y el apoyo de la burguesía sólo podían obtenerse en la venta de los bienes de las «manos muertas» y con la consiguiente creación de una serie de beneficiarios de la política desamortizadora.

Tras una serie de intentos frustrados o revisados, fue en el decenio progresita (1834-1843) cuando se acometió, ya decididamente, la obra desamortizadora, cuyo principal promotor en esta primera fase fue Mendizábal, que veía en el mecanismo desamortizador el método más rápido y seguro de ganar la guerra civil desatada por los carlistas a la muerte de Fernando VII. La desamortización se comenzó a realizar efectivamente en dos frentes: el de los señoríos, bienes municipales y nacionales (desamortización civil), y en el de las propiedades de la Iglesia (desamortización eclesiástica), cuyos bienes, por Ley de 29 de julio de 1837, se declararon nacionales y enajenables en pública subasta. Las transacciones que originó esta primera ola desamortizadora parece que fueron ya muy importantes. Tras el paréntesis moderado de 1843 a 1854, la Ley de Desamortización General de 1 de mayo de 1855, promovida por Pascual Madoz, permitió la enajenación de la mayor parte de los bienes nacionales que restaban por realizar.

En 1876 la desamortización había alcanzado ya

prácticamente sus metas. Sólo unos pocos bienes comunales y del Estado, y algunos de la Iglesia, pudieron escapar al largo, complejo y desordenado proceso desamortizador.

Casi un siglo después de su terminación, es todavía difícil emitir un juicio definitivo sobre la desamortización. Desde luego, era un paso necesario en la revolución burguesa, como lo había sido en todos los países. El aspecto político de la desamortización fue que con ella entró en la corriente económica una gran extensión de tierras explotadas con muy escasa intensidad y que hasta entonces había constituido un pesado lastre para el desarrollo económico de España.

Pero, la obra desamortizadora, en la que los economistas y hacendistas habían puesto todas sus ilusiones, no constituyó la esperada panacea para nuestra agricultura. La desamortización no hizo sino que nuestro campo pasara de tener una estructura feudal a tener una estructura capitalista, si bien con vestigios feudales todavía muy importantes. Los latifundios sucedieron a los mayorazgos y a las posesiones de la Iglesia, y se nutrieron, además, con los bienes comunales, arruinando a los Ayuntamientos. Es indudable que con la desamortización se hizo posible el aumento de la población al roturarse tierras antes incultas; pero el panorama social no cambió sustancialmente. En extensas zonas del país unos cientos de familias (ver fig. 8) siguieron detentando la propiedad, y los yunteros se vieron privados de la mayor parte de los aprovechamientos comunales. A los siervos emancipados sucedieron los braceros y jornaleros; en pocas palabras, se originó un vasto proletariado agrícola, cuyo mayor anhelo pasó a ser el reparto de tierras.

2-2. La política hidráulica

Entre la Restauración (1874) y la proclamación de la Segunda República (1931) se abre un largo período

en el que la cuestión agraria no se suscitó con la
intensidad política con que había sido tratada antes y
lo iba a ser después. La preocupación por la mejora
de nuestra agricultura casi se canalizó en una sola
dirección: la política hidráulica.

La «política hidráulica» se configuraba —según frase de Joaquín Costa, principal difusor, junto con Macías Picavea, de su significación y de su trascendencia— como una «expresión sublimada de la política
económica de la nación». El programa de Costa era
muy vasto; según él, era necesario un «Ministerio de
Aguas» para combatir la sequedad del suelo; esto es,
un instrumento del Poder público que funcionase como «agente de las actividades individuales, como regulador de la vida social y como obligado o interesado
en el aumento de la población, en la regeneración de
la raza, en los progresos de la riqueza pública, fuente
de tributación...». El deber de la Administración estribaba, pues, en «coadyuvar a esa obra proporcionando
el beneficio del riego a la mayor extensión posible del
territorio, por los medios que se hallarían a su alcance
y no al de los particulares».

El entusiasmo de Costa, Macías Picavea y los seguidores de ambos por la «política hidráulica» tuvo su
primer reflejo oficial en el «Plan de Obras Hidráulicas
de 1902», preparado por un equipo de ingenieros de
Caminos, encabezados por Rafael Gasset. Sin embargo, la inestabilidad política de los años 1902 a 1923
hizo que la política hidráulica quedara convertida, de
momento, en un mito. Los pocos pantanos construidos
por el Estado fueron aprovechados en muy escaso
grado, ya que las obras de canales y acequias, a realizar
por los propietarios de las tierras dominadas por los
pantanos, no se llevaron a cabo casi nunca.

La Dictadura del general Primo de Rivera, cuya
actitud ante la cuestión agraria tuvo un carácter primordialmente técnico, intentó realizar una verdadera
política hidráulica coordinada, según dispuso el Decre-

to-ley de 28 de mayo de 1926, que creó las Confederaciones Hidráulicas. Con la creación de las Confederaciones Hidrográficas se dio un gran paso adelante, al tomarse la cuenca fluvial como unidad de desarrollo, partiendo del estudio conjunto de todos los problemas agrícolas, ganaderos, forestales e incluso industriales de la zona. Para asegurar esa visión de conjunto se estableció la sindicación obligatoria de todos los agricultores e industriales incluidos en la cuenca de cada una de las Confederaciones, y éstas fueron dotadas de numerosas facultades públicas delegadas.

Por sus realizaciones, las Confederaciones no respondieron al brillante futuro que les fue augurado en el momento de crearse las primeras. Limitadas sus facultades y perdido su carácter democrático a partir de 1939, unas se han mostrado más activas que otras, «pero —como dice Gómez Ayáu— siempre sometidas a los azarosos cambios administrativos, se las creó, se las cambió de nombre, se las suprimió para volverlas a crear..., y a la postre se consiguió que estas entidades, que fueron promovidas como cauces de actuación solidaria y para que tuvieran una gran fuerza regional, hayan acabado convirtiéndose en organismos administrativos». Con todo, «desempeñaron un gran papel: lanzaron a los cuatro vientos la política hidráulica, convertida en política de riegos...». Pero ese «gran papel» ha sido muy poca cosa en comparación con lo que podría haber llegado a ser si el centralismo, el recelo de la Hacienda y el egoísmo de ciertas regiones no hubiese obstaculizado su desarrollo.

En los años siguientes a la Dictadura, los partidarios de la política hidráulica fueron perfilando más su actitud en busca de una política más integral, de mayor productividad; en suma, con una posición en línea con la actual política de colonización, dentro de la cual —y ante la voluntaria apatía de los propietarios— el Estado construye los pantanos, los canales, las acequias, y dispone todo lo necesario hasta la puesta en riego.

La nueva actitud se configuró durante la Segunda República con la publicación de la Ley de Obras de Puesta en Riego (OPER) de 13 de abril de 1932. La Ley de OPER representa claramente el punto de partida de la actual política de colonización, pues en ella se venía a reconocer decididamente que no basta son las obras exclusivamente hidráulicas para que se realicen las necesarias transformaciones. Además de las obras de base, es preciso disponer de las obras secundarias de transformación (redes de riego y de drenaje), que no pueden dejarse a merced de una iniciativa privada, manifiestamente reacia o incapaz de ejecutarlas, y además de las obras secundarias de riego son precisos caminos, viviendas y toda una serie de trabajo adicionales.

La Ley de OPER disponía que la puesta en riego habría de ser realizada por el Ministerio de Obras Públicas, o por los propietarios o sindicatos, si así lo pidieran, en el plazo de tres años después de aprobarse el plan. Ejecutadas las obras se permitiría al propietario continuar con sus tierras transformadas, con el compromiso de explotarlas conforme a un plan racional, y previo pago al Estado de la plusvalía y de su alícuota en las obras; en caso de no retenerlas en estas condiciones, el Estado podía hacerse cargo de las tierras, pagando al propietario tan sólo su valor en secano.

Otra ilustración de la tendencia que se manifestó durante la Segunda República a plantear el problema de la puesta en riego en toda su complejidad y ya a escala nacional la encontramos en el proyecto de Plan de Obras Hidráulicas de 1933, elaborado por Manuel Lorenzo Pardo. Después de criticar la falta de sistema en los anteriores planes de obras hidráulicas, Lorenzo Pardo tomó como base del Plan de 1933 la idea de la descompensación existente en la relación entre el caudal de los ríos de las vertientes atlántica y mediterránea (véase lo dicho en el capítulo 1) y los incrementos de rendimientos que originan el riego en ambas.

Los ríos de la vertiente atlántica, venía a decir Lorenzo Pardo, llevan más agua, pero ésta produce en sus tierras un incremento de los rendimientos menor que el obtenible con el riego en la vertiente mediterránea, en la que, por el contrario, el aporte de los ríos es mucho más escaso. De esta idea básica partía para plantear la necesidad de trasvasar agua de la vertiente atlántica a la mediterránea; el trasvase podría hacerse mediante un canal que por la cota 1.000 recogiese parte de las aguas del Tajo en los pantanos de Bolarque y Alarcón, para conducirlas, por el cauce del Júcar y por el canal de Albacete, a las tierras de Murcia y Alicante, en las que —calculaba Lorenzo Pardo— podría ponerse en regadío unas 238.000 hectáreas, aproximadamente. La protesta de los regantes del Júcar, ante el temor de que se les restarse agua, demoró la puesta en marcha del plan, que cayó en un olvido injustificado, para ser resucitado con vistas al Segundo Plan de Desarrollo 1968-71 por el ministro Silva Muñoz.

2-3. La reforma agraria de la Segunda República

Con la proclamación de la Segunda República la cuestión agraria se planteó abiertamente. La preocupación por los problemas de la agricultura y de los campesinos se puso de manifiesto en el artículo 47 de la Constitución de diciembre de 1931, y en la promesa de una reforma agraria de rápida realización. Tras un largo debate de las Cortes, la Ley de Bases de la Reforma Agraria se promulgó en 15 de diciembre de 1932. La Ley, que constaba de 23 bases, contenía el mecanismo de la reforma, que perseguía la distribución de las tierras y el asentamiento en ellas de los campesinos. Para ejecutar la ley se creó el Instituto de Reforma Agraria (IRA), del cual dependían las juntas provinciales y las comunidades de campesinos. Se consignó al Instituto un crédito anual de 50 millones de pesetas y se le autorizó la emisión de Deuda especial.

Las tierras declaradas expropiables figuraban detalladamente enumeradas en la base quinta de la ley, exceptuándose de esta relación las tierras comunales, la superficie forestal y la de pastos. Con todas estas tierras se inició la confección de un inventario que fue la base de toda la actividad de la reforma que consistía esencialmente en la expropiación de tierras para su redistribución entre los braceros.

El sistema para llevar a cabo la expropiación era el siguiente: las tierras de señorío y todas las pertenecientes a la grandeza de España eran expropiadas sin indemnización, excepto para las mejoras útiles no amortizadas, garantizándose en todo caso la concesión de pensiones alimenticias cuando las personas expropiadas acreditasen su necesidad. Las restantes fincas se expropiaban con arreglo a un tipo de capitalización que se elevaba a medida que la renta de la superficie expropiada era mayor. El volumen de la indemnización se satisfacía, en parte, en numerario, y el resto, en títulos de Deuda especial amortizable en cincuenta años, con una renta del 5 por 100 de su valor nominal. El porcentaje de la indemnización a satisfacer en numerario era, progresivamente, menor a medida que aumentaba la renta de la superficie expropiada.

El referido de expropiación e indemnización fue duramente criticado, haciéndose especial hincapié en la cuestión de la no indemnización de las tierras expropiadas a la grandeza de España. Sin entrar en el fondo de la cuestión, es interesante destacar la importancia de la concentración de la propiedad de la tierra en manos de esa parte de la aristocracia. En 1931, los 99 grandes de España eran propietarios de 577.359 hectáreas; es decir, por término medio, cada uno era propietario de 5.831 hectáreas, si bien varios títulos tenían propiedades muy superiores a esa supeficie, como puede apreciarse en el cuadro 3-1, en el que figura el desglose de los propietarios con más de 15.000 hectáras, debiendo recordarse aquí que en España, generalmente, se da el nombre de latifundio a las fincas de más de 250 hectáreas.

CUADRO 3-1

*Propiedades de la grandeza de España
en 14 de abril de 1931*

Propietarios	Hectáreas
Duque de Medinaceli.	79.146
Duque de Peñaranda.	51.015
Duque de Vistahermosa.	47.203
Duque de Alba.	34.455
Marqués de la Romana.	29.096
Marqués de Comillas.	23.719
Duque de Fernán Núñez.	17.732
Duque de Arión.	17.666
Duque del Infantado.	17.171
Conde de Romanones.	15.171
Otros 89 propietarios.	249.985
Total.	582.359

Fuente: Instituto de Reforma Agraria.

Las tierras expropiadas por el mecanismo descrito pasaban a propiedad del Instituto de Reforma Agraria, que daba posesión de las mismas a las juntas provinciales, que a su vez las entregaban a las comunidades de campesinos, que previamente habían de decidir si el régimen de su explotación sería colectivo o individual. En caso de ser este último el régimen adoptado las fincas se parcelaban.

La ley contenía otra serie de preceptos sobre cosechas pendientes en el momento de la expropiación, normas para el asentamiento de los campesinos y para la explotación de las fincas, crédito territorial, bienes rústicos municipales, derechos señoriales, censos y «rabassa morta», labor docente, etc.

Lo realizado no correspondió, ni con mucho, a las esperanzadas que los campesinos habían puesto en la aplicación de la ley. Se había previsto un mínimo de 60.000 campesinos asentados por año, y resultó que en los dos primeros años de la reforma agraria no se llegó ni a los 12.500. Las causas de esta desproporción entre previsiones y realizaciones fueron varias. En primer lugar, la ley era excesivamente compleja, reunía demasiados trámites y carecía de una línea básica; ejemplo bien claro de esto último era el hecho de dejar a las comunidades de campesinos la decisión de si la reforma había de tener un carácter individualista o colectivista. En segundo lugar, la ejecución de la ley se hizo aún más lenta por la mala organización del Instituto de Reforma Agraria. El ministro de Agricultura, Marcelino Domingo, que defendió el proyecto ante las Cortes y que fue el principal promotor de la ley, carecía de la debida preparación, y lo mismo sucedía con algunos altos cargos del Instituto. Por otra parte, se puede decir que cuando la reforma comenzaba a realizarse, después del inevitable tiempo empleado en su preparación, en 1933 quedó casi totalmente frenada por el resultado de las elecciones de noviembre de ese año, que dieron el triunfo a la coalición derechista de Lerroux y la CEDA. Más tarde, como consecuencia de la revolución de octubre de 1934, la reforma quedó *de facto* en suspenso, puesto que a partir de esa fecha no se realizaron más expropiaciones, al ser revisada por una nueva ley de 1935, para reducir el ámbito de su acción.

La Ley de 1932, objetivamente hablando, en lo referente al sistema de expropiación e indemnización, no era muy avanzada para su tiempo si se compara con las leyes agrarias, preparadas casi todas ellas por gobiernos realmente conservadores de la Europa de la década de 1920. Técnicamente, existieron en la ley fallos importantes. La confección del inventario, tal como se planteó, era tarea casi impracticable en su totalidad por el número de fincas que tendría que haber incluido, la mayor parte de las cuales no habrían podido utilizarse después para los fines de reforma. Por otra parte, en la ley no se hacía referencia a unidades mínimas de cultivo, y la expropiación de los excesos de ciertas fincas por encima de determinada superficie restaba una gran utilidad a los fragmentos resultantes que quedaban sin instalaciones ni capital inmovilizado. Finalmente, al excluir de la reforma las tierras de pastos, se cometió un error importante, pues se rompía el necesario maridaje entre agricultura y ganadería.

Todos los defectos de la Ley de Reforma denotaban la preocupación primordialmente social de la misma y el descuido de los aspectos técnicos que necesariamente deberían haberse tenido en cuenta.

El resultado de las elecciones de febrero de 1936, que dieron la victoria a la coalición del Frente Popular, significó un nuevo viraje en la marcha política agraria de la República. Desde el mes de marzo de 1936 la reforma agraria adquirió una celeridad mucho mayor que en las dos fases anteriores. Las bases legales de esta aceleración de los trabajos fueron la utilización del principio de la declaración de utilidad social, la abrogación de la Ley de 1935 y el restablecimiento de la de 15 de septiembre de 1932. En los cuatro meses que transcurrieron entre el 19 de febrero y el 19 de junio se ocuparon 232.199 hectáreas y se asentaron 71.919 yunteros; es decir, mucho más de lo logrado en los cinco años precedentes; la simplificación de trámites burocráticos, después de la profunda reorganización que tuvo lugar en el IRA, hicieron posible la mayor rapidez en la realización de la reforma.

El estallido de la Guerra Civil significó en la España republicana una aceleración en la distribución de la tierra y en la ocupación de ésta por los propios campesinos. El 4 de septiembre, con la reorganización del Gobierno, al ocupar la presidencia del mismo Largo Caballero, fue designado ministro de Agricultura el comunista Luis Vicente Uribe. Un decreto del siguiente mes de octubre dio fuerza legal a las medidas que generalmente ya habían sido aplicadas por los campesinos: expropiación de las tierras cuyos propietarios habían pasado a zona nacional o habían manifestado su apoyo al Movimiento. En mayo de 1938, el IRA anunciaba haber realizado la ocupación de 2.432.202 hectáreas, expropiadas por abandono o responsabilidades políticas; 2.008.000 hectáreas, por declaración de utilidad social, y 1.252.000 hectáreas con carácter provisional. En total habían sido distribuidas 5.692.202 hectáreas entre los campesinos para su explotación individual o colectiva, decisión que siguió siendo adoptada por las propias comunidades de campesinos.

3. La política agraria desde 1936

Desde el comienzo de la guerra, en la España nacional se comenzó a perfilar una política agraria de signo muy distinto al de la seguida por la República. Una de las primeras disposiciones del nuevo régimen puso claramente de manifiesto la repulsa de la política agraria de la etapa anterior. El Decreto de 28 de agosto de 1936 dejó en suspenso la aplicación de los planes de reforma agraria no ejecutados, iniciando una nueva corriente cuyos precedentes están en la frustrada Ley de Colonización Interior de 1907 y en la política hidráulica, fundamentalmente en la Ley OPER de 1932. En grandes líneas, la nueva política significaba el paso de la reforma jurídico-social, cuyo fin primordial era la distribución de la tierra entre los braceros, a la reforma técnica, cuyo objetivo principal era la colonización: puesta en regadío, parcelación y otras mejoras técnicas, dejando en segundo término la redistribución.

Para llevar a cabo la liquidación de la reforma agraria y ejecutar la nueva política se creó, en 1938, el Servicio Nacional de Reforma Económico-Social de la Tierra. La primera misión de este servicio fue estudiar los efectos de la reforma agraria, especialmente a partir de julio de 1936; en esos estudios se observó que las tranformaciones en el régimen de propiedad durante los meses de la guerra habían sido muy profundas, especialmente en Andalucía, Extremadura y Castilla la

Nueva. Durante muchos meses la tarea del servicio consistió en devolver las fincas ocupadas a sus antiguos propietarios.

Liquidada la reforma agraria, la política de colonización comenzó a dibujarse con la disolución del Servicio Nacional de Reforma Económico-Social de la Tierra y la creación, en octubre de 1939, del Instituto Nacional de Colonización (INC) para «realizar los amplios planes de colonización de acuerdo con las normas programáticas del Ministerio de Agricultura». Doce años después se había de organizar el Servicio Nacional de Concentración Parcelaria, segunda palanca de esta política. Con ambas entidades se desarrolló una política agraria en dos direcciones fundamentales: colonización y concentración parcelaria. En las páginas que siguen analizamos esas dos líneas de acción política, mantenidas hasta 1975, para, después, en la sección 4 ocuparnos de las nuevas leyes agrarias promulgadas desde el advenimiento de la democracia en 1977.

3-1. La política de colonización

Con las leyes de colonización de 1939 el Estado pasó a tener una intervención cada vez mayor, hasta

---

Figura 9: PRINCIPALES ZONAS DE REGADIO

Esta figura —que aparece en las páginas siguientes— se basa en el mapa del Ministerio de Obras Públicas sobre zonas de regadío dominadas por Obras Hidráulicas del Estado, si bien hemos incorporado otras zonas regables sin influencia directa del Estado, así como elementos provenientes del *Atlas Nacional de España*, del Instituto Geográfico y Catastral (límites de las Confederaciones Hidrográficas, cursos fluviales y principales embalses con su capacidad respectiva).

En total, en el mapa se representan las zonas de regadío más importantes de la Península, y las áreas en riego más notables de los dos archipiélagos.

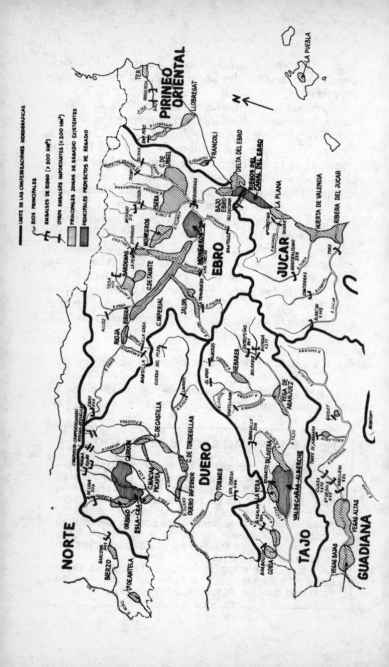

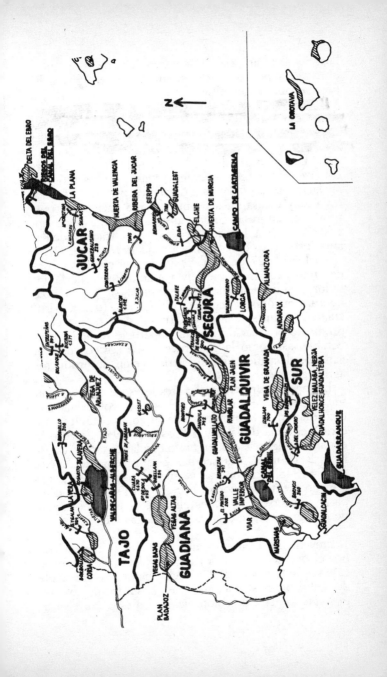

llegar a abarcar desde la construcción de las grandes obras a la de las acequias que llevan el agua a las propias tierras de cultivo.

Las tres principales leyes de colonización promulgadas en esta última etapa de la política agraria española fueron las de 1939, 1946 y 1949; cada una de ellas tenía un distinto carácter, que conviene destacar.

La Ley de Bases de 26 de diciembre de 1939, «para colonización de las grandes zonas», representó una apelación al capital y a la iniciativa privada. Esta ley tuvo muy escasa eficacia, puesto que apenas se constituyeron empresas colonizadoras, sin duda por razones análogas a las que originaron el fracaso de las anteriores leyes de colonización de 1907 y de 1927.

La Ley de 27 de abril de 1946, «de colonizaciones de interés local», si bien menos ambiciosa que la anterior, incidió de manera más positiva, ya que su auxilio a las mejoras agrícolas de tipo medio (de los particulares, Ayuntamientos y Grupos de Colonización) promovió la creación de una superficie regada considerable, así como la construcción de abrigos para el ganado, electrificación, industrialización de productos agrícolas, etc.

La más importante de las tres leyes de colonización fue la del 21 de abril de 1949, «sobre colonización y distribución de la propiedad de las zonas regables». La escasa eficacia de la Ley de Bases de 1939 demoró la expansión del regadío, en tanto que las cosechas catastróficas debidas a la sequía, y especialmente las de 1947 y 1948, hicieron más visible la necesidad de llevar el riego a extensas zonas. Por ello, el Estado hubo de pasar a hacerse cargo integralmente de las operaciones de puesta en regadío en amplias zonas (ver fig. 9).

Brevemente examinaremos cuál era el mecanismo por el que se llevaron a cabo los planes de colonización según la Ley de 1949. Declaraba una zona regable de «alto interés nacional», el INC formulaba un proyecto general de colonización. En éste, entre otras particularidades, se fijaban los precios máximos y mínimos a pagar (en numerario y al contado) en el momento de la explotación. Asimismo se determinaba la unidad tipo de cultivo y el máximo reservable a los propietarios cultivadores directos de la zona regable.

Las tierras ya regadas de la zona no se expropiaban en ningún caso. Las tierras que quedaban después de garantizar la reserva discrecional a los propietarios cultivadores directos se denominaban «tierras de exceso». Estas eran precisamente las que se parcelaban para su distribución entre los colonos que a ello aspirasen, según orden de preferencia, entre: 1.º, arrendatarios y aparceros cultivadores directos de la zona; 2.º, agricultores procedentes de otras comarcas, y 3.º, arrendadores, cuando lo solicitan.

Los colonos tenían acceso a la tierra en régimen de concesión administrativa, y para convertirse en propietarios habían de realizar antes el pago de su valor inicial, así como el de los intereses, en los plazos que el INC señalaba. Ultimado el pago, la propiedad pasaba a los colonos, pero se mantenía un régimen jurídico especial que no permitía la división de las parcelas, y por el cual el INC seguía con la supervisión general de las explotaciones. Tanto en las tierras reservadas a sus propietarios como en las parcelas asignadas a los colonos se exigía un mínimo de intensidad en el cultivo y en la producción, reservándose el INC la facultad de expropiar las tierras en caso de no alcanzarse los índices de intensidad marcados. De hecho, esta última medida no se adoptó nunca, por falta de rigor.

La Ley de Zonas Regables de 1949 fue una norma jurídica y socialmente conservadora, y anticuada, debido a su preferencia por los pequeños lotes familiares de tres a siete hectáreas. Las indemnizaciones por expropiación se hacían sobre tasaciones nada desfavorables para los propietarios, en dinero efectivo y al contado; consecuencia de ello resultó la

Figura 10: UN CASO DE CONCENTRACION PARCE-
LARIA EN LA MESETA
NORTE

Esta figura corresponde a un caso típico de concentración parcelaria en un municipio castellano minifundista (La Mudarra, Valladolid). Obsérvese la diferencia del «antes» al «después», el cambio de un plano parcelario «en harapos» (desgarrado y troceado de forma casi inverosímil) a un plano más racional; la comparación apenas necesita comentarios en cuanto a la utilidad de las actuaciones concentradoras.

El «resumen general de la concentración» (cuadro de la izquierda) nos muestra la transformación global del municipio. En tanto que el cuadro de la derecha sobre «situación de los propietarios antes y después» nos ofrece sendos casos de propietarios (el del rayado vertical y el del rayado horizontal); es preciso subrayar, no obstante, que en ambos supuestos la superficie de que disponen los propietarios es extremadamente exigua para lo que una explotación moderna requiere. En ese sentido, en la sección 3-2 de este capítulo ponemos de relieve cómo la concentración parcelaria sigue dejando el problema de la explotación agraria en zonas minifundistas a mitad del camino de lo que sería una solución plenamente racional.

La solución, pues, no cabe buscarla sino en acciones omnicomprensivas; pero no sólo del tipo de la ordenación rural, que modestamente va desarrollando el IRYDA. Será preciso que en base a las experiencias ya existentes, y con formas democratizadas y eficientes, se despliegue una decidida y activa política de fomento del cooperativismo a todos los niveles, y muy en especial en materia de explotación en común de la tierra.

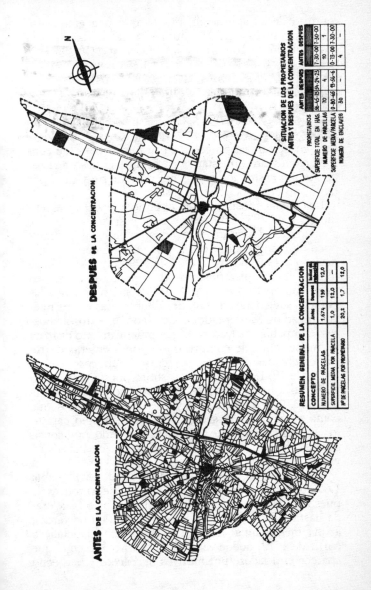

DESPUES DE LA CONCENTRACION

ANTES DE LA CONCENTRACION

SITUACION DE LOS PROPIETARIOS ANTES Y DESPUES DE LA CONCENTRACION

PROPIETARIOS	ANTES	DESPUES	ANTES	DESPUES
SUPERFICIE TOTAL EN HAS.	58-45-75	54-24-23	7-30-00	7-30-00
NUMERO DE PARCELAS	70	4	10	1
SUPERFICIE MEDIA/PARCELA	0-80-46	13-56-6	0-73-00	7-30-00
NUMERO DE ENCLAVES	30	-	-	-

RESUMEN GENERAL DE LA CONCENTRACION

CONCEPTO	Antes	Despues	Indice reducción
NUMERO DE PARCELAS	1.674	139	12,0
SUPERFICIE MEDIA POR PARCELA	1,0	12,0	-
Nº DE PARCELAS POR PROPIETARIO	20,3	1,7	12,0

N

lentitud de su aplicación, puesto que una gran parte de los recursos del INC hubieron de destinarse a la expropiación y compra de las fincas. Con el mecanismo de indemnización antes descrito no sólo se retrasó la política de aumento de productividad y de la producción total de la agricultura, sino que, además, no se operó una redistribución de la riqueza y de la renta, habida cuenta de que los propietarios de las tierras expropiadas eran indemnizados con dinero efectivo que, en definitiva, procedía en su mayor parte de consignaciones presupuestarias en las que el peso relativo de los impuestos indirectos era muy fuerte y que, por tanto, no eran socialmente justas.

Los colonos instalados en el período 1939-62 ascendieron a 45.299. Esta última cifra casi nos excusa de comentarios; las enormes inversiones en regadíos (tampoco aquí se puede precisar por falta de datos) beneficiaron a muy pocos: a esos 45.299 colonos y, sobre todo, a los propietarios, que después de la puesta en riego conservaron el 72 por 100 de sus tierras, y a las grandes sociedades de compra establecidas en los nuevos regadíos (desmotadoras de algodón, cotos arroceros, compañías azucareras), que prácticamente disfruta de monopolios de compra sobre zonas enteras de regadíos creadas con cargo a recursos públicos.

Desde 1971, todas las leyes sobre puesta en regadío publicadas hasta entonces quedaron codificadas en la Ley 118/1973 de Reforma y Desarrollo Agrarios que como veremos en la sección 4 de este mismo capítulo, aún está pendiente de revisión, siendo por consiguiente, la que aún en la actualidad se encuentra en vigor.

Recapitulando, antes de la Guerra Civil había 1.650.000 hectáreas de regadío, y desde entonces la puesta en regadío experimentó una evolución acelerada hasta 1972, cuando se llegó a 2.498.000 hectáreas, a una media anual de 25.696 hectáreas. El detalle a partir de 1972, puede verse en el cuadro 3-2, en el que aparece el desglose por motivos herbáceos y barbecho (cereales, remolacha, algodón, girasol, etc.), y por cultivos leñosos (frutales de todas clases). Los prados naturales, como puede apreciarse, se contabilizaron aparte.

CUADRO 3-2
Regadío: Superficie regada cada año, en miles de Ha

Años	Tierras de cultivo			Prados naturales
	Ocupada por cultivos herbáceos y barbecho	Ocupada por cultivos leñosos	Total	
1976........	2.078	573	2.651	203
1977........	2.123	568	2.691	202
1978........	2.174	566	2.740	203
1979........	2.195	599	2.794	203
1980........	2.214	608	2.822	207
1981........	2.238	615	2.853	206
1982........	2.287	627	2.914	209
1983........	2.287	636	2.923	210
1984........	2.350	654	3.004	211
1985........	2.345	662	3.007	211
1986........	2.381	671	3.052	208
1987........	2.371	689	3.106	210
1988........	2.437	700	3.106	208
1989........	2.455	714	3.169	201
1990........	2.458	741	3.199	204
1991........	2.445	748	3.193	195

Fuente: INE e IRYDA.

Desde el ingreso de España en la CE, que no apoya la creación de nuevas zonas irrigadas por los grandes excedentes agrícolas comunitarios, la *política de riego,* se ha relentizado. Y el nuevo *Plan Hidrológico,* previsto para 1992/1993 (con 200 nuevos embalses) mira más a los abastecimientos urbanos de las grandes ciudades y de la industria que no a nuevas aplicaciones al campo. Subrayemos, asimismo, que el aumento de tales *necesidades* se debe en gran medida al derroche

de agua en toda clase de usos, y a las fuertes pérdidas
por el mal estado de muchas redes de distribución.

3-2. La concentración parcelaria

Con la concentración parcelaria se intenta remediar
los males del parcelamiento excesivo, cuyo principal
inconveniente es el tiempo empleado en ir de una
parcela a otra de la explotación para realizar las faenas
agrícolas, lo que representa un derroche de gran trascendencia económica. Así se puso de relieve en una
estimación realizada para 1953, en la que se calculó
que el valor del «tiempo improductivo» por este concepto ascendió en toda España a 4.312 millones de
pesetas.

Por otra parte, la pérdida de superficie útil por
lindes crece a medida que decrecen las dimensiones de
las parcelas, y por ello el parcelamiento resta extensio-
nes importantes al cultivo. Hay que destacar también
que el minifundismo dificulta, e incluso imposibilita,
el empleo de la maquinaria moderna, la puesta en
regadío y la lucha contra las plagas agrícolas y contra
la erosión del suelo. El funcionamiento parcelario era
extremadamente grave en toda la mitad norte de España, pero presentaba caracteres alarmantes en las
provincias de Castilla, León, Galicia y Asturias.

Jovellanos, que tan preocupado se mostraba por los
latifundios en su *Informa sobre la Ley Agraria,* en una
de sus cartas sobre Asturias se lamentaba de la subdivisión de las tierras hasta su casi inutilización. «Yo
quiero una (ley) —decía— para detener la funesta
subdivisión de las suertes de Asturias, así como qui-
siera otra para animar la división de los inmensos cor-
tijos de Andalucía.» Otros autores españoles destacaron
el problema, su importancia, y apuntaron los posibles
remedios: Fermín Caballero, en un trabajo publicado
en 1863; Diego Pazos, en 1900; varios autores, en el
Boletín del Instituto de Reforma Agraria; otros, en el

Congreso Regional del Duero, en 1946; en el I Congreso Nacional de Ingeniería Agronómica, en 1950, etc.

Asimismo algunas disposiciones legales fomentaron la concentración de parcelas; por ejemplo, las Leyes de 11 de julio de 1866 (de cotos redondos ya casarados) y de 3 de junio de 1868 (privilegios a fincas indivisibles) y la segunda parte del artículo 1.056 del Código Civil. Todas esas disposiciones tuvieron muy escasa, por no decir nula, efectividad. En 1907, año en que comenzó a perfilarse en España una indudable preocupación por la legislación agraria, promovida por el ministro de Fomento González-Besada, se nombró una comisión para estudiar la «subdivisión de la propiedad territorial, sus causas, condiciones y efectos en el orden jurídico, social y agronómico, así como para proponer los remedios a los males que de esa subdivisión excesiva se originan para la vida del labrador, para la estabilidad rural y para el progreso agrícola». La Memoria de esa comisión, así como el proyecto de ley que propuso, contenía todas las bases para una política eficaz de concentración parcelaria. Sin embargo, la tan necesaria ley no llegó a publicarse por entonces, a pesar de que en Europa (Alemania y Suiza, fundamentalmente) ya estaban en vigor leyes de este tipo desde el último tercio del siglo XIX.

Fue sólo cuarenta y cinco años después, el 20 de octubre de 1952, cuando se promulgó en España la primera ley de concentración parcelaria con carácter experimental. La posterior del 20 de julio de 1955 se revisó en 1962, y en 1968 ya en relación con la ordenación rural (Ley 54/68 de 27 de julio). Por último, todo el proceso se subsumió en la ya citada Ley 118/1973 de Reforma y Desarrollo Agrarios.

El fin de las operaciones de concentración parcelaria es asignar a cada propietario un coto redondo o en un reducido número de parcelas una superficie equivalente en clase de tierra y cultivo a la que anteriormente poseía y dar a las nuevas parcelas acceso a vías de

Figura 11: PRECIOS REGULADOS PARA LA AGRICULTURA

Aunque muchas veces se dice que vivimos en el sistema de libre mercado, la verdad es que numerosas áreas económicas están intervenidas; entre ellas, todo el sector agrario, que se beneficia de una importante regulación pública, que en el caso concreto de España está en consonancia con lo que Bruselas establece a través de la Política Agrícola Común (PAC).

Uno de los aspectos más importantes de la PAC son los precios, que protegen a los agricultores europeos de las fluctuaciones del mercado internacional, cuyas cotizaciones se sitúan generalmente a niveles muy inferiores de tierras disponibles por agricultor, organización productiva muy avanzada, transferencias de renta, etc., en el caso de EE.UU.; o a los bajos salarios en lo que concierne a los países menos desarrollados.

En la siguiente página, aparece la síntesis de los precios agrícolas de la CE para 1991/93. En las sucesivas columnas del cuadro, figura, primero, la fecha de inicio de la campaña, que abre el período anual en que rigen los precios decididos en Bruselas. Viene, después, el tipo de precio, que generalmente es de intervención, lo cual obliga a adquirir la oferta comunitaria no vendida en el mercado ordinario; o bien, se trata de precios, como para los productos pecuarios o los vinos, que sirven de base o de orientación para determinadas acciones en el mercado, como la compra de canales congelados, o de cantidades concretas de caldos, de modo que resulte posible la recuperación de las cotizaciones internas comunitarias.

La PAC, por presiones internacionales muy fuertes en el GATT, está siendo objeto de profunda reforma desde 1984, con planteamientos integrales desde mayo de 1992.

Producto	Fecha inicio	Tipo de precio	Campaña 1991/92		Campaña 1992/93		Variación %
			CEE (Ecu/Tm.)	España (Pts./Tm.)	CEE (Ecu/Tm.)	España (Pts./Tm.)	
Trigo blando panificable	1- 7-92	P. intervención	168,55	25.872	163,49	25.256	−2,0
Cebada	1- 7-92	P. intervención	160,13	24.580	155,33	23.996	−2,0
Maíz	1- 7-92	P. intervención	168,55	25.872	163,49	25.256	−2,0
Sorgo	1- 7-92	P. intervención	160,13	24.580	155,33	23.996	−2,0
Centeno	1- 7-92	P. intervención	160,13	24.580	155,33	23.996	−2,0
Trigo duro	1- 7-92	P. intervención	227,7	33.109	220,87	24.120	+3,0
Trigo duro	1- 7-92	Ayuda per Ha.	—	22.463	—	28.097	+25,0
Arroz	1- 7-92	P. intervención	313,65	47.310	313,65	48.364	+2,2
Arroz	1- 7-92	Ayuda Trdica por Ha.	200	30.180	—	—	−2,7
Azúcar	1- 7-92	Base remolacha	46,84	7.190	46,08	6.993	+4,1
Aceite de oliva	1-11-92	P. intervención	1.853,1	277.618	921,2	97.565	+42,1 (1)
Aceite de oliva	1-11-92	Ayuda a la producción	—	—	843,3	87.445	+27,3 (2)
Colza y nabina (3)	1- 7-92	P. intervención	458,5	68.689	—	—	—
Girasol (3)	1- 8-92	P. intervención	377,8	56.983	—	—	—
Soja (3)	1- 9-92	P. objetivo	417,3	69.155	178,61	27.374	+2,3
Forrajes desecados	1- 5-92	P. mínimo	458,5	62.940	253,40	34.406	−10
Guisantes	1- 7-92	P. mínimo	178,61	26.758	234,70	31.593	−10,7
Habas y haboncillos	1- 7-92	P. mínimo	253,4	38.220	284,20	38.648	−9,8
Altramuces dulces	1- 8-92	P. mínimo	234,7	35.399	374,36	57.375	—
Lino	1- 8-92	Ayuda per Ha. (textil)	318,87	42.865	339,42	52.020	+19,4
Cáñamo	1- 8-92	Ayuda por Ha.	289,16	14.352	111,81	17.136	+9,0
Gusano de seda	1- 4-92	Ayuda bandeja huevos	95,80	138.117	976,50	150.670	+0,4
Algodón	1- 9-92	P. mínimo	910,7	41.324	268,10	51.502	−2,8
Leche	1- 4-92	P. indicativo	268,1	466.252	1.724,3	453.223	−14,5
Mantequilla	1- 4-92	P. intervención	3.024,9	312.391	2.927,8	266.923	−1,3
Leche en polvo	1- 4-92	P. intervención	2.026,7	528.693	3.430	521.600	+2,2
Carne de vacuno	16- 6-92	P. intervención	3.430	637.927	4.229,5	652.172	—
Carne de ovino	1- 7-92	P. base	4.229,5	276.499	1.897	—	—
Carne de porcino	1- 7-92	P. base	1.897	450,94	—	480,90	—
Vino Tipo R II (4)	1- 9-92	P. orientación	3,01	450,94	3,21	480,90	+6,6
Vino Tipo A I (4)	1- 9-92	P. orientación	3,01	450,94	3,21	480,90	+6,6

(1) Oleicultores con producción inferior a 500 Kg. de aceite.
(2) Oleicultores con producción igual o superior a 500 Kg. de aceite.
(3) Los precios de intervención y mínimo dejaron de ser efectivos en estos cultivos a partir del Reglamento (CEE) n.º 3.766/91 del Consejo, del 12-XII-91.
(4) Precios expresados en Ecus y Pts./grado y Hl.
Fuente: MAPA.

comunicación. La realización de las operaciones se encomendó al Servicio Nacional de Concentración Parcelaria y Ordenación Rural (SNCPOR, hoy integrado en el IRYDA, Instituto de Reforma y Desarrollo Agrario), y se llevan a cabo en los términos municipales donde lo solicite el 60 por 100 de los propietarios o igual proporción de superficie de tierras (ver fig. 10). Se fija una «unidad mínima de cultivos», por debajo de cuya dimensión no puede resultar ninguna de las nuevas parcelas; asimismo, se establece la extensión de la «unidad tipo» que se considera como más adecuada para la explotación de la tierra con medios modernos. Los propietarios que al iniciarse la concentración cuentan con una superficie total menor que la «unidad mínima» pueden obtener los créditos necesarios para adquirir la tierra que precisen. Las parcelas resultantes de la concentración se consideran indivisibles cuando de su división se hubieran de originar uno o varios fragmentos menores que la unidad mínima o que la unidad tipo, según el caso.

Más tarde, por un decreto de 2 de enero de 1964, los trabajos de concentración parcelaria se reforzaron con la «ordenación rural», un instrumento de política agraria de inspiración francesa (*aménagement du territoire*), al objeto de «elevar el nivel de vida de la población agraria mediante la transformación integral de las zonas y la concesión de estímulos adecuados para la mejora de las estructuras agrarias». La ordenación rural comprende todas o algunas de las siguientes operaciones: redistribución de la propiedad para constituir explotaciones económicamente viables, promoción de la agricultura de grupo, fomento de la modernización de las explotaciones agrarias, planificación de las mejoras territoriales para aprovechar recursos naturales de la zona, elaboración de planes indicativos de cultivo y de industrias agrarias. Posteriormente, a esas acciones se incorporaron otras de *animación social* del mundo rural, intentando diversificarlo a base de despertar las capacidades endógenas.

Todas estas actuaciones, más la puesta en regadío, pasaron a la competencia del IRYDA desde su creación en 1971. En vez de actuar sobre términos municipales simplemente, el IRYDA lo fue haciendo a partir de entonces con un enfoque comarcal. La labor concentradora se resume en el cuadro 3-3.

CUADRO 3-3

Evolución de la concentración parcelaria

Años	A Solicitud de concentración, en superficie (miles de Ha.)	A Superficie concentrada (miles de Ha.)	Años	A	B
1953.....	80,2	—	1971	280,7	365,0
1954.....	27,5	7,8	1972	371,2	303,1
1955.....	158,6	10,8	1973	386,9	254,4
1956.....	176,5	10,8	1974	301,6	257,0
1957.....	366,3	21,4	1975	301,5	227,8
1958.....	242,7	51,4	1976	216,1	171,5
1959.....	108,6	68,9	1977	181,6	187,2
1960.....	180,0	72,7	1978	168,0	97,1
1961.....	54,0	89,6	1979	143,9	175,9
1962.....	415,5	101,1	1980	261,7	208,6
1963.....	676,1	145,1	1981	252,0	114,7
1964.....	440,0	206,2	1982	254,8	90,7
1965.....	932,8	301,9	1983	112,5	110,6
1966.....	489,8	351,1	1984	110,0	106,6
1967.....	550,1	407,1	1985	138,0	55,5
1968.....	264,0	382,1	1986	22,6	20,1
1969.....	296,7	350,2			
1970.....	319,6	356,6	TOTAL	8.803,9	5.624,1

Fuente: INE. Transferida a las CC.AA. desde 1987.

Las ventajas técnicas y económicas de la concentración parcelaria son importantes: permite la utilización de la maquinaria agrícola, el uso racional de los fertilizantes, la mejor lucha contra las plagas, la más fácil puesta en regadío, donde hay agua, la reducción del

Figura 12: PRECIOS REGULADOS EN EL
SECTOR DE LOS CEREALES

En esta figura se aprecia, esquemáticamente, el sistema de intervención de la Comunidad Europea en el mercado de cereales, dentro de la política general de la PAC. El caso concretamente considerado es el del trigo.

Mediante los histogramas que aparecen en la imagen, se representan los distintos niveles de precios. Empezando por la parte izquierda, del lado de la importación, el precio CIF, a un nivel muy bajo, es bien expresivo de la fuerte competencia existente en el mercado internacional.

El segundo histograma es el prélèvement, o exacción variable, que todos los países de la Comunidad Europea aplican al precio CIF de importación, a fin de que la mercancía, al entrar en la CE, se sitúe al nivel (tercer histograma) del llamado el precio umbral, muy próximo al precio indicativo. De ese modo, las importaciones no alteran el propósito que tiene el precio indicativo (mucho más alto que el internacional), que sirve de guía para los agricultores a lo largo de todo el período anual, desde el mismo comienzo hasta el final de la campaña (30 de junio del año 1 hasta 1 de julio del año 2). Una segunda garantía de la virtualidad del precio indicativo de la CE es el precio de intervención, al cual se compran, por los organismos comunitarios de sostenimiento, las cantidades que se les ofrecen por los agricultores.

En la parte derecha de la imagen, figuran los mecanismos para hacer posible la salida de excedentes, que obviamente han de ofrecerse al precio mundial; para lo cual es necesario primar tales exportaciones con una restitución, cuyo monto varía en función de las cotizaciones internacionales.

Todas las operaciones indicadas suponen ingresos y gastos, que se administran por el Fondo Europeo de Orientación y Garantía Agrícolas (FEOGA).

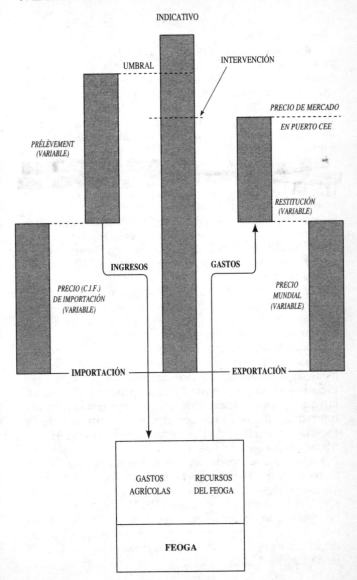

INDICATIVO

UMBRAL

INTERVENCIÓN

PRECIO DE MERCADO
EN PUERTO CEE

*PRÉLÈVEMENT
(VARIABLE)*

*RESTITUCIÓN
(VARIABLE)*

INGRESOS

GASTOS

*PRECIO (C.I.F.)
DE IMPORTACIÓN
(VARIABLE)*

*PRECIO
MUNDIAL
(VARIABLE)*

IMPORTACIÓN

EXPORTACIÓN

GASTOS
AGRÍCOLAS

RECURSOS
DEL FEOGA

FEOGA

número de unidades de trabajo empleadas por hectárea y año, etc.

La obra de concentración parcelaria en España merece muchos elogios. Con ella mejora la suerte de todos los propietarios, pero debemos preguntarnos en qué medida, pues en ello reside la clave de si la concentración está transformando lo suficiente las explotaciones agrarias. En este sentido podemos afirmar que la concentración parcelaria se queda a mitad del camino.

En las zonas de minifundio, que es donde se practica la concentración, la propiedad está muy mal repartida. La concentración parcelaria desveló el mito de que «la propiedad de la tierra está muy bien distribuida en Castilla». En la ancha región castellana, la tierra cultivable estaba muy fragmentada en parcelas; pero la distribución de su propiedad, a distinta escala que en el sur, es muy parecida. Normalmente, el 10 por 100 de los propietarios poseen más de la mitad del término municipal. Por esta razón, como consecuencia de la concentración parcelaria, en cada término resultan casi siempre unas pocas propiedades concentradas de gran dimensión (al nivel local) y un gran número de propiedades también concentradas de dimensión muy reducida e irracional. El pasar, por ejemplo, de 15 parcelas de 0,2 hectáreas a dos parcelas de 1,5 hectáreas cada una no es, en ningún caso, un progreso definitivo; cuando estudios realizados en 1963 ya ponían de relieve que en las zonas de secano mecanizable de la meseta norte la unidad mínima de cultivo debería situarse en las 175 hectáreas.

En definitiva, puede decirse que más que una simple concentración parcelaria, lo necesario era una *ordenación integral,* que condujese a explotaciones más amplias y racionales; y ahora (1992), más que nunca, en línea con la tendencia de extensificación de la actividad rural que se manifiesta en las nuevas pautas de la reforma de la Política Agrícola Común (PAC) de la CE.

3-3.   Legislación sobre grandes fincas. El IRYDA

En los apartados anteriores hemos examinado la política seguida desde 1939 a 1977 frente a los problemas del regadío (colonización) y de la parcelación excesiva (concentración parcelaria). Debemos preguntarnos ahora cuál fue la actitud oficial ante los latifundios; esto es, respecto de las grandes propiedades mal explotadas. Para acometer una parte de ese problema se dictó la Ley de 3 de diciembre de 1953, sobre «régimen de fincas manifiestamente mejorables», dirigida a mejorar «extensas zonas del territorio nacional que no se han transformado a pesar de los generosos auxilios que las disposiciones actualmente vigentes ofrecen a los propietarios». Las fincas objeto de la ley —y ésta constituía su primera limitación— no eran todas las realmente mejorables, sino únicamente las que en su totalidad o en una parte importante estaban integradas por terrenos incultos, susceptibles de cultivo agrícola, o en los que parecía posible incrementar de forma notable el aprovechamiento forestal o ganadero.

La declaración de finca mejorable se hacía por decreto, en el que se señalaban las líneas generales del plan de explotación o mejora y la ayuda estatal concedida para la realización del mismo. Si el propietario dentro de los plazos que expresamente se fijaban rehusaba realizar el plan de mejora, o habiéndolo aceptado no lo ejecutaba efectivamente al ritmo previsto, la finca se incluía dentro del «Catálogo de fincas expropiables» del Ministerio de Agricultura y automáticamente su cuota por contribución rústica quedaba recargada en un 100 por 100.

La ley apenas llegó a aplicarse, y la cuestión no se abordó de nuevo hasta 1971, combinándola con aspectos de política de ordenación rural —ya examinados en 3-2— a través de la Ley de 21 de julio de 1971 sobre Comarcas y Fincas Mejorables, con un nuevo planteamiento técnico, difícilmente calificable de reforma agraria, pues el cúmulo de trámites jurídicos de toda clase, y de plazos concedidos a los propietarios para mejorar sus explotaciones, se configuró como realmente excesivo, de tal modo que la ley fue muy escasamente aplicada. La gran propiedad siguió siendo salvaguardada por el régimen de Franco, manteniéndose así la constante histórica iniciada con la contrarreforma agraria, llevada a cabo en la España «nacional» desde el comienzo de la propia Guerra Civil.

Al crearse el IRYDA el 21 de julio de 1971, conscientemente se trató de evitar la denominación del Instituto de Reforma Agraria de la República.

El IRYDA se integró por fusión del Instituto Nacional de Colonización y del Servicio Nacional de Concentración Parcelaria y Ordenación Rural, dos organismos que ya estaban coordinados pero aún sin suficiente imbricación. La creación del IRYDA supuso, pues, una reorganización administrativa indispensable, como también en la misma fecha se produjo algo parecido para el sector forestal; con la creación del ICONA al que nos referiremos más adelante.

Por otra parte, en la propia ley del IRYDA, de 21 de julio de 1971, se anunció otra ley, sobre Reforma y Desarrollo Agrarios, para actualizar las disposiciones sobre colonización, concentración parcelaria, ordenación rural, unidades mínimas de cultivo, conservación de suelos, etc. Tal disposición, ya mencionada en dos ocasiones con anterioridad, se publicó el 12 de enero de 1973, pero no pasó de ser una mera refundición de los textos legislativos ya aludidos.

4. Las leyes agrarias desde 1977

En el marco ya de la progresiva instauración de la democracia en España, a partir de las elecciones generales del 15 de junio de 1977, los problemas de carácter general del sector agrario fueron objeto de un primer análisis global con ocasión de negociarse los llamados Pactos de la Moncloa (a los que nos referimos in extenso en el capítulo 16), suscritos por el Gobierno y todas las fuerzas parlamentarias el 27 de octubre de 1977. Representaron una toma de posición relativamente concreta sobre ocho temas importantes: ordenación de cultivos, arrendamientos rústicos, política de precios, cooperativismo, reforma y desarrollo agrario, seguros del campo, elecciones a cámaras agrarias, y cajas rurales.

El programa agrario de los Pactos de la Moncloa ha sido objeto de un desarrollo desigual, y no poco desvirtuado en sus verdaderos objetivos de llevar a cabo, sin estridencias, una auténtica reforma agraria. Brevemente, reseñaremos los principales textos.

1. La Ley 87/1978, de 28 de diciembre, del *Seguro Agrario,* promulgada en 1979, tiende a generalizar y a abaratar con ello los seguros para cubrir los riesgos de anomalías y calamidades de todo tipo en las cosechas.

2. La Ley 34/1979, de 16 de noviembre, de *Fincas Manifiestamente Mejorables* (FMM). En ella se consideran como FMM las siguientes:

a) las que lleven sin explotarse dos años como mínimo;

b) aquellas en las que no se aprovechen los medios o recursos disponibles como consecuencia de obras construidas con auxilio estatal;

c) las superiores a cincuenta hectáreas de regadío, o a quinientas de secano o aprovechamiento forestal, en las que deban realizarse intensificaciones de cultivos que, atendiendo al interés nacional, incrementen el empleo.

Las FMM pueden ser incluidas en el Catálogo, y en ese caso los propietarios han de presentar un plan de mejora en el plazo de dos meses. Si el propietario no lo hace, el IRYDA puede imponer el arrendamiento forzoso por doce años para la explotación de la FMM directamente, o subarrendándola mediante licitación.

3. La Ley 55/1980, de 11 de diciembre, de *Montes Vecinales en Mano Común* (MVMC). Con ella se

persigue devolver la titularidad de esa clase de montes a las comunidades que de una u otra forma fueron desposeídas por Ayuntamientos, Diputaciones o por el Estado. En este sentido, los MVMC se consideran bienes indivisibles, inalienables, imprescriptibles e inembargables. Son administrados por las Comunidades de Vecinos.

4. La Ley 83/1980, de 31 de diciembre, de *Arrendamientos Rústicos*. En ella se limita el derecho de arrendamiento, sin poder sobrepasarse las 500 Ha en secano o las 50 en regadío. Por otra parte, con todas las prórrogas acumulables, el arrendatario puede llegar a disponer de las tierras durante veintiún años, con la especificación de que al terminar el contrato debe resarcirse de las mejoras introducidas, teniendo además derecho de tanteo y retracto en caso de compraventa.

5. *Cámaras Agrarias.*—Reglamentadas con anterioridad a los Pactos de la Moncloa —RD 1336/1977, de 2 de junio—, son entidades colaboradoras de la Administración y representativas de los intereses agrarios, elegidas por sufragio de los agricultores (no los obreros agrícolas).

6. *Política de Precios.*—Tras muchas negociaciones y controversias, desde marzo de 1981 los representantes de los agricultores forman parte del Consejo General del FORPPA (Fondo de Orientación y Regulación de Productos y Precios Agrícolas), como organismo encargado de estudiar los precios reguladores y proponérselos al Gobierno. Posteriormente, el tema quedó completado con la Ley 19/1982, de 26 de mayo, sobre contratación de productos agrarios.

7. *La protección de la agricultura de montaña.*—Se reguló mediante la Ley 25/1982, de 30 de junio.

Tras el triunfo del PSOE en las elecciones del 28 de octubre de 1982 no se produjeron cambios de inmediato en la ordenación agraria básica, si bien sí que hubo transformaciones considerables en los sistemas de precios regulados y en la organización de mercados;

aparte de la Ley de Reforma Agraria en Andalucía, de 1984, que apenas supuso, inicialmente, algo más que una aplicación regional de la Ley de FMM de 1979. Ocho años después, en 1992, ante la falta de aplicación de la ley, el Consejo de Agricultura de la Junta renunció expresamente a la reforma. Mientras tanto, más de 200.000 obreros agrícolas sin tierra estaban en el Programa de Empleo Rural (PER), de asistencialismo generalmente criticado por sus efectos de inanición y su sentido más de incentivador del desempleo, que no de la ocupación.

5. La política de precios agrícolas

A partir de 1936 surgieron en España diversas instituciones para intervenir los mercados agrícolas (Servicio Nacional del Trigo, después de Cereales y hoy de Productos Agrarios; Comisión de Compras de Excedentes de Vinos, ya desaparecida; Comisaría General de Abastecimientos y Transportes, etc., a los que se alude en detalle en la sección 6 de este capítulo). A este proceso, de carácter esporádico, vino a darle una cierta coherencia la creación —en 1968— del FORPPA. Es indudable que el surgimiento de este organismo fue un caso bien claro de inspiración en el Fondo de Orientación de Mercados Agrícolas de Francia, que en su momento también sirvió de modelo al propio Fondo Europeo de Orientación y Garantía Agrícola (FEOGA).

Anualmente, y conforme a las decisiones del Consejo de Ministros de la CE, se establecen los *precios regulados,* y de modo directo o indirecto se interviene después en los mercados para evitar que los precios reales se hundan por debajo de los regulados; o para impedir que los superen excesivamente, también conforme a los sistemas comunitarios fijados en los reglamentos agrícolas de la CE.

Por lo demás, en los mercados agrarios existen otras

Cuadro 3-4

*Indice de precios percibidos y pagados
por los agricultores*

Años	Precios percibidos	Precios pagados	Indice de paridad
BASE: 1964 = 100			
1964............................	100,0	100,0	100,0
1965............................	116,5	103,3	112,7
1966............................	120,8	106,4	113,5
1967............................	117,2	108,9	107,6
1968............................	124,8	110,0	113,4
1969............................	131,1	111,7	117,3
1970............................	128,5	114,6	112,1
1971............................	136,5	119,9	113,8
1972............................	151,0	121,6	124,1
1973............................	169,7	135,1	111,1
1974............................	184,5	175,9	104,8
1975............................	215,5	190,0	113,4
1976............................	237,8	208,8	114,3
BASE: 1976 = 100			
1976............................	100,0	100,0	100,0
1977............................	126,3	114,0	108,4
1978............................	142,8	128,5	110,8
1979............................	152,1	146,6	106,8
1980............................	156,8	173,6	89,6
1981............................	176,7	209,3	84,4
1982............................	204,6	230,6	88,7
1983............................	223,8	264,0	84,7
1984............................	245,4	296,7	82,7
1985............................	254,8	313,0	81,4
BASE: 1985 = 100 (1)			
1985............................	100,0	313,0	100,0
1986............................	108,8	326,3	95,8
1987............................	105,8	332,5	100,4
1988............................	109,3	338,0	98,8
1989............................	117,5	346,8	94,3
1990............................	118,3	119,2	99,2
1991............................	118,0	127,8	92,3
1992............................	110,0	136,5	80,9

(1) Cambio de base a 1985, sólo para precios percibidos; para los pagados, continúa 1976 hasta 1990. Desde 1990, para los precios pagados, gastos generales.
Fuente: Ministerio de Agricultura.

intervenciones oficiales a las que hemos de referirnos con detalle a lo largo de la sección 6. En las figuras 11 y 12 se exponen —gráficamente— algunas de las intervenciones existentes en España antes del ingreso en la CE en 1986.

Por otra parte, en la agricultura no debe perderse de vista las relaciones entre los distintos niveles de precios. En el cuadro 3-4 puede apreciarse, desde 1964, la evolución del *índice general* de los precios percibidos por los agricultores, en origen, por los productos regulados y los enteramente libres no regulados.

Figura, igualmente, en el cuadro 3-4 el índice de *precios pagados* por los agricultores por la compra de insumos (semillas, maquinaria, fertilizantes, combustible, etc.). La relación entre precios percibidos y pagados se expresa en la última columna del cuadro; es éste el llamado *índice de paridad* que mide la mejora (>100) o deterioro (<100) de la situación de precios para el agricultor.

6. La actual estructura agraria

El papel que en el desarrollo agrícola ha representado la política agraria lo hemos estudiado con detalle en las anteriores secciones de este capítulo. Por tanto, contamos ya con bases suficientes para introducirnos en el examen de la estructura actual de la agricultura. Para el análisis adecuado de esta cuestión nos iremos fijando sucesivamente en los tres elementos que intervienen en la producción agrícola: tierra, trabajo y capital.

La tierra es el primer elemento de la producción. Estudiaremos la forma en que se distribuye entre los diferentes tipos de cultivo, entre secano y regadío, y desde los puntos de vista de la propiedad y de los sistemas de explotación.

Del trabajo, es decir, de la aportación de la población activa agrícola, ya nos hemos ocupado al tratar de la población activa en general.

El capital, conjunto de bienes de producción producidos, lo constituyen en la agricultura todos aquellos elementos que participan en la producción, excepto la tierra y el trabajo; nos referiremos, como partes que integran el capital agrícola, a la maquinaria y a los fertilizantes. A las obras de regadío y otras, aunque son verdadero capital, haremos referencia al ocuparnos de la tierra, puesto que son capital a ella incorporado.

6.1. La tierra y su distribución

Del total de la extensión de España, que asciende a 50 millones de hectáreas, el 8 por 100 es improductiva, el 51 por 100 es superficie forestal y de pastos y el restante 41 por 100 (20,7 millones de hectáreas) son tierras de cultivo. Por tanto, un 92 por 100 de nuestras tierras, más de 45 millones de hectáreas, son aprovechables en principio; el porcentaje indicado es parecido al de los demás países europeos, si bien los rendimientos en los diversos aprovechamientos son muy inferiores.

En lo que respecta a la distribución de la tierra por grupos de cultivo, dos rasgos caracterizan claramente a nuestra agricultura. El primero de ellos, la extraordinaria amplitud de la superficie dejada en barbecho, abarca más de un 60 por 100 de toda el área cultivable. El segundo de los rasgos es la gran extensión que ocupan los cultivos arbóreos y arbustivos y especialmente el olivo y la vid. Los cereales, el aceite y el vino son, consiguientemente, los tres productos clave de nuestro secano, y nuestro secano es la parte cuantitativamente más importante de nuestra agricultura en lo que se refiere a superficie, aunque en valor de la producción es ya muy superior la aportación del regadío.

La superficie regada alcanza a algo más de tres millones de hectáreas, lo que representa el 14,6 por 100 de las tierras cultivadas. Las principales zonas de regadío son las de la cuenca del Ebro (La Rioja y La Ribera, Canal de Aragón), Levante (huertas de Valencia y de Murcia), Andalucía (huertas de Almanzora, regàdíos de Motril, Las Marismas, Vega de Granada y regadíos del Plan Jaén) y Extremadura (La Vera de Plasencia, regadíos del Plan Badajoz). En la Meseta (regadíos de Talavera, de Aranjuez y de Arganda, en Castilla la Nueva; Canal de Castilla, y otros sistemas, en la submeseta Norte) han alcanzado un menor desarrollo (repasar la fig. 9).

Por los estudios realizados por el Ministerio de Agricultura se ha llegado a la conclusión de que la superficie todavía susceptible de ser transformada en regadío con aguas superficiales puede ser de 1.250.000 hectáreas, a las que habría que agregar otras 350.000 regables con aguas freáticas; por tanto, en total, la extensión todavía regable debe ascender a 1.700.000 hectáreas, que, sumadas a las ya puestas en riego, sitúan el área máxima de regadíos en unos 4,6 millones de hectáreas.

La inversión para la puesta en regadío es, sin duda, por sus efectos sobre la producción agropecuaria, una de las que en España tienen una mayor rentabilidad, por la elevación que comporta en los rendimientos. Pero antes de iniciar nuevos grandes proyectos sería muy conveniente poner los actuales regadíos a su máximo rendimiento posible, todavía muy lejos de alcanzarse.

Otras dos cuestiones de un interés fundamental, por lo que se refiere a la distribución de la tierra, son el parcelamiento o fraccionamiento de la superficie explotable en parcelas y el número y dimensión de las explotaciones agrarias.

Ambos fenómenos, parcelamiento y número de explotaciones agrarias, están estrechamente implicados. La tierra está muy parcelada y al propio tiempo hay muchas explotaciones, y como éstas son de dimensión muy reducida y cuentan, cada una de ellas, con un gran

número de parcelas no contiguas, resulta que las explotaciones son, en muchos casos, poco racionales.

Esa irracionalidad se ve algo amortiguada en virtud
del régimen de tenencia de la tierra, al haber empresarios que, además de explotar las parcelas de su propiedad, explotan otras tomadas en régimen de arrendamiento o de aparcería. Por ese mecanismo, la
dimensión media de las explotaciones en España (18,9
hectáreas) resulta mayor que la superficie media por
propietario, algo menor de 10 hectáreas; en ambos
casos, con referencia a 1982, sin que podamos entrar
en mayores desgloses.

En el cuadro 3-5 se hace un resumen del fenómeno
del parcelamiento, con base en los censos agrarios
nacionales de 1962, 1972 y 1982, últimos datos disponibles.

CUADRO 3-5

Parcelación en 1962, 1972 y 1982

Dimensión de las parcelas	Miles de parcelas		
	1962	1972	1982
Menos de 0,5 Ha.................}		18.392	
0,5-0,99 Ha......................	34.879	4.152	20.496
1-4,99 Ha........................	3.460	3.682	
5 Ha. y más.....................	653	830	
Total parcelas (miles).............	38.992	27.057	20.496
Superficie censada (miles Ha.)......	44.469	45.634	44.312
Superficie por parcela (Ha.)........	1,1450	1,6866	2,1619

Fuente: Censos Agrarios. Datos del Censo de 1992, aún no disponibles.

El cuadro 3-5, y sobre todo el dato de los 20,5
millones de parcelas de 2,16 hectáreas de promedio,
pone de relieve cuál era la gravedad del fenómeno del
parcelamiento de la propiedad rústica en 1982, uno de
los componentes básicos del minifundismo, junto con
lo reducido de las explotaciones.

El problema opuesto del minifundismo es el de los latifundios; es decir, el planteado por las «fincas rústicas de gran extensión». En España, según la encuesta realizada en 1969, las fincas privadas mayores de 500 hectáreas eran 5.722, cifra que, por razones obvias, resultaba inferior al número de explotaciones mayores de 500 hectáreas (10.200 en 1972). El latifundismo es especialmente intenso en Andalucía, Extremadura, La Mancha y Salamanca (recuérdese la figura 8).

Consecuencias del latifundismo, cuyas raíces históricas hemos estudiado con anterioridad, son, generalmente, la falta de disposición por parte del propietario para la puesta en riego, el régimen extensivo de los cultivos, los bajos rendimientos, el absentismo, una distribución de la renta muy desequilibrada y el éxodo de capital a las ciudades para su inversión en industrias, servicios o gastos suntuarios.

Las consecuencias sociológicas y políticas del latifundismo son todavía importantes. En la España latifundista persiste un gran número de obreros eventuales con períodos amplios de paro estacional. El retraso cultural es especialmente intenso en las zonas de latifundio, y las reivindicaciones sociales y políticas pueden alcanzar en ellas una intensidad grande. Hasta hace relativamente pocos años la aspiración de la mayoría de los obreros agrícolas sin tierra de las zonas de latifundios era el reparto de las grandes fincas. Esa actitud está experimentando cambios muy profundos. Los obreros agrícolas que se aferran al trabajo en el campo quieren mejores salarios, mejores viviendas, seguros sociales y escuelas y un futuro para sus hijos. Ya no ven en el simple reparto en parcelas individuales la fórmula salvadora, pues saben que en la era de la mecanización y de la tecnificación, la explotación agrícola familiar mínima en las zonas de secano no puede servir de base a ningún nivel de vida envidiable. Los obreros agrícolas, aunque no lo expresen siempre explícitamente, quieren empresas racionalizadas (sean públicas, privadas o cooperativas) que puedan atender a sus exigencias de un nivel de vida digno.

Para seguir la línea de nuestro estudio es ineludible hacer una referencia a cómo se distribuye la tierra cultivada según los distintos regímenes de tenencia de explotación. En 1982, según el censo agrícola de ese año —las cifras correspondientes al de 1992 aún no están disponibles— el 25,3 por 100 de la total superficie agrícola (11,2 millones de hectáreas) no la explotaban sus propietarios, sino arrendatarios y aparceros. Ello explica la diferencia existente entre el número de propietarios (5 millones) y el de explotaciones agrícolas (2,4 millones). El problema que plantea tal absentismo es mayor de lo que esa diferencia puede dar a entender, pues los 11,2 millones de hectáreas en arrendamiento y aparcería corresponden a las tierras labradas, por lo cual se puede afirmar que más del 50 por 100 de éstas sufren el problema estructural del absentismo. Un problema ciertamente paliado en los últimos tiempos por el hecho de que la mayoría de los pequeños absentistas (emigrantes y familiares) no actúan ya realmente como propietarios, siendo los explotadores agrícolas quienes por lo general adoptan todas las decisiones importantes, en ausencia de un propietario que cada vez se ocupa menos de sus tierras y que incluso ha desistido de retornar a cultivarlas directamente.

No obstante, puede afirmarse todavía que el hecho de que una cantidad de tierra tan considerable esté en arrendamiento y aparcería tiene grandes inconvenientes, pues, a pesar de la situación de abandonismo por muchos propietarios y de las salvaguardas que la ley concede a favor de arrendatarios y aparceros, éstos no cuentan en muchos casos con suficientes incentivos para mejorar las fincas que explotan sin ser de su propiedad.

Reflejo de la forma en que está distribuida la propiedad de la tierra y de la importancia relativa de los regímenes de tenencia o explotación de la misma es la situación que refleja el cuadro 3-6, donde aparece la distribución de las explotaciones agrícolas según su diferente dimensión. Este cuadro es la versión económico-empresarial de lo que hemos expuesto al referirnos al aspecto jurídico y técnico del problema minifundio-latifundio.

Aunque los cambios entre 1962 y 1982 fueron considerables, en muchas zonas aún cabe afirmar que existe un gran extremismo en la distribución de las explotaciones: un enorme cúmulo de ellas de dimensión reducidísima (el 92,9 por 100 del total con sólo 28,5 por 100 de la tierra), una casi total carencia de empresas de tipo medio (3,7 por 100 del número con poco más del 18 por 100 de la tierra) y un menguado número de grandes explotaciones (poco más del 1 por 100) con la mayor parte de la tierra (el 50,9 por 100).

Como en el caso de la parcelación (recuérdese el cuadro 3-5) la información ya actualizada con los datos del Censo Agrario de 1982, aparecidos en el otoño de 1985, demuestra que los cambios son lentos. La decisión de poner en marcha el IV Censo Agrario se adoptó en 1989, y se ejecutó durante 1992, pero como ya quedó dicho, los resultados no estarán disponibles hasta 1994 o 1995. Una más de las miserias de nuestras costosas y lentas estadísticas.

Las pequeñas explotaciones agrícolas carecen, en general, de los recursos económicos para aprovechar racionalmente la tierra. Por lo reducido de su dimensión, el empleo de la maquinaria es, en ocasiones, físicamente imposible o antieconómica, y cuando esto no sucede, la adquisición y manejo de la misma plantea problemas financieros casi invencibles. En cuanto a calificación técnica, la situación de las pequeñas explotaciones es casi siempre decepcionante: rutina en las labores, horizonte sin posibles perspectivas favorables por falta de preparación, carencia de una contabilidad aceptable, y, en muchos casos, moral de abandonismo cuando no de fatalismo.

La situación económica y técnica en las grandes explotaciones es apreciablemente mejor, pero dista

CUADRO 3-6
Explotaciones agrarias

Concepto	Número o superficie	%
Número de explotaciones censadas	2.284.944	100,0
— Explotaciones sin tierra (Ha)	20.776	0,9
— Explotaciones con tierra (Ha)	2.264.168	99,1
Superficie total (Ha)	42.939.208	100,0
Tamaño medio (Ha)	18,96	—
Superficie agrícola utilizada (S.A.U.) (Ha)	24.740.506	57,6
— S.A.U. media (Ha)	10,93	—
S.A.U. según régimen de tenencia (Ha)	24.740.506	100,0
— Propiedad (Ha)	17.929.442	72,5
— Arrendamiento (Ha)	4.901.455	19,8
— Aparcería y otros (Ha)	1.909.609	7,7
S.A.U. según usos (Ha)	24.740.506	100,0
— Cultivos herbáceos y barbechos (Ha)	12.094.474	48,9
— Cultivos leñosos (Ha)	4.153.200	16,8
— Prados y pastizales (Ha)	8.492.832	34,3
S.A.U. según sistemas de cultivo (Ha)	24.740.506	100,0
— Regadío (Ha)	2.390.109	9,7
— Secano (Ha)	13.857.565	56,0
— Prados y pastizales	8.492.832	34,3

Fuente: Ministerio de Agricultura a partir de la información del Censo Agrario, 1989, INE.

Explotaciones agrarias: Número y superficie por tamaño de las explotaciones, 1989

Tamaño de las explotaciones — Ha	Explotaciones		Superficie
	Número	%	%
Todas las explotaciones	2.284.944	100,0	100,0
Explotaciones sin tierras	20.776	0,9	—
Menores de 1	633.665	27,7	0,7
De 1 a menos de 5	837.184	36,6	4,7
De 5 a menos de 10	302.253	13,2	4,9
De 10 a menos de 20	216.649	9,5	7,0
De 20 a menos de 50	154.712	6,8	11,0
De 50 a menos de 100	59.040	2,6	9,5
De 100 a menos de 200	29.544	1,3	9,4
De 200 a menos de 500	18.934	0,8	13,5
De 500 a menos de 1.000	7.104	0,3	11,3
De 1.000 y más	5.083	0,2	28,1

Fuente: Censo Agrario de España, 1989. INE.

mucho de ser mínimamente satisfactoria; con la particularidad de que a pesar de todas las transformaciones sociales y políticas habidas, subsiste en España un alto número de grandes o medianos propietarios que no son verdaderos agricultores, y viven la mayor parte del tiempo más o menos distanciados de sus fincas.

6.2. La capitalización

Entramos aquí en el estudio del tercero de los factores de la producción agrícola, el capital, que comprende los fertilizantes y anticriptogámicos, la maquinaria y el ganado de labor, este último ya en definitivo abandono. Los bajos rendimientos por hectárea y por trabajador que se obtienen en los distintos sectores de nuestra agricultura, como iremos viendo en los apartados siguientes, sólo podrán elevarse con un gasto mayor y más racional en esos bienes y en regadíos, cuestión ésta a la que ya nos hemos referido.

La insuficiencia y la irregularidad de lluvias en España dificulta el empleo de fertilizantes; en el cuadro 3-7 pueden verse los consumos de los últimos años.

Sin duda, en nuestro país no podrán alcanzarse nunca, por puras razones climáticas, niveles de abonado como los de Holanda o Bélgica; pero la expansión de los regadíos y la progresiva tecnificación de algunos cultivos de secano ha elevado considerablemente el consumo.

En la escasez de fertilizantes residió la principal razón de la lentitud con que se recuperó la agricultura española después de 1939. Sólo cuando los suministros de abonos minerales fueron normalizándose comenzaron a aproximarse los rendimientos por hectárea a los de preguerra. Algo muy parecido sucedió con los anticriptogámicos e insecticidas.

El número de tractores es el índice más claro del grado de mecanización que ha alcanzado una agricultura (véase cuadro 3-7). En España, el parque ha

Cuadro 3-7

I. Evolución del consumo de abonos (en millares de Tm. de riqueza fertilizante)

Años	Superficie fertilizable (miles Ha)	Consumo de N		Consumo de P₂O₅		Consumo de K₂O	
		Total (miles Tm)	Kg/Ha	Total (miles Tm)	Kg/Ha	Total (miles Tm)	Kg/Ha
1970......	16.978	615	36,2	399	23,5	211	12,4
1975......	17.156	749	43,7	488	28,4	263	15,3
1980......	17.057	985	57,7	473	27,8	295	17,2
1985......	17.300	942	54,5	463	26,8	304	17,6
1986......	17.352	890	51,3	426	24,6	286	16,5
1987......	17.509	901	50,6	412	23,1	316	17,7
1988......	17.492	976	55,8	463	26,5	358	20,5
1989......	17.420	1.125	64,6	545	31,3	380	21,8
1990......	17.355	1.088	62,7	575	33,1	380	21,9
1991......	17.364	1.066	61,4	555	32,0	390	22,5

II. Evolución del parque de maquinaria (miles)

Años	Tractores (T)		Motocultores (M)		Cosechadoras Miles unid.	CV/100 Ha	
	Miles unid.	Miles CV	Miles unid	Miles CV		Sólo T + M	Todas las máquinas
1970..	260	11.642	72	610	31,5	59,8	75,8
1975..	379	18.719	148	1.736	39,7	98,2	120,5
1980..	524	27.731	221	2.834	41,6	149,1	176,6
1985..	633	34.429	271	3.375	45,1	185,0	206,0
1990..	740	42.111	280	3.642	51,2	224,3	248,6
1991..	756	43.199	281	3.667	49,0	233,3	258,3

Fuente: Ministerio de Agricultura.

crecido considerablemente, siendo el problema fundamental de la maquinaria su alto coste —de adquisición y de mantenimiento— y en definitiva, el uso más o menos económico que de ella se hace. Una fórmula cada vez más extendida es la del alquiler, especialmente para cosechadoras integrales y trilladoras.

7. Producción final y producto neto del sector agrario

La tierra, el trabajo y el capital son contablemente los tres factores de producción en la agricultura. En realidad, las dosis de trabajo y capital aplicadas a una hectárea de tierra nos da una determinada cantidad de producto, que se denomina rendimiento por hectárea. El rendimiento crece al aumentar las dosis de trabajo y de capital hasta un determinado punto, en que puede comenzar a ser decreciente. En España, en la mayor parte de los cultivos y zonas estamos aún en la región de los rendimientos crecientes. De esto se infiere que la renta del sector agrario podría experimentar en los próximos años una elevación importante si se hicieran las inversiones necesarias y se llevase a cabo el abandono de importantes superficies claramente marginales, sobre todo por el impulso del sistema comunitario de retirada de tierras de cultivo (*set aside).*

En el sentido apuntado, tiene gran importancia el desarrollo de los cultivos forzados (en invernaderos, bajo plástico, enarenados, hidropónicos, gota a gota, etc.) que permiten obtener altos rendimientos de productos extratemprano o *primores,* que alcanzan los precios más altos en los mercados internos y exteriores. Por otro lado, hay un gran potencial de crecimiento en base a la agrogenética, al empleo de semillas selectas, de híbridos, y recurriendo a la lucha biológica contra las plagas. Desgraciadamente, en todos estos frentes, los avances de la agricultura española no son muy brillantes. Hay excepciones importantes como Almería, la Costa del Sol granadina, Huelva y Canarias, en donde más se ha extendido la nueva agricultura.

La renta o producto neto de la agricultura es la magnitud que mejor expresa la importancia que para nuestra economía tiene el sector agrario. El Ministerio de Agricultura viene elaborando desde 1954 una estimación, cada vez más perfecta, del producto neto agrícola.

En esa estimación se sigue el método recomendado por la Comisión Económica para Europa, con algunas ligeras diferencias para hacerlo aplicable a la información estadística disponible en España. En el cuadro 3-8 incluimos el resumen del estudio del Ministerio de Agricultura para la última campaña. Parece de interés hacer algunas aclaraciones para su mejor compresión.

La producción final agraria es igual a la diferencia entre la producción total agraria y la parte de la producción empleada de nuevo en la agricultura (reempleo). La producción final, por tanto, no comprende los productos intermedios (abono natural, leche para crías, etc.) ni incluye las ventas entre explotaciones agrícolas.

A partir de las cifras de la producción final agraria, y mediante una serie de adiciones y sustracciones recogidas en el cuadro 3-8, se llega al conocimiento del valor añadido neto de la agricultura, que es el aporte del Sector Agrario a la Renta Nacional, cifrable hoy día en torno al 4,5 a 5 por 100.

CUADRO 3-8

Evolución de macromagnitudes agrarias nacionales (miles de millones de pesetas)

	Rama de actividad	1990	1991	1992
A.	Producción final.....................	3.540,3	3.491,7	3.246,7
	— Agrícola...........................	2.092,7	2.062,1	1.804,9
	— Ganadera.........................	1.299,3	1.282,9	1.299,0
	— Bienes de capital fijo.............	49,3	52,3	55,2
	— Silvicultura......................	99,0	94,4	87,6
B.	Consumos intermedios (compra a otros sectores)......................	1.466,5	1.527,5	1.579,8

Fuente: Ministerio de Agricultura con método CE.
Notas: p.m. = precio de mercado; c.f. = coste de los factores.

La mejora del nivel de vida (con mayores demandas de carne y por ello de maíz y soja), el déficit maderero creciente, y las tradicionales importaciones de café, cacao, algodón y tabaco, hacen que la balanza agraria se liquide con déficit. Claro es que a ello contribuyen también el proceso autofágico de la producción nacional, y la falta de un verdadero plan de ordenación de cultivos y de fomento de determinadas producciones. En el cuadro 3-9 puede verse su evolución.

CUADRO 3-9

Balanza agraria

años	A VAB del Sector agrario 10^9 ptas.	B. Importaciones 10^9 ptas.	B. Importaciones % VAB	C. Exportaciones 10^9 ptas.	C. Exportaciones % VAB	D. Saldo (C−B) 10^9 ptas.	Tasa de cobertura (C/B)
1970..	260,9	66,6	25,5	60,1	23,1	−6,5	0,90
1975..	512,9	181,4	35,4	104,6	20,4	−76,7	0,58
1976..	580,0	197,8	26,2	137,2	18,2	−60,6	0,69
1977..	753,8	262,7	34,8	177,0	23,5	−85,7	0,67
1978..	855,9	284,1	33,2	214,7	25,1	−69,3	0,75
1979..	911,0	300,9	33,0	261,9	28,7	−38,9	0,87
1980..	982,9	348,4	35,4	297,7	30,3	−50,7	0,85
1981..	943,5	386,0	40,9	370,2	39,2	−15,7	0,96
1982..	1.148,5	451,3	39,3	399,0	34,7	−52,2	0,88
1983..	1.300,4	589,7	45,3	495,5	38,1	−94,2	0,84
1984..	1.546,7	641,2	41,4	750,4	42,0	9,2	1,01
1985..	1.626,5	652,5	40,1	681,7	41,9	29,2	1,04
1986..	1.597,2	719,3	45,1	679,3	42,5	−40,0	0,94
1987..	1.658,9	760,9	45,9	821,1	49,5	60,2	1,07
1988..	1.856,3	873,4	47,0	878,3	47,3	4,9	1,00
1989..	1.840,9	993,6	54,5	892,5	48,5	−101,1	0,89
1990..	1.941,7	1.001,8	51,6	851,6	43,8	−175,3	0,85
1991..	1.897,3	1.139,4	60,0	960,4	50,6	−179,0	0,84
1992..	1.713,6	1.236,9	72,2	1.003,2	58,5	−233,7	0,81

Fuente: Ministerio de Agricultura.

Como cuadro 3-10, se incluye el consumo per cápita de los principales productos, con cambios muy notables entre 1987 y 1991. Seguidamente nos adentramos en el estudio de los subsectores siguiendo la pauta del cuadro 3-11.

Cuadro 3-10

Consumo por habitante de productos agrarios
(Kilos/litros/unidades, huevos)

Productos	1987	1991	1991/1987 %
Huevos..........................	299,9	235,3	78,5
Carnes y transformados........	66,9	68,9	103,0
Productos de la pesca..........	30,5	30,9	101,0
Leche líquida..................	124,6	110,6	88,8
Derivados lácteos..............	18,4	21,4	116,5
Pan............................	65,1	55,6	85,3
Galletas, bollería y pastelería...	12,5	15,2	122,0
Chocolares y cacaos............	2,7	2,8	106,1
Café, sucedáneos, infusiones...	3,3	3,1	93,7
Arroz..........................	8,8	5,7	64,9
Pastas alimenticias............	4,8	3,9	81,8
Azúcar.........................	13,6	9,9	72,8
Miel...........................	0,8	0,6	79,3
Legumbres secas................	8,8	5,7	64,2
Aceites........................	26,6	21,8	81,8
Margarina......................	2,0	1,6	80,6
Patatas........................	61,0	56,4	92,5
Hortalizas frescas.............	66,5	65,6	98,7
Frutas frescas.................	108,9	104,7	96,1
Aceitunas......................	3,8	3,3	85,8
Frutos secos...................	2,2	2,3	104,2
Frutas y hortalizas transform...	10,5	14,0	133,7
Platos preparados..............	2,6	4,2	157,9
Vinos..........................	46,6	34,3	73,6
Cervezas.......................	64,4	70,7	109,8
Otras bebidas alcohólicas......	6,5	9,1	138,7
Zumos..........................	6,7	14,5	215,7
Aguas minerales................	23,0	39,7	172,7
Gaseosas y refrescos	57,6	63,9	110,9
Total......................	876,8	854,5	98,5

Fuente: Ministerio de Agricultura, Pesca y Alimentación.

Cuadro 3-11

Superficie y producciones agrícolas
(en miles de Ha. y miles de Tm.)

Cultivos	Superficies (miles Ha.)			Producciones (miles Tm.)		
	1991	1992	1993	1991	1992	1993
Cereales						
Trigo	2.223,4	2.296,4	2.088,3	5.467,7	4.464,4	4.541,4
Cebada	4.412,8	4.011,4	3.713,2	9.270,1	5.994,9	8.975,7
Avena	324,8	296,4	326,9	403,6	320,7	390,7
Centeno	186,7	185,4	176,4	236,9	230,6	294,1
Triticale	51,2	48,3	37,8	151,8	108,6	45,2
Cereales otoño-invierno	7.198,9	6.837,9	6.342,6	15.530,1	11.119,2	14.247,1
Maíz	484,8	391,5	293,9	3.233,3	2.675,3	1.692,5
Sorgo	18,7	9,6	5,0	104,0	55,2	25,2
Arroz	93,7	82,6	48,0	581,8	557,8	369,1
Leguminosas grano						
Judías secas	76,8	72,7	59,7	49,2	43,1	39,7
Habas secas	29,0	21,8	24,5	35,7	26,9	23,3
Lentejas	41,4	34,1	30,5	20,2	10,2	17,9
Garbanzos	51,2	40,3	44,3	39,0	32,9	31,7
Patata	266,2	263,1	224,9	5.182,2	5.271,1	—
Cultivos industriales						
Remolacha azucarera	165,3	163,0	178,4	6.678,8	7.408,1	7.359,1
Algodón bruto	78,5	75,2	32,4	260,4	211,8	—
Girasol	1.069,7	1.454,5	1.975,3	1.025,5	1.359,7	1.477,1
Cultivos forrajeros						
Maíz forrajero	112,9	110,4	106,9	4.483,8	4.911,8	—
Alfalfa	293,3	287,7	291,7	14.008,1	12.846,8	12.823,5
Veza para forraje	104,6	96,0	102,6	1.479,4	936,1	1.288,0
Hortalizas						
Tomate	59,8	56,1	54,1	2.665,3	2.615,9	—
Pimiento	25,9	26,4	26,2	731,6	754,1	720,3
Fresa y fresón	7,8	6,5	7,5	183,1	189,7	214,4
Ajo	34,7	32,6	31,3	251,6	220,9	208,5
Cebolla	28,3	26,6	25,9	1.019,3	995,3	—
Judías verdes	26,5	25,2	25,8	260,8	252,0	248,1
Cítricos						
Naranja	141,3	—	—	2.651,4	2.847,6	—
Mandarina	74,2	—	—	1.340,3	1.494,6	—
Limón	46,2	—	—	555,4	712,7	—
Frutales						
Manzana	56,1	—	—	516,8	1.026,9	868,4
Pera	36,5	—	—	387,3	601,5	480,7
Plátano	9,1	—	—	373,3	358,1	360,0
Almendra	627,6	—	—	257,8	288,0	261,2
Avellana	32,9	—	—	18,0	27,1	13,7
Viñedo						
Uva de mesa	57,6	—	—	461,6	428,9	396,3
Uva de transformación	1.372,9	—	—	4.735,4	5.285,2	5.147,9
Vino y mosto (miles de Hl.)	—	—	—	33.516,7	37.525,6	36.228,1
Olivar						
Aceituna de mesa	182,6	—	—	257,6	234,3	—
Aceituna de almazara	1.944,5	—	—	2.725,4	2.681,7	—
Aceite	—	—	—	593,0	544,1	—

Fuente: Ministerio de Agricultura.

7-1. Cereales

Al iniciar aquí el estudio de los distintos subsectores de la producción agraria, debemos destacar que en todo lo concerniente a su comercialización se hallan sometidos a la normativa de la Comunidad Europea. En el caso de los cereales hay precios indicativos que marcan una orientación para el mercado, precios de intervención (o de venta mínima asegurada al SEN-PA), y precios umbral por debajo de los cuales no pueden entrar las importaciones.

La mayor parte de la superficie española dedicada al cultivo cerealista radica en los sectores del interior, cuyas características dan a esta parte de la agricultura nuestra un aspecto distinto de la del resto de Europa. En nuestros secanos, y para luchar contra la escasa pluviosidad y las malas condiciones del suelo, pobre y poco profundo, se aplican, desde hace siglos, técnicas de cultivos que, aunque criticadas muchas veces de modo un tanto simplista, en poco difieren de los procedimientos del «dry farming» americano. De estas técnicas, las de mayor interés son las alternativas de cultivos y la práctica del barbecho, que ocupa normalmente una superficie superior a los cinco millones de hectáreas.

La superficie destinada al cultivo del *trigo* fue aumentando a lo largo de lo que va de siglo, en un proceso de expansión que hasta 1936 se debió básicamente a la existencia de una fuerte protección frente a la competencia extranjera merced a la prohibición de importación.

A partir de 1939, y hasta 1947, disminuyó el área de cultivo del trigo, y no por precios desfavorables, sino debido a problemas tales como la escasez de ganado de labor y la casi absoluta carencia de abonos. Sin embargo, desde 1948, año en que se superó ya la superficie promedio del período 1931-1935, el área cultivada no dejó de expandirse. En ello influyó decisivamente la política iniciada en 1937 por el Servicio

Nacional del Trigo, que desde entonces fijó precios remuneradores, a fin de garantizar el abastecimiento nacional.

Desde 1967 empezó a modificarse la política «triguerista», elevándose los precios de los cereales-pienso, a fin de promover una ampliación de su cultivo para atender a las necesidades crecientes de la ganadería.

De este modo, las cifras de producción de trigo se contrajeron —para estabilizarse en torno a los 4 millones de Tm—, en tanto que las de cereales-pienso comenzaron a elevarse; especialmente las de cebada y maíz. Este proceso es completamente lógico por el cumplimiento de la Ley de Engel, en el caso del trigo. Es decir, se aprecia una disminución en el consumo *per capita* como consecuencia de la paulatina elevación de la renta, fenómeno contrastado estadísticamente; el consumo *per capita* de unos 110 kilogramos de cereales panificables en los últimos años es muy inferior al consumo de la década de 1920, en que osciló alrededor de los 150 kilogramos, y al consumo en los años 1945-1955 (130 kilogramos/hab./año).

Con anterioridad a la Guerra Civil, el mercado triguero nacional estaba libre de intervención oficial, lo cual originaba fluctuaciones muy acusadas en los precios, que afectaban a las rentas de los agricultores. Para resolver esta situación, a poco de comenzar la guerra, la Junta Técnica del Estado de Burgos decidió la creación del SNT (Servicio Nacional del Trigo; de Cereales, SNC, a partir de 1964, y desde 1971 Servicio Nacional de Productos Agrarios, SENPA), en virtud del llamado decreto de ordenación triguera de 23 de agosto de 1937.

Con la organización del Servicio se trató de ordenar la producción y distribución del trigo y sus derivados principales y regular su adquisición, movilización y precios. Todos estos objetivos siguen estando hoy encomendados al SENPA (fig. 12).

Tradicionalmente, el SENPA tuvo la exclusiva de compra al precio oficial que se fija todos los años. Asimismo, el Servicio era el único proveedor de cereales a los industriales harineros y el único exportador de la excedentes. Desde los años 70 fueron adoptándose fórmulas más flexibles, y desde 1984 el sistema se liberalizó en términos análogos a los de la CE, con los precios guía y de intervención.

Al comenzar a hacerse cargo de toda la cosecha, el Servicio se vio ante el problema del almacenaje del cereal, para resolver el cual estableció un sistema de progresiva mejora de precios para las entregas más retrasadas. Pero como el grueso de las entregas tenía lugar inmediatamente después de la recolección, el Servicio se vio en la necesidad de construir su propia red de silos.

Pasamos ahora al estudio de los demás cereales. Se conoce con el nombre de *cereales secundarios,* cereales forrajeros o cereales-pienso el grupo que forma la cebada, el maíz, la avena y, en menor medida, el centeno. Estos cereales constituyen cada vez más la base de una ganadería de rendimientos elevados.

En todos los casos, salvo en el de maíz, la evolución de las series de producción de cereales secundarios hasta la campaña 1967-68 fue francamente regresiva. La razón básica de ello residió en la ya analizada política «triguerista» del Estado. Desde 1939 se manifestó en las zonas de secano una marcada preferencia por el cultivo del trigo, cuya venta estaba de antemano asegurada a un precio remunerador. En el único caso de progreso, el maíz, la expansión se debió a dos razones. En la mayoría de las zonas donde el maíz es objeto de cultivo, el trigo se da mal y, por otra parte, en el caso del maíz es posible obtener elevados rendimientos gracias al empleo de los híbridos.

Desde su fundación, el SNT actuó, teóricamente, como comprador de los cereales secundarios que se le ofreciesen a unos precios de sostenimiento oficialmente fijados cada año. Sin embargo, en la realidad, esos precios quedaron siempre muy por debajo de las cotizaciones del mercado, por lo cual nunca representaron un estímulo para expandir la producción. Ello influyó de forma muy desfavorable en la evolución de nuestra ganadería, y a la larga originó la necesidad de realizar cuantiosas importaciones de cereales y, sobre todo, de carnes, por un valor en divisas mucho mayor que el ahorrado con la cuasi autosuficiencia lograda en el abastecimiento de trigo. Desde la regulación de la campaña cerealista 1967-1968 se modificó la situación, manteniendo el precio del trigo y elevando los de los cereales-pienso, con un aumento notable de su producción.

El *arroz* es un cereal con unas características especiales. En España es Levante la principal área arrocera. En la huerta de Valencia, especialmente en la zona que rodea la Albufera, están situados los distritos arroceros más notables. Importancia creciente en la producción arrocera tienen las marismas del Guadalquivir y los nuevos regadíos del Plan Badajoz.

Ante la aparición de fuertes excedentes desde la década de 1960, el cultivo de arroz pasó a estar contingentado en 1971; comprando el SENPA las cantidades que le ofrezcan los agricultores a un precio de intervención; con el ingreso en la CE, el cultivo quedó liberalizado.

El arroz es el único de los cereales en que España cuenta con una cierta tradición exportadora. Sin embargo, esta exportación sólo es posible a precios muy bajos, pues ha de competir con las ofertas de los grandes países exportadores que cuentan con mano de obra abundante y muy barata (Birmania, Tailandia, etc.), o que tienen precios subvencionados por sus Gobiernos (caso de los Estados Unidos). La venta al exterior se hace con el apoyo de las restituciones a la exportación (subvenciones) de la CE.

7-2. Productos hortofrutícolas

En la Comunidad Europea, la protección a los productos hortofrutícolas se dispensa a través de compensaciones a los agricultores cuando es necesaria la retirada de parte de la producción, al objeto de que los precios de mercado no caigan por debajo de los de referencia. En el caso de España, se previeron restricciones hasta 1996, pero en 1993, con el Mercado Interior Unico quedarán virtualmente suprimidas.

Dos características básicas hay que señalar en la producción frutera. La primera es la tendencia creciente que siguen todas sus series. Esto se debe, esencialmente, al hecho de que económicamente la fruta es un bien superior; es decir, su consumo aumenta con el desarrollo del nivel de renta. La demanda de fruta ha sido creciente en los últimos años, tanto en el mercado español como en todo el mercado europeo. Esto último nos lleva a la segunda característica de la producción: su importantísima proyección en nuestro comercio exterior.

En el cuadro 3-11 figura la producción de las principales frutas y hortalizas en los últimos años.

Dentro del conjunto de la producción de frutos, los cítricos constituyen el grupo principal, por su extraordinaria importancia para la exportación. De los cítricos destaca, con mucho, la *naranja,* a la que dedicaremos una atención especial.

Hasta el siglo XX la naranja española no tuvo más mercado que el de carácter local. Fueron los efectos de la revolución industrial (que convirtió a los países del occidente de Europa en grandes consumidores de frutas) y la navegación a vapor lo que permitió que desde la segunda mitad del siglo XX se iniciase la expansión de la producción y exportación de naranja. A partir de 1849, año en que se exportaron las primeras cajas a Inglaterra, la cantidad consumida en el mercado interior disminuyó en términos relativos hasta quedar reducida a un porcentaje ínfimo de la producción total. Después, nuestro consumo se fue elevando lentamente con el incremento de la renta; pero fueron las dificultades de exportación originadas por la Segunda Guerra Mundial las que promovieron una mayor atención al mercado interior, que hoy puede absorber más de 700.000 toneladas de naranjas por año, de mediana y buena calidad.

La exportación de naranjas fue uno de los pilares básicos de nuestro comercio exterior, y el primer motor del desarrollo de las regiones valenciana y murciana, donde radican los principales distritos productores. En las últimas campañas, la exportación ha estado en torno a 1.500.000 toneladas, de ellas, el 70 por 100 al Mercado Común, y el resto fundamentalmente a los países de la EFTA.

Nuestra participación relativa en el mercado europeo, al cual se dirige toda la producción de la zona mediterránea, disminuyó desde 1950 a 1970, en tanto que la italiana, israelí y argelina aumentó continuamente.

La competencia creciente de otros países y sobre todo de Israel y Marruecos, agudizada desde 1970 por los grandes excedentes y las barreras resultantes de la aplicación de la severa reglamentación de la CE, tuvieron como consecuencia la reordenación del sector. Era ésta una necesidad largamente sentida que se vio oficializada por el Decreto 2059/1972, de 21 de julio, que entró en vigor el 1 de septiembre de 1972.

Posteriormente, tras seis años de experiencia muy satisfactoria, la normativa de ordenación citrícola fue revisada por el Real Decreto 1670/1978, de 29 de junio. La idea de las autoridades comerciales españolas latente en los mencionados decretos no fue otra cosa que crear un organismo —el Comité de Gestión de la Exportación— a mitad de camino entre una organización del tipo de los «Boards» israelí y marroquí y una entidad oficial de tutela.

En el Decreto se fortaleció (casi se volvió a crear) el Registro Especial de Exportadores de Frutos

Cítricos, que pasó a ser la nómina de los exportadores autorizados, con derecho a voto en el Comité de Gestión, e igualmente con derecho a una serie de beneficios concedidos por la Administración para revitalizar la citricultura española.

Debemos referirnos ahora el Comité de Gestión de la Exportación de Frutos Cítricos, ente colegiado de naturaleza privada, delegado de la Administración para la gestión de la exportación del sector. Su domicilio se fijó en Valencia, si bien puede reunirse en Madrid o en cualquiera de las capitales de las provincias citricultoras.

Son funciones del Comité de Gestión el estudio y adopción de las medidas comerciales más adecuadas para desarrollar la exportación del sector. De entre ellas, destaquemos las más importantes: acordar las medidas de regulación cuantitativa y cualitativa de la exportación; establecer las condiciones de venta más adecuadas en cada mercado, según circunstancias; solicitar de la Administración las medidas de fomento y estímulo a la exportación que se consideren necesarias; vigilar especialmente la propaganda genérica bajo la contramarca SPANIA, proponiendo las condiciones exigibles para su uso como contramarca de identificación de origen; organizar y montar centros de distribución y regulación de la exportación de los principales mercados exteriores, solicitando de la Administración las ayudas necesarias para ello; colaborar, como órgano privado gestor de la exportación de la naranja española, con el CLAM (sigla del «Comité de Liaison des Agrumes de la Mediterranée», una organización de intercambio de informaciones de los países productores y consumidores de agrios de la cuenca mediterránea) y con la Unión Europea del Comercio al Por Mayor de Frutas y Verduras, etc.; estudiar y adoptar las medidas necesarias para asegurar la adecuada traslación de los precios del mercado a los productores.

Aparte de los cítricos, es preciso hacer una referencia a los *restantes frutos frescos;* es decir, aquellos cuyo mayor consumo se realiza directamente, sin previa preparación y casi inmediatamente después de su recogida. Pueden clasificarse en tres grupos: frutos de hueso, de pepita y diversos.

Los frutos de hueso, en su mayor parte, se cultivan en regadío o en secano húmedo, y su importancia para el comercio exterior es notable, especialmente en forma de pulpas y conservas. En este grupo están comprendidos el melocotón, el albaricoque y la ciruela, por este orden de importancia. Los frutos de pepita —manzana, pera y membrillo— se producen principalmente en secano húmedo, y apenas tienen proyección en el comercio exterior, salvo en el caso de algunas variedades de pera, como la de Lérida. Entre los frutos diversos se incluyen el plátano y la uva de mesa, únicos a los que por su importancia nos referimos con algún detalle.

Hay que mencionar, además, los *frutos secos,* con importancia relevante en el caso de la almendra y la avellana, de los cuales España es uno de los principales exportadoras mundiales.

En España, la producción de *plátanos* sólo es posible de forma regular en las islas Canarias, donde fue introducido por Sabino Berthelot, que lo trajo de Cochinchina en el último cuarto del siglo XIX. Durante muchos años la exportación del plátano canario a los mercados europeos no encontró ninguna dificultad, lo que originó una fuerte expansión del área de su cultivo. Sólo con la mejora de los transportes marítimos que se experimentó después de la Primera Guerra Mundial comenzó a dejarse sentir la competencia de Brasil, Jamaica, Colombia, Ecuador y Centroamérica, países todos ellos que producen a costes muy inferiores a los de Canarias, ya que no tienen problema de agua y cuentan con mano de obra muy barata y tierras de gran riqueza. El plátano canario sólo tiene, pues, frente a esos competidores en los mercados europeos, ligeras ventajas locacionales, pues los costes de producción son tan elevados que la exportación ha desaparecido virtualmente.

Las ventas del plátano las centraliza la Comisión Regional del Plátano (CREP), organismo oficial creado en 1937, y transformado por R. D. 1773/1978. La CREP regula la exportación fijando los cupos semanales de embarque, a fin de sostener los precios en el exterior y en el mercado peninsular.

En 1930, antes de la depresión mundial y de la crisis platanera de 1933, más del 80 por 100 de la exportación canaria se enviaba al extranjero (168.000 Tm) y algo menos del 20 por 100 a la Península (39.000 Tm). Hoy los términos se han invertido: el 95 por 100 de la producción la absorben Canarias y la Penínsla, y sólo menos del 5 por 100 se envía al extranjero. En el Tratado de Adhesión de España a las Comunidades Europeas, se reconoció la reserva del mercado español para los plátanos de Canarias; reserva que se mantuvo con el ingreso de Canarias en la PAC (1991) y la reforma de la PAC (1992); y en 1993 se creó la Organización Común del Mercado de la CE, que garantiza la compra anual de 420.000 Tm de plátano canario hasta el año 2003.

Aunque muchas de las variedades de uva vinificable son susceptibles de consumo en fresco, las buenas *uvas de mesa* constituyen una verdadera especialidad. La posibilidad de buena conservación es siempre una circunstancia decisiva para la mejor valoración económica, especialmente en lo que a la exportación se refiere.

Destaca por su excelente calidad y buenas características para la exportación la «uva de Almería», también denominada «uva blanca de Ohanes», que se recoge en otoño-invierno; se presenta en grandes y apiñados racimos de piel gruesa y cerosa. Se cultiva en Murcia y en toda la huerta almeriense, pero especialmente en el distrito de Ohanes, que le ha dado el nombre. En la región levantina se producen en verano moscatales aromáticos y azucarados, pero su piel fina y delicada no permite su exportación; la «Aledo», también levantina, es uva de otoño muy acreditada en los mercados alemán, francés y suizo.

Para la exportación hay dura competencia de Italia, Grecia y Turquía en las variedades tempranas o tardías, y de Hungría, Bulgaria y Francia en la temporada de otoño.

Entramos ahora en un breve estudio de la restante producción hortofrutícola. Dentro de ella es fundamental la *patata,* que se cultiva en las cincuenta provincias españolas, lo cual explica la gran variedad de tipos existentes y el amplio escalonamiento en la recogida, que se extiende casi a lo largo de todo el año. Pueden distinguirse cuatro áreas de cultivo bien diferenciadas: secano húmedo del Norte, regadíos del interior y del litoral mediterráneo, archipiélago canario e islas Baleares. La patata temprana de Canarias, Baleares y Levante, y en menor grado la peninsular, son objeto de exportación a toda Europa, principalmente a Inglaterra.

En España también se cultivan diversas variedades, tempranas y tardías, de *tomate.* Las islas Canarias y Valencia son las principales provincias productoras; pero el tomate se cosecha igualmente en toda Andalucía, Extremadura, Levante, Cataluña y en los regadíos del interior.

El tomate tiene una gran importancia en nuestro comercio exterior, tanto por el valor que alcanzan las exportaciones como por la extraordinaria regularidad con que se realizan. El tomate canario es especialmente apreciado en el mercado británico, a lo cual se une la ventaja del calendario sobre el resto de la producción europea, y sobre todo de las Islas del Canal y de Holanda. La exportación del archipiélago se realiza

entre noviembre y mayo, cuando el frío impide en
Europa la producción, salvo la siempre más costosa de
invernadero.

La exportación del tomate levantino se ha desarrollado como consecuencia, principalmente, del cultivo
de nuevas variedades de otoño en la provincia de Alicante.

Las *restantes hortalizas* se cultivan en todos los
regadíos españoles y especialmente en los más próximos a los grandes centros de consumo. La producción
es creciente, tanto por el aumento continuo de la demanda para su consumo directo como para la industria conservera. Existe una exportación considerable
de hortalizadas, que sin duda irá en aumento, por lo
que se refiere a los productos tempranos, para los
cuales la elasticidad de la renta de la demanda es muy
fuerte.

La producción hortofrutícola es la base de una importante *industria de conservas vegetales,* cuyas tres
concentraciones más importantes están en Valencia,
Murcia y Rioja-Navarra. Además de estas tres zonas,
deben mencionarse los núcleos conserveros de los regadíos de la cuenca del Ebro, Vera de Plasencia, canal
de Montijo, El Bierzo y Bajo Segre.

En su conjunto, la industria española de conservas
de frutas y hortalizas está integrada por más de 500
fábricas, con una capacidad de producción próxima a
las 250.000 toneladas. Aunque existe una considerable
corriente exportadora de conservas, las posibilidades
son realmente mucho más importantes.

7-3. Economía vitivinícola

La vitivinicultura tiene en España una notable importancia por su superficie, valor de la producción
final y volumen de las exportaciones de los productos
vitivinícolas.

A continuación examinamos las características de cada una de las regiones productoras, aspecto éste de gran interés en la producción vitivinícola, en la cual la localización tiene tanta incidencia sobre la calidad y graduación de los caldos (fig. 13).

Castilla-La Mancha es la región que dedica mayor superficie al viñedo. En La Mancha se explota en régimen de monocultivo, sobre todo en Valdepeñas, Manzanares, Tomelloso y Daimiel, y ya con menor intensidad en Campo de Calatrava. Predomina la producción de vino blanco de pasto y de vinos de mesa tintos y rosados de 13 a 15°. En esta región, y a partir de 1953, surgió un importante número de bodegas cooperativas de gran capacidad; la crisis vinícola de aquel año puso de relieve que la defensa del viticultor podía ser muy mejorada merced a la cooperación.

En el País Valenciano, el viñedo se extiende por los secanos del interior y por las terrazas cercanas a la costa que resultan impropias para cultivos más rentables. En volumen de producción, la zona vinícola valenciana más notable es la de Requena y Utiel, con el inconveniente de que la altura repercute en perjuicio de la uva, que proporciona un vino de 10 a 12°, de calidad media y color bajo.

Cataluña es la región donde fue mayor la contracción del área de la vid como consecuencia de la devastación producida por la filoxera, la crisis de exportación y la posibilidad que para desarrollar cultivos más rentables ofrece el amplio mercado de los centros industriales de la región. Tarragona y Barcelona son las provincias más importantes. En Barcelona hay que destacar el conjunto del Penedés, que produce vinos blancos, rosados y claretes y tintos, con graduaciones medias de 12 a 12,5°. En la zona de San Sadurní se obtienen, además, buenos espumosos, y en Sitges, vinos dulces, moscatel y malvasía de hasta 16,2°. Tarragona produce los mejores vinos naturales de Cataluña; en las zonas productoras de Conca de Barberá y el Campo de Tarragona se obtienen buenos vinos, como

Figura 13: VITIVINICULTURA

Para casi ningún producto industrial y para la mayoría de los productos agrícolas, la localización no tiene la importancia que reviste en el caso de la vitivinicultura. Los factores ecológicos (suelo, aguas, temperatura y demás factores) influyen decisivamente en las características de los caldos procedentes de los diversos viñedos. De ahí la enorme variedad de vinos en todos los países vitivinícolas y en nuestro caso concreto, en el que se ofrece una muestra enormemente amplia, desde los «generosos» andaluces a los de mesa de Rioja y Navarra, pasando por los de alta graduación de Valencia y Tarragona, los de muy bajo grado alcohólico de Galicia y del País Vasco y los de sabor fuerte y áspero de Aragón. En total, en este mapa —para el que sirvieron de base dos gráficos del doctor Ingeniero Agrónomo Luis García Yravfedra— se registran 78 diferentes clases de vino según sus zonas de producción.

Por otra parte, la técnica enológica influye de modo decisivo en la calidad del producto, y en este sentido, aparte del mayor o menor cuidado de los vinicultores según las zonas, es fundamental el papel que desempeñan los Consejos Reguladores de Denominación de Origen, de los cuales existen en España un total de 23, cuyas circunscripciones figuran en el mapa contorneadas con un trazo negro. Los Consejos son tutelados a su vez por el Instituto de Denominación de Origen (INDO) y funcionan de modo muy distinto; algunos con una larga experiencia, como son los casos de Jerez y de Rioja, y otros más recientes y con menor nivel de exigencia en cuanto al cumplimiento de las normas establecidas para los vinos que aspiren a llevar el sello del Consejo Regulador.

Además de los CDO, en el mapa figuran otras 55 zonas tradicionales con «vinos de la tierra», es decir, conocidos generalmente por su procedencia concreta, aunque no cuenten con organizaciones encargadas de garantizar su calidad y características típicas.

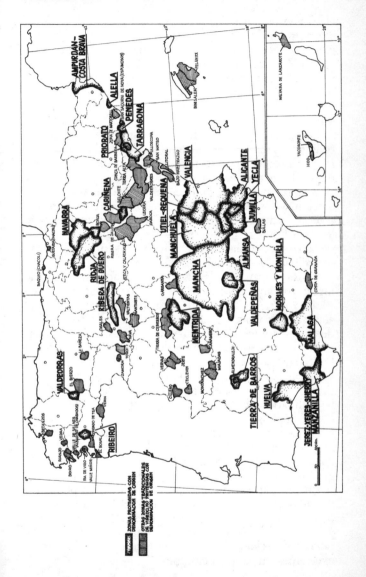

el blanco de Vilaseca. Pero es en el Priorato donde se alcanzan las óptimas calidades de Tarragona y Cataluña entera; concretamente, el tinto tiene una graduación de 15 a 17°, y con la crianza puede alcanzar los 18°; estos vinos son objeto de fuerte exportación, fundamentalmente a Alemania, donde son altamente valorados.

En Andalucía son cuatro las zonas vitivinícolas de importancia: Jerez, el Condado de Niebla, Montilla y Málaga. La zona de Jerez la integran las tierras del triángulo Sanlúcar de Barrameda, Puerto de Santa María y el propio Jerez, formadas de marismas y sedimentos de gran riqueza calcárea. Las labores de cultivo y de crianza han alcanzado en esta zona una gran perfección, y los caldos, tras la crianza por el sistema de soleras, alcanzan normalmente los 18° y no bajan de los 16°. Los vinos de Jerez —que se exportan a Inglaterra desde la Baja Edad Media— son, con mucha diferencia, los que más divisas producen.

La Rioja produce de los mejores vinos españoles de mesa; los centros vitivinícolas están situados en la Baja Rioja (Alfaro y Calahorra), Alta Rioja (Haro) y la Rioja alavesa. Sus vinos son frescos y ácidos, de 10 a 13°, y de fina coloración y aromáticos. A pesar de estas características, por una serie de razones —producción limitada, gran aceptación en el mercado interior, escasa publicidad en el extranjero—, se exportan en cantidades crecientes pero todavía modestas. En Navarra las calidades obtenidas son generalmente inferiores a las de la Rioja.

En Galicia hay que destacar los Albariño, los Ribeiro y los Valdeorras, con vinos blancos frescos de buena calidad; en Aragón, el Cariñena, un vino de alta graduación; en Baleares, el Binisalem.

En general, el vino común español de las pequeñas bodegas y de algunas cooperativas es muy bueno. No olvidemos mencionar el garnacho de Cebreros (Avila) y el chacolí de Guetaria en Guipúzcoa, dos caldos poco comercializados, y seguramente por ello mismo excelentes en tantas ocasiones.

Tan pronto como la producción en un año bueno supera los 35 millones de hectolitros y la exportación no se presenta especialmente fácil, surge el problema de los excedentes en toda su gravedad, pues un exceso de oferta de un 5 a un 10 por 100 sobre la demanda previsible puede suponer el derrumbamiento de los precios en origen si el Estado no interviene a tiempo. Precisamente eso fue lo que sucedió en 1953, año en que para impedir la caída vertical de los precios de origen se creó la Comisión de Compras de Excedentes de Vino. La Comisión de Compras tenía el cometido de adquirir en el mercado nacional las existencias de vino «consideradas como sobrantes y cotizadas a precios inferiores a los estimados como de costo». Actualmente tales funciones las desempeña el SENPA.

La política de compra de excedentes de vino fue una pesada rémora para el sector, porque al pretenderse resolver los problemas a corto plazo se dejaron abandonados los demás:

a) *Estadístico.*—No existía información suficiente para basar una política vitivinícola racional, y la organización del catastro vitivinícola y del balance anual de existencias y necesidades eran deficientes.

b) *Estatuto de vino.*—Era necesario su cumplimiento efectivo, delimitando claramente las clases de vino, las bases de las normas técnicas de calidad y la competencia de las distintas autoridades económicas en el sector.

c) *Denominación de origen.*—El comercio internacional de los vinos embotellados de consumo inmediato se hacía cada vez más difícil para los que carecían de denominación de origen controlada. De ahí la necesidad de que nuestros Consejos Reguladores de Denominaciones de Origen se reorganizaran con vistas a una más vigorosa y fiable actuación internacional.

En 1970, el nuevo Estatuto del Vino abordó algunos de los problemas expresados. Dentro de esta nueva regulación hay que subrayar el mayor rigor en la autorización de nuevas plantaciones, y la creación del

Instituto de Denominaciones de Origen (INDO), que desarrolla una labor especializada de tutela sobre los Consejos de Denominación de Origen de los vinos de calidad.

Con el ingreso de España en las Comunidades Europeas, la regulación comunitaria sobre vinos se aplica íntegramente a España. Los detalles de la cuestión figuran en el capítulo 18 de este mismo libro, donde tratamos globalmente la integración en el Mercado Común.

Señalemos, por último, la importante caída del consumo de vino, tendencia que podrá afectar incluso a las mejores calidades. Ello se debe a la creciente competencia de la cerveza, y a la crítica generalizada al *alcoholismo*. Algo, esto último, que no tiene nada que ver con la buena cultura del vino, que en España, como tantas otras cosas, está muy descuidada; especialmente entre los consumidores más jóvenes, que son presa de la *anticultura* de la *litrona,* del *garrafón*; y en ciertas áreas, de la misma droga. Habría seguramente bastante menos droga si hubiera más cultura del vino en la juventud, que raramente diferencia un Rioja de un Ribera del Duero, o un Montilla de un Jerez.

En cuanto a la cerveza, los consumos son ya superiores a los del vino (70 litros por habitante y más de 25 millones de Hl.), en parte por una mayor liberalidad de su publicidad audiovisual, que es masiva. Su amplio mercado se ha visto invadido por los intereses foráneos. Las firmas de origen británico (Guiness con «Cruz-Campo») y holandés (Heineken con «El Aguila») dominan las ventas, frente a las empresas que siguen con mayoría española (aunque también ya participadas) como Mahou y Damm.

7-4. Economía olivarera

El área clásica del cultivo del olivo son las zonas litorales y sublitorales de la cuenca mediterránea situadas en una faja que abarca de los 30 a los 45° de latitud

Norte. Dentro de esta área está comprendido todo nuestro territorio, salvo las provincias gallegas y el litoral cantábrico, de clima oceánico.

En el transcurso de los últimos años diremos del siglo XIX y los primeros sesenta años del XX se experimentó una gran expansión. Se pasó de 1,1 a 2 millones de hectáreas, un aumento del 90 por 100 en setenta años, a un ritmo de expansión de 1,3 por 100 anual, notablemente superior al del crecimiento de la población. Ello se debió a la ampliación progresiva del consumo *per capita*. Tendencia que por las razones que veremos empezó a cambiar en los años cincuenta y que en los setenta desencadenó el efecto de arranque de muchos olivares.

Andalucía es la región con mayor capacidad de producción, si bien sus aceites no alcanzan la estimación de los aragoneses y catalanes. Jaén es la provincia en la que el olivo ocupa mayor extensión, 360.000 hectáreas, casi un 28 por 100 de la superficie total de 13.492 Km². Los olivares de Martos, que se continúan por la «Loma de Ubeda» y la comarca de Villacarrillo hasta la sierra de Segura, forman una mancha olivarera que por su extensión no tiene igual en el mundo. En éstas y otras zonas de Jaén el olivar se explota en régimen de monocultivo, lo cual, al coincidir no accidentalmente con el latifundio, originaba un paro estacional agudo, siendo éste uno de los factores que decisivamente impulsan la emigración jienense.

Castilla La Mancha es la región que sigue en importancia a Andalucía. En Extremadura, de condiciones climáticas similares a las de Andalucía occidental, el olivar tiene buena representación, sobre todo en Badajoz, en la Tierra de Barros. Cataluña produce aceites de calidad que se destinan a la exportación. En Levante, los olivares se extienden por las tierras más pobres, y en Aragón, los de mayor interés son los de su parte baja. En las restantes regiones españolas el olivar tiene un interés reducido.

Los aceites de oliva se clasifican comercialmente en «virgen» y «refinados», distinción que tiene una gran trascendencia económica. Se llaman *aceites virgen* los aceites naturales obtenidos directamente, a la temperatura ambiente, al moler y prensar las aceitunas en buenas condiciones. Muchos de los aceites «finos» son «frutados» o, en otras palabras, conservan un sabor y un aroma que recuerdan la fragancia del fruto del olivo y que diferencian al de oliva de todos los restantes aceites.

Los buenos conocedores gustan de los *aceites virgen,* que tienen un gran presente y un mejor futuro. El INDO tiene homologadas ya cuatro denominaciones de origen: Baena (Córdoba), Blas de Segura (Jaén), Borjas Blancas (Lleida) y Alcañiz (Teruel). Otras denominaciones de origen vendrán con el tiempo. Y de lo que no cabe duda es que la cultura del aceite de olivo —valorar sus calidades en sus muchas aplicaciones— mejoraría las posibilidades de uno de los sectores más tradicionales de nuestra agroalimentación.

La refinación fue inicialmente un gran proceso para la industria del aceite de oliva, pues además de conseguirse con ella mayores rendimientos por peso de aceituna, permite transformar un aceite malo, no comestible por su acidez y mal sabor y olor, en un aceite casi neutro de calidad y aplicable a todos los usos. Sin embargo, la generalización de la refinación acabó paulatinamente con los aceites «finos», hasta el punto de que hoy son muy pocos los consumidores que no confunden los términos «fino» y «refinado», o que distinguen entre un aceite refinado de oliva y otro de semillas.

Los aceites de semillas (de soja, cacahuete, algodón, girasol, sésamo y colza) son en el mercado internacional mucho más baratos que el de oliva, fundamentalmente porque la recogida del fruto es mecanizable integralmente, en tanto que en el caso de la aceituna la recogida manual encarece el precio final. Por ello, desde el momento en que con la refinación los aceites de diversas procedencias (de oliva y de semillas) pasaron a tener las mismas características de carencia de sabor y olor, el consumo del de oliva tendió a disminuir; y en España sucedió otro tanto tan pronto como se autorizó la importación de aceites de semillas.

La intervención de precios, y más concretamente el racionamiento a partir de 1939, tuvo otra importante consecuencia en el mercado español de grasas. Hasta el momento de iniciarse el racionamiento, en todo el Noroeste y gran parte del Norte el aceite de oliva apenas era empleado con fines culinarios; la grasa animal era el normal consumo en esas regiones. El racionamiento vino a asignar a cada español, indiscriminadamente, una misma cantidad de aceite de oliva, y con ello se habituaron a su consumo prácticamente todos los habitantes del país. La demanda potencial interior aumentó de tal forma, que cuando en 1951 quedó suprimido el racionamiento de aceite y se amortiguaron los efectos de la excepcional cosecha de aquel año se planteó claramente el problema del déficit. España, que tradicionalmente había sido un país exportador del aceite de oliva, se convirtió en deficitario de grasas vegetales.

España es el primer productor mundial de aceite de oliva, con una producción en torno a las 400.000 toneladas, que en los años buenos llega a 600.000 toneladas y en los malos no pasa de 150.000; normalmente representa el 40 por 100 mundial. España es tradicionalmente el primer país exportador de aceite, junto con Italia.

Tras la regresión provocada por el aumento del consumo interior, se produjo una recuperación en las exportaciones de productos del olivar, lo cual se debe a que el mercado nacional se abastece en parte con aceites de semilla importado, de precio inferior. Nuestros más importantes compradores son Estados Unidos

y Canadá, Cuba y Brasil. En Europa, Italia, Reino
Unido y Francia.

Gran parte del aceite y de las aceitunas se embarcan a granel, en barricas y en latas de gran tamaño, y en los puntos de destino se envasa la mercancía para su venta. Con el mismo volumen de exportación real, pero con una mejor presentación y una buena distribución, que hiciese llegar la mercancía hasta el propio consumidor o hasta el intermediario a él más próximo, el valor de lo exportado sería mucho mayor.

La CE, por la influencia de Italia como socio fundador de la Comunidad, protege el cultivo con una subvención al consumo. Y con la integración, hay que destacar que los intereses italianos desembarcaron en España, llegando a controlar en 1992 las dos principales empresas, «Koipe», y «Aceites Elosua».

7-5. Cultivos industriales

La primera característica común de la producción de estos cultivos —plantas azucareras, textiles y tabaco, fundamentalmente— es la de que no se utiliza para el consumo inmediato, como sucede en mayor o menor grado con casi todos los demás productores agrícolas; por el contrario, va directamente del campo a la fábrica para su transformación. Los tres grupos de plantas mencionados se cultivan, por su estrecha conexión con la industria, con una racionalización y capitalización muy superior a la del resto de la agricultura. Generalmente son los propios establecimientos industriales los que proporcionan las semillas seleccionadas, dan instrucciones a los agricultores para conseguir mejores calidades y a veces hasta supervisan directamente el cultivo. El empleo de fertilizantes es asimismo más elevado en estos cultivos —en su mayor parte de regadío— que en las demás ramas de la producción agrícola.

Dos últimas características comunes hay que destacar: el alto grado de monopolio y el hecho de que estos cultivos están protegidos de la competencia exterior por altos derechos arancelarios y por restricciones cuantitativas, singularmente por su inclusión en el régimen de comercio de Estado.

La *producción azucarera* es históricamente reciente. En 1884 se montó en Granada la primera fábrica para la obtención de azúcar de remolacha; pero el cultivo y la industria azucarera no recibieron el impulso decisivo más que a partir de 1898, tras la *pérdida* de Cuba, Puerto Rico y Filipinas.

La superficie de cultivo de la remolacha azucarera es muy elástica, ya que al ser planta anual y de regadío, resulta muy sensible a los precios que se le fijan oficialmente. Después de una cosecha excepcional que origine excedentes, basta contener los precios de compra para que a la siguiente campaña se reduzca la superficie de cultivo y, consiguientemente, la producción. Así, en los últimos decenios, se han producido en España grandes oscilaciones en la producción, como consecuencia del ajuste y reajuste de los precios.

Aparte de estas oscilaciones, se observa una tendencia secular ascendente, llegándose al autoabastecimiento. Por consiguiente, las importaciones tradicionales (en su inmensa mayor parte de Cuba) han sido reduciéndose, planteándose incluso la necesidad de exportar excedentes fuertemente subvencionados. De ahí que desde la campaña 1972-1973 —y análogamente a lo que también se hizo para el arroz— se introdujera la contingentación del cultivo de remolacha, mediante el establecimiento de cupos máximos de producción que se distribuyen territorialmente.

Las principales zonas remolacheras están en el valle del Ebro, la cuenca del Duero y Andalucía. El cultivo de la caña sólo es posible en la faja del litoral mediterráneo de Almería, Granada y Málaga y en el archipiélago canario. La producción de azúcar de caña

**Figura 14: PRECIOS INTERNACIONALES
            DEL AZUCAR**

El gráfico adjunto representa las fuertes oscilaciones que los precios azucareros experimentan en el mercado mundial para las cantidades que son objeto de transacción libre. Las cotizaciones provienen de la ISA, la International Sugar Association, y se refieren al mercado spot, es decir, a las operaciones de contado y con producto de inmediata disponibilidad.

Por el diagrama, es fácil constatar que el precio varió desde 30 centavos la libra en el año de 1974, de grandes escaseces (con una equivalencia, por entonces, a 42 pesetas por kilogramo), hasta 4 centavos por libra en 1985, año de grandes excedentes (con una equivalencia a unas 12 pesetas por kilogramo); es decir, un precio, el último, inferior en un 70 por 100 al de once años antes.

Tan fuertes oscilaciones, suponen una distorsión muy seria para los países que son grandes exportadores de azúcar; al menos por lo que respecta a las cantidades que no logran ver acogidas a sistemas especiales de venta a precios prefijados (ACP con la CE, algunos países del Caribe con EE.UU. y Canadá, Cuba con la antigua URSS, etc.).

Para librarse de las fuertes fluctuaciones de precios internacionales que se registran en la figura, la CE cuenta con un dispositivo protector de precios regulados y de defensa en frontera frente a las importaciones; completándose ese marco con el establecimiento de una cuota total azucarera para la Comunidad. Esa cuota global se distribuye entre los doce Estados miembros, procediéndose, después, dentro de cada uno de ellos, a una nueva distribución por áreas. Finalmente, se llega a la definición última de las cuotas en los contratos que las sociedades azucareras suscriben con los agricultores, con los precios prefijados en los reglamentos comunitarios.

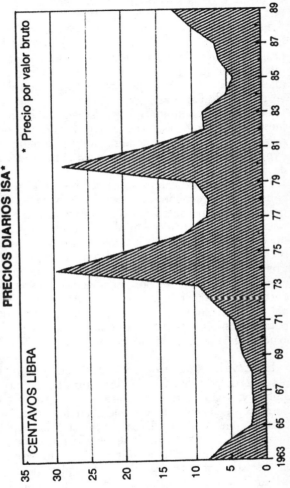

PRECIOS DEL AZUCAR EN EL MUNDO
PRECIOS DIARIOS ISA*

* Precio por valor bruto

representa normalmente un 10 por 100 del total de la materia prima absorbida por las azucareras. Más del 90 por 100 de la superficie remolachera y más del 95 por 100 de la caña son de regadío.

La producción de remolacha y caña están sometidas hoy al sistema de regulación de la Comunidad Europea, con precios indicativo (guía para el mercado) y de intervención (compras de sostenimiento) y con cuotas máximas de producción por países (un millón de Tm. en el caso de España).

Los precios comunitarios garantizan una protección importante frente a la competencia exterior; de los países tropicales fundamentalmente. En la figura 14 se expresan las fuertes fluctuaciones en el mercado internacional del azúcar.

La industria azucarera se caracteriza por su fuerte concentración económica y por las actividades monopolísticas que permiten esa concentración y la ordenación legal del mercado. Un alto porcentaje de la producción total la obtiene un reducido grupo de empresas (Sociedad General Azucarera, Ebro, y ACOR). Por otra parte, las empresas azucareras —que guardan entre sí estrecha conexión por medio de consejeros comunes— están agrupadas en la «Asociación Nacional de Fabricantes de Azúcar», organización patronal para la gestión y la defensa conjunta de los intereses azucareros ante la Administración

El *cultivo del algodón* se conoce en nuestro país desde la Alta Edad Media. Fue introducido por los árabes y, según parece, adquirió un desarrollo considerable en la vega de Granada, en los regadíos de Motril y en la isla de Ibiza. Entre la Edad Media y finales del siglo XVIII poco se sabe del algodón español. En el siglo XVIII, y sobre todo a principios del XIX, existió una cierta exportación de algodón español a Francia y a la Gran Bretaña, envíos que cesaron con la invención e introducción de la máquina desmotadora, que hizo posible una extraordinaria baja en los precios del algodón de Estados Unidos y del Brasil. La competencia frente a los grandes productores americanos se hizo insostenible, incluso en el mercado interior, a partir de 1869, año de publicación del *Arancel Figuerola,* con cuya aplicación prácticamente desapareció del país el cultivo algodonero.

Tras una serie de primeras medidas de fomento durante la Dictadura y en la Segunda República, fue después de la Guerra Civil cuando el cultivo del algodón recibió un extraordinario impulso. Ante las graves dificultades de aprovisionamiento exterior, originadas por la situación internacional, se fomentó la producción de fibras textiles, tanto vegetales como artificiales, y dentro de las primeras se prestó especial atención a la expansión de la producción algodonera.

Como instrumento de la Administración para este fin, se creó en 1940 el Instituto de Fomento de la Producción de Fibras Textiles, y se autorizó la constitución de sociedades industriales para el desmotado del algodón. Con los incentivos de estas disposiciones legales y con precios muy remuneradores, el cultivo algodonero se expandió rápidamente, pasando de 41.000 hectáreas de promedio en el período 1941-1945 a casi 350.000 en 1962, con una producción de 120.000 toneladas de fibra.

Después de 1962, con la liberalización de importaciones de fibra, la producción nacional cayó en vertical, manteniéndose el cultivo solamente en las áreas de regadío con más elevados rendimientos.

Socialmente, el cultivo del algodón tiene un gran interés por el empleo que genera en su recogida.

Andalucía es la primera región productora, pudiendo alcanzar hasta el 50 por 100 de la producción de todo el país, seguida de Extremadura, cuya cosecha puede ascender a casi el 20 por 100 del total.

Hasta 1962 la industrialización del fruto del algodonero la realizaron en régimen de exclusiva las mencionadas empresas concesionarias, entre las cuales se

142   El sistema productivo

repartían las once zonas en que fue dividida la parte del territorio nacional donde es posible el cultivo algodonero. Las empresas concesionarias actuaban en sus respectivas zonas como monopolios de demanda y gozaban, por tanto, de una posición muy ventajosa frente a los cultivadores. Esta posición se fortalecía aún más, en términos generales, por las fuertes conexiones existentes entre las concesionarias y por su participación en el Consejo de Administración del Instituto de Fomento de la Producción de Fibras Textiles, órgano reparador de todas las disposiciones oficiales sobre el algodón nacional. Basándose en esta fuerte posición de monopolio, las concesionarias obtuvieron beneficios extraordinarios durante muchos años, sin cumplir plenamente las obligaciones que les imponían las disposiciones administrativas.

Ante el cúmulo de protestas y ante la presión de los industriales catalanes, al expirar las concesiones, que habían sido hechas en 1942, por veinte años, no se pudo seguir manteniendo el sistema. Por Decreto de 10 de febrero de 1962 se dio una nueva ordenación del mercado algodonero. Se liberó la instalación de factorías desmotadoras, y asimismo los cultivadores, dentro de cada zona, quedaron en libertad de contratar su producción con cualquier factoría.

Con la liberalización, el cultivo cayó en picado, y tras una serie de reglamentaciones cambiantes, el R. D. 927/1979 de 13 de febrero reguló el sector para todo el quinquenio 1979-1984, con un *plan indicativo* que pretendía llegar a 90.000 Ha., con una producción de 76.500 Tm. de fibra, a base de una mayor mecanización y con ayudas diversas a los cultivadores, cifras que no llegaron a alcanzarse. Con la adhesión a la Comunidad Europea, España pasó a tener una *cantidad de referencia* (producción protegida por precios reguladores), con lo cual las expectativas de producción parecen consolidarse.

El *cultivo del tabaco* es uno de los que en España

han experimentado más fuerte expansión, desde el promedio de 4.000 hectáreas en 1931-35. Las dos zonas tabaqueras más importantes son la Vera de Plasencia, en Cáceres, y la Vega de Granada.

El tabaco, por razones fiscales, está intervenido por el Estado en su cultivo, preparación, elaboración y distribución. En las dos primeras fases, la intervención la realiza el Servicio Nacional del Cultivo y Fermentación del Tabaco, y en las otras dos, el Monopolio de Tabacos, a través de Tabacalera, S. A.

La elaboración y venta de tabacos es un monopolio regulado por la Ley de 29 de julio de 1921 —y actualmente en trance de transformación para su adaptación a la normativa de la CE— y que, bajo el control del Ministerio de Hacienda, administra la «Compañía Arrendataria Tabacalera, S. A.», en cuyo capital social el Estado es socio mayoritario. La Compañía elabora tabaco en las fábricas del monopolio, distribuye las labores nacionales y de importación y efectúa la recaudación de los impuestos que lo gravan. Sólo las islas Canarias —donde existe una importante industria tabaquera— escapan a la acción del monopolio. En mayo de 1987 se crearon dos nuevas entidades en el sector tabaquero, para sustituir al Servicio Nacional de Cultivo y Fermentación del Tabaco, que desde 1944 había funcionado como organismo regulador. Las dos nuevas entidades son la «Agencia Nacional del Tabaco», para la ordenación de cultivos y canalización de las ayudas CE, y la «Compañía Española de Tabacos en Rama», para la adquisición, fermentación, procesado y comercialización posterior.

7-6. Ganadería

España cuenta con una tradición ganadera de importancia, especialmente vigorosa en el sector ovino trashumante. Sin embargo, el desarrollo de nuestra ganadería estante sólo se aceleró a partir de la segunda mitad del siglo XIX y, de modo especial, en los primeros treinta años del presente siglo. Antonio Flores de Lemus expuso esta evolución en un célebre trabajo (*Sobre una dirección fundamental de la producción rural española,* Madrid, 1923), y a la vista de las esperanzadoras tendencias profetizó un gran desarrollo ganadero que no llegó a producirse en la realidad.

Las causas de la evolución regresiva que entre 1939 y 1960 experimentó la ganadería en España pueden resumirse en las siguientes: 1.ª La protección del cultivo del trigo, mediante un precio remunerador, tuvo como resultado la expansión del área ocupada por ese cereal, en buena parte a costa de roturaciones de pastos y de terrenos antes dedicados al cultivo de piensos, como la cebada, el maíz y la avena. 2.ª La protección dispensada al cultivo de las fibras textiles vegetales, la remolacha y el tabaco, todas ellas plantas propias de regadío, disminuyó las posibilidades de expansión de las especies propiamente forrajeras en las nuevas zonas regadas. 3.ª La ocupación de antiguos pastizales por el Patrimonio Forestal del Estado para su repoblación implicó la reducción del área del pastoreo. 4.ª Los hechos enumerados en los tres puntos anteriores, unidos a las restricciones a la importación, encarecieron enormemente los piensos y los pastos naturales, y ante esta elevación de los precios el ganadero no pudo mostrar un excesivo interés en aumentar su cabaña, por la fuerte limitación de la demanda de este producto. 5.ª Finalmente, hay que anotar también la progresiva mecanización de los trabajos agrícolas como causa de la reducción del censo de ganado de labor.

Por todas las razones expuestas, nuestra cabaña menguó considerablemente entre los censos de 1933 y 1960, creando con ello graves problemas de abastecimiento de alimentos, lana y cueros, que presionaron fuertemente sobre nuestro comercio exterior; al mismo tiempo, la reducción de la cabaña tuvo la consecuencia de una separación entre agricultura y ganadería aún mayor que la ya tradicional, en contra de la tendencia universal a que la agricultura sea cada vez más ganadera, debido a tres razones fundamentales. La primera de ellas, el perfecto acoplamiento posible entre mecanización y ganadería; sólo puede obtenerse el debido rendimiento de la maquinaria agrícola si al propio tiempo existe en la explotación rural ganado de renta que sustituya al de labor desplazado por la tracción mecánica, y en el cual puedan invertirse parte de las horas de trabajo ahorradas por la mecanización. En segundo lugar, las prácticas de conservación del suelo y del agua guardan una relación estrecha con el cultivo de plantas forrajeras, que forman parte de cualquier ciclo rotativo racional de cultivos y que, al propio tiempo, constituyen la base de una sana ganadería estabulada. La última de las tres razones estriba en la necesidad de mejorar la alimentación humana, lo cual sólo puede conseguirse incrementando el porcentaje de proteínas de origen animal.

La evolución reciente de los efectivos y de las principales producciones de la ganadería, cabe seguirla en el cuadro 3-12.

El *ganado bovino* (véase cuadro 3-12) puede caracterizarse con las siguientes notas: estancamiento de su censo, aunque con rendimientos unitarios crecientes; especialización en el sector lechero, con un incremento sustancial; fuerte concentración en las provincias del norte y noroeste; bajos rendimientos en carne y leche de los tipos de aptitud carne-trabajo, trabajo-carne y mixta.

Los fuertes déficit de ganado bovino se cubrieron durante los años 60 y 70 con la importación de canales vacunas congeladas de Argentina, Uruguay, Cuba y países del este de Europa. Claro es que también se produjo una sustitución de la carne de vacuno por la de otras especies, fundamentalmente de cerdo y de aves. Para promover una ampliación del censo bovino, en 1966 se establecieron las bases de la Acción Concertada para ganado vacuno, que facilitó medios financieros y subvenciones a los ganaderos con más de treinta cabezas. Los resultados de esta política,

Cuadro 3-12

Censos ganaderos (miles de cabezas adultas, septiembre)

Ganado	1970	1980	1985	1990	1991
Bovino	4.282	4.495	4.930	5.126	5.063
Ovino	17.005	14.180	16.954	24.037	24.625
Caprino	2.551	1.977	2.584	3.663	2.972
Porcino	7.621	11.263	11.960	16.002	17.247
Caballar	282	242	252	241	—
Mular	533	199	151	100	—
Asnal	363	188	137	130	—
Ponedoras	26.404	43.404	49.010	55.000	—

Producciones pecuarias	1990	1991
Carne (millones de Kg. canal)		
Bovino	513,9	501,6
Ovino	217,4	233,9
Caprino	16,4	15,5
Porcino	1.788,9	1.893,2
Equino	7,1	7,5
Broilers	766,7	805,1
Otras aves	70,0	70,0
Conejos	71,2	69,6
Total	3.451,6	3.596,4
Leche (millones de litros)		
Oveja	320	309
Cabra	472	454
Total	792	763
Huevos (millones de docenas)		
Ponedoras selectas	888,3	848,8
Gallinas camperas	69,6	69,6
Otras aves	1,4	1,4
Total	959,3	919,8

Fuente: Ministerio de Agricultura, Alimentación y Pesca.

bastante burocratizada, no fueron muy alentadores por las dificultades en contar con pastos naturales y forrajes a buen precio, carestía de los piensos compuestos y trabas a la importación de ganado selecto y, sobre todo, de «vientre» (madres cubiertas) y terneros para engorde.

Por otra parte, desde mediados de la década de 1960, la política de precios regulados también se aplicó a la ganadería bovina. Para la carne se fija un precio de garantía por kilogramo/canal, al que compran los mataderos frigoríficos colaboradores del SENPA.

La producción lechera vacuna se encuentra dentro del régimen de la CE, con una cuota que a su vez se reparte entre los ganaderos. En 1986 la cuota se fijó en 5.400.000 Tm, de las cuales, 4.650.000 Tm para la industria y 750.000 para venta directa a los consumidores. Desde entonces ha experimentado diversas variaciones.

La *ganadería ovina*, al igual que sucede en el resto del mundo, está distribuida por el territorio nacional con densidad inversamente proporcional a la de la población humana. Extremadura, Andalucía occidental, La Mancha, Aragón y Castilla la Vieja presentan las zonas de máxima concentración.

La cifra de producción anual de lana sucia oscila alrededor de las 25.000 toneladas. La producción nacional lanera es deficitaria en calidades de lanas finas y entrefinas, de las que se importan cantidades de consideración. Tras la liberalización de las importaciones en 1962, el mercado lanero interno se encuentra en una crisis de ventas semipermanente. La supervivencia de esta ganadería se debe, pues, a los altos precios alcanzados por su carne y su leche.

El censo de ovinos presentaba, hasta la década de 1980, una clara tendencia a reducirse. Sin embargo, con el ingreso en la Comunidad Europea, que protege esta ganadería con una prima anual por cabeza (aunque también la somete a la competencia neozelandesa), la cabaña ha experimentado, desde 1986, un auge considerable.

La tendencia decreciente del *ganado caprino* era aún

más acusada. Generalmente, se le criticó por su acción
erosiva y por la frecuente presencia en su leche de los
gérmenes de la fiebre de Malta, pero también desde
1986 se está recuperando. El ganado caprino se distribuye por toda la geografía española, pero con especial
preponderancia en la mitad sur. La provincia de Granada cuenta con los mayores efectivos, seguida de Cáceres, Málaga, Ciudad Real, Badajoz, Murcia, Cádiz y
Huelva.

La *ganadería porcina* permite obtener gran cantidad
de carne y grasa, utilizando piensos baratos, como son
las bellotas, castañas y toda clase de desperdicios.
Constituye en España la primera fuente de proteínas
animales. El ganado de cerda, objeto de cría y sacrificio doméstico, se halla muy diseminado por el país, si
bien existen zonas de concentración considerable en
Extremadura, Galicia, Andalucía occidental y Salamanca. En el pasado, la producción de carne de cerdo
presentaba una fuerte estacionalidad, debido a que los
sacrificios se hacían en los meses de invierno. Actualmente, en los mataderos frigoríficos ya no se produce
ese fenómeno. Durtante los años 1962-66 la peste afri-
cana afectó gravemente a este subsector de la ganadería. En 1989, la CE la dio por prácticamente resuelta.

En el Ministerio de Agricultura existe un registro de
explotaciones porcinas, y la producción tiene precios
regulados, si bien la inmensa mayor parte de las transacciones se hacen en el mercado libre entre productores e industrias cárnicas. Las grandes fábricas de
pienso estimulan la venta de su producto mediante
contratos de servicio con los agricultores, para el suministro del pienso y la compra de los animales.

De gran importancia, fundamentalmente a partir del
porcino, es la *industria chacinera,* con espléndidas
muestras de calidad, como las de Jabugo (Huelva),
Guijuelo y Candelario (Salamanca), sin olvidar las excelentes especialidades catalanas (Olot y Vic).

Hasta los años cincuenta el *censo avícola* podía experimentar enormes fluctuaciones; la mayor o menor disponibilidad de piensos y las enfermedades podían incidir decisivamente en los efectivos en un plazo de tiempo relativamente breve. Mejorada la situación en ambos aspectos, la avicultura experimentó un progreso tal que se llegó a hablar del «milagro avícola». En siete años (1955-1962) se pasó de 23 a 40 millones de ponedoras (gallinas de más de seis meses), aumento imputable en su casi totalidad a las granjas avícolas, cuyos efectivos pasaron a representar más de un 90 por 100 del total (granjas más aves camperas), frente a sólo un 10 por 100 en 1955. El resultado de la expansión descrita fue la desaparición de las importaciones de huevos e incluso la exportación (con fuertes primas).

La distribución de la población avícola por el país es mucho más homogénea que en los demás grupos ganaderos, si bien destacan las concentraciones existentes en Valencia, Cataluña y la submeseta Norte. Reus y Valladolid son los centros avícolas más importantes.

7-7. Economía forestal

Una idea de la importancia que podría tener para España la economía forestal nos la da el conocimiento del simple hecho de que del total de 50.474.100 hectáreas que comprende el territorio nacional, 26.818.100, es decir, algo más de la mitad, son de «superficie forestal». Sin embargo, la renta que produce esa extensa parte de nuestro suelo es muy reducida. La valoración de la producción final forestal representa el 5 por 100 del producto final agrario. Naturalmente, esto quiere decir que, como promedio, los rendimientos puramente económicos de nuestra superficie forestal son mínimos, aproximadamente el 10 por 100 de la media de todo el sector agrario.

¿Cómo se ha llegado a la lamentable realidad de que el 50 por 100 de la superficie de España suministre una producción de tan baja valoración? La explicación la da la situación actual de nuestros montes; en su mayor parte desarbolados, desordenados y explotados en general de forma rudimentaria y antieconómica. Frente a estos hechos, hoy evidentes, se ha convertido en un tópico la afirmación de que en otros tiempos fue España un país de grandes bosques, lo cual, como casi todos los tópicos, parece tener una base real. Efectivamente, hay testimonios de que las masas forestales ocuparon en épocas pasadas superficies muy extensas de nuestro territorio, que hoy están desforestadas por completo. A lo largo de los siglos, los abusos de la Mesta, que quería pastos soleados para el ganado, los efectos de la larga Guerra de Sucesión, el carboneo intensivo para la función de metales, la utilización de la madera para la construcción naval y otras muchas aplicaciones redujeron el área de nuestra riqueza forestal. Ponz, en su *Viaje por España,* realizado durante el reinado de Carlos III, ya describe regiones desforestadas que coinciden casi por completo con algunas de las actuales.

Sin embargo, los peores males para nuestros recursos forestales acaecieron en el siglo XIX. La desamortización, en sus dos fases de 1837 y 1855; las guerras civiles, la roturación de terrenos forestales para su cultivo y las talas abusivas para el pastoreo fueron dejando exhausta nuestra riqueza forestal. Este proceso de desforestación todavía está por estudiar a fondo para ver con detalle cuáles fueron sus causas políticas y económicas y cuáles sus efectos en la demografía, en la economía y en el paisaje.

La cifra total de nuestra superficie forestal se descompone del modo que refleja el cuadro 3-13, que resume los aprovechamientos forestales, pero que nos dice muy poco sobre las verdaderas reservas de nuestros bosques. Tratemos, pues, de profundizar en esta cuestión.

CUADRO 3-13

Régimen de explotación de los montes (miles de Ha.)

Clase de monte	De régimen público	De régimen privado	Total
Alto....................	1.755	7.567	4.322
Medio.................	144	449	593
Riberas...............	16	144	160
Adehesado.............	44	1.589	1.633
Bajo...................	583	2.086	2.669
Repoblaciones.........	1.432	983	2.415
Totales...............	3.974	7.818	11.792

Pertenencia de los montes	Total	Arbolados	No arbo-lados	Densidad m³/Ha.
Del Estado.............	816	618	198	0,41
MUP consorciados (1)..	2.160	1.546	614	0,39
MUP no consorciados (1)	5.039	3.071	1.968	0,39
De libre disposición....	1.639	607	1.032	0,36
De particulares.........	17.636	8.580	10.056	0,33
Totales...............	28.290	14.422	13.868	0,37

Productos	1970	1980	1985	1990
Madera (10^3 m³ s.c.)....	8.627	11.215	9.692	12.834
Leña (10^3 estéreos).....	12.639	1.474	1.955	1.866
Resina (Tm.)............	43.083	26.374	23.955	10.623
Corcho (Tm.)...........	109.512	75.037	73.541	73.802
Esparto (Tm.)..........	33.071	17.323	13.000	2.571

(1) MUP = Montes de Utilidad Pública.
Fuente: Ministerio de Agricultura.

La superficie de 4.915.000 hectáreas registrada en el cuadro 3-13 como montes altos y medios es la base de un capital vuelo maderable o existencias de madera cuyo promedio por hectárea no excede de 16 metros cúbicos. Lo reducido de esas existencias maderables se pone de relieve cuando se hace la comparación de nuestra situación con la de otros países europeos

(Austria, 162; Alemania, 126; Francia, 82; Italia, 57, y Portugal, 69).

Nuestra actual posibilidad de corte es de 0,357 metros cúbicos de madera con corteza por hectárea, volumen extremadamente bajo en relación con los 2,2 metros cúbicos de promedio en Europa. Se ha estimado que, repoblados los calveros de nuestros bosques y debidamente ordenados, las existencias medias por hectárea del área forestal considerada arbolada actualmente en España debieran ser de 64 metros cúbicos; es decir, cuatro veces superior a la actual y ya mencionada de 16 metros cúbicos.

Esas existencias «ideales» nos permiten calcular a cuánto abarca el «calvero nacional». Deduciendo del área arbolada de 14,42 millones de hectáreas los 2,6 millones de hectáreas de reciente repoblación y un millón de hectáreas de superficie arbolada con siembra y barbecho (que es fundamentalmente superficie agrícola), resulta una superficie arbolada de 10,8 millones de hectáreas, equivalente a 2,7 millones de hectáreas de una densidad ideal de 64 metros cúbicos por hectárea, que podemos tomar como verdadera superficie de bosques maderables en España; esto es, aproximadamente el 5 por 100 del territorio nacional.

La diferencia entre dos cifras (10,8 y 2,7 millones de hectáreas) es la expresión de los claros o rasos de la superficie arbolada ya existente, salvo para los de erosión y a veces para los de conservación de la fertilidad del suelo, como verdadera «superficie rasa encubierta», expresiva de lo dilatado del gran calvero nacional, que convierte en un eufemismo las afirmaciones de que el 50 por 100 del territorio nacional es superficie forestal y de que el 25 por 100 lo cubren los bosques maderables. Con un estándar europeo a nuestra latitud, sólo un 5 por 100 del territorio español puede decirse que está cubierto de bosques maderables.

En el caso de la *madera*, la expansión experimentada en la producción cabe atribuirla al aprovechamiento ya iniciado de las repoblaciones de la postguerra y también, en una medida difícil de determinar, a la continuación del secular proceso de descapitalización de nuestros montes.

La producción de nuestra superficie forestal en los últimos años puede contemplarse en el cuadro 3-13. Destaquemos para empezar que en el caso de la *madera* hay un fuerte déficit de producción, que se cubre con cuantiosas importaciones. En cuanto a la *leña* —como combustible—, se vio sustituida progresivamente por la electricidad y los combustibles derivados del petróleo (fundamentalmente el gas butano).

El caso de la *resina* es parecido. La aparición de las resinas sintéticas (plásticos acrílicos y vinílicos) y de los disolventes petroquímicos ha hecho entrar en crisis la producción de aguarrás y colofonia en todo el mundo, apreciándose ya claramente los efectos en la producción española.

En el caso del *esparto* —empleado en su mayor parte como fibra celulósica— la mejora progresiva en el suministro de otras primeras materias de mejor calidad para la industria papelera es la causa de la fuerte disminución.

Finalmente, el *corcho* es otro ejemplo claro de progresiva sustitución de una materia prima natural por los productos sintéticos (caucho buna, plásticos, etc). Conviene subrayar, sin embargo, que es el único producto forestal español objeto de exportación, la cual se ha recuperado en los últimos años.

Pasamos ahora a ocuparnos de la *política forestal* seguida en España. El monte, como ya se ha dicho, lo integran el suelo y el vuelo, pudiéndose considerar ambos, en un sentido poco estricto, como capital. La renta del capital-vuelo es el crecimiento anual de los árboles que lo forman. Si las cortas son de mayor volumen que ese crecimiento anual, el capital disminuye, lo cual ha venido sucediendo secularmente en España. Cuando el capital-vuelo desaparece por completo, por tala para el aprovechamiento de la madera o para solear los pastos al ganado, o simplemente por

Figura 15: ESPAÑA ECOLOGICA

La denominación de esta figura quizá no sea la más adecuada, pues la ecología es algo mucho más amplio. Y lo cierto es que en el gráfico nos centramos en la representación de sólo una cuestión ecológica, aunque sea fundamental, como es la de los espacios naturales oficialmente protegidos. Entre ellos figuran en primer lugar los **parques nacionales** (triángulos en negro), que son las áreas de una cierta extensión que ofrecen recursos naturales de carácter excepcional o una belleza de paisaje verdaderamente extraordinaria, de tal modo que para su protección se establece un régimen en el que las explotaciones lucrativas (maderas, hidroeléctricas, de minas y canteras, etc.) quedan totalmente suprimidas o severamente restringidas.

Actualmente, los parques nacionales españoles además de poco numerosos son de dimensión casi siempre muy reducida (recuérdese el cuadro 1-1 de este libro). Precisamente por esa extensión insuficiente, en la práctica se ven severamente amenazados, desde sus entornos, por una especulación que no deja de presionar tenaz y sistemáticamente.

A título preliminar (triángulos en blanco) incluimos una serie de **posibles futuros parques nacionales,** con vistas a garantizar la defensa de otras tantas áreas de indiscutible belleza o de fauna y flora de gran interés, y sobre las cuales hoy se ciernen los más negros presagios en función de las actitudes de las inmobiliarias turísticas, o de los negocios a corto plazo de las grandes compañías hidroeléctricas o de los grupos madereros.

Igualmente, en el mapa, círculos en negro, se registran los algunos **parques naturales,** que son de menor extensión y con restricciones de uso menos severas que los parques nacionales), tanto los existentes como los de posible creación en el futuro. Por último, se representan los **parajes naturales,** que son espacios generalmente de extensión muy reducida pero de indudable interés; deberían ser varios centenares en vez del corto número actual.

PARQUE NACIONAL EXISTENTE

POSIBLE FUTURO PARQUE NACIONAL

PARQUES NATURALES

POSIBLE FUTURO PARQUE NATURAL

PARAJES NATURALES

incendios, todavía queda el suelo activo con un valor potencial de regeneración. Sin embargo, la erosión que actúa sobre ese suelo sin protección puede hacer desaparecer el capital-suelo activo, de modo que sólo quede la roca, en la que es imposible producir nada.

La disminución del capital-vuelo, hasta su total desaparición, y la pérdida paulatina del capital-suelo, a lo largo de un prolongado proceso histórico, han reducido el área forestal española a su actual estado y han modificado la infraestructura económica de nuestro país, al actuar sobre el clima y sobre el régimen hidrológico, creando con ello unas bases muy desfavorables para gran parte de nuestra agricultura.

Por ello, a largo plazo, la política forestal a seguir en un país tan desprovisto de bosques como el nuestro no puede consistir más que en la expansión y restauración de las masas arbóreas. Los planes de expansión y restauración forestales se diferencian de los demás planes de fomento por el mayor lapso que supone su realización y por la lentitud con que en general remuneran el trabajo acumulado. Por esa razón la ejecución de los planes forestales a largo plazo no puede tener un interés inmediato y positivo más que para los organismos públicos y fundamentalmente para el Estado. En España fue con la iniciación de nuestro siglo cuando la política de repoblación forestal comenzó a pasar del plano de las aspiraciones regeneracionistas a la realidad, gracias a la creación de las Divisiones Hidrológico-forestales. Estos organismos fueron los ejecutores de las primeras repoblaciones de gran envergadura llevadas a cabo en España, que, a pesar de no ser muy extensas, han quedado como brillantes ejemplos de trabajos de gran eficacia para resolver problemas de defensa y conservación.

En 1935, los Servicios Hidrológico-forestales fueron sustituidos como protagonistas de la repoblación forestal por el Patrimonio Forestal del Estado (PFE), cuya creación promovió don José Larraz, a quien se confió la presidencia de la Comisión preparadora del proyecto de la Ley de Bases, que fue efectivamente promulgada el 9 de octubre de 1935. Inmediatamente de constituirse el Patrimonio, su Consejo de Administración inició la preparación de los programas de trabajo, cuya terminación y comienzo de ejecución se vieron interrumpidos por el estallido de la Guerra Civil.

Los trabajos preparatorios fueron reanudados en la zona nacional en junio de 1938, y en enero de 1939 quedaba terminado el primer Plan General de Repoblación Forestal de España. Este plan ha servido como programa a largo plazo, materializable paulatinamente en la medida en que lo fueron permitiendo las circunstancias. En una de las secciones del plan se previó la necesidad de repoblar seis millones de hectáreas de superficie rasa en un plazo de cien años, a una cadencia anual de 60.000 hectáreas. Esta sección del plan fue concretada en 1940, y su aplicación se inició en ese mismo año con una repoblación simbólica de 792 hectáreas.

Posteriormente, la labor repobladora se ha desenvuelto como muestra el cuadro 3-14.

Desde 1971, las actividades hasta entonces separadas del Servicio Nacional de Conservación de Suelos, de varias ramas de la Dirección General de Montes y del PFE, se integraron en un nuevo organismo autónomo, el ICONA, que une a las tradicionales actuaciones reforestadoras otras relativas al medio ambiente y al uso de las especies naturales (caza y pesca y parques nacionales).

Para realizar las repoblaciones, el PFE en el pasado siguió —y ahora hace lo propio el ICONA— los siguientes procedimientos:

1. Repoblación en fincas adquiridas.
2. Repoblación, en régimen de consorcio, de fincas de los pueblos o de los particulares. Este régimen consiste en que el ICONA realiza el trabajo de

CUADRO 3-14

Evolución de la repoblación forestal

Años	Hectáreas repobladas	Años	Hectáreas repobladas
1940........	792	1964........	103.879
1941........	10.486	1965........	100.693
1942........	20.018	1966........	95.858
1943........	30.842	1967........	93.494
1944........	37.414	1968........	85.473
1945........	48.834	1969........	106.084
1946........	52.488	1970........	111.370
1947........	38.139	1971........	106.477
1948........	44.155	1972........	113.931
1949........	43.972	1973........	95.171
1950........	38.344	1974........	120.193
1951........	45.790	1975........	81.267
1952........	72.785	1976........	112.787
1953........	111.888	1977........	116.700
1954........	108.806	1978........	72.200
1955........	127.418	1979........	110.600
1956........	129.816	1980........	76.200
1957........	135.987	1981........	66.900
1958........	87.605	1982........	101.557
1959........	120.560	1983........	78.600
1960........	88.002	1984........	60.400
1961........	105.340	1985........	5.400
1962........	94.136		
1963........	105.456	Total.....	3.764.307

Fuente: ICONA. Desde 1986, transferencia a las CC.AA.

repoblación y lleva la dirección de la explotación. Cuando ésta empieza a rendir, el 40 por 100 de la renta la recibe el propietario de la finca y el 60 por 100 restante el ICONA para amortizar la inversión efectuada. Realizada la amortización, el capital-vuelo revierte en su totalidad al propietario de la finca, si bien el ICONA conserva la dirección técnica de la explotación.

3. Perímetro de repoblación obligatorio establecido conforme a la Ley de Montes de 8 de julio de 1957.

4. Repoblación conforme a la Ley de 7 de abril de 1952, de «auxilio a la libre iniciativa privada o pública», que autoriza la concesión de subvenciones hasta

el 50 por 100 y anticipos reintegrables de hasta el 50 por 100 restante.

5. La Ley 5/1977, de «fomento de la producción forestal», que favorece, sobre todo, las repoblaciones de turno corto, sin mayor preocupación medioambiental; reglamentada por el Real Decreto 1279/1978, de 2 de mayo, ha sido severamente criticada por ecólogos y ecologistas.

El RD/378/93, de 13 de marzo, —de acuerdo con la política comunitaria ligada al abandono de tierras— estableció las bases de un Plan Nacional de Reforestación, de 5 millones de hectáreas en cuarenta años. Para la primera fase, se fijaron subvenciones, primas de conservación, y cantidades compensatorias por el abandono de cultivos. La administración de tales ayudas se confió a las CC.AA., y el panorama es aún bastante incierto.

Casi siempre que se habla o escribe sobre la necesidad de aumentar nuestras existencias de bosques maderables se hace referencia a la repoblación forestal, como si éste fuera el único medio de llegar a cubrir aquella necesidad. Pocas veces se analiza el problema de un mejor aprovechamiento de los bosques hoy existentes, y concretamente de los «montes de utilidad pública», a pesar de que una mejor explotación de los mismos produciría resultados mucho más importantes, y ello en plazo más corto (en lo que concierne a producción de madera) que los derivables de la repoblación forestal (véase cuadro 3-14).

Los Montes de Utilidad Pública (MUP) son los incluidos en el catálogo de este nombre o así declarados por su interés o importancia social; ya sean propiedad del Estado, de los pueblos o establecimientos públicos, están todos a cargo de la Administración Forestal del Estado (Dirección General de Montes, hoy ICONA). Montes de libre disposición son aquellos otros montes de propiedad pública que por su menor importancia no están a cargo de la Administración Forestal del Estado, siendo libremente explotables por las entidades pro-

pietarias (pueblos, diputaciones, etc.) con ciertas limitaciones. Los montes o fincas particulares son los pre-
dios forestales de propiedad privada y de libre gestión
por parte de sus propietarios, salvo las limitaciones
legales establecidas para evitar su destrucción.

Los MUP representan el 26,38 por 100 de la superficie forestal española, y su definitiva ordenación y mejora puede ser sencillamente decisiva. La situación actual de esos montes no es realmente muy lucida: casi un
50 por 100 están desarbolados y el 50 por 100 restante
presenta grandes calveros. Resultado de ello son los rendimientos extremadamente bajos. La ley no obliga a invertir en la conservación y mejora de los MUP más que
el 15 por 100 de su renta anual, y con esa inversión no
puede realizarse una labor verdaderamente apreciable.

La Comunidad Europea, cuyas áreas boscosas se
ven atacadas por la lluvia ácida en el norte, y por los
grandes incendios forestales en el sur (especialmente
en España, donde las medidas legislativas, desde 1968,
han sido poco operativas), está dedicando una atención creciente a la política forestal; tanto por su fuerte
déficit maderero como por razones medioambientales.
En 1988, se puso en marcha un programa comunitario
ad hoc, con ocho directivas. Uno de los propósitos es
que las tierras que sean objeto de abandono financiado
por la CE *(set aside)* para evitar excedentes agrícolas,
sean reforestadas, por razones medioambientales y para reducir el déficit maderero comunitario.

Pero con todo, en España, el gran problema forestal
sigue estando en la necesidad de ampliar y mejorar la
cubierta vegetal; para luchar contra la erosión, la desertificación, y mejorar la calidad de vida rural y urbana. Este propósito intuido, e incluso programado
por los regeneracionistas del siglo XIX —los Costa y
los Marios Picavea—, y los grandes forestales del XX
—los Ceballos y los Ortuño—, yace hoy en medio de
la desidia, y de los afanes más cementosos y rutinarios.
Aparte de que la *cultura del Bonsái,* al uso, se ha convertido en una necia caricatura del interés ambiental.

7-8. Pesca marítima

Con este estudio de la pesca marítima entramos en el último apartado del sector FAO de nuestra economía. Nuestro perímetro costero tiene una longitud de 4.611 kilómetros, de los que 770 corresponden al Cantábrico, 771 al Atlántico, 770 al litoral canario y 2.300 a nuestras costas peninsulares e insulares del Mediterráneo. Ese frente marítimo posibilita, pero no determina, la actividad pesquera, que viene dada principalmente por la extensión de la meseta submarina adyacente. Esta, en el caso de la Península, es, en general, muy estrecha; la isobara de 400 metros discurre, en torno a la costa, a unas 20 ó 30 millas de distancia, ensanchándose solamente hasta unas 50 ó 60 en los golfos de Cádiz y de Valencia.

Así, pues, las condiciones naturales para la pesca en nuestras aguas más próximas no son muy favorables. El zócalo geológico cubierto por mar que circunda la Península es relativamente estrecho, especialmente por el costado atlántico, y en el mediterráneo la baja producción ictiológica reduce las posibilidades que en principio podrían derivarse de la mayor anchura de la plataforma continental. Resulta necesario, por ello, ampliar el área de trabajo de la flota pesquera nacional a los fondos de otras regiones oceánicas (Gran Sol y Pequeño Sol, en el mar Céltico; Terranova, Groenlandia, Mauritania, Senegal, etc.).

La pesca es una de las actividades económicas que en España experimentó un desarrollo más rápido. Pero en 1972 el volumen total de capturas quedó por debajo del año precedente, lo cual cabe atribuir a dos hechos igualmente graves. El primero, el agotamiento, cada vez más acentuado, de los caladeros más próximos de nuestro litoral por las prácticas abusivas de pesca que son toleradas *de facto* por las autoridades marinas. El segundo, las dificultades crecientes en las áreas de pesca de altura más frecuentadas por nuestra flota: en Marruecos el acuerdo pesquero impone severas restricciones, y otro tanto sucede con Mauritania, en aguas de libre acceso tradicional para los españoles (banco sahariano). Desde 1974, Canadá y Estados Unidos también limitan las pesquerías, y la tendencia general a extender las aguas pesqueras a 200 millas se ha impuesto definitivamente. España tomó análoga decisión en 1978, al crear la zona económica marítima de 200 millas en sus aguas atlánticas. Todo ello ha hecho resurgir en España un interés creciente por los cultivos marinos (acuicultura), algo así como la revolución neolítica (que para el campo inventó la agricultura y la ganadería) en el inmenso área marítima y de las costas.

El litoral presenta regiones pesqueras muy bien diferenciadas por la diversidad de características. De ellas, las más importantes son el noroeste, el sudoeste y Canarias.

La región noroeste, con un litoral recortado y especialmente rico en sus rías bajas, es la más importante de España por el volumen y la variedad de la pesca en ella desembarcada (una cuarta parte del total), porque arma aproximadamente la mitad de nuestra flota pesquera y porque es en ella donde más se ha desarrollado la industrialización de la pesca. Galicia —y sobre todo Vigo y su ría— va por delante de las demás zonas españolas en espíritu empresarial en este sector.

La región Suratlántica, que sigue en orden de importancia, comprende los puertos situados entre Ayamonte y La Línea de la Concepción. Esta región se ve favorecida por las migraciones de los túnidos y de las sardinas, y en ella abundan los crustáceos más valorizados. Además, es la base de muchas de las embarcaciones que pescan en la costa de Africa occidental. Sus puertos más importantes son Algeciras, Huelva y Cádiz, con cifras normalmente muy similares.

El archipiélago canario es, sobre el paralelo 55, la más meridional de nuestras regiones pesqueras. Es base avanzada para la explotación, hoy muy restringida, de los bancos de las costas marroquí, del Sahara, Mauritania y Senegal.

Veamos ahora cuáles son las principales especies capturadas. La pesca del bacalao es la más altamente racionalizada en la flota española. Se desarrolla casi exclusivamente en los bancos del Atlántico norte y se realiza por el sistema de arrastre, con bous o por parejas. La envergadura económica que requiere hace que sólo la practiquen las mayores empresas, de las cuales únicamente tres cuentan con el ciclo completo de pesca y preparación (secaderos).

La sardina sigue siendo la especie más importante de nuestra pesca de bajura. Su depresión cíclica produce trastornos muy importantes en la actividad de nuestra flota y en la industria conservera, que tiene en ella su principal recurso.

Los túnidos —atún, bonito y albacora— son de especial interés, por formar el segundo grupo de especies, después de la sardina, que nutren la industria conservera. La pesca del atún se realiza en nuestras costas por medio de almadrabas, que, con pequeñas variantes, se vienen utilizando desde tiempos remotísimos y de las que existen más de un centenar.

Las especies de pescado blanco —merluza, lenguado, etc.— las captura la flota pesquera de arrastre en el mar Céltico, golfo de Vizcaya, costas de Portugal y regiones Cantábrica y del noroeste, y las restantes especies, de muy diversos géneros, la pesca la flota del litoral de corto radio de acción. En la captura del pescado blanco —merluza y pescadilla fundamentalmente— se operó una verdadera revolución desde los años 60, cuando la flota se organizó con grandes medios para acudir a caladeros en los que hasta entonces España nunca estuvo presente: *Atlántico sur* y *Antártico,* empleando para ello flotillas, buques-factoría y tranportes frigoríficos.

En el cuadro 3-15 se expone la evolución seguida a lo largo de los últimos años en los tonelajes de captu-

Cuadro 3-15
Evolución de la pesca desembarcada

Años y períodos	Miles de Tm.	Indice (1927 = 100)
1927...................	230,6	100,0
1931-34..............	340,9	147,8
1941-45..............	475,2	206,1
1946-50..............	502,5	217,9
1951-55..............	523,6	227,1
1956-60..............	735,0	318,7
1961-65..............	786,0	340,8
1966-70..............	1.171,0	507,8
1971-75..............	1.273,8	552,5
1976-80..............	1.218,9	528,5
1981...................	1.207,1	523,4
1982...................	1.246,8	540,6
1983...................	1.143,9	496,0
1984...................	1.123,1	533,9
1985...................	1.113,0	422,6
1986...................	1.056,2	452,0
1987...................	1.071,2	464,5
1988...................	1.047,6	454,2
1989...................	983,8	426,6
1990...................	974,2	422,5
1991...................	838,7	363,7

Pesca desembarcada, clasificada por regiones marítimas

Regiones	Miles de Tm.			Miles millones de pesetas		
	1980	1985	1991	1980	1985	1991
Cantábrica.......	156	113	96	22,8	28,7	30,7
Noroeste.........	501	607	449	40,7	85,5	82,9
Suratlántica......	152	108	87	30,2	40,1	52,5
Surmediterránea	41	41	29	4,8	7,5	10,5
Levante..........	19	25	33	3,4	7,0	10,9
Tramontana.....	85	73	66	9,1	16,9	21,9
Balear...........	6	6	4	1,6	2,2	3,6
Canarias.........	185	140	73	14,9	23,6	20,8
Total..........	1.145	1.113	837	127,6	211,5	233,8

Fuente: Ministerio de Agricultura, Pesca y Alimentación.

ras y de pesca desembarcada, con el desglose en este último caso por regiones, con el detalle de tonelaje, valor y distribuciones porcentuales. El declive que se aprecia en la pesca propia se cubre con crecientes importaciones.

En el caso de la pesca, los canales de comercialización presentan algunas particularidades. Desde que la pesca es desembarcada hasta que llega al consumidor sigue generalmente un largo camino. Las fluctuaciones del precio del pescado en las lonjas portuarias son de bastante amplitud por la falta de afluencia de pesca al mercado con la suficiente regularidad. Para amortiguar tales fluctuaciones es precisa una mayor coordinación de la flota pesquera, así como la ejecución de un amplio programa de instalaciones de congelación del pescado a bordo.

El procedimiento de venta del pescado más frecuentemente seguido en las lonjas es el de la subasta holandesa o a la baja. Sólo las empresas dedicadas a la pesca del bacalao, el pargo y la corvina, y las nuevas sociedades de pesca de altura (MAR, Pescanova, etc.), se liberan de esta forma de venta, en la que es susceptible la formación de monopolios de demandas locales por los compradores mayoristas.

Una vez que llega a las grandes ciudades del interior, el pescado se subasta de nuevo, en los mercados centrales, entre los minoristas o pescaderos. De hecho, el aumento del nivel de vida (la demanda de pescado presenta una elasticidad positiva), junto con el sistema de doble subasta a que nos acabamos de referir, han hecho subir los precios mayoristas del pescado fresco más rápidamente que los de otros productos. Y al por menor, la situación es aún más grave, pues en general, y aun en momentos de mayor abundancia pesquera, los pescaderos detallistas no compran en el mercado central (o en la lonja en las poblaciones de la costa) más que una cantidad aproximadamente siempre igual. Con ello, los precios al por menor reflejan en muy corta medida las posibles fluctuaciones en los precios mayoristas. Así, pues, pare reducir los márgenes de asentadores y minoristas, sin crear un pesado aparato burocrático, no caben más que dos soluciones: fomentar la creación de grandes cooperativas o de sociedades pesqueras, y apoyarlas para el montaje de una red de distribución propia de pescado fresco y congelado.

Una buena parte de las capturas de la pesca marítima se destina a la industria de conservas, salazones y pescado seco.

Galicia es la primera región en esta industria, con más de un 60 por 100 de las conservas y la mayor parte de las salazones. Sigue en orden de importancia la región Suratlántica, con salazones y conservas. La región Cantábrica y Canarias ocupan el tercer y cuarto lugares.

Por Ley 33/1980, de 21 de junio, se creó el «Fondo de Regulación y Organización del Mercado de Productos de la Pesca y Productos Marítimos» («FROM»): que tiene funciones similares a las del FORPPA en la agricultura: sostenimiento de precios, apoyos a proyectos pesqueros y de acuicultura —un tema de gran importancia futura—, informar sobre las importaciones, etc.

El ingreso en la Comunidad Europea marcó toda una serie de regulaciones nuevas para la pesca en aguas comunitarias, renovación de la flota, y tratados pesqueros internacionales, que detallaremos en el capítulo 18.

Mencionemos, por último, que en el Tratado de Maastricht, de 10 de diciembre de 1991, la CE estableció un 6.º objetivo, de los Fondos Estructurales (FEDER, FSE, FEOGA; y el BEI, que *de facto* funciona como tal), para favorecer el desarrollo de las regiones pesqueras; lo cual en parte se debe al hecho de que la CE ha llegado a la conclusión de que será necesario reducir el esfuerzo pesquero drásticamente, para no esquilmar los caladeros.

1. El proceso de industrialización

Estudiamos en este capítulo el sector industrial de nuestra economía, que comprende una serie de subsectores: industrias de base (energía, industrias extractivas, siderurgia y químicas), industrias transformadoras (construcción naval, industrias mecánicas y de transformados metálicos), industrias de bienes de consumo (textil, cuero y calzado, papel, ediciones, etc.). Aparte, como un subsector con entidad propia, hay que considerar la industria de la construcción.

Antes de entrar en el estudio de cada uno de los subsectores industriales debemos hacer algunas consideraciones generales sobre el sector industrial en su conjunto, empezando precisamente por el análisis del proceso histórico de la industrialización del país.

1-1. Las causas del retraso de la industrialización en España

Se ha pretendido explicar el distinto grado de desarrollo industrial de los países por la existencia de una serie de factores que, según su extensión e intensidad en el momento inicial del proceso de industrialización, impulsan o frenan todo el avance subsiguiente. Estos factores son: espíritu de empresa, técnica, capital real (conjunto de recursos productivos y energéticos), capital financiero (necesario para financiar la movilización de los recursos reales y cubrir el fallo de alguno de los restantes factores) y nivel de demanda. Este modelo parece bien concebido para explicar, por una parte, la precocidad de determinados países en iniciar su industrialización y el retraso de su comienzo y la lentitud de su desarrollo en otros.

Mientras el *espíritu de empresa,* entendido en sentido muy amplio, estaba a finales del siglo XVIII enormemente desarrollado en naciones como Inglaterra y Holanda, en nuestro país parecía haber decaído extraordinariamente después de las empresas de conquista y evangelización del Imperio a lo largo de los dos siglos anteriores. Pero aún en esa época el genio español se manifestó en empresas militares y religiosas y en la busca de la riqueza metálica, pero casi nunca en auténticas hazañas económicas.

En cuanto al segundo de los factores citados, el *estado de la técnica,* en la época en cuestión, nuestra situación no era más afortunada que para el primero. La técnica la podemos definir, con palabras de Ortega, como «la reforma que el hombre impone a la Naturaleza en vista a la satisfacción de sus necesidades». Más concretamente: consiste en el conjunto de procedimientos y recursos de que se sirve la ciencia; la ciencia precede casi siempre a la técnica, y si nuestro desarrollo científico ha sido escasísimo, necesariamente lo ha tenido que ser también el de la técnica. Santiago Ramón y Cajal afirmaba que «España es un país intelectualmente atrasado, no decadente, cuyo rendimiento científico se mantuvo siempre al mismo nivel... La imparcialidad obliga, empero, a confesar que, apreciado globalmente dicho rendimiento, ha sido pobre y discontinuo, mostrando con relación al resto de Europa un atraso y sobre todo una mezquindad teórica deplorable... Nuestra preponderancia en Europa fue meramente militar, y no cultural. Ciencia, industria, agricultura, comercio, todas las manifestaciones del espíritu y del trabajo, eran en la época de los Reyes Católicos y de Carlos V sumamente inferiores a las del resto de Europa».

En el siglo XIX el nivel de la técnica y de la enseñanza eran bajísimos. Las escuelas de ingeniería surgieron mediando la centuria, pero sus promociones eran reducidísimas; el país estaba sumido en una profunda ignorancia, como lo demuestra el hecho de que todavía en 1887 el 54,2 por 100 de los hombres y el 74,4 por 100 de las mujeres eran analfabetos. Existían minorías con alguna preparación, es cierto, pero tan reducidas y tan ligadas exclusivamente a sus propios intereses que frente a la masa de la población su actividad productiva y su influencia habían de ser forzosamente escasas.

Respecto al tercer factor, el *capital real,* nuestro país contaba con recursos nada despreciables, pero también las lagunas existentes eran muy importantes. A mediados del pasado siglo los yacimientos de piritas ferrocobrizas, hierro, plomo, cinc y otros minerales habrían podido constituir bases muy notables para la industrialización.

La escasez de fuentes de energía era, sin embargo, un obstáculo muy fuerte. Prácticamente sólo se podía contar con el carbón asturiano, excéntricamente situado, de calidad mediocre y más caro que el inglés. Por otra parte, para aprovechar el capital real (recursos naturales) eran necesarios un espíritu de empresa y un desarrollo técnico del que carecíamos, así como unas disponibilidades de capital financiero con las que no contábamos. A la situación de la técnica y del espíritu de empresa ya nos hemos referido; veamos, pues, lo que ocurría con el capital financiero.

El *capital financiero* o recursos monetarios con los

que movilizar los recursos reales y financiar el desarrollo industrial (y fundamentalmente los medios de pago frente al exterior) no existía en cantidades suficientes en España a mediados del siglo XIX. Los particulares tenían su capital inmovilizado; la propiedad inmobiliaria era el principal modo de acumular un capital muy difícil realizable y con un valor hipertrofiado por la especulación sobre unos bienes limitados (tierra).

Por su parte, la situación financiera del Estado no era nada lucida; las remesas de oro americano habían cesado desde el comienzo de la Guerra de la Independencia, y las guerras civiles y coloniales, que hicieron insuficientes los ingresos ordinarios del enclenque sistema fiscal, habían producido una expansión tal de la Deuda pública que resultaba imposible cualquier clase de auxilio estatal para financiar el desarrollo de la industria.l Y la Banca privada, que había de movilizar el ahorro nacional, no adquirió verdadera importancia a escala nacional hasta los comienzos del corriente siglo.

La ausencia de capital propio para financiar su desarrollo configuraba a España como un típico país subdesarrollado, que sólo podía salir de su penuria económica con un fuerte volumen de inversión en la industria y en la agricultura; pero las posibilidades de inversión eran casi nulas, porque precisamente la penuria económica impedía la formación de capital. Se cerraba así un círculo vicioso que sólo podía romperse con la afluencia de capital exterior, como de hecho sucedió: la inversión extranjera y la repatriación de capitales españoles de Cuba y Filipinas fueron hechos decisivos para el desarrollo de nuestra industria.

Finalmente, faltaba en España el quinto elemento necesario para el desarrollo industrial: un *nivel suficiente de demanda*. Nuestra población, en 1797, ascendía a sólo 10,5 millones de habitantes, cifra muy baja en comparación con la de Francia por esa misma época. Pero, además, y esto era más importante, el nivel de renta y, por tanto, la capacidad de compra de nuestra población, aún hacia 1800, era bajísima; desde luego, muy inferior a la de Inglaterra y Francia. Esta limitadísima extensión del mercado interior significaba una fuerte rémora para el establecimiento de una industria nacional.

La explicación del retraso de la industrialización en España hecha hasta aquí bien puede parecer un tanto simplista e incluso «mecanicista». Indudablemente, es preciso completarla con un componente más, de carácter político, y que se manifestó en dos vertientes diferentes: una, interna, y otra, externa.

Desde la perspectiva histórica en que ahora nos encontramos resulta perfectamente claro que la revolución industrial era imposible sin la previa *revolución burguesa*. La estructura política absolutista y semifeudal imperante en España hasta el segundo tercio del siglo XIX determinaba un bajo nivel de consumo interior, imputable a la extremada concentración de la propiedad de la tierra en las manos muertas y a una rigidez muy acusada en la posibilidad de establecer y ampliar industrias a causa de la pervivencia de los gremios. Además, existía un grave anquilosamiento de los mecanismos comerciales, debido a las reminiscencias de monopolios mercantilistas. Previas a la industrialización eran, pues, la desamortización, la libertad industrial y la libertad de comercio.

Es España se inició, a mediados del siglo XVIII, reinando Carlos III, un movimiento en esas tres direcciones; era una verdadera renovación, que incluso ha sido llamada revolución. Discretamente animada por Carlos III y sus mejores ministros, esa renovación se vio detenida en el reinado de Carlos IV, por el ambiente de reacción y recelo que en España produjo el comienzo de la Revolución francesa.

El movimiento de renovación pudo haberse puesto en marcha nuevamente con la aplicación de las leyes y decretos emanados de las Cortes gaditanas de 1812 y 1813, pero la realidad fue muy otra. Fernando VII derogó todas las disposiciones de abolición de gremios y de desamortización promulgadas por las Cortes, y con ello frenó durante casi cinco lustros el verdadero arranque de nuestra modesta revolución industrial. Solamente cuando el liberalismo político comenzó a abrirse paso al final de la década, en 1830, puedo iniciarse en España el movimiento de industrialización.

En la vertiente exterior de lo que hemos llamado componente político del retraso de nuestra industrialización hay que destacar dos hechos: la Guerra de la Independencia (1808-1814) y la pérdida de las posesiones en América (1810-1826).

La Guerra de la Independencia produjo la ruina de las mejores versiones de nuestra economía moderna precapitalista. Las factorías destruidas por las tropas de Napoleón y por las inglesas de Wellington, que vinieron en nuestra «ayuda», significaron el hundimiento de una experiencia que quizá aún no hubiese dado de sí todo lo que era posible esperar de ella. Los efectos de la larga Guerra de la Independencia (1808-1814) en el resto de la industria fueron igualmente desastrosos: destrucción por doquier del fruto del medio siglo anterior de tímida, pero significativa expansión industrial; desarrollo del contrabando hasta límites increíbles y totalmente irresistibles para nuestra industria tradicional en vías de renovación.

La pérdida de las posesiones en la América continental fue un hecho no menos trascendental; con la privación de esos mercados y de esas fuentes de materias primas, la industria metropolitana, que sólo en las últimas décadas del siglo XVIII había visto roto el monopolio del tráfico de Sevilla, recibió un golpe que bien pudo calificarse como «de muerte» en algunos casos.

1-2.   El mecanismo del desarrollo industrial hasta 1936

La situación descrita forzosamente impedía el desarrollo industrial. Este sólo pudo iniciarse con un cambio en las circunstancias políticas que pueden enumerarse así: abolición de la Inquisición, de la Mesta y de los Gremios; desamortización y establecimiento de las bases para la integración fiscal y monetaria de los antiguos reinos de la Península. Todos estos cambios no se produjeron efectivamente hasta después de la muerte de Fernando VII (1833).

El segundo factor fue la afluencia desde el exterior de los elementos de que más fuertemente carecíamos: espíritu de empresa, técnica y capital. Sólo ello hizo posible, a excepción de la industria textil, el arranque del proceso de industrialización. El desarrollo de los ferrocarriles, de la minería metálica, de algunos servicios públicos; la iniciación de nuestra industria química en muy buena parte, sólo fue posible por la inversión extranjera; la siderurgia se montó sobre los beneficios de la exportación de mineral de hierro a Inglaterra; y el desarrollo de la Banca privada lo impulsaron los capitales repatriados de las antiguas colonias ultramarinas (Cuba, Puerto Rico y Filipinas), perdidas en 1898. Pero la inversión extranjera, primera pieza de nuestra industrialización en sus comienzos, se dirigió preferentemente a apoyar los intereses industriales de sus países de procedencia y, por ello, los beneficios que reportó a España fueron relativamente reducidos.

La nueva industria destinada a cubrir la demanda del mercado interior no pudo comenzar a surgir, y ésta es la segunda pieza de la clave de nuestra industrialización, sino con la protección arancelaria. Tras la larga polémica librecambio-proteccionismo, en 1892 quedó instaurado el proteccionismo industrial en España de un modo definitivo (confirmado más tarde a un alto nivel con el «Arancel Cambó» de 1922).

A partir de esa fecha la industrialización ya no dejó

de progresar, si bien con ritmo muy lento y siempre con el aporte de capital extranjero. A partir de finales del siglo, y sobre todo desde 1900, la participación de la Banca en ese proceso fue permanente. Finalmente, las dificultades de suministro ocasionadas por las dos guerras mundiales, en las cuales España se mantuvo neutral, originaron un fuerte proceso de sustitución de importaciones por la producción nacional.

En resumen: se puede decir que hasta principios del corriente siglo la única política de industrialización consistió en no poner trabas a la inversión extranjera y en instaurar la protección arancelaria. Sólo con el comienzo del siglo se emprendió una política de leyes de protección directa a la industria nacional, de las que nos ocuparemos más adelante. Hasta la promulgación de esas leyes de fomento, el desarrollo industrial se produjo espontáneamente, dentro del marco expuesto más arriba.

La política directa de fomento de la industria se inició con la Ley de 14 de febrero de 1907, en virtud de la cual en lo sucesivo, en los contratos por cuenta del Estado, sólo habían de admitirse artículos de producción nacional. La Comisión Protectora de la Producción Nacional, creada por la citada ley, colaboró ulteriormente en la preparación de una serie de nuevas leyes proteccionistas: la de 14 de julio de 1909, dictada para el fomento de las comunicaciones marítimas y de las industrias navales; la de 2 de marzo de 1917, de protección a las industrias nuevas y desarrollo de las ya existentes; la de 22 de julio de 1918, de ordenamiento y nacionalización de industrias, y la de 22 de abril de 1922, de autorizaciones arancelarias. Al crearse en 1925 el Consejo de Economía Nacional, la Comisión fue absorbida por la Sección de Defensa de la Producción del nuevo órgano consultivo.

Pero fueron las dificultades de suministro originadas como consecuencia de la Primera Guerra Mundial las que representaron el mayor estímulo en el proceso de sustitución de importaciones por medio de la creación de nuevas industrias; para favorecerlo se publicó la ya citada Ley de 2 de marzo de 1917, de protección a las industrias nuevas y desarrollo de las existentes. Como consecuencia de lo establecido en una de sus cláusulas, se creó, en 1920, el Banco de Crédito Industrial. La misión que se le asignó fue la de proveer a la industria nacional de créditos a medio y, sobre todo, a largo plazo.

Pero tal como fue constituido, el Banco no pudo cumplir enteramente su cometido; entre otras razones, porque sólo podía conceder créditos para la creación o expansión industrial y no para atender las necesidades financieras corrientes. Esa dificultad inicial del nuevo instituto fue resuelta con el Real Decreto de 29 de abril de 1927, que autorizó al Banco para que en adelante concediese créditos no sólo para capital fijo, sino también para capital circulante. El plazo máximo de los préstamos, establecido en quince años, se amplió hasta los cincuenta por el Real Decreto de 23 de junio de 1929.

La Ley de 1917, el Decreto-ley de 30 de abril de 1924, que la reglamentó y la última redacción de ambos, la Ley de 31 de diciembre de 1927, fueron los verdaderos antecedentes de la legislación de protección industrial del actual régimen, como podremos comprobar más adelante. A su amparo, y coincidiendo con una fase favorable de la coyuntura, tuvo lugar un desarrollo notable de nuestra industria.

Como ha señalado el profesor Torres, está todavía por hacer la historia de la industrialización española durante los primeros decenios del siglo XX. Hasta ahora el único medio con que contamos para apreciar la evolución del proceso de desarrollo industrial, y no parece que pueda encontrarse otro que más sintéticamente lo exprese, es el índice general de producción industrial elaborado por el Consejo de Economía Nacional para el período que media entre los años 1906 y 1936.

En la evolución del índice se aprecian tres etapas distintas. La primera, hasta 1923, se caracteriza por un crecimiento lento, con recesiones como la de los años 1908 y 1911. El segundo período comprende los años de la Dictadura (1923 a 1930), en los que el desarrollo industrial fue muy importante, lo cual queda reflejado en el incremento medio de la producción, que se verificó a un ritmo tres veces superior al del período anterior.

En el período 1930-36 se alcanzó el máximo de producción industrial de nuestra preguerra en 1931, y en los años siguientes ya se dejaron sentir los efectos de la crisis económica mundial, que afectó extraordinariamente a todas nuestras actividades exportadoras y, de rechazo, a la industria. En 1934 pareció iniciarse la fase de recuperación, que fue interrumpida por el estallido de la Guerra Civil.

En los apartados de este mismo capítulo, en los que estudiamos los distintos sectores de nuestra industria, figuran muchos detalles sobre el desarrollo particular de cada uno de ellos.

1-3. La industrialización desde 1939 a 1959:
      la política de autarquía

En los apartados anteriores de este capítulo se han examinado las bases de las que partió la industrialización de España y la evolución que ésta siguió hasta 1936. Como hemos visto, hasta esa fecha la protección arancelaria fue una de las claves de todo el proceso. Desde 1939 la protección arancelaria pasó a segundo término, realmente inoperante por las severas restricciones cuantitativas (régimen de licencias de importación, contingentes y control de cambio), que pronto significaron una protección frente al exterior mucho más fuerte que la de un simple arancel de tarifas elevadas.

A partir de 1939, el mercado interior quedó prácticamente cerrado para los productos industriales que ya fabricaba nuestra industria o cuya fabricación se emprendió a partir de entonces. La falta de competencia internacional que motivó estas restricciones comerciales es la primera razón que explica la intensificación del proceso de industrialización; paradójicamente, las restricciones de los intercambios con el extranjero también fueron el principal freno de la expansión industrial y, sin duda, el factor más importante de su escasa racionalización.

En la etapa de la industrialización, que se abrió en 1939, el Estado mantuvo y fortaleció la política de fomento industrial de todo el largo período anterior. El objetivo central de la nueva política de industrialización fue la consecución de un elevado grado de autarquía económica. Se trataba de desarrollar los recursos económicos disponibles hasta alcanzar una amplia autosuficiencia económica frente al exterior.

Al mismo tiempo que la autarquía económica se persiguió el fortalecimiento de la defensa nacional, mejorando las industrias de guerra y las de materias primas para ellas. Expresión legal de esa política de autarquía económica y de expansión de las industrias de apoyo a la defensa nacional fueron las dos Leyes industriales de 1939 (de Protección y Fomento de la Industria Nacional —base de las «industrias de interés nacional— y de Ordenación y Defensa de la Industria Nacional). Para asegurar aún más el alcance de los objetivos propuestos en ellas se recurrió a la intervención directa del Estado en la producción, a través del Instituto Nacional de Industria (INI), creado en 1941 para sustituir a la iniciativa privada cuando ésta no existiese, bien por la importancia de las inversiones necesarias o bien por ser el margen de beneficio obtenible extremadamente reducido.

Pero por una serie de razones —fundamentalmente el estrangulamiento en el comercio exterior— la autarquía era irrealizable. Las metas perseguidas se fueron alejando cada vez más, hasta que un día hubo que

Figura 16: LAS 50 EMPRESAS PRINCIPALES

Iniciamos aquí el análisis de algunos aspectos del sector industrial. Para ello utilizamos como punto de partida una relación de las 50 mayores empresas de España, que incluye el *ranking* para el año 1992. Las diferentes variables tenidas en cuenta para clasificar estas empresas aparecen claramente destacadas en el cuadro.

Es interesante observar que de las 50 empresas consideradas, 14 tienen participación mayoritaria de capital extranjero, lo que equivale a su completo control desde el exterior. Al propio tiempo, 16 de esas 50 empresas están participadas por el Estado.

Por tanto, puede afirmarse, sin exagerar, que la presencia de la empresa privada española dentro de la cabecera de las industrias españolas es minoritaria, con sólo 20 empresas. E incluso esas sociedades están estrechamente vinculadas a grupos financieros (Banesto, Banco Central Hispano, etc.). Todo ello es bien expresivo de que el gran capitalismo industrial en España o es de Estado, o extranjero, o de raíz básicamente financiera. Lo que se aprecia, en definitiva, es la escasez entre «las mayores» de industrias independientes, creadas por empresarios al margen de esos tres «superpatrones» que son la Banca, el Estado o el Capital foráneo. Será interesante subrayar que en la idea de ir agrupando a los emprendimiento de origen independiente, desde 1990 existe, con sede en Barcelona, el Instituto de la Empresa Familiar (IEF).

Las figuras siguientes (17 y 18) son otras tantas manifestaciones del grupo de las mayores empresas industriales españolas. La 17 se refiere a la concentración espacial de sus domicilios sociales; y la número 18 es una localización de los principales centros fabriles (previamente clasificadas con criterio sectorial) de las 100 mayores empresas.

Las 50 empresas más importantes de España en 1992

Empresa	Actividad	Cifra de ventas	Recursos propios	Beneficio neto	Plantilla (empleados)
		Millones de pesetas			
1 Telefónica.........	Servicios públicos	1.104.034	1.428.514	80.847	75.499
2 Campsa...........	Petróleos y derivados	861.742	239.893	37.225	4.746
3 El Corte Inglés....	Comerciales	756.363	226.099	30.983	41.275
4 Tabacalera........	Varios	589.855	77.339	14.231	8.238
5 Seat..............	Automoción	558.057	104.164¹	2.486	25.363
6 Repsol Petróleo....	Petróleos y derivados	509.813	130.159	29.404	4.675
7 FASA Renault.....	Automoción	443.861	122.230	3.550	15.876
8 Ford España.......	Automoción	423.753	116.579	20.539	10.203
9 Endesa............	Energía eléctrica	420.294	462.120	80.175	6.703
10 Iberia.............	Transportes	397.729	56.333	−35.893	28.473
11 General Motors....	Automoción	382.556	88.093	30.967	—
12 Iberduero.........	Energía eléctrica	369.431	547.023	10.579	7.085
13 Pryca.............	Comerciales	366.571	56.387	10.674	11.400
14 Hidrola...........	Energía eléctrica	355.063	871.747	54.292	6.429
15 Cepsa.............	Petróleos y derivados	323.036	146.740	11.726	2.592
16 Unión Fenosa......	Energía eléctrica	322.756	324.965	13.693	5.490
17 Dragados.........	Construcción	306.587	99.168	9.613	15.781
18 IBM..............	Informática	264.962	49.096	18.450	4.561
19 Sevillana.........	Energía eléctrica	252.552	296.147	13.212	6.216
20 Citroën Hispania...	Automoción	245.058	71.146	5.568	8.524
21 Cubiertas y MZOV	Construcción	221.221	37.532	6.273	7.763
22 Alcampo..........	Comerciales	217.000	—	—	8.000
23 FECSA...........	Energía eléctrica	209.785	276.245	16.683	3.496
24 Ensidesa..........	Metalurgia	192.306	106.752	−24.837	14.639
25 FOCSA...........	Construcción	190.714	27.040	4.123	13.450
26 Peugeot Talbot....	Automoción	187.534	29.051	993	5.780
27 Renfe.............	Transportes	172.593	473.605	−257.453	58.484
28 Nissan Motor Co...	Automoción	159.855	69.219	189	6.887
29 Hipercor..........	Comerciales	151.273	30.205	5.831	—
30 Repsol Butano.....	Petróleos y derivados	148.250	18.683	3.724	2.120
31 Mercadona........	Comerciales	143.641	6.16	1.024	10.300
32 Michelín..........	Automoción	138.837	30.439	−27.724	11.632
33 Petronor.........	Petróleos y derivados	131.408	59.529	10.574	856
34 Alcatel...........	Material eléctrico	128.949	42.631	5.684	9.266
35 Mercedes-Benz.....	Automoción	125.019	22.548	3.931	3.475
36 Enher............	Energía eléctrica	123.807	140.380	5.484	2.074
37 Cycsa.............	Construcción	121.406	23.065	5.938	2.789
38 Nestlé............	Alimentación	118.862	35.138	6.791	4.937
39 TVE.............	Servicios públicos	112.404	34.077	1.153	—
40 Agromán..........	Construcción	109.814	21.087	2.508	5.398
41 Ferrovial..........	Construcción	109.538	31.617	2.594	5.480
42 Huarte............	Construcción	109.339	27.617	3.345	3.560
43 Repsol Exploración	Petróleos y derivados	105.772	96.570	14.828	1.400
44 Fesa.............	Química	104.147	22.968	−11.965	4.540
45 Enagás............	Servicios públicos	102.666	103.740	−3.60	956
46 Galerías Preciados.	Comerciales	100.000	—	—	8.099
47 Casa..............	Constr. mecánicas	99.291	8.594	−6.976	9.338
48 Cofares...........	Comerciales	98.077	4.478	153	544
49 AHV..............	Metalurgia	95.105	10.120	−21.967	6.933
50 Repsol Química....	Química	93.688	18.037	−8.902	2.969

Fuente: Anuario *El País*, 1993.

renunciar definitivamente a alcanzarlas, quedando las realizaciones erróneas difíciles de corregir: las empresas antieconómicas por su dimensión extremadamente reducida, planeadas para cubrir las necesidades más perentorias del mercado interior; las explotaciones que más o menos tarde hubieron de abandonarse por el proceso tecnológico seguido (*Ersatzindustrie* o industrias de sucedáneos), y, por último, lo que aparentemente menos costoso de desmontar, pero sin duda de difícil olvido por parte de la población en general: el descrédito de la empresa pública y los prejuicios generalizados contra la planificación del desarrollo económico por el Estado.

Y todo ello independientemente del sistema de financiación seguido; cuando éste presionó, en una u otra forma, como sucedió desde 1939 hasta 1959, por medio de la inflación sobre el nivel de consumo de las clases trabajadoras y medias, el proceso autárquico presentó el agravante adicional de que el sacrificio soportado durante muchos años fue mucho menos útil de lo que se pensaba, puesto que el desarrollo industrial no mejoró la posición social de las clases trabajadoras, sino que, por el contrario, enriqueció aún más a los partícipes de los círculos monopolísticos del país a través de la redistribución típica de la renta del mecanismo inflacionista.

Con todo lo anterior hemos tratado de resumir los principios básicos que, con fuerza progresivamente decreciente, rigieron el desarrollo industrial de España desde 1939 a 1959.

En el cuadro 4-1 se puede seguir el crecimiento industrial en la fase autárquica a través de dos índices de producción: uno confeccionado por el Instituto Nacional de Estadística (INE) y otro por el Consejo de Economía Nacional (CEN). Entre ambos existen diferencias muy importantes, como puede apreciarse comparando las columnas 4.ª y 5.ª, que se deben a los distintos artículos tenidos en cuenta y a la distinta ponderación dada en cada caso. Sin embargo, en am-

CUADRO 4-1

I. Indices de producción industrial

Años	INE Base 1929	CEN Base 1953-54	Indice 1942 = 100	
			INE	CEN
1940.	—	60	—	97
1941.	—	59	—	96
1942.	112	62	100	100
1943.	120	34	107	88
1944.	122	62	108	101
1945.	114	59	102	97
1946.	134	69	120	112
1947.	137	69	122	111
1948.	140	70	125	112
1949.	133	76	119	113
1950.	152	76	136	123
1951.	172	79	153	128
1952.	196	91	175	147
1953.	206	94	184	153
1954.	214	105	191	169
1955.	240	115	214	186

II. Principales producciones del grupo INI 1987-1991

Productos	Unidad	1987	1988	1989	1990	1991	% INI sobre total nacional 1991
Carbón.	Miles Tm.	17.900	16.927	18.974	21.289	17.425	45
Energía eléctrica.	GWh.	42.800	42.715	47.301	48.146	54.287	35
Acero.	Miles Tm.	3.678	3.275	4.036	4.217	4.096	32
Alum. electrolit...	Miles Tm.	341	294	352	355	355	100
Buques entregad.	Miles CGT.	119	150	103	253	231	56
Vehículos industr.	Miles unid.	12	13	10	5,5	—	—
Abono nit. simp.	Miles Tm.	517	343	—	—	—	—
Pasta celulósica..	Miles Tm.	514	462	475	340	391	39
Potasa.	Miles Tm.	197	210	230	350	512	88
Pasajeros transp..	Millones	18	19	20	23	21	37

III. Magnitudes del INI (millones de ptas.)

Conceptos	1987	1988	1989	1990	1991	Variación % 91/90
Ingr. totales.	1.572.869	1.714.395	1.807.479	1.845.292	1.867.378,0	1,2
Exportaciones. . . .	443.263	508.724	534.800	560.800	571.122,0	1,8
Export./Ingr.	28,2	29,7	29,5	29,5	30,6	—
Gastos de personal.	519.127	553.838	594.507	630.769	660.429,0	4,7
Gas. de per./Ingr..	33	32,3	32,9	34,2	35,4	—
Costes financieros	177.239	178.491	189.213	201.309	211.916,0	5,3
Costes finan./Ing..	11,3	10,4	10,5	10,9	11,3	—
Resultados netos..	−42.604	30.564	70.103	10.394	−85.658,0	−924,1
Cash-Flow.	158.006	234.390	278.075	240.395	184.189,0	−23,4
Inv. Mat. e Inmat.	268.002	231.549	243.752	296.997	307.785,0	3,6
Empleo.	163.821	155.945	151.674	146.625	142.295,0	−3,0
Ing./Empleados...	9,6	11	11,9	12,6	13,1	4,0
I+D.	25.337	30.067	33.699	35.375	35.011,0	1,8

Fuente: Anuario *El País*, 1993.

bas series de números índices se aprecian dos etapas. Hasta 1950, es decir, en los años 1941-1950, el crecimiento fue lento; fue éste el período de los fuertes estrangulamientos por la escasez de energía y de materias primas básicas (cemento, acero y metales no férreos).

A partir de 1950 cambió la coyuntura, en gran parte debido a la incidencia de la ayuda americana y por la obtención de facilidades crediticias de algunos países europeos, que fueron utilizadas para la compra de bienes de equipo (de Gran Bretaña, Francia y Bélgica, fundamentalmente). El comienzo de la expansión del turismo, facilitada por la mejora que en el marco de las relaciones internacionales de España se operó a partir de 1950, tampoco fue ajeno a ese cambio de coyuntura. Así, desde 1951 a 1957, el ritmo de crecimiento fue más elevado: más del doble que el de la época de la Dictadura de Primo de Rivera, lo que marcó ya un despegue de la anterior fase de estancamiento.

El intenso desarrollo industrial que reflejan los índices no quiere decir que aquél fuese debidamente planeado. Durante todo el período 1951-1959 no existió un plan que abarcase a los distintos sectores. En ese lapso de casi diez años se manifestó, como ya hemos destacado antes, una fuerte preferencia por la industria en relación con la agricultura, que se llevó a extremos poco convenientes. Por otra parte, el desarrollo industrial no fue armónico; durante años se descuidaron los sectores básicos, con las consecuencias lógicas de escasez y tensión de los precios de la energía y las materias primas más importantes para la industria (cemento, siderúrgicos, electricidad hasta 1955, químicos, etc.). Finalmente, la intervención estatal en el establecimiento de las industrias acentuó gravemente los fenómenos típicos de nuestra vieja estructura industrial: escasa dimensión, centralismo y localización desequilibrada (figs. 17 y 18), aparte de la persistencia y agravamiento de factores monopolísticos, etcétera.

1-4. El Instituto Nacional de Industria

Por Ley de 25 de septiembre de 1941 se creó el INI, con la finalidad, se decía en ese texto legal, de «propulsar y financiar en servicio de la Nación la creación y resurgimiento de nuestras industrias, en especial de las que se propongan como fin principal la resolución de los problemas impuestos por las exigencias de la defensa del país, o que se dirijan al desarrollo de nuestra autarquía económica, ofreciendo al ahorro español una inversión segura y atractiva». Los fines primordiales del Instituto eran, pues, el apoyo a la defensa nacional y el desarrollo de la autarquía.

El INI es un organismo con capacidad económica y personalidad jurídica propias, adscrito a la Presidencia del Gobierno hasta 1968, en que pasó a depender del Ministerio de Industria. En virtud de su ley fundacional, el INI debe realizar los trabajos preparatorios para la promoción de industrias que, una vez en funcionamiento normal, puedan pasar al sector privado.

De hecho, el INI se ha convertido en una «holding» estatal, con participaciones directas en unas 50 empresas (véanse cuadro 4-1 y figura 19).

La dotación inicial del INI fue de 50 millones de pesetas, además de la transferencia por parte del Estado de sus valores mobiliarios (excepto las participaciones en CAMPSA, Tabacalera y Compañía Telefónica Nacional de España). Asimismo, se le fijaron como ingresos las subvenciones consignadas por el Estado (en su mayor parte hasta 1958 provenientes de la emisión de Deuda pública monetizable), las utilidades generadas por sus propias empresas, y los fondos obtenidos por la enajenación de las mismas al sector privado. Finalmente, también se concedió al INI la facultad de emitir obligaciones, procedimiento éste que ha sido su principal fuente de recursos desde

Figura 17: DOMICILIO SOCIAL DE LAS 100 PRIMERAS EMPRESAS INDUSTRIALES DE ESPAÑA

Se localiza aquí gráficamente el domicilio social de las 100 primeras empresas industriales en España en 1970, sin que desde esa fecha haya habido cambios sustanciales, siendo los ocurridos en pro de una concentración todavía mayor. Para ello situamos dentro de cada una de las provincias los números —por orden de improtancia decreciente— correspondientes a las empresas incluidas en la relación de las 100 primeras. De modo que si —por ejemplo— tomamos el caso de Valladolid, el número 9 se debe a la presencia en ella de la sociedad Fasa-Renault.

Al igual que en el estudio de los fenómenos demográficos (figs. 3, 4 y 5) apreciábamos la existencia de tres centros neurálgicos desde el punto de vista poblacional, en este caso es muy fácil observar igualmente una fortísima concentración en ellos (Madrid, Barcelona y Bilbao). Sobre un total de 100 empresas, las que tienen su sede en Madrid son nada menos que el 45 por 100, en Barcelona el 20 y en Bilbao el 10 por 100. Resulta, pues, que en los que venimos llamando centros neurálgicos tienen su sede social el 75 por 100 de las 100 grandes empresas industriales.

Solamente unas pocas provincias tienen representaciones complementarias de las ya comentadas para los tres centros neurálgicos. Todo ello tiene trascendentes consecuencias a los efectos de un desarrollo económico equilibrado del país; significa que las decisiones más importantes sobre inversión y expansión se adoptan prácticamente en sólo tres centros del país (Madrid, Barcelona y Bilbao) sede de las tres principales bolsas de valores, y donde se asienta físicamente la oligarquía financiera y la burguesía industrial.

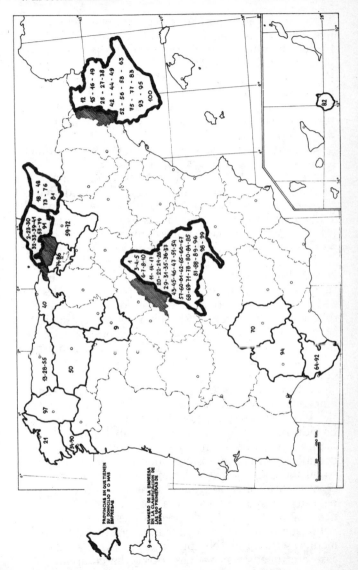

1958; con la particularidad de que sus emisiones no se han colocado por su «seguridad y atractivos», como se preveía, con financiación privilegiada (Cajas de Ahorro y Mutualidades laborales).

Las empresas en las que el INI participa directamente se hallan distribuidas por los más diversos sectores de la economía nacional, según podremos ir comprobando con cierto detalle a lo largo de los apartados 2 a 5 de este capítulo.

Llegados aquí, debemos preguntarnos, en primer lugar, cuáles han sido los objetivos reales del INI. Se dijo que uno de sus fines esenciales era romper el monopolio en algunos sectores, pero ello ha sido harto dudoso. Así, en el sector electricidad, que se sepa, el INI no trabajó nunca con tarifas especiales inferiores a las vigentes para las empresas privadas, y de hecho se alió con éstas en una serie de empresas mixtas de dudosa conveniencia para el interés general. En siderurgia, los efectos antimonopolísticos de las inversiones del INI sólo fueron sensibles a partir de finales de 1957; pero lo cierto es que cuando la competencia exterior se agravó en 1962, como consecuencia de la liberación de importaciones, el INI se puso al lado de las empresas privadas en la petición de proteccionismo y en la aspiración de mantener un mercado interior con precios altos.

En otros sectores donde igualmente se dejan sentir ampliamente los factores monopolísticos, la actividad del INI ha sido aún mejor. En cemento, su actividad ha sido nula; en la fabricación de papel, hasta el momento casi nula, y en los abonos nitrogenados, su producción comenzó justo cuando la liberación se puso en marcha, no produciendo una rebaja de precios en el mercado interior; por el contrario, sus empresas de este ramo se asociaron a los demás fabricantes nacionales en solicitud de precios más altos.

La autarquía, el otro objetivo legal y tradicionalmente asignado al INI, puede decirse que —en este caso afortunadamente— tampoco se ha cumplido.

En cuanto a una tercera actividad, también encomendada al INI, la de crear y mantener industrias para el fortalecimiento de la defensa nacional, tampoco aquí, excepto por lo que se refiere a la Marina de Guerra, ha sido decisiva su actuación hasta el momento presente.

Si el INI no ha cubierto efectivamente ninguno de estos tres objetivos —antimonopolio, autarquía, apoyo a la defensa nacional— de modo decisivo, cabe entonces preguntarse cuál ha sido su papel real en nuestra economía. Este puede definirse como la intervención directa del Estado para forzar la producción. Este es un objetivo que por sí solo justificó el INI y que en parte nada desdeñable se logró en petróleo, siderurgia, electricidad, construcción naval, celulosa, transporte, etc. (cuadro 4-1). Pero hay que preguntarse: ¿a costa de qué se forzó la producción? el INI, especialmente hasta 1957, se financió con la inflación, con el ahorro forzoso que pesó fuertemente sobre las clases trabajadoras y medias, y que fue obtenido con la reducción de los niveles de consumo que implicaron las continuas elevaciones de precios provocadas por la expansión fiduciaria originada por la monetización de la Deuda pública.

Después, los problemas de gestión empresarial, y de tendencia a vivir de las subvenciones estatales, se hicieron más y más agudas, según veremos más adelante.

Por lo demás, el INI ya no es hoy el único *holding* estatal español. Desde hace tiempo, funciona como tal la Dirección General del Patrimonio del Estado, que controla las participaciones del Estado en Tabacalera, Telefónica, y otras empresas. Por otra parte, en 1981 se creó el Instituto Nacional de Hidrocarburos (INH), que actúa como *holding* para el sector del petróleo y el gas (véase fig. 20). Aparte de ello, en 1981 el Estado expropió el grupo privado Rumasa, integrado por unas 600 empresas, que en 1984 entró en proceso de reprivatización, culminada en 1985, con numero-

Figura 18: PRINCIPALES ESTABLECIMIENTOS FABRILES (Poblaciones y empresas)

Para un total de 11 sectores representamos los principales centros industriales de las mayores empresas. De este modo, rápida y visualmente, puede apreciarse cómo 80 establecimientos industriales se ubican en 29 provincias. Las restantes 31 provincias carecen casi por completo de grandes centros fabriles, y la mayoría de ellas incluso de industrias de alguna significación. Las excepciones más importantes en este sentido serían Gerona, y, sobre todo, Alicante, en la que, sin embargo, predominan las pequeñas y medianas empresas. Por el contrario, casi toda la franja Oeste del país, el macizo Ibérico y parte de la meseta, carecen de núcleos industriales de una cierta consideración.

También es fácil observar a la vista del mapa la influencia de una serie de factores en la localización. Así, salvo en el caso de Puertollano, por ejemplo, todas las refinerías están situadas en el litoral, por su dependencia de los crudos de importación. Otro tanto sucede con la industria siderúrgica, que para sus insumos básicos está subordinada cada vez más al transporte marítimo. La industria del automóvil, en cambio, muestra una rigidez mucho menor, como lo demuestra su difusión en localizaciones tan diferentes como Valladolid, Linares, Madrid, Zaragoza, Barcelona, Pamplona, Almusafes (Valencia), Figueruelas (Zaragoza), etc.

También es interesante apreciar lo que podríamos llamar la migración de los centros fabriles en el proceso de expansión de las empresas. Por ejemplo, puede verse el caso de Michelín, que inició su actividad productiva en España en las proximidades de San Sebastián (Lasarte), para después de expandirse hacia el Sur, primero en su nueva planta en Vitoria, y ulteriormente en Aranda de Duero. Caso que tiene sus análogos en los de Firestone y Standard Eléctrica/CITESA (filiales, ambas, de ITT, ahora ALCATEL).

En otros supuestos, la notable diversidad de puntos o centros de trabajo correspondientes a una misma empresa puede estar originada por la propia génesis de ésta. Queremos decir con ello que si una gran empresa es el resultado de la fusión de otras menores preexistentes no debe extrañarnos una difusión a primera vista excesiva de sus centros de trabajo. Este es el caso, por ejemplo, de Astilleros Españoles, S. A. (AESA), que cuenta con factorías en Bilbao, Sevilla y Cádiz, procedentes de las antiguas sociedades que paulatinamente fueron formando AESA (Empresa Nacional Elcano, Astilleros de Cádiz, S. E. de Construcción Naval y Euskalduna).

sas complicaciones y no pocas secuelas de todo tipo.

Para ir resolviendo los problemas de la empresa pública, en los Pactos de la Moncloa (octubre 1977), se ideó toda una política —luego no cumplida ni por UCD ni por el PSOE— para establecer un *Estatuto de la Empresa Pública,* con los siguientes objetivos:

1.º *Control parlamentario.*

2.º *Control por la Administración.*

3.º *Regionalización de inversiones.*

4.º *Descentralización de actividades* al máximo, compatible en todo caso con las directrices dirigidas a la empresa pública a nivel general.

5.º *Participación de las fuerzas sociales.*—Reconocimiento de la participación de los trabajadores en los órganos de gobierno de las empresas públicas, fundamentalmente a través de sus sindicatos, con cauces de consulta a los consumidores o usuarios.

6.º *Régimen de incompatibilidades* para los miembros de los Consejos de Administración.

7.º *Adquisiciones y enajenaciones.*—Sumisión de la adquisición y anajenación de empresas o de activos por parte del sector público a valoraciones que garanticen, en todo caso, su compra o realización por el precio que corresponda.

8.º *Condiciones de actuación.* Equiparación de las condiciones de actuación de las empresas públicas y privadas, de forma que en la gestión de ambos tipos de empresa no se den situaciones discriminatorias.

Sin embargo, los efectos positivos que podría haber tenido una política de saneamiento de las empresas públicas, se vieron diluidas por la demora *sine die* de decisiones, el espíritu prebendario en la asignación de cargos, la mala gestión, etc. Así las cosas, en 1992, con las presiones de la CE y del propio déficit del sector público, se constituyó *Teneo,* en el INI, con las empresas más rentables del grupo (Endesa, Repsol, Argentaria, etc.) (véase figura 19). Constituido así un subholding, el paso siguiente sería iniciar el proceso de privatizaciones, que ya parece definitivamente imparable. Las demás empresas del INI, las no rentables a medio y largo plazo (siderurgia, carbón, construcción naval) se procederá a reconvertirlas, redimensionándolas a la baja. O bien se procederá a su cierre más o menos gradual, por elevado que sea su coste social debido a la inevitable financiación de los despidos o de las bajas incentivadas, o las jubilaciones anticipadas.

1-5. Problemas actuales de la política industrial

En el terreno de la política industrial, los primeros síntomas de un cambio esencial en la dirección autárquica empezaron a apreciarse con un notable retraso en comparación con lo sucedido para la política comercial. Si en julio de 1959 se inició abiertamente una política de liberación de importaciones, en el sector industrial aún se mantuvo varios años el rígido sistema establecido por las leyes de 1939. Sólo en 1963 se inició claramente el comienzo del movimiento liberalizador de ciertos aspectos de la ordenación industrial. En enero de ese año quedó libre (salvo para un número relativamente importante de excepciones) el establecimiento de nuevas fábricas, así como el traslado y ampliación de las ya existentes. Para instalar nuevas plantas industriales se fijaron unos mínimos de capacidad de producción en cada sector, a fin de evitar la aparición de empresas de dimensión excesivamente reducida. Esta medida, de haberse tomado muchos años atrás, habría evitado el fenómeno de atomización de la industria, que tan manifiestamente se puso de relieve a través de los datos recogidos en el censo industrial de 1958.

Con la liberalización de las importaciones de bienes de equipo que comportó el Plan de Estabilización, un amplio impulso de modernización se extendió por la industria española, que fue capaz de aprovechar, como veremos en el capítulo 5, la protección del Arancel de Aduanas de 1960; de modo que con el ensanchamiento del mercado que se produjo por el crecimiento acelerado de los años 60, la industria creció rápidamente, y supo también beneficiarse del Acuerdo Preferencial con la CE, que entró en vigor en 1970, y que hizo posible un aumento espectacular de las exportaciones de productos industriales al Mercado Común (tema sobre el que volveremos en el capítulo 18 al ocuparnos del ingreso en la CE).

Con el ingreso de España en las Comunidades Europeas en 1986, la modernización industrial se hace aún más necesaria, para lo cual no sólo se precisa equipo capital más eficiente, sino también mejor organización y una Administración más capaz, menos burocratizada; lo cual está lejos de conseguirse. Aparte de que las empresas también necesitan de un marco de orientación, de una cierta planificación para no moverse en la incertidumbre del día a día.

En las páginas que siguen, nos ocuparemos de los problemas de las pequeñas y medianas empresas (PYMEs), de los temas tecnológicos, y de la reconversión industrial.

Ante todo destaquemos la importancia de la pequeña y mediana empresa (de menos de 500 trabajadores), que en su conjunto, sobre trescientas cincuenta mil empresas industriales, representa el 99,9 por 100 por el número y casi el 70 por 100 por el empleo. Como tampoco las consideraciones usuales sobre economías de escala pueden llevar a la conclusión de que con ellas puede conseguirse escapar a las crisis económicas más graves y largas. Las dos innovaciones quizá más importantes de la política oficial respecto de las PYMEs fueron la creación del Instituto de la Pequeña y Mediana Empresa Industrial (IMPI) y de las Sociedades de Garantía Recíproca (SGR).

El IMPI, reglamentado definitivamente por el Real Decreto 1114/1978, de 2 de mayo, depende del Ministerio de Industria y Energía, y tiene como funciones asesorar a las PYMEs industriales en materia de financiación de inversiones, promoción y acciones colectivas; igualmente se ocupa de realizar estudios sobre los problemas de las PYMEs y de facilitarles asistencia técnica y de organizar cursos de formación profesional.

En cuanto a las SGR, creadas por el RD 1885/1978, de 26 de julio, tienen como finalidad «la prestación de garantías, por aval o por otro cualquier medio admitido en derecho, a sus socios partícipes», para obtener créditos que por separado les sería muy difícil obtener. Por RD de 10 de abril de 1981 se creó la «Sociedad del Segundo Aval» (Estado/SGR).

El segundo tema a considerar es la dependencia tecnológica. Si se repasan las principales empresas del ramo del automóvil, de la motocicleta, de maquinaria eléctrica, electrónica, informática, alimentación, productos farmacéuticos, etc., es fácil percatarse de que la mayor parte de los artículos de alguna importancia son producidos por las empresas españolas en esos sectores bajo patente o con licencia, o por las propias multinacionales.

Sería ingenuo pretender la autarquía en este importante aspecto de la actividad económica; pero no cabe duda de que nuestra dependencia es excesiva, por innecesaria las más de las veces, suponiendo ello un freno en muchos casos para la exportación en amplios sectores industriales, ya que los propietarios de las patentes sólo las ceden específicamente para el mercado nacional. Salvando honrosas excepciones, el empresario español prefiere el camino fácil, pero de mediocre salida, de adquirir una patente, en vez de buscar a los técnicos que puedan estudiar y construir un prototipo a su cargo; parece como si sobre nuestros empresarios pesara la casi grotesca sentencia unamuniana: «¡Que inventen ellos!»

¿Qué ha hecho el Estado frente a este problema, que es, quizá, el freno más importante de nuestra ex-

Figura 19: EMPRESAS DEL INI

En el cuadro adjunto aparecen las empresas participadas directamente por el Instituto Nacional de Industria en 1992 con la indicación de su cifra de ventas (ingresos), los resultados netos después de impuestos (ambos en miles de millones de pesetas), y el volumen de empleo (plantilla).

Como ya se dice en el texto, en 1981 se creó el Instituto Nacional de Hidrocarburos, para formar el cual se desglosaron del INI todas las empresas petroleras y de gas, que hoy se interconectan en Repsol (véase la siguiente figura 20).

Los resultados globales del INI, históricamente han sido casi siempre negativos. En 1989 y 1990 fueron positivos; pero gracias a ENDESA, cuyos beneficios, al restarse de los resultados de las otras empresas del INI, dejan al Instituto en *números rojos*. En 1992 los números rojos alcanzaron cotas muy elevadas, lo cual imprimió fuerza a las tendencias privatizadoras; impulsadas también por la política de convergencia con la CE que presiona para reducir el déficit público.

Como se ha visto en el texto del presente capítulo, el futuro del INI es más que incierto. En 1992 se creó el subholding *Teneo,* para agrupar en él a las empresas rentables o con expectativas de ello; y preparar así la privatización más o menos inmediata. Las demás empresas del INI serán objeto de drásticos planes de ajuste, conducentes a su venta o a su cierre; ante la inconveniencia de seguir en la senda agónica de las subvenciones *sine die.*Los dos cuadros, el del *Teneo,* y el del resto del INI, son bien expresivos.

Las cuentas de Teneo (miles de millones de pesetas)				Agregado del INI (miles de millones de pesetas)			
Sector/ empresas	Ingresos	Resultados	Plantilla	Sector/ empresas	Ingresos	Resultados	Plantilla
Energía	713,0	108,4	17.115	*Minería deficita-ria*	111	−5	15.634
Grupo Endesa.	682,3	106,3	16.374				
Enusa	30,7	2,1	741	Hunosa	100,3	−2	14.341
Transporte aéreo	475,0	−33	28.645	Figaredo	10,3	−1	1.058
Aluminio/Quími-co-Minero	120,1	−38,3	8.653	Presur	0,3	−2	235
Grupo Inespal..	81,3	−25,2	5.568	*Defensa*	68	−25	12.343
Ence	23,0	−5,5	959				
Almagrera	3,6	−1,6	574	Bazan	51,5	−8	8.560
Grupo Potasas .	12,2	−6,0	1.547	Sta. Bárbara	16,2	−17	3.783
Aeroespacial/ Electrónica	143,0	−6,0	13.931	*Siderurgia*	244	−54	25.380
Grupo Ceselsa-Inisel	44,9	−2,1	4.932	C.S.I. (50 %)(*)	236,3	−50	23.633
Casa	98,1	−3,6	8.999	Foarsa	7,7	−3	1.079
Transporte marí-timo	26,5	−7	691	Productos tubu-lares	0,5	−1	668
Trasatlántica	13,7	−2,7	300				
Elcano	12,8	−4,0	391	*Construcción Na-val*	111	−16	10.571
Industria Auxi-liar	107,5	−9,0	5.786	Grupo Aesa	84,8	−10	8.116
Babcokw				Astano	18,6	−6	1.992
B. Equipo	31,2	0,2	2.282	Barreras	7,6	1	463
P. Tubulares.	7,2	−9,3	0				
Ensa	5,1	−0,3	439	*Total empresas INI*	534	−100	63.930
P. San Carlos ...	0,7	−0,7	289				
Grupo Auxini..	47,1	1,1	1.438	Grupo Teneo..	1.674	21	75.788
Initec	12,3	0,1	1.035				
Adaro	2,8	−0,3	256	*Total grupo emp. INI*	2.208	−79	139.718
INI Medioam-biente	0,7	−0,3	47				
Servicios Corpo-rativos	56,0	2	527				
Total consolida-do	1.674	21	75.788				

Datos de 1992

Datos de 1992.
(*) En resultados se incluye el 50 % de los resultados de CSI.

Fuente: INI (*Gaceta de los Negocios*, 27-III-1993).

portación, y con ello de nuestra expansión industrial?
Es cierto que funciona el CDTI, o Centro de Desarrollo Tecnológico e Inbdustrial, y que el Consejo
Superior de Investigaciones Científicas (CSIC) cuenta
con departamentos de investigación; aparte de lo que
pueda representar la todavía pobre aportación de las
Universidades. Y también están los esfuerzos de investigación y desarrollo (I + D) de ciertas empresas públicas y privadas. Pero todo ello no supone más del 0,7
por 100 del PIB, por contraste con los países más
adelantados que llegan al 4 por 100.

Es cierto, también, que desde su ingreso en la CE
(ver capítulo 18), España participa activamente en programas de desarrollo tecnológico como el ESPRIT, el
RACE, el BRITE y otros*. Como, igualmente, España
forma parte del muy importante CERN (Centre Euro-
peen de Recherches Nucleaires) de Ginebra, y de la
Agencia Espacial Europea (ESA), que son dos entidades de investigación de punta.

Pero así y todo, en el país no hay una conciencia
desarrollada sobre la necesidad de más investigación
propia. Y lo que es peor, la educación no prevé en
suficiente grado el ambiente para crear verdaderos in-
vestigadores.

Pasemos ahora a las cuestiones más estrictamente de
política industrial.

Dentro de las medidas de política industrial de los
años 60 y 70 habría que destacar la *acción concertada*
(concesión por el Estado de créditos y otros beneficios
para la modernización de sectores complejos), las ventajas de los *polos de desarrollo* y de las zonas de *preferente
localización industrial,* así como de los *polígonos de des-
congestión industrial.* A todos estos aspectos de la política
industrial nos referiremos con algún detalle en el cap. 16

---

* Sobre ésta y otras cuestiones, puede verse mi libro *La Comunidad Europea,* Alianza Editorial, 3.ª ed., Madrid, 1991.

La crisis industrial que se desencadenó efectivamente en 1973 a nivel internacional, en España ya se patentizó de forma inequívoca en 1975. Sin embargo, como consecuencia de la política seguida durante la fase de transición a la democracia, las medidas para afrontar la situación no alcanzaron de inmediato un planteamiento global. En un intento de abordar la cuestión con un carácter más sistemático, se publicó —cuando las dilaciones ya habían convertido el problema en dramático por su envergadura e intensidad— el Decreto Ley 9/1981, de 5 de julio, «sobre medidas para la reconversión industrial». Pero en términos de reconversión industrial, no hay nada definitivo. Tras la larga y costosa actuación legislada entre 1981 y 1983 que acabamos de ver, el gradual proceso de desprotección arancelaria originada por el ingreso en la CE frente a la CE-11, el bajo nivel de la propia tarifa exterior comunitaria respecto a terceros países, y la recesión internacional a partir de 1989 —acentuada por la Guerra del Golfo y los avatares subsiguientes—, el fantasma de la reconversión reapareció en España. Estamos ante la necesidad de un continuo movimiento de modernización, de competitividad, de cierre inevitable que no puede prolongarse por más tiempo con tan largas como carísimas agonías— de las empresas que no ofrecen rentabilidad a medio y largo plazo.

Posteriormente, el Gobierno del PSOE insistió en la política de reconversión, con el Real Decreto Ley 8/1983, de 30 de noviembre, poniendo mayor énfasis en la organización de «empresas sectoriales de reconversión», y de «fondos de promoción de empleo»; creó, asimismo, la posibilidad de la reconversión «horizontal», o geográfica, con la figura de las «zonas de urgente reindustrialización» (ZUR), como forma de ayudas a las áreas industriales tradicionales más gravemente afectadas por la crisis.

Antes de entrar en el estudio de los distintos sectores industriales, en el cuadro 4-2 hemos incluido la clasificación oficial de los mismos, con la evolución de la población ocupada en cada uno de ellos.

Sin embargo, en lo que sigue, no vamos a observar la referida clasificación, no sólo por excesivamente minuciosa, sino también por el intento de sistematizar el análisis de la industria con arreglo a un criterio económico, siguiendo un orden que va desde las industrias que generalmente se denominan básicas (energía, extractivas, siderurgia, materiales de construcción y químicas) a las de bienes de consumo (textil, cuero y calzado, papel, actividades del mundo editorial y de los audiovisuales, etc.), pasando por un grupo intermedio de sectores de transformación (entre los cuales están incluidos la construcción naval, material ferroviario, vehículos y maquinarias).

Señalemos, por último, la pobreza de las estadísticas industriales españolas. En los últimos tiempos, ni el Ministerio de Industria y Energía, ni el INE, han sido capaces de articular una información fluida y actualizada.

2. Las industrias de base

2-1. Energía

La forma más gráfica de apreciar con toda evidencia el verdadero significado de la energía en la actividad económica, nos la ofrece, sin duda, una tabla input-output; esto es, la tabla de entradas/salidas, o insumo/producto que refleja los intercambios intersectoriales de una determinada economía. Todos los sectores absorben energía, porque ésta es necesaria en cualquier clase de producción de bienes y servicios.

El sector de la energía tiene, pues, extraordinaria importancia en la economía nacional, pues es el que, según sus mayores o menores posibilidades, impulsa o frena todo el desarrollo económico. Precisamente la

CUADRO 4-2

Población ocupada en la industria (miles de personas)

	1985	1990	1991
01. Extrac. y preparación minerales energéticos.	50,6	42,1	34,9
02. Refino de petróleo.	15,6	9,0	9,5
03. Energía eléctrica, agua y gas.	84,4	93,5	86,5
04. Minerales metálicos.	75,9	61,8	59,0
05. Metálicas básicas.	75,9	61,8	59,0
5.1. Siderurgia y primera transf. hierro y acero	—	—	—
5.2 Metales no férreos.	—	—	—
06. Minerales no metálicos.	—	28,8	32,4
07. Productos de minerales no metálicos.	144,8	185,3	176,6
08. Industria química.	153,1	167,5	158,6
8.1. Productos farmacéuticos.	—	—	—
8.2. Fibras artificiales y sintéticas.	—	—	—
8.3. Resto de la industria química.	—	—	—
09. Productos metálicos.	259,4	331,5	331,1
10. Maquinaria y equipo mecánico.	94,0	137,2	130,6
11. Maquinaria de oficina y ordenadores.	—	13,3	13,5
12. Maquinaria eléctrica y electrónica.	157,7	171,8	161,8
12.1. Maquinaria y material eléctrico.	101,4	118,7	109,4
12.2. Material electrónico.	—	53,2	52,4
13. Vehículos.	140,5	180,4	179,6
14. Otro material de transporte.	88,2	81,2	70,5
14.1. Aeronaves.	—	—	—
14.2. Construcción naval.	—	56,1	49,5
14.3. Material ferroviario.	—	—	—
14.4. Resto del material de transporte.	—	25,1	21,0
15. Instrumentos de precisión.	15,4	22,8	20,9
16. Alimentación, bebidas y tabaco.	387,4	410,7	391,8
17. Textil.	170,2	168,8	159,4
18. Cuero.	28,8	27,7	29,0
19. Calzado, vestido y otras confecciones.	234,0	277,0	267,5
20. Madera y corcho.	199,0	245,1	244,1
21. Papel, artes gráficas y edición.	118,4	171,4	186,9
Caucho y plásticos.	83,6	103,5	99,8
22.1. Transformados de caucho.	—	—	—
22.2. Transformados de materias pláticas.	—	—	—
23. Resto de las industrias manufactureras.	51,3	40,7	37,8.
24. Construcción.	769,8	1.220,5	1.273,5
ENERGIA.	150,6	144,7	130,9
EXTRACTIVAS NO ENERGETICAS.	37,1	35,8	40,4
INDUSTRIA MANUFACTURERA.	2.401,3	2.797,8	2.718,5
TOTAL INDUSTRIA.	2.589,0	2.978,2	2.889,8
INDUSTRIA Y CONSTRUCCION.	3.358,8	4.198,6	4.163,3

Fuente: INE. Encuesta de población activa (Ministerio de Industria y Energía).

insuficiencia energética ha sido uno de los elementos que explican el retraso de nuestra industrialización.

Nuestras posibilidades energéticas se basan fundamentalmente en la explotación de los yacimientos carboníferos existentes en el país, en la importación de uranio enriquecido para las centrales nucleares, en la compra de petróleo crudo (la producción interior hasta ahora es muy reducida) para su destilación en las refinerías nacionales y en el aprovechamiento de los recursos hidroeléctricos. Por tanto, el estudio del sector energético tiene que centrarse en una atenta observación de las estructuras actuales de la producción y el mercado del carbón, de los combustibles líquidos y de la electricidad.

Como parte de la introducción al sector energía, se han preparado tres figuras: la 21, con la ubicación de las mayores centrales; la 22, con la red de gaseoductos; y la 23 referente al ciclo del combustible nuclear.

Con ocasión de los pactos de la Moncloa empezó a configurarse una nueva política. En los pactos se acordó la remisión a las Cortes de un nuevo Plan Energético, compatible con la necesaria conservación del medio ambiente, para de este modo disminuir la intensidad y elasticidad del consumo. El *PEN 78/87* vino a suponer toda una serie de medidas:

1) La aprobación del balance energético, con gran énfasis en la energía nuclear, creándose así toda una serie de expectativas de sobredimensionamiento del sector, que en 1983 llevaría a la *moratoria nuclear.*

2) Un control nominal del sector público, pero manteniendo en la práctica el poder de UNESA, por la renuncia a intervenir a fondo en la red de alta tensión y en el repartidor de cargas.

3) La creación de un Consejo de Seguridad Nuclear (CSN) como apéndice del Ministerio de Industria y Energía; en vez de crearlo con plenas facultades y vinculado al Congreso de los Diputados.

Conforme a lo previsto en el PEN 1978-1987, fueron desarrollándose los distintos aspectos del mismo. Lo más relevante, aparte del programa nuclear y de centrales térmicas de carbón, son las tres leyes que brevemente reseñamos a continuación.

1) La Ley 15/1980 de 22 de abril, por la que se creó el *Consejo de Seguridad Nuclear,* único organismo competente en materia de seguridad nuclear y protección radiológica.

2) *Modificación de la Ley de Minas,* por la Ley 54/1980, de 5 de noviembre. En ella se presta especial atención a los recursos minerales energéticos, y se regulan las condiciones por las que el Estado puede aprovechar por sí mismo tales recursos.

3) Ley 82/1980, de 30 de diciembre, sobre *Conservación de la Energía.* Al objeto de potenciar las acciones encaminadas a lograr la conservación de energía, la Ley regula la concesión de beneficios a las personas físicas o jurídicas que acometan cualquiera de las actividades que se contemplan en el texto, y que son la base del convenio que han de suscribir con la Administración.

Posteriormente, el *Segundo PEN 1983-1992,* introdujo la *moratoria nuclear,* por el sobredimensionamiento de la oferta. Ello comportó la paralización de las obras de dos grupos nucleares en Lemóniz —parados virtualmente por la protesta vasca y las acciones de ETA—, de otros dos en Valdecaballeros (Badajoz), y el de Trillo II (Guadalajara). En 1990, se acordó, por los continuos incidentes, el cierre de la central de Vandellós I (Tarragona).

Aparte de la moratoria nuclear, en el marco del Segundo PEN, se adoptaron otras medidas para el sector: un marco legal y estable de *tarifas;* el *intercambio de activos* entre las compañías, para mejorar técnicamente la explotación; y la creación de «Red Eléctrica de España, S. A.», REDESA, con mayoría del

Estado, para optimizar el transporte en la red de alta tensión.

Señalemos, por último, que en 1991 comenzó a cambiar el *mapa eléctrico nacional,* con la fusión de Hidroeléctrica Española e Iberduero (Iberdrola), en el sector privado; con la mayor presencia de Endesa en Sevillana; y con la previsión de crear un *holding* público/privado para las centrales nucleares.

Del *PEN 1991-2000,* que sustituyó al anterior 1983-1992, destacamos las siguientes tendencias energéticas: precios internacionales del carbón estables; estabilidad también, a medio plazo, para los crudos de Oriente Medio; expansión del consumo de gas (crecimiento medio anual del 6 por 100); congelación de los programas nucleares, y creciente preocupación medioambiental.

Entre las características básicas del nuevo PEN, hay que destacar, por lo menos, que es fundamentalmente gasístico, al prolongar el *parón* nuclear, y en función de cómo se amplíen las redes distribuidoras (gaseoducto Argelia-Marruecos-España, y conexión vía Rrancia con la red europea). Por otro lado, se reconoce que el sector transporte será el principal consumidor directo de productos petroleros (un 55 por 100 en 1990, y un 59 por 100 en el año 2000). En cuanto al grado de autoabastecimiento disminuirá del 37 por 100 en 1990 al 29 por 100 en el 2000; en línea con lo que sucederá a escala de toda la CE, en la que se pasará del 51 al 44 por 100 en el mismo lapso.

2-1-1.   Carbón

La calidad del carbón español es en general baja, y su coste resulta elevado en comparación con el procedente de importación. La calidad es baja por su potencia calorífica y por los porcentajes de cenizas y de azufre. Por otra parte, es muy reducida la proporción de carbón verdaderamente coquizable.

Las principales causas del fuerte coste de producción, son tres. La primera es la estrechez y la dislocación de las capas de muchos de los yacimientos de antracita y hulla; su espesor medio oscila entre 50 y 60 centímetros. La necesidad de lavarlo (operación que no es precisa en la mayoría de las grandes explotaciones extranjeras) es otra causa de su carestía. La tercera es la friabilidad, es decir, su alta proporción de menudos, que no tienen fácil salida al mercado. Su óptimo aprovechamiento es el realizable *in situ* en centrales térmicas a bocamina.

En España existen tres zonas carboníferas principales. En el Norte, la región asturleonesa, que se prolonga por Palencia hasta Burgos, produce hulla y antracita. En Galicia abunda el lignito en La Coruña, con nuevos yacimientos descubiertos en Orense en 1982. La zona Sur comprende los yacimientos situados en ambas vertientes de la cordillera Mariánica, en las provincias de Ciudad Real, Córdoba, Badajoz y Sevilla, y su producción es predominantemente hullera. En tercer lugar está la zona de Cataluña y Aragón, que tiene una producción importante de lignito y muy reducida de hulla (fig. 25).

La producción de carbón, con las condiciones poco favorables más arriba descritas, siempre ha estado en función de la protección otorgada por el Estado. A la terminación de la Guerra Civil la situación carbonera presentaba un aspecto bien diferente al anterior panorama de 1936, de difícil colocación del carbón nacional. La restricción fortísima de las importaciones por la escasez de divisas y las necesidades surgidas de la política de industrialización, hicieron necesario un aumento de la producción nacional. Por ello, la intervención estatal, en vez de estar dirigida, como lo había estado antes, a sostener los precios, tuvo como objetivo el frenarlos en su alza.

En 1941 se creó la Comisión para la Distribución del Carbón, organismo encargado de fijar a las empre-

Figura 20: ORGANIGRAMA DEL INH

En 1987, y de cara a su ya prevista salida a bolsa, el INH transformó su organización de holding de multitud de empresas en un esquema mucho más centralizado, entorno a una de ellas (Repsol), como puede apreciarse por el organigrama adjunto.

De esta forma, actualmente el Instituto Nacional de Hidrocarburos cuenta con dos grandes empresas participadas de muy distinta importancia: Repsol, con mucho la mayor (y cuyo nombre, anecdóticamente, proviene de la marca de aceites lubrificantes que empezó a fabricarse en la refinería de petróleo de Escombreras), y ENAGAS, de dimensión mucho menor; ambas entidades están controladas al cien por cien por el INH.

A su vez, Repsol cuenta con cinco filiales directas dedicadas a la explotación, al mercado del gas butano, al control de las refinerías del grupo (Repsol Petróleo), a la explotación de la refinería de Somorrostro en Bilbao (Petronor); y la participación en Campsa que se realiza —como también puede apreciarse por el organigrama— de forma directa desde Repsol, y de manera indirecta a través de varias de sus empresas participadas de segundo grado.

Las empresas de segundo grado dependen, todas ellas de Repsol Petróleo; Repsol Oil Internacional, dedicada a la prospección y comercio; Repsol Distribución; Repsol Derivados (aceites, lubrificantes, etc.); y Repsol Químicas, de la que dependen diversidad de actividades de la industria petroquímica. También a través de Repsol Petróleo, el grupo cuenta con participaciones importantes en el sector de asfaltos (ASESA y PROAS).

La salida a bolsa de Repsol se produjo en la primavera de 1989, inicialmente con un éxito espectacular en cuanto a la demanda de acciones (se enajenó el 20 por 100 del capital nominal de Repsol), por lo que hubo de recurrirse al prorrateo, con algunas incidencias, parte de las cuales se detectaron por la Comisión Nacional del Mercado de Valores.

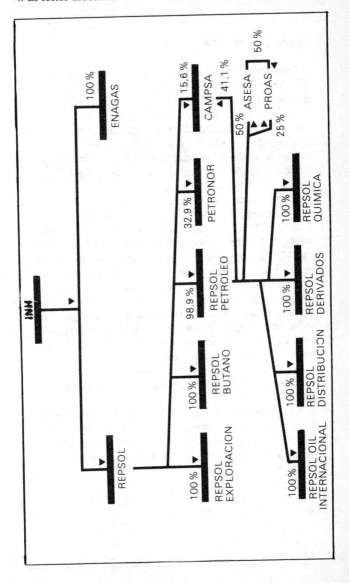

Figura 21: ENERGIA

En anteriores ediciones de este libro, la figura 21 resumía fundamentalmente los yacimientos de carbón, las grandes presas y lo esencial de la red de transporte de energía eléctrica. En esta edición —signo de los tiempos— la primera de las láminas dedicadas a cuestiones energéticas —véanse también las figuras 22, 23 y 24—, incluye un gráfico bien expresivo de las centrales termoeléctricas españolas en servicio en 1988 según informaciones de UNESA.

Puede apreciarse, como es lógico, la mayor difusión de las centrales de carbones ricos y pobres en Asturias, León y Palencia; y de centrales con carbones importados en Almería y Los Barrios (en las proximidades de Algeciras). Por el contrario, los lignitos son los predominantes en Galicia, Aragón y parte de Cataluña; así como, en participación con los combustibles líquidos, en la central de Alcudia en Mallorca.

Las centrales de combustibles líquidos están generalmente conectadas a las refinerías de petróleo, o responden a ubicaciones de consumos aislados como sucede en las islas de ambos archipiélagos.

Por último, destaquemos las centrales nucleares, con un triángulo en el gráfico, que además aparecen subrayadas.

En el texto de este capítulo, figuran las previsiones del futuro desarrollo energético, en función del PEN 1991/2000; en el cual se mantiene la moratoria nuclear, se impulsa el consumo del gas, y se prevén medidas ambientales.

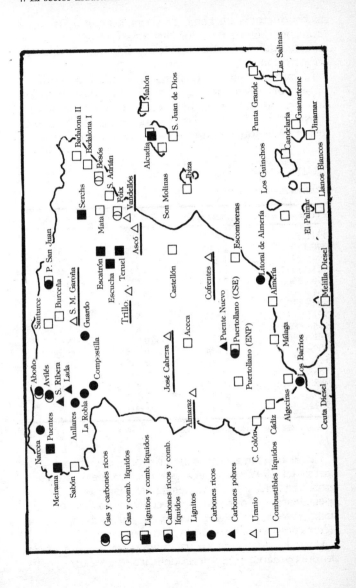

sas productoras sus zonas de venta, así como los cupos correspondientes para los distintos consumos. La comisión intervenía, además del carbón nacional, el de importación.

La producción del carbón se estimuló, a partir de 1940, por medio de una serie de medidas: exención del servicio militar en filas, creación de economatos, construcción de viviendas en las cuencas mineras, precios para la sobreproducción, etc. (véase cuadro 4-3).

CUADRO 4-3

Producción de carbón, en miles de toneladas

Períodos y años	Antracita	Hulla	Lignito
1931-1935......	633	5.980	317
1940-1945......	1.370	8.395	1.136
1946-1950......	1.467	9.187	2.336
1951-1955......	1.858	10.225	1.691
1956-1960......	2.274	10.576	1.934
1961-1965......	2.649	10.284	2.526
1966-1970......	2.798	9.357	2.755
1971-1975......	2.996	7.540	3.082
1976-1980......	3.706	7.851	8.740
1981-1986......	5.379	10.014	23.330
1986...........	5.644	10.483	23.349
1987...........	5.442	9.030	20.480
1988...........	5.263	9.055	17.643
1989...........	5.573	8.951	21.927
1990...........	5.809	9.073	21.070
1991...........	5.640	8.602	19.636

Fuente: Ministerio de Industria y Energía.

El claro estancamiento de la producción nacional a partir del 1959 se explica por dos razones: la escasa productividad y la insuficiencia de mano de obra especializada y, sobre todo, el continuado proceso de sustitución que se fue operando del carbón por la electricidad y los productos petroleros.

Uno de los factores que incidía gravemente en la productividad en la minería del carbón era la fragmentación del sector en un excesivo número de empresas (más de quinientas). Eran evidentes las dificultades que se derivaban de esta fragmentación: escasas posibilidades de desarrollo, tanto por las limitaciones de las concesiones explotadas como por los escasos recursos de que se podía disponer y por la técnica elemental que se empleaba en la mayoría de los casos.

Para tratar de forzar la productividad, en 1967 se dio un primer paso, creando la sociedad de capital mixto Hulleras del Norte, S. A. (HUNOSA), para reestructurar las explotaciones hulleras de las principales empresas mineras (Duro-Felguera, Mieres, Industrial Asturiana, Hullera Española y otras, más el Instituto Nacional de Industria).

El programa HUNOSA resultó confuso por el nuevo y extraño maridaje INI-empresa privada que significó inicialmente y por los desembolsos que el INI hubo de hacer para convertirse en socio único de la empresa dos años más tarde.

Por otra parte, las relaciones sociales de la empresa no fueron, ni son, las más adecuadas en una actividad tan característica como la minería del carbón, insalubre, peligrosa y de aislamiento. Todo lo cual conduce lógicamente a un alto grado de absentismo y a numerosos conflictos colectivos. En cierto modo, debería plantearse la explotación de las minas en régimen de cogestión, con el reajuste drástico de la jornada de trabajo (con mayor número de días libres) y de la organización. De otro modo, HUNOSA seguirá generando resultados negativos ejercicio tras ejercicio.

Desde octubre de 1973, con la crisis energética, se impulsó todo un movimiento de revisión de medidas anteriores, de la época de la «energía abundante y barata». En este sentido, la iniciativa privada (concretamente FENOSA), y sobre todo el INI, abordaron con mucha mayor intensidad el aprovechamiento del lignito para la extracción de combustible destinado a las centrales térmicas de Sebón y Puentes de García Rodríguez (La Coruña) y de Andorra (Teruel).

Sin embargo, el carbón tiene el futuro muy negro en España. Las pérdidas de HUNOSA (en 1991 una Tm. que se vendía a unas 7.000 pesetas *costaba* 35.000 pesetas extraerla), conducen a su cierre, con la necesaria e inevitable alternativa de empleo para los mineros. El resto de la minería podrá resistir más, pero el PEN 1991-2000 optó por el gas, y las importaciones de carbón para las centrales costeras. Ya lo vimos en 2-1, y a ello volveremos en 2-1-3.

2-1-2. Petróleo

Como iremos viendo en las páginas que siguen, en un país no productor de petróleo como era el nuestro hasta los años 60, la política económica trató de nacionalizar la mayor parte posible del largo proceso del combustible fósil desde su obtención hasta el consumidor. Esa política se inició en la fase de distribución interior de los productos petroleros mediante la creación de un monopolio público. Posteriormente se abordó la fase del transporte de los crudos por medio de una flota propia y de su refino en España. Por último, ante la dificultad de importar crudos en épocas de emergencia, se buscó la obtención de los hidrocarburos necesarios por vía de síntesis, a partir de los carbones pobres y de las pizarras bituminosas de la Península, una vía que desde 1962 quedó abandonada.

Hasta finalizar 1927 el mercado español de derivados del petróleo funcionó prácticamente sin intervención. En ese año, siendo ministro de Hacienda José Calvo Sotelo, fue creado el Monopolio de Petróleos. Según se afirmaba en el preámbulo del Decreto-ley de su creación, los fines del monopolio eran dos: el primero, de carácter fiscal, consistía en sustituir el monopolio privado existente *de facto* por un monopolio público que, absorbiendo los beneficios de la distribución, evitara la evasión fiscal y aumentase los ingresos de la renta. El segundo fin era económico: emancipar a la economía nacional adquiriendo yacimientos en países extranjeros, construyendo una flota de buques-tanques y montando en España la industria del refino para que la importación se contrajera exclusivamente a los crudos.

El Monopolio pasó a abarcar a la importación, manipulaciones industriales de toda clase, almacenaje, distribución y venta de todos los combustibles minerales líquidos y sus derivados, funcionando como organismo del Estado adscrito al Ministerio de Hacienda, en régimen de desconcentración de servicios y con jurisdicción sobre las cuarenta y ocho provincias de la Península y Baleares, y administrado por la Compañía Arrendataria del Monopolio de Petróleos, Sociedad Anónima (CAMPSA).

La CAMPSA cumplió con preferencia la finalidad fiscal, lo que implicó, naturalmente, la de distribución, a menudo muy defectuosa y parcialmente cedida a empresas privadas, cuyos fraudes son frecuentes y notorios. CAMPSA relegó a segundo plano el desarrollo industrial; los cometidos de este tipo, fijados en los puntos 1), 2), 6) y 7) de sus objetivos fundacionales, fueron atendidos por empresas con o sin participación estatal cuyos productos compra la CAMPSA para su distribución. La explicación de esos incumplimientos residió básicamente en que, aun siendo el Monopolio de Petróleos de carácter público, su compañía arrendataria y, en definitiva, sus órganos de decisión contaban con participación de capital privado.

En 1984, y dentro de las operaciones de reorganización del sector energético, y simultáneamente de preparación de la adhesión de España a la CE, se fue a la creación de la «nueva CAMPSA». En ella se integraron los distintos grupos petroleros españoles, con un predominio mayoritario del Estado. Nació una nueva empresa mixta que, con el ingreso España en el Mercado Común perdería su monopolio, para transformarse en la Compañía Logística de Hidrocarburos (CLH), que administra la Red de Oleoductos.

Con la crisis energética se hizo patente, entre otras muchas cosas, la necesidad de coordinar la política de hidrocarburos. Así lo proponía el autor, en una conferencia pronunciada en la Escuela de Minas de Madrid en el invierno 1973/74. Sin embargo, por las eternas dilaciones burocráticas, luchas de intereses, etc., la decisión no se tomó hasta la publicación del PEN en 1978, y todavía transcurrían tres años hasta que se promulgó (aún se dijo que *por razones* de urgencia, tras ocho años de demora) el Real Decreto Ley 8/1981, de 24 de abril, por el que se creó el Instituto Nacional de Hidrocarburos (INH). En el mismo RDL se aprovechó para deslindar las distintas competencias oficiales en materia de hidrocarburos.

El INH es una Entidad de Derecho Público de las previstas en el artículo 6.1-b) de la Ley General Presupuestaria. Coordina, de acuerdo con las directrices del Gobierno, las actividades empresariales del sector público en el área de los hidrocarburos, correspondiendo igualmente al Instituto toda iniciativa empresarial que el sector público promueva en este campo (véase fig. 20).

El patrimonio fundacional del INH se integró por:
a)   Una dotación inicial de 300 millones de pesetas.
b)   Las acciones y derechos pertenecientes al Estado en la «Compañía Ibérica Refinadora de Petróleos, S. A.», PETROLIBER, e «Hispánica de Petróleos», HISPANOIL (54 y 100 por 100, respectivamente).
c)   Las acciones y derechos pertenecientes al Estado y al Banco de España en la «Compañía Arrendataria del Monopolio de Petróleos, Sociedad Anónima», CAMPSA (54 por 100 del total).

  d) Las acciones y derechos que pertenecían al Ins-
      tituto Nacional de Industria en la «Empresa
      Nacional del Petróleo, S. A.», ENPETROL (92
      por 100), «Empresa Nacional de Investigación
      y Explotación de Petróleos, S. A.», ENIEPSA
      (100 por 100), «Empresa Nacional del Gas,
      S. A.», ENAGAS (100 por 100) y «Butano,
      S. A.» (50 por 100).
  e) Las propiedades y derechos del Estado afecta-
      dos al Monopolio de Petróleos que no formen
      parte, procedan ni vayan a ser destinados al
      sistema de distribución.

El INH, con amplia autonomía, quedó adscrito al
Ministerio de Industria y Energía. El mandato de su
presidente tiene una duración de cuatro años, al término de los cuales puede ser renovado. El cese anti-
cipado sólo podrá ser acordado por el Gobierno, por
renuncia del titular o en virtud de causa debidamente
justificada en la forma que reglamentariamente se de-
termine.

El Monopolio de Petróleos se mantiene en cuantas
actividades de importación, distribución y venta venía
realizando hasta crearse el INH. Las inversiones del
Monopolio de Petróleos por vía de adquisición o
amortización sólo pueden realizarse con fines de mantenimiento y desarrollo de la red y de las actividades
de distribución.

También en el Decreto Ley 8/1981 se estableció que
corresponde al Gobierno:
  1. Fijar la política en materia de hidrocarburos.
  2. Aprobar el Programa Anual de Combustibles.
  3. Autorizar las actividades de exploración e investigación, producción, transporte, almacenamiento, depuración y refino de hidrocarburos.
  4. Fijar los precios de venta de los distintos productos, y los de transferencia del importador o fabri-

Figura 22: GAS NATURAL

España no ha encontrado hasta ahora grandes reservas de gas. Los yacimientos de Huesca y de las plataformas de los golfos de Vizcaya y de Cádiz, parecen de interés; pero no son en manera comparables en magnitud a los de Holanda o del Mar del Norte.

La introducción del gas natural se inició por Barcelona en los años 70, con compras a Libia y Argelia. El producto, para su transporte, se licua en origen, y se regasifica en el puerto barcelonés; luego es introducido en la red de gasoductos, que empezó con el del Ebro, para más tarde adentrarse desde Burgos en la Meseta, hasta llegar a Madrid en 1987.

En la figura puede apreciarse, además de la red de gaseoductos a finales de 1992, el conjunto de nuevos tramos en proyecto y en estudio. De confirmarse unos y otros, se produciría el enlace con Portugal a través de Castilla y León, y probablemente también Galicia; así como la expansión de la red hacia el Sur, donde ya hay una tercera central de regasificación en Huelva, que alimenta el gaseoducto entre el complejo industrial de esta ciudad y el área sevillana.

Pero con todo, el gran impulso previsto para la ampliación del consumo de gas por el PEN 1991-2000, radica en el gaseoducto que se construirá a través del Estrecho de Gibraltar y de Marruecos, para enlazar con los yacimientos del Sur de Argelia. Técnicamente, el proyecto es factible, y hay socios financieros suficientes. A la altura de 1992, sin embargo, la inestabilidad política argelina era toda una incógnita.

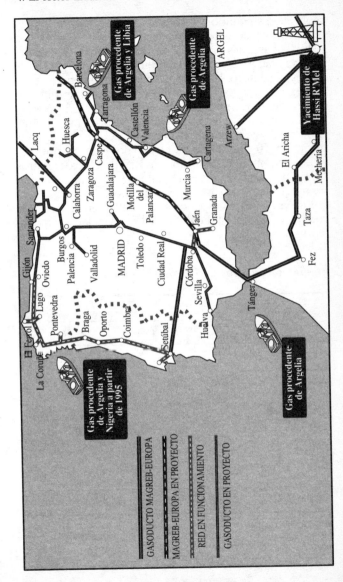

Gas procedente de Argelia y Libia

Gas procedente de Argelia

Yacimiento de Hassi R'Mel

Gas procedente de Argelia y Nigeria a partir de 1995

Gas procedente de Argelia

GASODUCTO MAGREB-EUROPA

MAGREB-EUROPA EN PROYECTO

RED EN FUNCIONAMIENTO

GASODUCTO EN PROYECTO

cante al distribuidor, así como los precios de los hidrocarburos de producción nacional.

En España, las *prospecciones petroleras* se desarrollaron con languidez hasta la promulgación, en 1958, de la Ley de Hidrocarburos, destinada a fomentar la investigación y la explotación de yacimientos petrolíferos. La ley de 1958, revisada en 1973, garantiza la posibilidad de exportar beneficios, que, en principio, se distribuirían según la clásica fórmula del «fifty-fifty», es decir, un 50 por 100 para el Estado y un 50 por 100 para la compañía. Asimismo, la Ley de Hidrocarburos exime del pago de derechos aduaneros la importación de maquinaria con los fines indicados.

Los yacimientos españoles se detallan en el siguiente cuadro en miles de TEPs (KTEP) o toneladas equivalentes a petróleo.

Producción interior de hidrocarburos

Concepto	1990		1991		1992	
	K tep.	%	K tep.	%	K tep.	%
Gas natural comercializable	1.307,7	100,0	1.325,7	100,0	1.212,8	100,00
Gaviota	1.246,4	95,3	1.207,5	91,1	1.058,5	87,28
Marisma	56,4	4,3	108,8	8,2	146,2	12,05
Ayoluengo	5,3	0,4	9,2	0,7	8,1	0,67
Petróleo crudo	795,4	100,0	1.066,9	100,0	1.072,7	100,00
Casablanca	673,9	84,7	962,5	90,2	993,2	92,59
Ayoluengo	28,4	3,6	25,7	2,4	19,7	1,84
Conden. de Gaviota	92,8	11,7	78,4	7,3	59,8	5,57
Amposta	—	—	—	—	—	—
Total prod. int.	2.005,9	100,0	3.458,7	100,0	3.358,2	100,00

Fuente: INH.

Ni la prospección hasta fecha reciente, ni la fabrica-

4. El sector industrial

ción sintética de hidrocarburos dieron resultados satisfactorias en España. Por ello, el máximo de economía se ha buscado en el refino de los crudos de importación.

Las refinerías de petróleo instaladas en España son las siguientes: 1. CEPSA, en Santa Cruz de Tenerife, la más antigua, y que desde sus comienzos realiza interesantes exportaciones de productos refinados. 2. Petrolíber, empresa promovida por el Grupo Fierro, con un 52 por 100 estatal, en Coruña. 3. Riotinto, en el estuario de Huelva, creada por la S. E. de Minas de Riotinto. 4. Refinería de Algeciras, promovida por CEPSA, el Banco Central e intereses petroleros internacionales. 5. Petromed, con refinería en Castellón, del Banco Español de Crédito. 6. Petronor, con refinería en Bilbao, en la que participan intereses de CAMPSA, cajas de ahorro del País Vasco, y Petromex.

Las tres restantes refinerías —Puertollano, Cartagena y Tarragona— pertenecen a REPSOL, del grupo INI. En total, la capacidad de refino española se sitúa en unos 70 millones de Tm de crudo, con un excedente importante sobre las necesidades nacionales (unos 40 millones de Tm).

Las cifras de absorción de petróleo por el sistema económico español en los últimos años se resume seguidamente, en miles de Tm.

Conceptos	1975	1980	1985	1991	1992
Producción nacional..	1.166	1.602	2.300	2.290	1.073
Crudo importado.....	41.346	49.609	43.337	52.857	52.857
Total..............	52.512	51.211	45.637	55.147	53.930

Es fácil apreciar el estancamiento del consumo total, como consecuencia de la crisis económica y también

debido a las medidas de ahorro energético y de sustitución del petróleo por otras fuentes de energía.

2-1-3. Industria eléctrica

La industria eléctrica española inició su desarrollo
en 1873, año en que los señores Xifré y Dalmáu mon-
taron en Barcelona la primera central eléctrica,
que distribuía energía a varios establecimientos de
aquella ciudad, entre ellos a la «Maquinista Terrestre
y Marítima». En Madrid, la instalación de alumbrado
público con electricidad se inicijó en 1890, por la
«Compañía General Madrileña de Electricidad», en
colaboración con la empresa alemana AEG. En el período 1890-1912 surgieron las grandes compañías eléctricas privadas, únicas protagonistas de la industria
hasta la creación de las empresas del INI: la «Compañía Sevillana de Electricidad», en 1894; «Hidroeléctrica Ibérica» (más tarde, «Iberduero»), en 1901; «Hidroeléctrica Española», en 1907; la «Barcelona
Traction» (hoy, FECSA), en 1911, y en 1912, la
«Unión Eléctrica Madrileña» (hoy, «Unión Eléctrica
Fenosa»).

Así, al comenzar la guerra europea, estaban ya constituidas y en expansión las cinco principales sociedades
que actualmente controlan —tras una serie de absorciones— más del 60 por 100 de la producción eléctrica.

La capacidad y la producción fueron creciendo paulatinamente, de forma que en 1936 la industria eléctrica tenía una potencia instalada de 1.909.000 kilovatios
(el 25 por 100 térmicos y el 75 por 100 hidráulicos),
alcanzando la producción en ese mismo año los 2.800
millones de kilovatios/hora.

En el período de 1940-1953 surgieron nuevos rasgos
en el mercado eléctrico nacional: régimen uniforme de
tarifas, mayor intervención estatal y explotación conjunta del sistema eléctrico.

En 1953 entró en vigor el régimen de *tarifas to-*

pe unificadas, en el que se fija un precio base único por kilovatio/hora para los diferentes tipos de consumo (alumbrado por contador en baja tensión, alumbrado a tanto alzado en baja tensión, alumbrado y usos domésticos, usos industriales y electrificación rural). Naturalmente, llegar a la unificación de las tarifas no resultó tan sencillo. El sistema de tarifas base tuvo que ser completado con compensaciones económicas a la producción térmica (a causa de la elevación de los precios del combustible) y a la construcción de nuevas centrales hidroeléctricas (de coste de establecimiento también creciente). Estas compensaciones se realizaron en forma de primas, que satisfacía el organismo para tal fin creado, la Oficina Liquidadora de Energía (OFILE), verdadera caja de compensación, que se nutría con el recargo conocido con el nombre de factor *r*, que pesaba sobre el consumidor.

La intervención directa del Estado en la industria eléctrica a partir de 1941 se manifestó a través de la actuación del INI, que creó varias empresas nacionales para la producción de energía eléctrica. Producen energía de origen térmico la «Empresa Nacional de Electricidad», la sociedad «Gas y Electricidad» (de Mallorca), la «Empresa Nacional Eléctrica de Córdoba» y UNELCO (Canarias). En energía hidroeléctrica, la «Empresa Nacional Hiodroeléctrica del Ribagorzana» (ENHER) tiene asignado el aprovechamiento integral del Noguera-Ribagorzana (en el Pirineo catalán).

Para llevar a cabo la explotación conjunta del sistema eléctrico nacional las principales empresas eléctricas constituyeron en 1944 la entidad «Unidad Eléctrica, S. A.« (UNESA), para tratar de evitar, o al menos paliar, las graves restricciones de consumo que se impusieron en ese año y que habían de perdurar con intermitencias hasta 1958. Con ello se pasó a utilizar del mejor modo posible, y como si se tratara de una sola empresa, todas las disponibilidades eléctricas, tér-

Figura 23: CICLO DE COMBUSTIBLE NUCLEAR

En la figura se representa esquemáticamente todo el proceso que se sigue en el aprovechamiento del uranio para la producción de energía eléctrica. A lo largo del ciclo, cabe distinguir tres fases principales, que sucesivamente se refieren a la obtención de concentrados de U_3O_8, que posteriormente pasan (segunda fase) a su transformación en hexafluoruro de uranio (UF_6), que a su vez debe ser enriquecido para la obtención del combustible propiamente dicho que ha de contener una cierta proporción de U_{235}. A través del CIEMAT, y de ENUSA, España, con una base de minería, puede obtener concentrados; pero carece de tecnología para la producción del combustible, que requiere el enriquecimiento previo, que actualmente sólo los países más desarrollados están capacitados para llevar a cabo. ENUSA, junto con otras empresas públicas de Francia, Italia, Bélgica e Irán, participa en el proyecto EURODIF (con un 11,8 por 100) que tiene por objetivo la obtención de uranio enriquecido en la planta que esta empresa pública multinacional construyó en Tricastin (Francia).

Pero una cosa es obtener uranio enriquecido y otra cosa muy distinta disponer de los elementos combustibles, que hasta el momento sólo son suministrados a España por Estados Unidos (tecnologías de reactores de agua ligera), y muy secundariamente por Francia (para la central nuclear de Valdellós, de agua pesada). A partir de los elementos combustibles, en el reactor de la central se produce la fisión, generadora de calor que se aprovecha para la obtención de vapor de agua, y, en definitiva, de energía eléctrica por medio de turboalternadores.

El combustible una vez irradiado —sólo se aprovecha el 40 por 100 de su contenido energético— pasa a ser reprocesado, para lo cual España no posee aún tecnología propia. En la fase de reprocesado, se obtiene uranio, que vuelve al ciclo productivo, plutonio para usos militares o de utilización como combustible para los llamados reactores rápidos, y residuos radiactivos que han de ser cuidadosamente almacenados, ya que su actividad puede durar, en el caso de algunas partículas, hasta veinticuatro mil años. Este último aspecto es, con razón, el más criticado por los ecologistas. Porque ¿qué sistema político podrá durar veinticuatro mil años, cuando el que más tiempo pervivió en la humanidad hasta ahora fue el Imperio Romano, que entre Occidente y Oriente «apenas» llegó a los dos mil años?

FASES DEL CICLO DE COMBUSTIBLE NUCLEAR.

COSTE DE LA ENERGIA EN CENTRALES NUCLEARES Y TERMICAS.
(6.000 H/AÑO DE UTILIZACION)

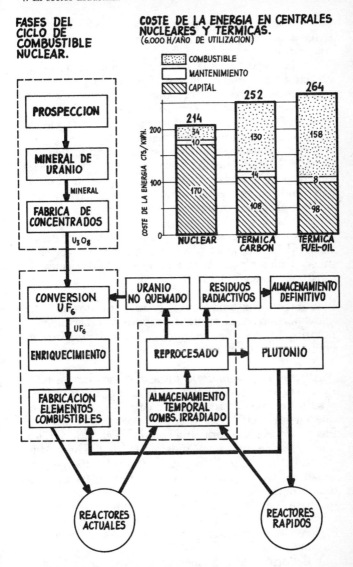

micas e hidráulicas del país. A tal fin, UNESA creó un sistema de repartidores de cargas con su central en Madrid.

En la etapa iniciada en 1954 se mantuvieron las características fundamentales de la anterior; esto es, un fuerte incremento en el consumo, la intervención estatal y la explotación conjunta del sistema eléctrico nacional, cuya potencia y producción siguieron creciendo de la forma que muestra el cuadro 4-4.

Como hecho más notable de este período hay que destacar la interconexión —desde 1955— de las redes eléctricas de Francia y España, lo que permite el intercambio de energía entre nuestro país y la red del resto de Europa, con compras y ventas de energía a Francia, Suiza y otros países.

Por otro lado, desde 1967, y a causa del grave déficit de OFILE, que adeudaba a las compañías eléctricas muchos millones de pesetas (unos 17.000 a fines de 1970), se planteó el cambio de sistema en la tarificación. De este modo, en 1971 se pasó del sistema de bloques de consumo (con precios distintos para el kilovatio/hora en el primero, segundo y tercer bloques horarios) al sistema de *tarifas binomias* (capacidad contratada y consumo).

Al tema de la *moratoria nuclear* ya nos hemos referido antes en la sección 2-1, en la introducción general al sector energía. Pero no estará de más recordar, aquí, que en todo el mundo sigue la polémica sobre esta fuente de energía primaria, en lo cual influyen los célebres accidentes de Windscale (R. U.), Three Mile Island (EE.UU.), y Chernobil (URSS); de especial gravedad el tercero, que ha afectado muy gravemente a toda una amplia zona de Ucrania.

Aparte de ello, está el tema de cómo deshacerse o reciclar el combustible nuclear irradiado, cuya «eliminación» subterránea es siempre discutida, y su reciclado muy problemático y costoso.

Y del otro lado presionan dos cuestiones: la lejanía,

CUADRO 4-4
Evolución de la industria eléctrica

Años	Potencia instalada (miles de KW)				Producción bruta (millones de Kw/h)			
	Hidráulica	Térmica	Nuclear	Total	Hidráulica	Térmica	Nuclear	Total
1931	986	399	—	1.385	2.381	300	—	2.681
1936	1.443	466	—	1.909	2.598	203	—	2.801
1940	1.350	381	—	1.731	3.687	270	—	3.957
1945	1.458	418	—	1.876	3.365	1.019	—	4.384
1950	1.906	657	—	2.563	5.344	1.842	—	7.186
1955	3.200	903	—	4.103	9.204	2.912	—	12.116
1960	4.600	1.967	—	6.567	15.625	2.989	—	18.614
1965	10.885	7.028	—	11.100	19.630	12.020	—	31.650
1970	10.885	7.028	—	17.913	26.553	26.489	923	53.965
1975	11.560	11.924	1.120	24.604	25.069	46.990	7.544	79.603
1980	13.580	15.238	1.120	29.939	29.310	72.718	5.186	107.214
1985	14.660	20.991	5.815	41.467	31.719	64.459	28.044	124.222
1986	15.201	20.987	5.815	42.003	25.982	62.434	37.458	125.874
1987	15.269	21.087	5.815	42.171	26.798	61.756	41.270	129.824
1988	15.673	21.119	7.854	44.646	34.818	50.361	50.415	135.594
1989	16.609	21.212	7.854	45.671	18.671	69.030	56.122	143.823
1990	16.702	21.198	7.364	45.264	25.024	68.845	54.265	148.134
1991	16.642	21.228	7.367	45.237	27.410	74.170	55.580	157.160
1992	16.700	21.315	7.400	45.415	19.508	79.014	55.784	154.305

Fuente: UNESA.

aún, de la disponibilidad de la *fusión,* y la contaminación de los combustibles fósiles.

Actualmente se encuentran en funcionamiento las centrales de Zorita de los Canes (Guadalajara), con 175.000 kilovatios; Santa María de Garoña (Burgos), con 500.000 kilovatios, ambas de uranio enriquecido; en Vandellós (Tarragona), también de 500.000 kilovatios, el reactor es de agua pesada (uranio no enriquecido), de tecnología francesa. En Almaraz funcionan dos grupos, cada uno de 500 Mw, y en Trillo, Ascó y Cofrentes, uno, dos y dos, respectivamente, de una potencia de 500 Mw cada uno.

En el sector nuclear funciona, como compañía mixta público-privada, la «Empresa Nacional del Uranio, S. A.» (ENUSA), para todo lo relacionado con la producción y las adquisiciones del combustible nuclear. Por su parte, la «Empresa Nacional de Residuos Radiactivos, S. A.» (ENRESA), creada en 1984, con mayoría del sector público, tiene como tarea acondicionar los lugares de almacenamiento de los desechos de combustible nuclear originados en las centrales españolas; cometido que está revelándose muy arduo.

El PEN 1991-2000 calcula que para el año 2000 se necesitará una potencia total de 51.400 Mw frente a los 43.000 Mw de 1992, debiendo cubrirse la diferencia, de 8.400 Mw, de la forma prevista en el siguiente cálculo:

	Mw
Carbón nacional............................	1.338
Hidraulicidad..............................	902
Carbón importado..........................	550
Turbinas de gas............................	300
Gas natural................................	1.835
Importación de electricidad de Francia...	1.000
Autogeneración............................	2.452
Total...................................	8.377

La figura 24, nos da una idea del panorama empresarial en 1989, antes de las últimas funciones y cruces de participaciones accionarias.

2-2. Industrias extractivas

La Ley de Minas de 1869, extremadamente liberal, estableció el principio de la concesión de las minas a perpetuidad, tanto a nacionales como a extranjeros, siempre que se pagara el canon al Estado. La aplicación de esta ley —publicada en el momento de máxima exaltación librecambista— puso en manos del capital extranjero lo mejor de la minería.

En el estudio detallado de los sectores de las industrias extractivas, aunque no de una forma estricta, seguiremos el orden que marca la tradicional división de los minerales entre metálicos y no metálicos (ver la figura 25 para una apreciación especial de carácter genérico de la minería).

2-2-1. Minería metálica

De las varias estimaciones sobre reservas de *mineral de hierro* de nuestro país, la realizada para el Programa Nacional de Investigación Minera (PNIM), ultimado en 1970, dio como resultado 272, 400 y 672 millones de toneladas de hierro contenido, como reservas seguras, posibles y totales, respectivamente.

Los principales yacimientos se localizan en el Norte, Noroeste, Sudeste, Sistema Ibérico y Sudoeste. La zona norte, que comprende las provincias de Vizcaya y Cantabria, es la segunda de mayor producción y, dentro de ella, Vizcaya continúa ocupando el segundo puesto en extracción, a pesar de la decadencia de sus yacimientos. En la zona del Sudeste los yacimientos más importantes son los depósitos de magnetita de Conjuro, que han hecho de Granada la primera productora de España.

Figura 24: LA INDUSTRIA ELECTRICA

El sector eléctrico español está experimentando grandes transformaciones, como se constata en el apartado 2.1.3 del presente capítulo. A ello han contribuido, de forma decisiva, los problemas financieros de la industria, agobiada por una deuda muy fuerte, resultante, en gran medida, de las inversiones realizadas y que en alta proporción han sido inoperantes durante mucho tiempo por exceso de capacidad. También influye en la cuestión la política de dividendos de casi todas las sociedades eléctricas, que tienen un pay-out (la proporción del beneficio dedicada a retribuir a los accionistas) próximo a 100.

La figura adjunta es expresiva en las relaciones entre las principales compañías eléctricas, en 1989, y las entidades financieras. Es fácil apreciar cómo muchas de las empresas generadoras de electricidad se encuentran intensamente participadas por los bancos. Esas participaciones, se expresan a través de las flechas que unen en el gráfico a bancos y compañías, indicándose dentro de cada círculo el porcentaje de participación en el capital social.

El gráfico, que procede del artículo de Javier de Quinto «¿Hacia dónde va el sector eléctrico?» (incluido en el libro *1993. España ante el Mercado Unico,* coordinación de Santos Ruesga, Pirámide, Madrid, 1989), evidencia las inbricaciones sector financiero/ sector eléctrico, que tanto influyeron a la hora de negociarse la fusión Hidrola/Iberduero, de la que surgió Iberdrola. Asimismo, hay que resaltar el papel de cohesión para el sector público que representa Endesa, el *subholding* eléctrico del INI (hoy en *Teneo*). De la existencia de dos grandes sociedades (Iberdrola y Endesa), ¿qué falta para la función de ambas? Esa es la pregunta a reflexionar.

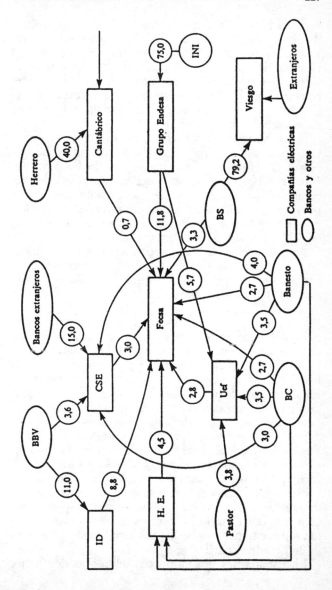

En el Sistema Ibérico hay que citar los yacimientos de Sierra Menera, en Teruel, que poseen fuertes reservas de hematites pulverulentos, mineral de riqueza variable del que se abastecían los altos hornos de la siderúrgica de Sagunto, de Altos Hornos del Mediterráneo. Con el desmantelamiento de la cabecera de Sagunto por la reconversión industrial, el futuro de estos yacimientos es incierto.

En el Sudoeste, los yacimientos de magnetita radican en torno a Fregenal de la Sierra, abarcando el Norte de Huelva y Sevilla y el sur de Badajoz. En 1982, el Gobierno decidió conceder las facilidades necesarias para el montaje de una planta de *pellets,* proyecto de viabilidad económica dudosa, apoyado por la empresa mixta Presursa, y que, efectivamente, en 1989, parecía definitivamente abandonado.

La producción de mineral de hierro está determinada por la demanda de la industria siderúrgica nacional, con un saldo exportador neto que ya desde la década de 1960 fue de signo negativo.

La actividad minera en el sector del *plomo* es muy antigua en España. La abundancia de mineral y la relativa facilidad de su extracción y laboreo hizo posible el trabajo con pequeños capitales y en forma técnicamente muy irregular. Reflejo de ello fue la fragmentación de la propiedad minera, la multiplicación de pozos y el raquitismo de las instalaciones.

Los yacimientos de plomo más importantes de la Península se encuentran en dos distritos de fama mundial en sus mejores tiempos: Linares-La Carolina, en Jaén, y Cartagena-Mazarrón, en Murcia. Este último constituye probablemente la reserva más rica, pero su extracción y laboreo costoso no permiten su explotación más que cuando los precios internacionales resultan muy remuneradores. Es, por tanto, una típica zona de minería marginal.

En España hay dos empresas fundidoras de plomo,

que producen prácticamente todo el de primera fusión. La más importante es la francesa «Sociedad Minero-Metalúrgica de Peñarroya», que posee fundiciones en Peñarroya, Cartagena y Linares, seguida de «La Cruz», empresa del grupo financiero del Banco Central, que cuenta con una moderna fundición cerca de Linares.

La producción española de *cinc* se halla concentrada en Cantabria y Murcia, donde en conjunto se extrae más del 95 por 100 del total del mineral. Reocín, en Cantabria, es, con mucho, el yacimiento más importante. Lo explota la empresa Asturiana de Cinc. Las reservas son muy fuertes, y la ley de su mineral, que llega al 58 por 100, es una de las más altas del mundo; la producción de este yacimiento aporta más de las dos terceras partes de la de toda España.

En la sierra de Cartagena los yacimientos, lo mismo que en el caso del plomo, se encuentran sumamente fraccionados; la riqueza de sus minerales es menor que la de Reocín, pues raramente sobrepasa el 50 por 100 de contenido en metal.

La minería y metalurgia del cinc en España está estrechamente unida a la historia de la Real Compañía Asturiana de Minas (RCAM), creada en 1833 y hoy absorbida por Asturiana de Cinc. Gracias al yacimiento de Reocín, la RCAM detentó el monopolio del mercado hasta 1960, en que se creó «Española del Cinc» para explotar los yacimientos de Cartagena, donde la citada empresa tiene su fundición.

La casi totalidad del mineral tratado para la obtención de *cobre* blister de producción nacional procede de las minas de la provincia de Huelva, donde radican los principales yacimientos de piritas ferrocobrizas que explotan Unión Explosivos Río Tinto (UERT), Compañía de Azufre y Cobre Tharsis, etc. Entre las que

obtienen cobre a partir de minerales complejos, de las
cáscaras y de las matas de fundición, destacan Meta-
lúrgica del Nervión y UERT. La recuperación de cobre
de chatarras significa una aportación más importante
que la de la propia minería. Por último, las importaciones representan más de un 50 por 100 del total de
cobre aportado al mercado.

Actualmente la producción de cobre está básicamente controlada por Ibercobre, que cuenta con participaciones en las principales empresas fundidoras y
manufactureras: SECEM, Earle, Sociedad Industrial
Asturiana Santa Bárbara y Pradera.

La fabricación de *aluminio* se inició en España en
1929; en ese año la sociedad «Aluminio Español»
(constituida con capital del grupo financiero francés
Pechiney) puso en funcionamiento sus instalaciones
electrolíticas en Sabiñánigo. Después de la Guerra Civil, en 1943, el INI promovió la constitución de la
«Empresa Nacional del Aluminio, S. A.» (ENDASA),
con participación minoritaria de la canadiense AL-
CAN, con tres centros de producción (Valladolid, Avilés y San Juan de Nieva).

Posteriormente se incorporó a la producción «Aluminio de Galicia», del grupo de «Aluminio Español».
Posteriormente, tras una serie de vicisitudes, todo el
sector alúmina-aluminio se concentró en la empresa
pública del INI, Industria Española del Aluminio
(INELSPA).

Hasta el año 1979, la producción española de aluminio sólo abarcaba la segunda fase del proceso de
producción, consumiéndose grandes cantidades de
alúmina importada, principalmente de Francia, Ghana
y Guinea Conacry. Para la producción de alúmina en
España se utiliza ya bauxita de importación, para la
planta controlada por INELSPA, con capacidad para
tratar 500.000 toneladas, en la costa lucense, en San
Ciprián.

Los yacimientos de *estaño* más importantes se encuentran a lo largo de la zona fronteriza con Portugal. Son muy pocos los no abandonados o en decadencia desde la baja de precios provocada en 1959 por la liberación de importación del mineral y el metal de estaño.

La producción de estaño, a partir de la casiterita nacional y de importación, se complementa con la proveniente de la recuperación a través del destañado, operación que realizan varias empresas; y con las importaciones de minerales de estaño y de estaño metal de Portugal, Gran Bretaña y Bélgica.

De los *metales para ferroaleaciones* sólo hay que mencionar el wolfram y el manganeso; la producción nacional de ambos tropieza actualmente con numerosos problemas por el carácter claramente marginal de los yacimientos, que sólo son explotados con ocasión de las alzas coyunturales (conflictos bélicos).

Los principales yacimientos de cinabrio (bisulfuro hidrárgico, principal mena del *mercurio*) son los de Almadén, en Ciudad Real, en explotación desde el siglo IV antes de J. C., existiendo datos concretos sobre su producción desde 1499 (siete millones de frascos, con un peso por frasco de 34,5 kilogramos). Las reservas apreciadas aseguran la continuidad de la explotación, al ritmo actual de extracción, durante un período de no menos de doscientos años. Estas minas, por la ley de su mineral, de casi 3 por 100, son, con mucho, las más ricas del mundo.

Las minas de Almadén son propiedad del Estado y siempre fueron explotadas directamente por la Administración, si bien durante buena parte del siglo XIX y durante las dos primeras décadas del XX la venta de su producción en el exterior la tuvo en exclusiva la casa Rothschild, que controlaba también las minas de Istria, en Italia, y las de California, detentando, por tanto, un verdadero monopolio mundial.

Figura 25: LA MINERIA EN ESPAÑA

Los principales yacimientos mineros en explotación en España se representan en esta figura tomando como base el *Mapa Minero de España,* publicado por el Instituto Geológico y Minero, actualizado con otras fuentes no cartográficas, para poder presentar aquí una información más en coherencia con la situación presente. A efectos de inevitable simplificación, hemos prescindido tanto de las minas actualmente no explotadas como de los yacimientos menores de los principales minerales, y de todos aquellos que se encuentran enormemente diseminados, como bauxita, caolín, mica, sulfato sódico, titanio, etc., y que tienen —en general— una importancia económica muy reducida por punto de extracción.

Los aspectos concretos de las actividades mineras cuya localización aquí se representa, se analizan en la sección 2-2 del presente capítulo, por lo cual no vamos a insistir en ellos. Destaquemos solamente la gran variedad de minerales, la importancia considerable de los yacimientos de algunos de ellos —plomo, cinc, piritas, hierro, mercurio, magnesitas, potasas, espato flúor, uranio, sal gema, sal marina— y la configuración de las zonas mineras en torno a los bordes de la Meseta. Esta, por su formación en las eras terciaria y cuaternaria, al igual que la mayor parte de las depresiones del Ebro y del Guadalquivir, presenta una riqueza mineralógica mucho menor que las áreas más accidentadas y antiguas de nuestra geografía, como son toda la Cornisa Norte, la franja fronteriza con Portugal, la Cordillera Mariánica, la Penibética y el Sistema Ibérico.

Indiquemos, finalmente, que el porvenir de la minería española no es muy brillante, a la luz de los bajos precios internacionales, de los países más competidores, que disponen de vastos yacimientos mecanizables, y con bajos costes laborales.

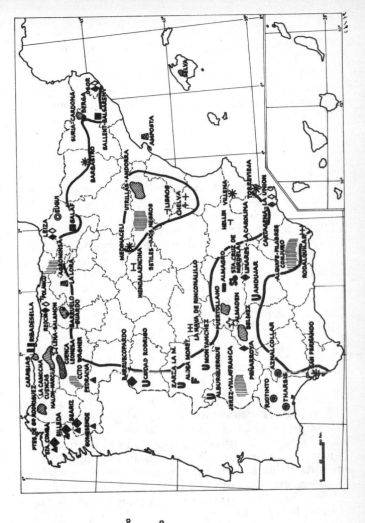

CUENCAS CARBONÍFERAS:

▨ HULLAS

▧ LIGNITOS

▨ ANTRACITAS

PRO MEMORIAM:

▮ PETRÓLEO

▦ MINERALES DE HIERRO

◆ PIRITAS DE HIERRO

◆ PLOMO CINC

▲◆ ESTAÑO WOLFRAMIO

▮ POTASAS

✳ NaCl

F ESPATO FLUOR

╈ FOSFORITA

U URANIO

Sb ANTIMONIO

○ MANGANESO

○ MAGNESITAS

╋ CAOLÍN

★ MERCURIO

PRO MEMORIAM:

H·H ORO

├─┤ PLATA

─┼─ AZUFRE

El ministro de Hacienda Cambó, en diciembre de 1921, acabó con esta situación, pasando el 1 de enero de 1922 todas las facultades del comercio exterior del mercurio al Consejo de Administración de las Minas de Almadén y de Arrayanes, entidad dependiente del Ministerio de Hacienda, y que desde 1918 entendía ya en todo lo referente a la explotación.

En 1982 se constituyó la Empresa Nacional de las Minas de Almadén, dependiente de la Dirección General del Patrimonio del Estado, coincidiendo su constitución con la puesta en marcha de todo un plan para modernizar las instalaciones.

La producción española de mercurio (entre 1.500 y 2.000 toneladas de metal) está en función de la demanda exterior, ya que normalmente se exporta más del 90 por 100 del metal. Desde principios de los años setenta, las exportaciones tropiezan con dificultades crecientes por la caída de la demanda que han provocado las presiones ecologistas contra el uso del mercurio, que tiene efectos contaminantes de gran intensidad.

2-2-2. Minería no metálica

España es país rico en *sal común* (cloruro sódico), tanto por sus yacimientos salinos (sal gema) como por las óptimas posibilidades con que cuenta para obtener la sal marina. La primera provincia productora de sal gema es Cantabria, en la que radican los grandes centros de Polanco de la Sal, Cabezón de la Sal y Monte Corona, que suministran a la fábrica de sosa de la Cie. Solvay, próxima a Tarragona, y a otras industrias químicas de la zona.

Los principales centros productores de sal marina son las salinas de Torrevieja, en Alicante, seguidas de las de Denia, Sagunto, San Pedro del Pinatar, Mar Menor, cabo de Gata y San Roque, todas ellas en el litoral mediterráneo; en la región Suratlántica tienen importancia las de San Fernando, Puerto Real, Chiclana y Puerto de Santa María, y con producción más reducida figuran las salinas de Baleares y Canarias.

La producción española de sal marina está muy concentrada, pues una sola empresa («Unión Salinera de España») produce casi el 50 por 100 del total, y con las otras cinco principales productoras —muy ligadas entre sí— casi el 100 por 100.

La producción nacional y la exportación de sal común siguen una tendencia de continuo aumento.

Las *sales potásicas* en forma de cloruro y sulfato de potasa, y debidamente concentradas hasta conseguir un contenido en K_2O del 60 por 100, tienen su principal aplicación como fertilizantes agrícolas. En España existe una gran cuenca potásica en la mancha terciaria de formación lacustre que se extiende por el valle del Ebro, desde Cataluña hasta Navarra, con afloraciones bien estudiadas en ambas regiones.

En Cataluña, «Minas de Potasa de Suria», filial de la empresa belga «Cie. Solvay», explota la mina del término de Suria, descubierta en 1913. «Explosivos Riotinto» es concesionaria de las minas de Cardona.

Para poner en explotación la segunda cuenca potásica, en 1957 se creó la sociedad «Potasas de Navarra, S. A.», con más del 95 por 100 de su capital social del INI, que se puso en marcha en 1964 y que casi desde un principio atravesó grandes dificultades económicas(en 1985 se anunció su cierre, realizado en 1987), al no haberse cumplido las expectativas de calidad del mineral.

Las empresas potaseras subsistentes —de los grupos Ercros e INI— guardan estrecha conexión entre sí, mediante la central de ventas y distribución, «Potasas Españolas», que opera tanto dentro del mercado interior como en el frente de la exportación.

Los *fosfatos* son la materia prima básica para la fabricación de los superfosfatos, que por su contenido en P_2O_5 constituyen uno de los grupos básicos de fertilizantes minerales. En España existen algunos yacimientos de fosfatos; los de Murcia, Almería y Albacete carecen por completo de interés económico. Solamente el de Cáceres (Logrosán) fue objeto de alguna explotación, permaneciendo cerrado en la actualidad.

Todo el fosfato que se emplea en España para la fabricación de abonos fosfatados se importa de Marruecos, en una tendencia ascendente.

En noviembre de 1975, Marruecos vio reforzada aún más su posición. La vergonzante transferencia del Sahara que se le hizo en los últimos días de vida de Franco puso en manos marroquíes —con total menosprecio de los intereses del pueblo saharaui— los grandes recursos de fosfatos antes explotados por Fosbucrá, la sociedad en que el INI tenía el 100 por 100 del capital, que fue cediéndose progresivamente hasta llegar al control absolutamente marroquí.

La guerra del Sahara afectó profundamente a la explotación entre 1975 y 1979, y finalmente, en el verano de 1980 se suspendió la explotación hasta 1982 en que, más simbólicamente que otra cosa, se reanudaron los trabajos, que no podrán normalizarse sino con la definitiva terminación del conflicto.

La producción de superfosfatos se ve facilitada, en primer lugar, por la autosuficiencia en piritas, necesarias para la fabricación del ácido sulfúrico, con el que se tratan los fosfatos naturales, y, en segundo término, por la proximidad de los yacimientos norteafricanos.

La localización de las fábricas está determinada por los costes de transporte. Los centros más importantes están situados en la costa y en las zonas de fuerte consumo. Las principales empresas productoras son la «Explosivos Riotinto», la «Sociedad Anónima Cros» y la «Sociedad Minero-Metalúrgica Peñarroya». En

1989 se produjo la fusión de Explosivos y Cros en Ercros.

Las *piritas de hierro* son un sulfuro de hierro que por su contenido en azufre constituyen la base de la fabricación de ácido sulfúrico, indispensable y esencial para la industria química en sus distintos aspectos: abonos, explosivos, combustibles, plásticos, pinturas, etc. Según los datos del XIV Congreso Internacional de Geología, celebrado en Madrid en 1926, de las reservas entonces reconocidas en el mundo (465 millones de toneladas) a España correspondían 272, lo que representaba muy cerca del 60 por 100 del total.

Las reservas más importantes están localizadas en una ancha faja que va de Huelva a Córdoba, a la derecha del Guadalquivir, con minerales de una ley de azufre entre el 46 y el 51 por 100. Los yacimientos principales son los de Huelva, donde los mayores intereses son del grupo Explosivos-Cros. También son considerables las reservas de la zona de Cartagena, donde hay piritas con ley de azufre del 42 por 100. Mucha menos importancia tienen los yacimientos de Almería, Sevilla y Cantabria.

2-3. Siderurgia

La técnica siderúrgica moderna se introdujo en España con retraso muy considerable respecto a otros países europeos. El primer alto horno español, que construyó José Ibáñez en Sargadelos (Lugo), y que comenzó a funcionar en 1797, se alimentaba con carbón vegetal, lo mismo que otros hornos construidos poco después en Sevilla, Huelva y Málaga. Sólo en 1848 comenzó a funcionar en Trubia el primer alto horno de coque, un siglo después que en Inglaterra.

En general, la localización de la industria siderúrgica tiende a hacerse en las zonas productoras de carbón coquefícable, puesto que el consumo de carbón es mucho más voluminoso que el del mineral de hierro, y, por tanto, resulta más económico llevar el mineral a la zona carbonífera que viceversa. Por ello, Asturias habría sido el lugar idóneo para localizar nuestra siderurgia. Pero en la práctica el principal desarrollo siderúrgico se produjo en Vizcaya hasta mediados del siglo XX. Ello se debió a tres razones: la existencia de yacimientos de hierro en la provincia, la capitalización que permitieron los fuertes beneficios obtenidos por la exportación del mineral a Inglaterra, y la gran facilidad que para el abastecimiento de coque inglés supusieron los bajos fletes de retorno ofrecidos por los barcos británicos que atracaban en Bilbao para cargar mineral.

La localización inadecuada y el retraso técnico de la incipiente siderurgia se cubrieron con la protección aduanera que en forma ya decidida dispensó el arancel de 1891. La Ley Arancelaria de 1906 y el arancel subsiguiente mantuvieron y reforzaron el proteccionismo instaurado en el último decenio del XIX.

Al quedar el mercado interior suficientemente protegido por el arancel, habría sido de esperar una expansión rápida de la producción nacional y una cierta estructuración de las empresas. Lejos de suceder así, los fabricantes constituyeron en 1907 la Central Siderúrgica de Ventas (más tarde Central Siderúrgica, S. A., y de hecho actualmente UNESID), con el claro fin de restringir la competencia, fijando precios comunes (naturalmente, al nivel de las empresas marginales) para toda la producción, centralizando las ventas de las empresas asociadas y acordando cupos de producción. A esa situación de monopolio pudo imputarse, en buena parte, el débil incremento que experimentó la producción desde 1910 a 1923.

Durante la Dictadura de Primo de Rivera, paralelamente a la fuerte expansión de la economía en una fase de prosperidad mundial, se elevó la producción siderúrgica hasta alcanzar un millón de toneladas de acero bruto en 1929, cifra récord, no superada hasta veinticinco años después.

Efectivamente, durante los años 1939-1959 la producción de hierro y acero se mantuvo muy por debajo de los niveles de preguerra. En diciembre de 1940 se creó la «Delegación Oficial del Estado en la Industria Siderúrgica» (DOEIS), dependiente del Ministerio de Industria. Sin embargo, la intervención de la DOEIS no resultó suficiente, pues las dificultades de importación originaron agudas penurias de productos siderúrgicos. Ante el fenómeno de la escasez, el Estado abordó el problema de base, la producción, para lo cual, en 1950 se constituyó por el INI la Empresa Nacional Siderúrgica, S. A. (ENSIDESA), para construir la factoría en Avilés, con una meta de producción de 1.400.000 toneladas de acero en una primera fase y 2.500.000 al final de la segunda.

Más tarde surgiría la Unión de Siderúrgicas Asturianas, UNINSA, que con el tiempo se fusionaría con ENSIDESA. Por su parte, Altos Hornos de Vizcaya (AHV), la primera empresa siderúrgica del país desde el siglo XIX, al comenzar la década de 1970 promovió la transformación de su fábrica de Sagunto en una sociedad nueva, Altos Hornos del Mediterráneo (AHM).

La actual estructura de nuestra industria siderúrgica es un resultado del proceso de desarrollo histórico expuesto. A continuación nos ocupamos de su situación presente a través de tres aspectos: localización de la industria, problemas técnicos y económicos y relaciones comerciales con el exterior.

En el cuadro 4-5 puede seguirse la marcha del balance siderúrgico, que se ve afectado (producción/comercio exterior) por la coyuntura interna y las tendencias internacionales, en una evolución evidente de declive/estabilidad.

En la localización pueden distinguirse las siguientes zonas: norte, Asturias y Levante. En la zona norte, Vizcaya, tradicionalmente a la cabeza de la producción, ha pasado a ser la segunda provincia siderúrgica; en la ría del Nervión están situadas las instalaciones de Altos Hornos de Vizcaya.

Asturias es actualmente la primera provincia siderúrgica en orden de importancia. Además de ENSIDESA, tienen pequeñas fábricas en esta provincia tres empresas (Fábrica de Mieres, Duro-Felguera y Sociedad Industrial Asturiana Santa Bárbara, esta última en Gijón).

En Levante, en Sagunto, radicaba la tercera, inicialmente integral para 6.000.000 de toneladas (en equivalente a acero). Sin embargo, como consecuencia de los planes para la reconversión industrial del sector siderúrgico, la fábrica de Sagunto dejó de ser integral. Tras numerosos episodios de convulsiones sociales (huelgas, manifestaciones, etcétera), en 1984 se acordó prescindir de la *cabecera* de la empresa —cierre de sus hornos altos—, para especializar las instalaciones en la producción de laminados en frío con bobinas en caliente importadas de otras siderúrgicas.

Con la integración en la Comunidad Europea, España pasó a formar parte de la CECA, con un desarrollo límite de 18 millones de Tm.

Esa cifra de 18 millones de Tm., seguramente no se alcanzará nunca. Por el contrario, como pusimos de relieve en 1-5, la reconversión «ataca de nuevo». Y en 1992 se planteaba ya como ineludible la fusión AHV/ENSIDESA; con un proyecto drástico de reducción y especialización de la oferta, dentro de las perspectivas altamente competitivas del Mercado Interior Único de la CE. Un proyecto cuya verosimilitud está más que en tela de juicio por sus costes billonarios y por la más que dudosa posibilidad de mantener dos siderúrgicas integrales. A plazo largo, la actividad debería concentrarse en ENSIDESA, y las anticuadas instalaciones de AHV en Sestao y Baracaldo deberían dejar espacio para nuevos parques tecnológicos, más acordes con un futuro industrial tecnológicamente avanzado del Gran Bilbao

La evolución de la producción del sector siderúrgico en los últimos años se registra en el cuadro 4-5.

2-4. Cemento y otros materiales de construcción

La fabricación de cemento pórtland se inició en España a finales del pasado siglo, en Oviedo, por la Sociedad Tudela-Veguín.

Hoy existen un total de 53 fábricas, con una capacidad de producción superior a los 30 millones de toneladas, lo cual, además de garantizar el abastecimiento del mercado nacional, permite un volumen de exportación de considerable importancia (ver cuadro 4-5).

Desde 1939 hasta 1960 la industria del cemento estuvo oficialmente intervenida a través de la Delegación del Gobierno en la Industria del Cemento (DGIC), organismo dependiente del Ministerio de Industria y con funciones análogas a las de la DOEIS en la industria siderúrgica. La intervención se hizo necesaria no sólo por la escasez de la oferta de las fábricas nacionales, provocada por el estancamiento de la industria cementera en los primeros años de la posguerra, sino también porque la escasez de productos siderúrgicos hizo que en la industria de la construcción pasara a emplearse mucho más cemento por unidad de obra realizada que en la preguerra.

La actual estructura de la industria del cemento es aparentemente oligopolística. Existen varios grupos de empresas formados por sociedades que guardan fuertes conexiones entre sí; de ellos, el más importante es el que encabeza la sociedad Asland. A su vez, la totalidad de los fabricantes están integrados en *Oficemen,* dentro de la cual se toman decisiones comunes sobre precios, reparto de mercados, etc. Con esta estructura de la oferta es lógico que la libertad de precios del cemento originara precios altamente especulativos en cuanto la coyuntura en la construcción tendía a evolucionar favorablemente.

Cuadro 4-5

Producciones siderúrgicas y de cemento (miles Tm.)

Siderurgia	A Producción	B Importa- ción	C Exporta- ción	D Saldo (B − C)	E Consumo aparente (A + D)
1950........	815	43	6	37	849
1955........	1.212	262	0	262	1.458
1960........	1.920	255	494	− 238	1.817
1965........	3.515	2.850	74	1.727	6.059
1970........	7.380	2.442	268	2.174	9.554
1975........	11.136	2.367	2.054	313	1.449
1976........	10.940	3.290	3.234	56	10.996
1977........	11.041	1.451	3.519	− 2.068	8.973
1978........	11.345	1.013	5.454	− 4.441	6.904
1979........	12.150	1.380	5.567	− 4.187	7.963
1980........	12.672	1.682	5.927	− 4.245	8.427
1985........	14.193	1.434	7.791	6.357	6.148
1986........	11.906	2.605	5.206	2.601	7.029
1987........	11.691	2.431	4.769	2.338	8.455
1989........	12.800	3.171	3.579	− 408	12.392
1990........	12.895	3.378	4.136	− 758	12.137
1991........	12.932	3.453	4.810	− 1.357	11.575
1992........	12.271	3.567	4.683	−1.116	11.155

Fuente: Unesid.

Cemento	Número de fábricas	Producción (miles Tm)	Empleo	Tm/obrero y año
1970...........	65	15.408	10.934	1.409
1971...........	64	15.919	10.878	1.463
1972...........	64	18.177	10.576	1.689
1974...........	62	20.325	10.617	1.914
1973...........	61	21.538	10.719	2.009
1975...........	59	21.752	11.049	1.968
1976...........	58	22.871	11.009	2.077
1978...........	58	25.180	10.760	2.840
1980...........	58	28.683	10.770	2.663
1977...........	58	28.126	10.643	2.454
1979...........	51	26.081	11.368	2.294
1979...........	58	26.126	10.643	2.454
1980...........	51	26.081	11.368	2.294
1985...........	51	21.880	9.906	2.208
1986...........	49	22.008	9.529	2.309
1987...........	49	23.011	9.143	2.516
1988...........	49	24.372	8.995	2.709
1989...........	45	27.696	8.828	3.089
1990...........	45	28.095	8.165	3.440
1991...........	46	27.666	—	—
1992...........	—	24.628	—	—

Fuente: Oficemen.

Pero lógicamente, la integración con la CE también ha cambiado mucho las cosas en este sector. Y más que por la competencia intracomunitaria, por las importaciones a bajo precio (con *dumping* se insiste) de los países del Este asociados de la CE (Polonia) o con tratados comerciales (Rumanía), o bien del Norte de Africa.

Entre los *materiales de construcción* distintos del cemento bruto hay que citar los prefabricados de cemento, el fibrocemento, los pavimentos y revestimientos a base de cemento, los materiales cerámicos (azulejos, loza, porcelanas, tejas y ladrillos), el yeso, el vidrio y el material sanitario.

Mientras que la producción de derivados de cemento, material cerámico y yeso se halla extremadamente fragmentada en empresas de dimensiones casi siempre muy reducidas, poco racionalizadas y de escasa capitalización, la fabricación de fibrocemento, vidrio y material sanitario se concentra en un número reducido de empresas, con indudable posición de dominio en el mercado: Uralita (en fibrocemento), la sociedad de capital francés «Cristalería Española» y sus filiales, así como la italiana SIV (en vidrio), pertenecientes al grupo internacional St. Gobain; y Roca Radiadores (en material sanitario).

2-5. Industria química

El desarrollo de la industria química depende de tres factores: disponibilidad de materias primas, grado de desarrollo industrial y nivel científico y técnico del país.

En España existen en abundancia algunas de las materias primas básicas que utiliza la industria química, como son, aparte del aire y del agua, las piritas, el cloruro sódico y las potasas, de todas las cuales hay fuertes excedentes para la exportación. En el caso de la hulla, base de toda la carboquímica, la producción, cuando era más necesaria, resultaba insuficiente en cantidad y, en general, de calidades deficientes. En cuanto al petróleo, cuyo papel en la industria química cada día es más importante, al haber sustituido la carboquímica por la petroquímica, tiene que ser importado casi en su totalidad.

El desarrollo industrial y agrícola general es el que impulsa el crecimiento de la industria química, que está íntimamente relacionada con el resto de la industria y con la agricultura. Por ello, el retraso de la industrialización y la lenta modernización de la agricultura no exigieron hasta bastante tarde una industria química pujante; el desarrollo industrial promovido por la política de autarquía seguida en España durante veinte años (1939-1959) fue lo que impulsó el crecimiento de la química a un mayor ritmo que en períodos anteriores.

Finalmente, la insuficiente preparación científica y técnica que ha caracterizado y aún caracteriza a nuestro país ha representado una rémora grande en la expansión de la industria química, que ha tenido que superar esa insuficiencia por medio de una fuerte vinculación técnica y de capital a grandes sociedades extranjeras.

Se puede decir que la moderna industria química española nació en 1872, año en que se constituyó en Bilbao la Sociedad Española de la Dinamita para, con las patentes Nobel, fabricar explosivos, a fin de atender a las necesidades de los ejércitos, de la minería y de las obras públicas. Andando el tiempo —y aunque sea adelantánbdonos a otros detalles ulteriores—, la empresa se transformaría en Unión Española de Explosivos (UEE). A su vez, la UEE, en la década de 1960 adquirió parte de los activos de Minas de Río Tinto, para formar Explosivos Río Tinto (ERT). El proceso de concentración continuó, no sin graves crisis intermedias, de modo que en el año 1989 —y ya con la presencia del grupo kuwaití KIO— ERT absorbió a Cros, para así nacer Ercros; que como holding se hacía cargo poco después de la Empresa Nacional de Fertilizantes (ENFERSA). Lo demás es historia del presente (1992): la mala gestión de KIO, sus afanes especuladores, y el colapso del mercado de fertilizantes por los precios internacionales muy competitivos, ocasionó la suspensión de pagos de ENFERSA y Ercros; en medio de tal crisis general del grupo KIO en España (incluidos su holding Torras, y su filial Prima Inmobiliaria) el porvenir de Ercros, y de gran parte de la industria química con ella relacionada, pasó a ser de lo más incierto.

La demanda de abonos minerales de la agricultura hizo surgir a la Sociedad Anónima Cros, que en 1904 inició la fabricación de superfosfatos, que ya antes obtenía, subsidiariamente, la Unión Española de Explosivos, nacida en el año 1896.

La fabricación de sosa y cloro para satisfacer la demanda, entre otras, de las industrias papelera y jabonera la iniciaron, en el tránsito de los dos siglos, dos empresas de capital extranjero: la Sociedad Electroquímica de Flix, constituida en 1897 con capital y técnicos alemanes, y la Cie. Solvay, de capital belga, establecida en 1908 y con su principal factoría de Torrelavega.

La fabricación de gases para la soldadura de metales, oxígeno y acetileno, la abordó también por esta época (en 1904, en Barcelona) la S. E. de Carburos Metálicos para suministrar a las industrias de construcciones mecánicas de Cataluña. Con el objeto de fabricar para la industria textil de esa misma región los tintes y aprestos necesarios había surgido en 1885, también en Barcelona, la primera empresa de colorantes sintéticos a partir del alquitrán de hulla, que, andando el tiempo y por fusión con otras sociedades, habría de originar, en 1922, la Sociedad Fabricación Nacional de Colorantes y Explosivos.

Prácticamente todas las empresas citadas y las demás de la industria química surgidas en este primer

período nacieron al amparo del proteccionismo arancelario, que desde 1892 se practicó sin reservas. Ase-
gurado el mercado interior por la protección del arancel y por las ventajas locacionales, la industria química
española creció y se consolidó. Esto último sucedió a
lo largo de un segundo período (1914-1936), durante
el cual se inició la fabricación de abonos nitrogenados;
las empresas antes enumeradas ampliaron su producción, e hicieron su aparición en el mercado otras sociedades, que en sus procesos productivos partían de
materias primas o productos intermedios de importación.

De este modo, la industria química nacional amplió
el campo de sus actividades, pero pasó a depender del
exterior en buena parte de su aprovisionamiento, y esa
ausencia de los eslabones iniciales o intermedios en
algunos procesos productivos provocó serias dificultades en el período siguiente a la Guerra Civil, al hacerse
más severas las restricciones a la importación. Fueron
precisamente tales problemas de importación los que
impulsaron el movimiento para completar las cadenas
técnicas. Efectivamente, se acometió la fabricación de
productos intermedios fundamentales que hasta entonces habían de importarse. La Unión Química del Norte de España se constituyó en 1939, en Bilbao, para
producir fenol y formal (a partir de los alquitranes y
el coque de Altos Hornos de Vizcaya), compuestos
que habían de permitir el desenvolvimiento de las fa-
bricaciones de plásticos y otros productos. Otro núcleo carboquímico similar al de Unquinesa surgió en
la Felguera (Asturias), donde Proquisa, filial de Duro-
Felguera, comenzó a aprovechar los subproductos de
la factoría siderúrgica de esta última. La electroquímica del carburo y de la urea la desarrollaron Energía e
Industrias Aragonesas e Hidronitro Española, con factorías en Sabiñánigo y Monzon del Río Cinca, respectivamente. Estas y otras nuevas instalaciones de la industria química de base permitieron no sólo la
continuidad de producciones ya en marcha, sino tam-

bién la obtención de una gran variedad de nuevos productos.

El progreso de la rama farmacéutica después de la Guerra Civil 1936-1939, fue más rápido que el de la química de base. Cortados los suministros de los países europeos que tomaban parte en la segunda contienda mundial, especialmente los procedentes de Alemania, las empresas farmacéuticas, muchas de las cuales antes de 1936 eran meras representantes y envasadoras de productos de importación, pasaron a producir totalmente en España una amplia gama de especialidades. En gran parte el impulso en la producción también hay que atribuirlo al establecimiento del Seguro Obligatorio de Enfermedad, en 1941, que amplió extraordinariamente el mercado de la industria farmacéutica.

La dimensión de las empresas de la industria química española es todavía insuficiente. La comparación con la industria química de otros países pone aún más de relieve la gravedad del problema. En el Reino Unido, la Imperial Chemical Industries por sí sola tiene un volumen de producción del orden de tres veces la producción de todas las empresas españolas. En Alemania, cada una de las tres sociedades resultantes del fraccionamiento de la I. G. Farbenindustrie (Hoechst, Bayer y BASF) tienen un volumen de producción superior al conjunto de nuestra industria química. Con Suiza, Italia, Francia y otros países europeos la comparación no nos sería mucho menos desfavorable. En tales condiciones de equipo, tecnificación y dimensión, no es de extrañar la situación comparativamente desfavorable de la productividad española.

Las bases de la industria petroquímica en España se sentaron en 1963, al decidirse la construcción de los dos complejos petroquímicos que hoy siguen siendo los más importantes, el de Puertollano y el de Tarragona; a los que luego se unieron los de Algeciras y Huelva.

El Complejo petroquímico de Puertollano —centrado

inicialmente en torno a la Empresa Nacional Calvo Sotelo, hoy integrada en REPSOL— tiene su base en la refinería que se suministra de crudos a través del oleoducto Málaga-Puertollano, con una capacidad de 4,4 millones de toneladas por año. Paular, Calatrava, Alcadua y Montoro son las cuatro empresa que en Puertollano producen una amplia gama de plásticos, fibras y caucho sintético.

El segundo complejo petroquímico, el de Tarragona (que en 1969 atrajo hacia sí la instalación de la refinería de petróleo de Cataluña), tiene su centro en la empresa Industrias Químicas Asociadas (IQA), formada por las españolas Unión Española de Explosivos y CEPSA y por las extranjeras Shell y Hoechst. Sus producciones básicas son el polietileno, estireno, polipropileno y los cauchos sintéticos, así como otros productos de las mismas cadenas, con ramificaciones hacia Tortosa, Castellón, Martorell, etc., que muestran la clara perspectiva de que la industria química es ya la más importante de Cataluña.

El tercero de los complejos químicos orgánicos, el de Algeciras, se centra en la refinería de CEPSA, altamente especializada en petroquímica.

El cuarto y último de los complejos químicos, el de Huelva, se nuclea en torno a las piritas y a la refinería de ERT. Con gran volumen de química básica, ha comportado importantes problemas de contaminación atmosférica y de vertidos tóxicos al mar.

3.   Las industrias de transformación

Bajo el epígrafe general de «Industrias de transformación» incluimos el estudio de una serie de actividades industriales cuya característica común es la utilización de metales, y especialmente acero, como materia prima básica. Estas industrias construyen buques, bienes de equipo (maquinaria de toda clase, material ferroviario, vehículos industriales), y producen asimismo bienes de consumo duradero, tales como automóviles, motocicletas y electrodomésticos.

3-1. Construcción naval y material ferroviario

Las áreas de mayor actividad de la industria naval han sido tradicionalmente las del litoral Norte y Noroeste. Sólo desde los años cincuenta experimentaron un desarrollo importante los astilleros andaluces y de la costa de Levante.

En el Norte, los principales astilleros son los vizcaínos, que se agrupan en la ría del Nervión. La Sociedad Española de Construcción Naval era la empresa más importante en todo el Norte, seguida de Euskalduna, la más antigua.

En el Noroeste destaca por su importancia la Empresa Nacional Bazán de Construcciones Navales Militares (que tiene arrendado el arsenal de El Ferrol, de la Marina de Guerra. También en El Ferrol se encuentra Astilleros del Noroeste (Astano), originariamente del grupo del Banco Pastor, que hoy pertenece al INI en su 100 por 100. En la ría de Vigo la construcción de barcos para la flota pesquera tiene gran interés.

En el Sur, Cádiz, Sevilla y, muy detrás, Málaga, son los tres puertos con industria naval. En Cádiz están situados los astilleros de Matagorda, antiguamente de la S. E. de Construcción Naval, y los de La Carraca, de la Empresa Nacional Bazán; también en ese puerto, y en el de Sevilla, tenía sus factorías la empresa Astilleros de Cádiz, S. A., en la que el INI contaba con más del 95 por 100 del capital social. Cádiz, con estos tres centros constructores, constituye hoy el núcleo más importante de la industria naval española.

En el Mediterráneo hay que citar el arsenal de Cartagena, actualmente arrendado a la Empresa Nacional Bazán; los astilleros de El Grao (Valencia), de la Unión Naval de Levante, y, finalmente, los pequeños astilleros de Tarragona y Barcelona, dedicados a reparaciones y a la construcción de barcos pequeños. También existen astilleros de dimensiones muy reducidas en Palma de Mallorca y en Las Palmas de Gran Canaria.

En total, funcionan en España una treintena de astilleros, que construyen buques de casco de acero, y unos 200 carpinteros de ribera, que hacen embarcaciones con casco de madera. En 1970, y tras laboriosas gestiones, se constituyó la empresa «Astilleros Españoles, S. A.» (AESA), mediante la fusión de Astilleros de Cádiz, del INI, y de la S. E. de Construcción Naval y Euskalduna, privadas. En la nueva sociedad el INI tenía inicialmente un 50 por 100 del capital y los accionistas privados el resto. Más tarde, y como de hecho fue sucediendo de forma reiterada en estos casos de *socialización de pérdidas,* el INI pasó a controlar AESA al 100 por 100. Entre los proyectos de AESA, el más importante, un nuevo astillero en Cádiz con una capacidad de 1,5 millones de TRB al año, se vio seriamente afectado —apenas terminada su construcción— por la crisis que se desencadenó en 1973.

La reconversión naval, finalmente decretada en julio de 1984, supuso una fuerte reducción en la capacidad constructora, así como una regulación de empleo con importante disminución de las plantillas (véase cuadro 4-6). No es extraño, pues, que la resistencia social, especialmente en Ferrol, Vigo y Cádiz, desencadenara tantas huelgas y manifestaciones masivas. Por lo demás, tras la reconversión, la industria naval española no puede competir con la coreana, con la japonesa, o con la finlandesa; esta última, especializada en grandes buques de pasaje para cruceros marítimos, y en plataformas marinas altamente sofisticadas.

Si bien no se puede decir que exista una industria específica de material ferroviario, dentro de las industrias españolas de transformación hay una serie de empresas (La Maquinista Terrestre y Marítima, ATEINSA, MACOSA, Compañía Auxiliar de Ferrocarriles, Babcok-Wilcox, AESA, etc.) que dedican una parte fundamental de su actividad a la construcción de ese tipo de material.

CUADRO 4-6

Evolución de la construcción naval (miles de TRB)

Año	Nuevos contratos	Puestas en quilla	Bota-duras	Termi-nados	TRB ponderado	Cartera pedidos
1980......	872	578	570	511	557	1.553
1981......	672	705	600	502	602	1.686
1982......	128	796	723	485	682	1.282
1983......	143	199	620	686	531	855
1984......	113	106	139	445	207	485
1985......	203	165	105	234	154	444
1986......	71	134	192	175	173	345
1987......	388	137	117	264	159	474
1988......	510	308	140	140	182	815
1989......	736	445	446	235	393	1.314
1990......	275	356	435	371	399	1.217
1991......	138	451	394	443	420	926

Fuente: Construnaves.

Industria y mercado del automóvil (en miles)

	1990	1991	1992
Producción....................	1.679	1.773	1.795
Exportación....................	1.066	1.284	1.275
Ventas en el mercado nal......	834	731	1.008
Fabricación nacional.........	609	519	525
Importación.................	225	212	483

Fuente: Ministerio de Industria.

Con los proyectos del ancho europeo ferroviario y los trenes de alta velocidad (TAV, luego AVE), al adjudicarse en 1989 la concesión de grandes pedidos a la firma francesa Atsholm, ésta se comprometió a absorber las empresas públicas del sector (ATEIN-SA. MTM, MACOSA, etc.). En cierto modo, la operación del AVE Madrid-Sevilla, aparte de su dudosa rentabilidad, significó el más necio de los desprecios para la tecnología española del TALGO, que podría haberse potenciado —a un coste mucho menor— para la renovación ferroviaria.

3-2. Industria del motor

La industria del motor (incluyendo dentro de ella la fabricación de automóviles, vehículos industriales, motocicletas y tractores) no comenzó a desarrollarse en España hasta los años 50. No existía en nuestro país una industria siderometalúrgica que proporcionase los aceros especiales y demás aleaciones precisas en cantidad y en calidad, ni una organización técnica que permitiese el modelaje de unos prototipos, ni una industria auxiliar adecuada, ni un mercado suficiente para el establecimiento de una industria del automóvil propia.

Los obstáculos antes referidos sólo fueron superados o ignorados a partir de 1950. Paulatinamente, desde ese año se fueron creando las empresas hoy existentes. Las enumeramos a continuación, haciendo una referencia a las conexiones técnicas y económicas que mantienen con firmas extranjeras.

En 1950 nació la Sociedad Española de Automóviles de Turismo (SEAT), que fabrica vehículos de turismo en Barcelona y en la cual cuenta el INI con una participación del 90 por 100 tras la retirada de FIAT. SEAT trabaja con patentes de la FIAT y Volkswagen. La empresa Fabricación de Automóviles, S. A. (FASA), está ligada técnicamente a la Regie Renault, fabrica turismos en Valladolid desde el año 1955. Desde 1957, Citroën Hispania construye automóviles de turismo en la zona franca de Vigo, con licencia de la Citroën francesa. En 1965, Barreiros inició la fabricación de automóviles de tipo norteamericano y de la marca SIMCA, asociada a la Chrysler, que después quedó como único socio, para en 1978 pasar al grupo francés SPA-Peugeot-Citroën y cambiar su razón social por la de Talbot. Finalmente, la British Motor Corporation empezó su producción del Morris, en el curso de 1967, en su fábrica de Pamplona (AUTHI, después Leyland, y más tarde transformada en factoría de SEAT).

Sin duda, animadas por la ampliación del mercado interior y por las posibilidades de exportación, en 1971 se iniciaron conversaciones entre la Ford y el ministro de Industria —por entonces J. M. López de Letona— con vistas a la implantación de la empresa norteamericana en España. Resultado de tales conversaciones fue el Decreto 3339/1972, de 30 de noviembre, por el que se establecieron nuevas normas para la fabricación de automóviles, disminuyendo el grado de nacionalización del producto que antes se exigía, a cambio de garantizar elevados niveles de exportación. Con base en este decreto, la Ford construyó en Almusafes (Valencia) una planta con capacidad para 240.000 vehículos.

En abril de 1979 se concedió autorización a otra gran multinacional de Estados Unidos, la General Motors, para el montaje en Figueruelas (Zaragoza) de 300.000 vehículos.

Como colofón del espacio dedicado a la industria del automóvil conviene destacar los rasgos fundamentales del sector en la década de los 80.

1) La gravísima crisis de la tantos años primera empresa nacional —SEAT—, de la que FIAT decidió salirse definitivamente en 1981, pasándole su paquete accionarial entero al Estado español, sin más compromisos que mantener su tecnología y red comercial conectada a SEAT hasta 1984. Luego, en 1986, se llegó a un acuerdo con Volskwagen, que controla mayoritariamente la empresa.

2) Los problemas de regulación de empleo —con una previsión de no menos de 20.000 despidos en total— de las distintas empresas, y no sólo para hacer

menos costoso financieramente un coyuntural ajuste de oferta a demanda, sino sobre todo, para introducir —como en el caso de FASA-Renault— métodos de robotización conducentes a reducir los costes de fabricación a «niveles japoneses».

3) La necesaria reducción de los modelos fabricados, para disminuir costes, con series más largas. Lo cual comportó acuerdos de complementación, como los Citroën-Peugeot, Volkswagen-Nissan, General Motors-Toyota, etc.

Con la recuperación económica, a partir de 1985 la industria del automóvil experimentó un *boom* extraordinario. La fuerte demanda interna —y la exterior, que ha hecho de esta rama industrial la primera exportadora del país— más que compensó la creciente cuota de mercado que en España están adquiriendo las marcas foráneas, merced a la liberalización comercial y el desarme aduanero derivados del ingreso de España en la Comunidad Europea desde el 1 de enero de 1986.

Por ello mismo, la industria del automóvil tendrá que sofisticarse cada vez más; tanto en la producción (nuevos materiales, diseño, robotización, técnicas japonesas de trabajo tipo Toyota), como en otros aspectos: comerciales, medioambientales, segmentación del mercado (nuevo utilitario de mínima contaminación, y a ser posible eléctrico, para las grandes concentraciones urbanas supercongestionadas (de fuerte contaminación).

Al igual que en la fabricación de turismos, en la de vehículos industriales existen conexiones con el capital y la técnica extranjera. Cuatro empresas trabajan con patentes exteriores, de firmas que tienen en ellas participación de capital: MEVOSA, filial de la Mercedes y también de Volkswagen, construye furgonetas «Mercedes» tanto en Vitoria como en Madrid. Luego, fueron apareciendo otras firmas: FADISA, ligada a la Alfa-Romeo, después de una vida azarosa vendió su factoría de Ávila a la Motor Ibérica de Barcelona. Esta última fabricó durante mucho tiempo sus camiones

«Ebro» con tecnología de la Ford Motors, más tarde con la Massey Ferguson, y desde 1983 con Nissan.

En 1959 inició su producción en Valladolid la Sociedad de Vehículos Automóviles (SAVA), que fabrica camiones de 1,5 y 2 toneladas; en 1966 la mayor parte de sus acciones fue adquirida por la Empresa Nacional de Autocamiones (ENASA), creada en 1946, y que produce en sus factorías de Barcelona y de Barajas varios tipos de autobuses y de camiones «Pegaso», de 6 a 35 Tm., con gran diversidad.

La capacidad de fabricación de las dos factorías de ENASA llegó a 20.000 unidades por año a dos turnos, lo que la situó en el cuarto lugar de Europa, a pesar de lo cual la empresa, muy mal gestionada e infradimensionada frente a la competencia exterior de Berliet-Saviem (franceses) o del *holding* multinacional IVECO que capitanea la FIAT, quedó en inferioridad de condiciones.

Como en el caso de SEAT, puede decirse que ENASA tampoco resultó un ejemplo de estrategia y de alto nivel empresarial. Consecuencia final de ello —con una crisis en autocamiones análoga a la de automóviles— fue la entrada en ENASA de la firma norteamericana International Harverster con un 35 por 100 del capital y la constitución conjunta (35 por 100 ENASA, 65 por 100 IH) de «Enasa Internacional de Motores» para una nueva fábrica. Sin embargo la crisis de IH en EE.UU. hizo inviable la asociación, y desde 1984 el INI entró en negociaciones con varias empresas, que desembocaron en su venta, en 1990, a IVECO, del Grupo Fiat.

En 1959, y en Madrid y con modelos originales, inició la fabricación de camiones Barreiros-Diesel, que desde varios años antes venía produciendo motores para esta clase de vehículos. En 1968, Barreiros pasó a control absoluto de Chrysler-España, y en 1978 de la SPA-Peugeot-Citroën.

Como vehículos de tipo industrial de características

peculiares y de mercado creciente, hay que citar los
«todo terreno» bajo licencia japonesa Suzuki en Linares y Nissan en Barcelona.

En la fabricación de *motocicletas* la dimensión relativamente grande de las empresas más importantes, la
posible extensión del mercado nacional y los precios y
calidades conseguidos, similares a los de otros países
europeos, hicieron pensar que sus perspectivas eran
realmente buenas. Sin embargo, tras una serie de reajustes, las firmas nacionales —Sanglas, Bultaco, Derbi,
etc.— fueron perdiendo terreno ante la penetración de
las *motos* japonesas de varias firmas (Yamaha, Honda,
etc.) que fabrican en España. La empresa de origen
italiano Moto Vespa ha sabido, por el contrario, mantener, e incluso expandir su mercado de *scooters* y
ciclomotores.

Las fábricas de *tractores* están localizadas en Madrid
(John Deere) y Barcelona (antigua Motor Ibérica, hoy
con modelos de tecnología nipona). Como en el caso
de la industria del automóvil, estas empresas fabrican
con patentes de casas extranjeras (Motor Ibérica, de
Nissan; John Deere, de su matriz norteamericana).
Existe, además, una interesante fabricación de *moto-
cultores* para viñedo y pequeñas explotaciones agrícolas, así como cosechadoras autopropulsadas y otras
máquinas para el sector agrario.

La fabricación de *bicicletas* goza de buena salud,
con los estímulos de Perico Delgado y de Miguel In-
duraín en la *Vuelta,* el *Giro,* y el *Tour.* En 1991 la
española BH, se hizo con el control de la división de
bicicletas de la francesa Peugeot.

3-3. Maquinaria en general

En España la construcción de maquinaria no eléctrica, como en tantos otros casos, se realiza también, en
gran medida, con patentes extranjeras. En general, la

industria de construcción de maquinaria está excesivamente fragmentada; un gran número de empresas de muy pequeña dimensión fabrican cada una varios, y a veces muchos modelos distintos de máquinas, en series muy reducidas e incluso por encargo, una a una. Sin embargo, en determinados sectores de la construcción de maquinaria se ha alcanzado o se está alcanzando una mayor especialización. Esto sucede concretamente con las máquinas de coser, la maquinaria textil y las máquinas de oficina.

La industria de maquinaria textil tiene su asiento en Cataluña y ha llegado a crear algunos modelos de gran interés. Se fabrican toda clase de máquinas de hilatura, telares y máquinas para géneros de punto.

En máquinas de coser existen cuatro empresas importantes (Alfa, Estarta y Ecenarro, con la marca «Sigma»; Rápida, con «Wertheim», y Freire) que fabrican una gran variedad de modelos domésticos y algunos industriales en los que han alcanzado considerable perfección.

En máquinas de oficina existía una empresa con posición dominante en el mercado (Hispano Olivetti), pero el cambio a la electrónica alteró por completo sus horizontes.

La fabricación de maquinaria eléctrica se realiza en España, en su mayor parte, por empresas que tienen participación de capital extranjero (AEG, Siemens, General Eléctrica Española, etc.). Se construyen turbinas hidráulicas, alternadores y prácticamente toda la gama de maquinaria e instalaciones eléctricas para la industria: transformadores, motores, etc.

En España, la fabricación de máquinas-herramientas inició su verdadero desarrollo a partir de 1939, como consecuencia —una vez más— de las grandes dificultades existentes para realizar importaciones de Inglaterra, Alemania, Checoslovaquia, etc. En 1940 una docena de empresas, la mayoría vascongadas, se dedicaban a esta actividad. Actualmente el número de empresas del ramo supera a las 250, localizadas fundamentalmente en Guipúzcoa, Barcelona, Vizcaya, Logroño y Zaragoza.

Las principales empresas españolas de máquinas-herramientas constituyeron en 1963 la Asociación Española de Fabricantes de Máquinas-Herramientas, cuya actividad se ha limitado al enfrentamiento en común de problemas de régimen fiscal, contingentes, aranceles, ferias comerciales y otras análogas, sin que hasta ahora hayan llevado a cabo un verdadero programa de coordinación de la producción, a pesar de ser muchos los tipos similares que fabrican dos o más empresas.

3-4. Otros transformados metálicos

Como no podía por menos de suceder —y este capítulo es un *ritornello* de tal situación— la crisis económica de la primera mitad de los años 70, también llegó al sector de electrodomésticos, con caídas de demanda, cierres, reagrupamientos de empresas, y reestructuración con la ayuda del Estado. Tras el acuerdo Estado/empresas/sindicatos, logrado a principios de 1981, el mercado quedó de hecho repartido entre cinco grupos de empresas: UNELSA (antiguas SEGAD, Balay y Fuyma); Grupo Orbaiceta-Zanussi (luego fuertemente penetrado por Electrolux); el *holding* vasco de Fabrelec (patente Westhinghouse), Sagarduy (Far y Thimsel) y Mays (marca Otsein); por último, la Cooperativa Ulgor (Fagor). Destaquemos, además, que por Decreto aprobado el 26 de septiembre de 1981 se puso en marcha el Plan de Reconversión del Sector Electrodomésticos (línea blanca), por el que se creó el marco legal y financiero para conseguir una especialización por productos, elevando de este modo el índice de competitividad del sector, a fin de prever el ingreso en la Comunidad Europea. Después, los procesos de cierres y reajuste continuaron, hasta el punto de que la sueca Electrolux se ha hecho con casi el 50 por 100 de un mercado ya muy estabilizado (véase cuadro 4-7).

CUADRO 4-7

Adquisición neta de electrodomésticos, en miles de unidades (1)

Productos	1989	1990	1991	1992
Lavadoras.............	1.060	1.126	1.161	1.125
Lavavajillas...........	212	223	225	285
Frigoríficos..........	1.155	1.196	1.232	1.220
Congeladores........	191	214	230	240
Cocinas con horno...	294	294	294	295
Calentadores.........	1.289	1.250	1.210	1.200
Encimeras............	633	709	713	710
Hornos eléctricos....	466	521	525	527
Microondas..........	362	408	521	590

(1) Resultado de producción, más importación, menos exportación.
Fuente: ANFEL.

Entre las principales empresas que actualmente producen *equipos informáticos* en España destacó el grupo integrado por Fujitsu España (Fujitsu/INI), antes SECOINSA, que se fundó en marzo de 1975 y que en 1985 pasó a ser mayoritariamente controlada por Fujitsu con su propio nombre. Con factoría en Málaga, Fujitsu E. se dedica a la fabricación y comercialización de equipos informáticos y de comunicaciones, en general. Por su parte, la empresa norteamericana IBM, con factorías en Fuente del Jarro y Pobla de Vallbona (Valencia) produce sub-conjuntos para equipos informáticos, y dispone de un centro de investigación en Madrid. Además, tienen diversas líneas de computadoras y centrales de comunicación Hispano Olivetti, TECOSA y Standard Eléctrica. En 1984 Telefónica llegó a un acuerdo con la norteamericana ATT para la fabricación en España de componentes electrónicos —en la empresa Microelectrónica, en Madrid/Tres

Cantos—, que también produce Ibelsa (controlada por Ericson). Hay otras fábricas informáticas (Nixdorf-Siemens, CECSA, NCR, Digital, etc.).

El sector ha sido objeto de dos *Planes Electrónicos e Informáticos Nacionales* (PEINs). Pero la continua innovación en el sector, y la implacable competencia internacional, ponen en situación difícil a todos: desde la IBM a la Fujitsu.

De indudable interés es la fabricación de aviones (de entrenamiento para las fuerzas aéreas, así como de transporte del tipo STOL, de despegue corto) que realiza Construcciones Aeronáuticas, S. A. (CASA). Sus máximos productos son el «Aviocar» y el CN 235, de los que se realizan exportaciones a gran número de países, incluso a Estados Unidos. CASA es, además, empresa asociada de las plantas de fabricación del «Aviocar» en Indonesia. Otros de sus productos están relacionados con el avión «Airbus», un desarrollo multinacional europeo, en el que participa la empresa española.

España participa con Alemania, Reino Unido e Italia, en el objetivo común del futuro avión europeo de combate (EFA); un proyecto costosísimo (70.000 millones de pesetas de inversión española hasta 1992; con previsión de llegar a 500.000), y de más que dudosa necesidad y viabilidad, a pesar de haberse redefinido a la baja en julio de 1992.

También tiene cierto interés, sobre todo por su actividad exportadora, la fabricación guipuzcoana de *armas de caza* de Eibar, en donde también se fabrican pistolas de tiro.

La fabricación de *armas para los ejércitos* la realizaron hasta fecha reciente las fábricas del Estado en Toledo, Trubia, Plasencia de las Armas, etc., y en menor grado algunas empresas privadas. Desde 1959 el INI se hizo cargo de la explotación de las fábricas estatales, la totalidad de las cuales fueron integradas en 1960 en la Empresa Nacional Santa Bárbara. Este

sector de la producción se desarrolló ampliamente en
España, al calor de la política de adhesión a la OTAN,
inaugurada por UCD en 1982 y continuada después
por el PSOE, dentro de la tendencia armamentista que
en buena parte encontró sus mercados —al disminuir
la tensión entre las superpotencias— en los cínica-
mente denominados «conflictos de baja intensidad»
del Tercer Mundo. Hoy todo el sector está virtualmente amenazado de crisis y reconversión; y resultan
patéticos —en 1992, año de reajustes económicos para
la convergencia europea—, los llamamientos del Ministerio de Defensa para alcanzar un gasto militar del
2 por 100 del PIB.

4. Las industrias de bienes de consumo

Es interesante destacar algunas características comunes a las industrias productoras de bienes de consumo
no duradero. Buena parte de ellos son artículos de
primera necesidad desde hace muchos decenios e incluso siglos, lo cual explica el que sus industrias manufactureras padezcan en general una serie de problemas provenientes de su propia antigüedad. En todas
estas industrias (alimentaria, textil, piel, papelera, editorial, etcétera) se presentan invariablemente características estructurales muy similares: dimensión reducida de la mayor parte de las empresas y diversificación
excesiva de la producción. Sin embargo, en su conjunto, el progreso y modernización en los últimos años
son indudables.

Industria cinematográfica y artesanía. Por razones
de espacio ese tratamiento *in extenso* resulta imposible
aquí.

Las *industrias alimentarias* tienen una gran importancia por referirse en su totalidad a bienes de consumo de primera necesidad: azúcar, harinas, aceites, conservas, caldos y concentrados, vinos, cerveza, alcohol,

asimilándose a ella la industria de elaboración de tabaco. En todas estas rúbricas industriales, cualquier país se autoabastece en un alto grado. Este es el caso de España, con la particularidad de que en determinadas ramas de las industrias alimentarias (lácteos, conservas y jugos vegetales, aceites de semillas, cafés solubles, preparados infantiles, etc.) hay una notable penetración de capital y técnica del exterior, que se ha visto reforzada de forma extraordinaria a partir del ingreso de España en la Comunidad Europea.

En España, la mayor parte de las *industrias textiles algodoneras* radican en Cataluña (90 por 100 de las hilaturas y poco menos del 80 por 100 de la tejeduría), donde Barcelona es, con mucho, la primera provincia de la región. Sus centros fabriles se hallan alineados a lo largo de los cursos de los ríos Llobregat, Cardoner, Besós y Tordera, y asimismo sobre la faja litoral. Los principales son la propia capital y Manresa.

Fuera de Cataluña se encuentran centros textiles algodoneros y fábricas aisladas en Levante, Baleares, Andalucía y Extremadura. En estas dos últimas regiones las empresas son de instalación reciente y utilizan materia prima de procedencia local. El problema fundamental de la hora presente (1992) en este sector industrial, son las importaciones; facilitadas respecto del Tercer Mundo desde el ingreso en la CE. Y esas facilidades aún serán mayores si un día se firma la *Ronda Uruguay* en el GATT; lo que suprimiría la mayor parte de las barreras proteccionistas residuales.

La *industria textil algodonera* creció al amparo de una fuerte protección arancelaria, que le reservó los mercados de la metrópoli y de ultramar (Cuba, Filipinas y Puerto Rico). La pérdida de las colonias en 1898 supuso para la industria un duro golpe, del que sólo se pudo resarcir exportando a otros países. De este modo, la textil algodonera fue durante muchos años la única industria manufacturera española verdaderamente exportadora. Sin embargo, con ser una industria exportadora, su principal mercado fue siempre el interior. Los mercados extranjeros se han considerado normalmente como secundarios para colocar excedentes. Las mayores exportaciones se produjeron en circunstancias bélicas, que impidieron a otras industrias textiles funcionar normalmente.

Desde 1959, el Ministerio de Industria promovió una serie de planes de modernización, de eficacia sólo relativa; los últimos de ellos, dentro de los planes de reconversión promovidos a partir de 1981, tuvieron un mayor éxito, a lo cual ha contribuido la mejora del diseño, a lo cual no son ajenos los esfuerzos que se realizan para impulsar la moda.

La *industria textil lanera* tiene mayor antigüedad y tradición que ninguna otra del sector textil. Con el aprovisionamiento de materia prima de óptima calidad, (lana merina), la industria lanera floreció en la España medieval en centros como los de Béjar, Medina del Campo, Palencia, Medina de Rioseco, Segovia, Sabadell y Tarrasa. Desde principios del siglo XIX en muchos de esos centros fabriles fue disminuyendo la actividad y la industria tendió a concentrarse en pocos puntos, con predominio absoluto de la región catalana y sobre todo en Barcelona, Sabadell y Tarrasa.

Diseminados por la Península existen otros centros laneros, algunos importantes, como Béjar y Alcoy, y otros menores, restos de actividades en otros tiempos florecientes (Palencia, Logroño, Antequera, Morella, etcétera).

La actividad de la *industria sedera* pura casi desapareció; hoy trabaja casi exclusivamente con fibras sintéticas y artificiales.

Destaquemos, por último otros subsectores (acabado, y géneros de punto, casi al 100 por 100 en Cataluña); y sobre todo la ubicua *industria de la confección* de ropa, que emplea mucho trabajo sumergido en casi toda España.

La *industria del cuero y calzado* abastece prácticamente todas las necesidades del mercado nacional y cuenta con aportación muy notable a la exportación.

Prácticamente, la mitad del potencial de la industria del curtido radica en Cataluña, sobre todo en la provincia de Barcelona, donde Igualada constituye el principal centro del curtido. Valencia, Castellón y La Coruña son las provincias que siguen a Barcelona en orden de importancia.

La *industria del calzado,* asentada fundamentalmente en la región valenciana y en Baleares, padece los efectos de su extraordinaria fragmentación, que se debe esencialmente a dos razones. En primer lugar, su relación capital-producto es de las más bajas de toda la industria. Además, en la industria del calzado no es imprescindible una fuerte capitalización previa para el montaje de nuevas fábricas, pues existe la posibilidad de obtener las máquinas necesarias en arrendamiento, lo cual, si bien a la larga constituye una pesada carga para las empresas, facilita extraordinariamente su entrada en producción.

No obstante, el proceso de modernización de las fábricas, la liberación de importaciones de materias primas y las oportunidades comerciales en el exterior, que fueron bien aprovechadas por los empresarios, hicieron que la exportación experimentase un impulso espectacular en los años 60. Sin embargo, como sucedió antes con los textiles, desde mediados de los años 70, la exportación fue haciéndose difícil, tanto por la crisis —caída del consumo y mayor proteccionismo—, como por el surgimiento de nuevos exportadores con materias primas y mano de obra más económicas (Brasil, México, Argentina, etc.). Por lo demás, la integración comunitaria ha facilitado un crecimiento espectacular de las importaciones de calzado de lujo y deportivo.

En España la introducción de la técnica moderna en la *industria pastera y papelera* se hizo esperar. Sólo en

1841 se instaló en Burgos la primera fábrica nacional de papel por el sistema continuo, cuarente años después de haberse iniciado esta técnica en Francia. Hasta la introducción de la máquina continua el papel se fabricaba en multitud de pequeños molinos papeleros, que se distribuían a lo largo de los principales ríos peninsulares. Con la máquina continua y sin recursos forestales de importancia, la industria papelera, por la dependencia de las importaciones de pasta escandinava, se concentró en Guipúzcoa y Vizcaya y, más adelante, también en otras provincias costeras, especialmente en Barcelona.

La fabricación de pasta de papel en España antes de 1936 era de muy escasa importancia. Sólo una fábrica (la de La Papelera Española, en Rentería) producía pasta a partir de la madera del *pinus insignis*. La industria papelera se aprovisionaba, pues, casi enteramente de pastas extranjeras. La restricción de las importaciones que siguió a la Guerra Civil hizo surgir una industria pastera, que aprovecha materias primas nacionales, tales como madera, recortes de papel viejo, paja de cereales, esparto, cordelería y trapos.

En 1992 había en España en torno a 150 establecimientos industriales de producción de pastas papeleras, papel y cartón, sin que la estadística permita diferenciar las fábricas que reúnen todo el ciclo o que sólo producen pasta, papel o cartón. En todo caso, la cifra de 150 fábricas con casi 15.000 obreros en la industria, muestra la fuerte atomización de este sector, y la necesidad de concentración de la producción en un número de fábricas no superior a una veintena, pues con una estructura técnica como la presente, la industria pepelera española, considerada globalmente, no es competitiva; de hecho, es evidente que un gran número de empresas sólo pudieron subsistir merced a una fuerte protección; que tras el ingreso en la CE en 1986 dejó, gradualmente, de existir, y aunque las empresas se han modernizado, las importaciones han ido en alza; con grave peligro de crisis para las mejores y más tradicionales sociedades, como «La Papelera Española»; o incluso para el en apariencia omnipotente Grupo Torras —controlado por los kuwaitíes de KIO—, que en 1992 también presentó síntomas preocupantes.

De fabricación de pasta, la empresa más importante es ENCESA, Empresa Nacional de Celulosas, una de las industrias más contaminantes de España en sus fábricas de Pontevedra y Huelva.

Los costes de producción y de distribución de la *industria editorial* española son altos, por causas que residen en la propia industria y por la escasa amplitud del mercado. Lo reducido de las tiradas es otro factor que influye fuertemente en el precio del libro, lo que, a su vez, es una de las causas de que el mercado sea tan reducido. Podría pensarse que estamos ante un círculo vicioso: el mercado es corto porque los precios de los libros resultan demasiado altos, y éstos son tan elevados porque el mercado es reducido y las tiradas son excesivamente breves.

Pero, en realidad, la razón final de la capacidad adquisitiva media por habitante se debe al bajo nivel educacional del país. Si el presupuesto de Educación es bajo, si persiste el analfabetismo real en extensas zonas, si las bibliotecas son escasas y están mal organizadas, nada de extraño tiene que los compradores de libros sean poco numerosos. Por otra parte, la competencia de la prensa diaria y de los espectáculos deportivos, la radio, la televisión, el vídeo, el automóvil significan también una merma muy fuerte del número de lectores.

Los fenómenos analizados explican por qué el mercado interior es mucho más reducido de lo que inicialmente podría pensarse y porqué no permite realizar a la industria editorial tiradas más fuertes. La industria editorial necesita ampliar su mercado, y como las causas de lo menguado del mercado interior son demasiado profundas para que ella pueda influir de modo sustancial en su ampliación, tiene que colocar una parte importante de su producción en los mercados exteriores.

Nuestra industria editorial es exportadora desde principios del siglo XVI, en que hicieron a América los primeros envíos de libros. El mercado iberoamericano es del máximo interés para España, puesto que la identidad de la lengua representa una ventaja fundamental frente a los editores de países de habla no española. La base demográfica de ese mercado es ya muy considerable, si bien hay que hacer sobre la capacidad de absorción de esa población consideraciones análogas a las hechas para el mercado español. Aparte de que la elevación de los costes españoles, la dureza de la peseta —y los lógicos afanes de la América hispanohablante— hacen cada vez más difícil la exportación.

El número de editores españoles asciende a medio millar, que se reparten casi totalmente entre Barcelona y Madrid. Ambas capitales suman más de un 80 por 100 del total de editores, y por el número de obras editadas su importancia es igualmente elevada. Las editoriales, en general, son empresas de poca envergadura y casi siempre de origen familiar. Por su importancia, tanto en el mercado nacional como en la exportación, destacan Planeta, Salvat, Plaza y Janés, Bruguera, Espasa-Calpe y Alianza Editorial, con filiales en los países americanos de habla española. En libros escolares destacan Anaya y Santillana. La distribución hasta el lector la realizan unos 1.300 libreros de nuevo y 500 de libros de ocasión.

5. La industria de la construcción y la política de vivienda

La industria de la construcción abarca desde la materialización de proyectos hidráulicos hasta la edificación de viviendas. Su valor añadido representa en torno al 15 por 100 del Producto industrial y alrededor del 5 por 100 del Producto Interior Bruto.

Pero la significación de la industria de la construcción es todavía mayor por su extraordinaria significación económica como demandante de materiales y de fuerza de trabajo (en torno al 10 por 100 de la población activa).

El número de empresas dedicadas a la construcción en España se cifra en varios miles, lo que por sí solo da una idea de la escasa entidad económica de muchas de ellas. Con una atomización tan extremada no es extraño que la mayoría sean poco eficientes. Su escasez de medios financieros les impide mecanizarse en muchos casos, por lo cual se ven forzadas a emplear un gran volumen de mano de obra, en su parte más importante no calificada. Claro que las primeras empresas (Agromán, Huarte, Dragados y Construcciones, Entrecanales y Távora, Hasa, Ocisa, Ferrovial, Cubiertas y Tejados, y las demás integradas en SEOPAN) se encuentran a un alto nivel de capitalización y tecnificación.

Los problemas de financiación son vitales para las empresas constructoras, sobre todo en aquellas obras cuya realización requiere un gran volumen de capital. Por esta razón, el Estado acude en apoyo de los promotores o de los compradores, facilitándoles créditos a largo plazo y a un interés razonable, imposible de obtener de la Banca privada. Para la edificación de viviendas, el crédito estatal se facilita a través del Banco Hipotecario.

Fue poco después de la terminación de la Guerra Civil cuando el problema de la vivienda comenzó a presentarse en España de forma aguda, debido a un conjunto de causas: el crecimiento de la población, la falta de construcción durante los años de la contienda, las numerosas destrucciones sufridas a consecuencia de ésta y, sobre todo, la escasísima actividad constructora en los primeros años de la posguerra. Esto último, tanto por la insuficiencia de materiales como por el freno que para la construcción comportó, en un período de intensificación del proceso inflacionista, la congelación de inquilinatos. El éxodo del campo a la ciudad agravó especialmente el problema en las zonas de desarrollo industrial, tales como la cuenca minera de Asturias y la provincia de Vizcaya, y sobre todo en los núcleos de Madrid y Barcelona.

Frente a esta problemática situación, de mayor gravedad cada día, pero no exactamente conocida por falta de datos estadísticos, el Estado trató de fomentar la construcción de viviendas mediante la concesión de auxilios directos o indirectos, ofrecidos en una abundante legislación de viviendas «protegidas» y «bonificables», con ayudas realizadas a través del Instituto Nacional de la Vivienda (INV), creado por ley de 19 de abril de 1939.

La experiencia de la política de viviendas protegidas y bonificables, y el conocimiento más exacto del problema que hizo posible el Censo de Población y Vivienda de 1950 (que mostró la existencia de un déficit de más de un millón de viviendas), permitieron al Estado iniciar una nueva fase, en al que trataron de evitarse los inconvenientes surgidos en la anterior. Por Decreto de 1 de julio de 1955 se aprobó el Plan Nacional de la Vivienda para construir, en un período de cinco años, un total de 550.000 viviendas, a un ritmo anual de 110.000. El Plan se cumplió aproximadamente en un 77 por 100 de sus objetivos de partida.

Vendría después el *Plan 1960-1976,* que se integró en la planificación indicativa, y que marcó una fuerte expresión cuantitativa (véase cuadro 4-8), pero con no pocos problemas de calidad.

Con ocasión de los Pactos de la Moncloa se adaptaron diversos acuerdos sobre política de vivienda que después se desarrollaron con más bien escasa fortuna, por una mezcla de negligencias, indecisiones y, sobre todo, por la política monetarista. Todo ello hizo que a principios de 1980 el declive de la construcción hubiese llegado a niveles muy bajos. Fue así como se

CUADRO 4-8 *Viviendas construidas en España*

Años	Viviendas protegidas (miles)				Viviendas libres (miles)		Total (miles)	
	Promoción privada		Promoción publica					
	Iniciadas	Terminadas	Iniciadas	Terminadas	Iniciadas	Terminadas	Iniciadas	Terminadas
1970	168,8	174,7	12,3	10,6	163,8	122,8	344,9	308,0
1971	183,6	164,9	25,2	25,8	162,3	128,2	371,1	318,9
1972	168,8	163,9	12,1	26,5	175,4	145,9	356,3	336,3
1973	203,4	156,1	22,4	21,2	184,6	171,2	410,4	348,5
1974	187,5	160,8	4,5	14,9	188,4	182,7	380,4	358,4
1975	167,7	178,7	28,6	17,7	163,3	177,9	359,6	374,3
1976	173,4	150,6	33,9	11,6	122,8	157,5	330,1	319,7
1977	140,0	148,3	4,8	156,9	166,8	160,2	311,6	324,4
1978	135,9	135,2	8,5	21,6	170,1	162,1	314,5	318,9
1979	107,7	120,0	18,9	17,3	129,3	123,5	255,9	260,8
1980	104,9	116,8	26,6	9,3	118,7	136,8	250,2	262,9
1981	116,9	108,7	30,6	10,2	103,0	115,9	250,5	234,8
1982	115,7	119,3	19,4	19,8	91,0	103,7	226,1	242,8
1983	109,0	111,2	29,2	27,5	91,8	91,7	230,0	230,4
1984	106,3	119,7	14,0	14,4	80,2	68,0	200,5	202,0
1985	113,2	112,7	28,6	15,9	80,5	62,8	222,3	191,4
1986	109,3	106,0	13,2	16,2	92,2	73,0	214,7	195,2
1987	91,3	102,7	9,7	13,5	151,3	86,4	251,8	202,6
1988	65,3	93,6	11,3	17,3	194,1	128,5	269,1	239,5
1989	43,2	71,3	12,9	12,4	228,8	152,8	272,0	224,1
1990	33,1	50,8	7,7	9,6	190,8	220,3	223,9	271,1
1991	35,5	38,3	12,2	7,9	160,6	227,2	203,8	210,5
1992	37,7	35,5	9,3	9,3	160,6	180,6	274,4	225,4

Fuente: MOPT y BHE.

originó, en marzo de ese año, el RDL 4/1980, «de agilización de la gestión urbanística».

Con ese Real Decreto se creó el «Instituto para la Promoción Pública de la Vivienda» (IPPV) para sustituir gradualmente al INV, y la «Sociedad Estatal de Promoción y Equipamiento del Suelo» (SEPES), para suplir también en un cierto tiempo al INUR. Esos dos «nuevos» entes habrían de convertirse en promotores de viviendas de protección oficial (el IPPV), y de suelo en condiciones muy ventajosas (la SEPES) para los promotores privados, patronatos municipales, cooperativas, etc.

Pero a pesar del renovador RDL 4/1980, con todo, la frondosa y confusa legislación anterior sobre créditos a la vivienda, quedaba inevitablemente coja. Fue por esa grave circunstancia por la que el Gobierno —a pesar de su aversión a cualquier clase de planificación— hubo de plantear, en noviembre de 1980, un «Plan Trienal 1981-1983» para un total de 571.000 viviendas, con una financiación de 1,22 billones de pesetas.

La mayor novedad del Plan fue el convenio establecido con las entidades financieras, para lograr su concurso a base de créditos al comprador. Aun así, el problema siguió siendo la carestía de la vivienda, pues con esas condiciones, una familia trabajadora tenía que dedicar al pago de su nueva propiedad (de 90 m² útiles) en torno al 30 por 100 de sus ingresos. El subsiguiente «Plan Cuatrienal» (1984-1987), apenas cambió nada.

A partir de 1988, las Comunidades Autónomas tomaron mayor protagonismo, tanto en la gestión como en la financiación de la política de vivienda social, al vincularse la concesión de ayudas financieras del Estado a la aportación de subvenciones con cargo a los presupuestos de las propias CC.AA.

Por el Real Decreto 224/1989, de 3 de marzo, se desarrolló nueva normativa sobre Viviendas de Protección Oficial (VPO), con la restricción del acceso a la financiación privilegiada a los beneficiarios con ingresos no superiores a cinco veces el Salario Mínimo Interprofesional (SMI).

Después, en 1990 y 1991, las «aguas» del urbanismo se agitaron de forma extremada, debido a los efectos de encarecimiento del *boom* inmobiliario 1984-1989, que llevó a la vivienda a precios muy altos en algunas grandes ciudades (sobre todo Madrid, Barcelona y Sevilla). Pero no sólo fue el *boom*. La causa también estuvo en la lentitud en la creación oficial del suelo, y en la escasa dedicación pública a la promoción de VPOs.

En materia de urbanismo, lo más importante que se derivó de las referidas inquietudes del 90, fue la Ley 8/1990, de 25 de julio, sobre «reforma del régimen urbanístico y valoraciones del suelo», que modificó sensiblemente la «Ley sobre Régimen del Suelo y Ordenación Urbana» de 1976 (texto refundido R. D. 1346/1976, de 9 de abril, todavía vigente en gran parte).

La nueva Ley 8/1990, confirmó, detalló y reguló las distintas categorías de suelo:

— *Suelo no urbanizable,* por razones de especial protección, rústico-forestal, o por espacios naturales.

— *Suelo urbano.* El ya consolidado en los núcleos urbanos, bien construido, o en régimen de solares (que deben inscribirse en el correspondiente registro, con obligaciones concretas de plazos para su edificación). Sobre él puede operarse mediante simples licencias de edificación, o con arreglo a los planes especiales de reforma interior (PERIs).

— *Suelo urbanizable.* Es el edificable en condiciones concretas:

a)   El programado, dentro de los cuatro primeros años de un *plan general de ordenación urbana* (PGOU), conforme al propio PGOU, o con arreglo a un *Plan parcial* (PP).

b)   El no programado, para el segundo período de cuatro años del PGOU; se hace urbanizable conforme a un PP o a un programa de acción urbanística (PAU).

De cara al inmediato futuro, está, además, el eterno problema de los *arrendamientos urbanos*. El Real Decreto-Ley *Boyer* de 1985, de liberalización, fue atacada por tirios y troyanos, y el Gobierno anunció su posible reforma, para introducir un plazo mínimo de arrendamiento de tres años.

Señalemos, por último, que en la polémica del 90/91 sobre urbanismo y vivienda, adquirió un gran protagonismo el tema del *Catastro de la Propiedad Inmoviliaria* (urbana). El propósito del Gobierno, fue el guiado por criterios recaudacionistas, para así disminuir su aporte efectivo a los ayuntamientos, elevando las bases imponibles hasta triplicarlas en algunos casos, sin bajar los tipos impositivos. Resultado de ello fue que el proyecto recibió tan fuerte crítica pública, que hubo de retirarse.

La última novedad en el sector, fue el propósito del Estado —RD 1932/91— de construir 460.000 viviendas de protección oficial (VPOs). En sólo cuatro años, con créditos subvencionados, para los receptores de rentas entre 2,5 y 5 veces el SMI, y según la renta concreta del beneficiario. Pero con los módulos de construcción previstos, muy bajos, los costes, muy altos, y la burocracia —impotente de *crear suelo urbanizable*—, el designio puede verse incumplido. Aparte de que en una fase de recesión, la gente se piensa muy mucho la adquisición de la vivienda; por muy barata que teóricamente se le ofrezca.

Capítulo 5

La protección del sistema productivo

1. Introducción

El sistema productivo, que hemos estudiado a lo largo de los capítulos 3 y 4, está protegido, fundamentalmente frente al exterior, a través de una serie de mecanismos institucionales que analizamos a continuación. De ellos, los más importantes son el Arancel de Aduanas, el tipo de cambio de la peseta y el régimen de comercio.

El examen con algún detenimiento de cómo han evolucionado en España esos aspectos de la protección del sistema es una cuestión crucial, pues han contribuido a moldear el espíritu y la mentalidad de los empresarios, y a posibilitar —o a frenar, diría un librecambista— el desarrollo económico nacional en una determinada dirección y con una serie de rasgos propios.

En definitiva, la protección del sistema productivo frente al exterior bien puede ser calificada de pieza básica del marco institucional de una economía (cuyos otros elementos estudiamos en los capítulos 13 a 17), y desde luego, como tendremos ocasión de comprobar, es uno de los temas económicos con mayor carga polémica; incluso ahora —desde 1986—, cuando España ya no es autónoma en esta cuestión, en la que se halla, enteramente, dentro de la disciplina de la CE.

Entramos, pues, primeramente en el estudio de cómo se ha llegado al actual Arancel de Aduanas y cuál es su significado.

2.   El Arancel de Aduanas

La cuestión arancelaria —con el sentido que hoy se da a esta expresión— no se planteó en España sino con el primer impacto de la revolución industrial. No se trataba ya de defender la restricción de las importaciones para hacer que nuevamente floreciesen fábricas como las de Segovia, Burgos, Medina, etc., que, por otra parte, durante la Guerra de la Independencia se habían arruinado casi definitivamente; lo que se pedía era protección para industrias nacionales en su configuración moderna: primero, la industria textil de Cataluña, y ulteriormente, la siderurgia vasca y el carbón asturiano. Los trigos castellanos también se vieron envueltos en la polémica al resultar amenazados por el abaratamiento que en el cereal americano supuso la mejora del transporte.

La polémica librecambio-proteccionismo se desarrolló a lo largo de medio siglo, con cuatro fases claramente diferenciables: 1.ª, hasta 1841, de signo proteccionista; 2.ª, transición al librecambismo: los aranceles de 1841 y 1849; 3.ª, el «Arancel Figuerola» de 1869 o la proclamación del librecambismo y las incidencias que hasta 1891 le fueron restando su inicial fuerza librecambista; y 4.ª, el triunfo definitivo del proteccionismo en 1891 y su ulterior consolidación.

No vamos a entrar aquí en el estudio de los numerosos y complejos episodios que se sucedieron en ese amplio período. Nos fijaremos solamente en los factores que en su fase final llevaron al triunfo del proteccionismo.

2-1. El triunfo del proteccionismo

Tras los entusiasmos librecambistas que comportó la Revolución de 1868, que se tradujeron en el «Arancel Figuerola» en 1869, hacia 1880 los proteccionistas empezaron a vislumbrar los primeros frutos de su apoyo a la restauración de los Borbones. La ley de 6 de julio de 1882 y el Arancel de 1886, confeccionado conforme a ella, fueron los últimos aleteos del librecambismo, cuyos seguidores iban disminuyendo día a día.

Los obreros industriales y del campo abandonaron el ingenuo librecambismo del pan y tejidos baratos y buscaron la solución a sus problemas en sus propias organizaciones internacionalistas (socialistas y anarquistas). Los intelectuales, aun sin afiliarse a aquellas tendencias, en su mayoría también estaban ya de vuelta del librecambismo al comenzar la década de 1880. Por otra parte, la postura de los textiles catalanes, dirigidos bajo la bandera del proteccionismo por Bosch y Labrús desde el Fomento de la Producción Nacional, se vio reforzada con los intereses de la minería asturiana del carbón, representados por Adaro, y de la siderurgia vasca, con Chávarri y Zaracondegui al frente.

La petición de una política proteccionista era insistente y provenía ya de varios sectores a la vez, por lo cual en 1889, siendo Cánovas del Castillo presidente del Gobierno, se nombró una Comisión para que informase sobre la conveniencia de una revisión de toda la política arancelaria.

En el informe que elevó al Gobierno en noviembre de 1890, la Comisión recomendó la derogación de la legislación arancelaria entonces vigente, la denuncia de los tratados de comercio con compromisos arancelarios especiales y que contuvieran la cláusula de nación más favorecida y la reserva de todo el tráfico de cabotaje al pabellón nacional. También en 1890 publicó Cánovas su célebre trabajo, *De cómo he venido yo a ser doctrinalmente proteccionista,* a consecuencia del cual el proteccionismo fue inscrito como uno de los dogmas del partido conservador.

La consecuencia del informe de la Comisión y del ambiente creado por los proteccionistas y los conservadores fue el Real Decreto de 24 de diciembre de 1890, que suspendió definitivamente la aplicación de la base 5.ª del «Arancel Figuerola», que preveía una reducción paulatina y sistemática de todos los derechos arancelarios. Un año después, el Decreto de 31 de diciembre de 1891 aprobaba un nuevo arancel, de signo marcadamente proteccionista, en el que quedaron suprimidas las franquicias y se elevaron todos los derechos, hasta el punto de que por la fuerte elevación de precios que provocó en algunos artículos fue denominado «Arancel del Hambre».

Haciendo referencia a la influencia de los grandes grupos económicos en la confección del arancel, había de decir años más tarde el acérrimo librecambista y demócrata Gabriel Rodríguez que al lado de cada partida, podían ponerse el nombre y apellidos de una personalidad conocida.

Después de 1891 aún hubo algunos intentos liberales de hacer el arancel más librecambista, pero frente a ellos reaccionaron con rapidez y habilidad catalanes y vascos, principalmente estos últimos, que en 1894 habían constituido la Liga Vizcaína de Productores. El desastre colonial de 1898, que hizo replegarse a nuestra economía sobre el viejo solar peninsular, remachó aún más la protección arancelaria, que pasó a ser solicitada casi unánimemente. Así, en 1904, la Junta de Aranceles, que había abierto información pública sobre el régimen entonces vigente, resumía el resultado obtenido con las siguientes palabras: «La posición dominante en el país es resueltamente proteccionista. La evolución universal contra la doctrina del librecambio ha cristalizado en España...»

La Ley de Bases Arancelarias de 1906 cerró definitivamente la polémica librecambio-proteccionismo, que había durado casi un siglo. Con la publicación del nuevo arancel de ese mismo año y con la Ley de Protección a la Industria Nacional de 1907, la economía española quedó al abrigo de una protección integral.

2-2. La política arancelaria desde 1906 a 1960

La Ley de Bases de 1906, vigente hasta 1960, disponía la revisión quinquenal del arancel. La primera revisión tuvo lugar en 1911, y de ella resultaron unos derechos algo más bajos que los del arancel de 1906. La revisión correspondiente a 1916 no llegó a realizarse, pues como consecuencia de la Primera Guerra Mundial las circunstancias de nuestro comercio exterior resultaban totalmente anormales y no permitían retocar los derechos aduaneros con un mínimo de seguridad de obrar racionalmente.

Durante los cuatro años que duró la guerra, y a causa de las dificultades de suministro se decretó la supresión de derechos sobre la importación de productos agrícolas. Al mismo tiempo se operó un movimiento importante de sustitución de importaciones por la industria nacional, que originó una amplia expansión de la producción industrial. Al finalizar la contienda, las actividades que mayor auge habían experimentado exigían una adecuada protección frente a la renovada competencia de los productos exteriores. El resultado final de esas exigencias fue la revisión de los derechos aduaneros el 26 de noviembre de 1920, el Arancel Provisional de 17 de mayo de 1921 y, por fin, la publicación del llamado «Arancel Cambó», que en

algunos casos elevó los derechos hasta el equivalente
a un 10 por 100 *ad valorem*. Este arancel fue el que
básicamente estuvo vigente hasta junio de 1960.

El intenso desarrollo económico del país durante la
Dictadura se hizo posible en buena medida merced al
reforzamiento de la ya considerable protección otorgada por el arancel de 1922, a la cual vinieron a sumarse
las elevaciones parciales introducidas en 1926, 1927 y
1928, después de las cuales, como puso de relieve la
Sociedad de Naciones en un estudio en el que trató
de precisar el nivel de protección existente en diferentes países, el arancel español pasó a estar a la cabeza
de los más proteccionistas del mundo.

El control de cambios de nuestra valuta, iniciado
moderadamente al final de la década de 1920, alcanzó
caracteres más severos a partir de 1931, y el enérgico
instrumento del contingente de importación apareció
decididamente en la política comercial española desde
1933. Al control de cambios y a los contingentes nos
referimos con detalle más adelante; baste destacar aquí
que ambos mecanismos representaron una política
proteccionista a ultranza que hizo innecesario cualquier retoque del arancel. Esta situación de proteccionismo, progresivamente acentuado por el absoluto bilateralismo en que llegó a moverse nuestro comercio
exterior, se mantuvo de hecho hasta 1957.

Mientras tanto, en el mundo habían surgido el
GATT (1947) y la OECE (1948), donde se laboraba
por una política de liberación de las restricciones
cuantitativas, dentro de cuyo contexto el arancel reco-
bra todo su valor. Sólo cuando nuestro comercio pareció que iba a tomar nuevos rumbos y entrar en un
régimen de multilateralidad y liberalización se hizo
sentir la necesidad de volver a pensar en el arancel
como instrumento de la política comercial. Por Decreto de 24 de junio de 1957 se creó la Junta para la
Revisión del Arancel, cuyas comisiones trabajaron durante casi tres años para confeccionar el nuevo texto

arancelario, cuya publicación por el Gobierno autorizó la Ley de Bases de 31 de abril de 1960, en el contexto del Plan de Estabilización (capítulo 16).

2-3. El arancel de 1960

Desde el punto de vista de la técnica arancelaria, el arancel de 1960 recogió dos innovaciones de interés respecto a la nomenclatura y a las tarifas. La primera de ellas, la adopción de la nomenclatura unificada de Bruselas, permitió una gran simplificación de las formalidades inherentes al intercambio internacional de mercancías y constituyó una sólida base uniforme para las negociaciones internacionales, las convenciones aduaneras y las comparaciones internacionales.

La segunda innovación de 1960 consistió en que el arancel sólo contaba con una columna de derechos, en contra de lo que sucedía con el arancel de 1922, que tenía dos (la general y la que podía aplicarse a los países con los que España no tenía suscritos tratados de comercio). La poca utilidad que en el anterior arancel proporcionó la segunda columna pudo obtenerse en el nuevo con la posibilidad de establecer derechos suplementarios —de hasta un 100 por 100 de los normales— a las mercancías procedentes de los países con los que España no tuviese en vigor convenios comerciales; de hecho, esta segunda columna «teórica» no llegó a aplicarse nunca.

La inmensa mayoría de los derechos del arancel de 1960 eran *ad valorem* (sobre el valor declarado en la Aduana), si bien también existían algunos específicos y mixtos, eclecticismo que permitió evitar los inconvenientes que en algunos casos habría representado la adopción rígida de uno de los sistemas básicos.

Que el nuevo arancel fuera proteccionista a nadie pudo extrañarle. No se podía jugar al librecambismo como un tanto ingenuamente lo hicieron nuestros liberales del siglo pasado, retrasando con ello el desarrollo económico de España. Ahora bien: también hay que destacar que con el arancel de 1960 se llegó a un proteccionismo excesivo en algunas partidas, a fuertes crestas arancelarias.

La definitiva accesión de España al GATT, en agosto de 1963, marcó un hito fundamental en la historia de nuestra política arancelaria; los derechos consolidados a favor de las partes contratantes del Acuerdo General no pueden ser modificados al alza, sino a cambio de una compensación equivalente. Análogamente a lo que sucedió con nuestro comercio (liberalización, cupos y contingentes) al ingresar en la OECE y al ingresar en el FMI con nuestra moneda (paridad, etc.), el acceso de nuestro país al GATT supuso la aceptación de una disciplina internacional en el terreno arancelario.

Desde el punto de vista aduanero, el territorio español pasó a ser una zona de libre cambio compuesta por tres distintos territorios aduaneros:

1. La Península y las islas Baleares, donde se aplicaba el Arancel General de Aduanas que protege fuertemente la producción de 48 provincias.

2. Las islas Canarias, que gozaba de lo que se conocía con el equívoco nombre de régimen de «puertos francos». En realidad, las islas constituían un territorio prácticamente exento, pues los productos importados —salvo algunas excepciones— sólo pagaban un 5 por 100 *ad valorem,* los derechos de cabildos, que sirvían de base financiera para la Administración insular y municipal de Canarias. Desde 1991, tras el oportuno reajuste legal, Canarias se integró plenamente en el mercado comunitario.

3. Las ciudades de Ceuta y Melilla, que disfrutan de un régimen de puertos francos análogo al que tuvieron las islas Canarias.

Ni Ceuta ni Melilla forman parte de la Unión Aduanera de la CE —como tampoco están integrados en su sistema IVA y en la política agrícola común

(PAC)—,manteniendo, pues, un régimen especial de relaciones con el resto de la Comunidad (con numerosas restricciones), y el suyo propio frente a terceros países.

2-4. El arancel y la CE

En la figura 26, y a modo de síntesis, presentamos un ejemplo del Arancel Aduanero Común. Concretamente, hemos elegido el fragmento de una de las partidas más significativas para la importación: vehículos automóviles.

En la cabecera del cuadro hemos registro primero el número de la partida según la clasificación decimal de cuatro dígitos; el primer par para el capítulo, y el segundo para la partida específica. Lógicamente cada una de las partidas, en este caso la 87.03, es objeto de desglose, para recoger las subdivisiones que a efectos del comercio exterior pueda tener el producto o gama de productos de que se trate. Precisamente, ese desglose de la *Nomenclatura Común para la Clasificación Aduanera (NCCA)* aparece en la primera columna donde se diferencia, en el fragmento que estudiamos, entre autocares y autobuses y vehículos de turismo.

Las siguientes ocho columnas numéricas de la figura, expresan el diferente tratamiento que se da a los vehículos importados según su lugar de procedencia, en términos de porcentaje *ad valorem*. Seguidamente, detallamos el significado de cada una de esas ocho columnas:

1) *Terceros países.* Se trata de la columna que antiguamente se denominaba, en el Arancel español, de *derechos normales;* es decir, de los que se aplicaban a la generalidad de los países. Actualmente, estos derechos gravan las importaciones de todo el mundo, salvo las excepciones —muy importantes— de siete columnas siguientes. Recogen, pues, los derechos

consolidados o no, pero declarados en el GATT a efectos generales.

2) *AELC.* Es el trato que se da a los seis países de la Asociación Europea de Libre Comercio (Islandia, Noruega, Suecia, Finlandia, Austria y Suiza); como se ve, son derechos cero como para los Estados de la Comunidad Europea entre sí.

3) *Este.* Son los derechos que se aplican a las Repúblicas Checa y Eslovaca, Hungría, Polonia y Rumanía (tratados de asociación).

4) Son estos los *países del Mediterráneo,* con los cuales la Comunidad Europea tiene firmados tratados especiales de asociación o de cooperación.

5) *ACP.* Son los países de África, del Caribe y del Pacífico (ACP), a través de su relación asociativa con la Comunidad vía Convención de Lomé.

6 y 7) *SPG$_1$* y *SPG$_2$.* Es el régimen especial que rige para los Países en Vías de Desarrollo (PVD), beneficiarios del Sistema de las Preferencias Generalizadas (SPG). Al igual que en el caso de los ACP, puede comprobarse que ha de aplicárseles por parte de España, en la partida concreta que estamos examinando, el mismo trato que a los socios de la Comunidad Europea.

8) *IVA.* Son los tipos impositivos del Impuesto sobre el Valor Añadido, que se aplican como gravamen en frontera, para equiparar fiscalmente los productos del exterior con la imposición que pesa sobre el propio consumo de lo producido en España. El IVA sirve también para desgravar los productos españoles que se destinan a la exportación exterior.

El 1 de enero de 1988 entró en vigor en los 12 países de la Comunidad Europea, y por consiguiente también en España, el TARIC, que equivale a «Tarifa Aduanera Integrada Comunitaria». El TARIC (de donde hemos extraído el ejemplo de la partida 87.03), incorporó al anterior Arancel Aduanero Común (AAC) o Tarifa Exterior Común (TEC) la información relativa al régimen comercial y a otras medidas comerciales aplicables a las operaciones de los Estados miembros: derechos arancelarios diferenciales por países y por productos, sistema generalizado de preferencias a favor de los países ACP ligados a la CE por la Convención de Lomé y otras áreas del Tercer Mundo, columna de derechos a los países de la EFTA, restricciones cuantitativas, cláusulas de salvaguardia, derechos antidumping, montantes compensatorios monetarios y de adhesión, etc.

La nomenclatura del TARIC se basa en la nomenclatura combinada de la CE, pero agregando dos dígitos para facilitar la apertura de subpartidas, a fin de registrar en ellas las medidas comerciales o los diversos regímenes aplicables ya aludidos. Excepcionalmente, la nomenclatura TARIC puede ampliarse en cuatro dígitos más, para así informar sobre las reglamentaciones comunitarias no codificadas.

3. El cambio exterior de la peseta

Si con el arancel se protege la producción nacional directamente, por medio de gravámenes a la importación, el tipo de cambio que se practique para las operaciones de comercio exterior es igualmente decisivo para la defensa del sistema económico. Se trata, pues, de hacer posible un tipo de cambio razonable (que proteja, pero no demasiado); y estable, esto es, que no fluctúe modificando continuamente el grado de protección del sistema productivo y alternando con ello las previsiones de los empresarios. En las líneas que siguen nos ocupamos precisamente de examinar este aspecto del proteccionismo en el desarrollo histórico de nuestra economía.

Tras la creación de la peseta en 1868, la formación de su tipo de cambio hizo crisis en el período 1890-1898. La financiación de las guerras coloniales originó un gran aumento en la circulación fiduciaria y el fuerte incremento subsiguiente de los precios, lo cual provocó una aguda depreciación de la peseta; no es extraño, pues, que a partir de 1899 los sucesivos gobiernos comenzaran a preocuparse de estabilizar su cambio.

Sin embargo, esa preocupación no se tradujo en controles de cambio hasta 1930. En los primeros tres decenios del siglo los sucesivos gobiernos se limitaron a tratar de sostener la cotización de la peseta por medios muy diversos, pero en ningún momento se limitó la facultad de los particulares de comprar y vender divisas en el mercado libre. No es extraño, pues, que siendo la peseta una moneda fiduciaria, su cotización fluctuase grandemente en función de las situaciones de balanza de pagos y de las operaciones especulativas.

Fue en la segunda mitad de la década de 1920 cuando empezó a vislumbrarse la necesidad de una intervención efectiva e instrumentada. En 1925, con la pacificación de Marruecos, el cambio tendió a estabilizarse, y en 1926 experimentó una cierta mejora como consecuencia de la buena coyuntura de las exportaciones; la cotización de la libra pasó de 33,6 a 32,8 pesetas. Ante las perspectivas de que la mejoría siguiese, los bancos y especuladores extranjeros realizaron compras considerables de pesetas con fines puramente especulativos, con lo cual la moneda hispana ascendió vigorosamente, hasta situarse la libra a 26,80 pesetas.

Esa situación ventajosa del cambio de la peseta terminó en 1928. En la primavera de ese año, los especuladores extranjeros, ya fuera porque empezasen a perder las esperanzas de revalorización de nuestro signo monetario, ya porque se iniciara en los Estados Unidos la tensión monetaria y los Bancos cancelaran los créditos con los que se habían financiado las compras de pesetas, empezaron a desprenderse de ellas.

Esa repatriación de los depósitos extranjeros dio lugar a un fenómeno inverso al que se había producido antes. Se produjo una gran oferta de pesetas y la correspondiente demanda de moneda extranjera, lo que ocasionó un descenso considerable de nuestra valuta. Ante esta situación, el Gobierno dispuso, en junio de 1928, la creación del *Comité Interventor de los Cambios,* órgano integrado por representantes del Estado y del Banco de España y presidido por el ministro de Hacienda, José Calvo Sotelo.

Al Comité se le otorgaron amplias facultades para operar como le pareciera más conveniente en el mercado cambiario; para lo cual dispuso de un fondo de 500 millones de pesetas-oro destinado a adquirir divisas con las que hacer frente a la oferta de pesetas, a fin de sostener su cotización. La creación del Comité tenía como finalidad básica estabilizar el tipo de cambio con vistas a la implantación del patrón oro, único medio que se pensaba haría posible eliminar las fluctuaciones y la paulatina pero sostenida tendencia de desvalorización de la peseta.

Reconocida la trascendencia de la cuestión, en enero de 1929 se designó una comisión para que informase sobre si procedía o no implantar el patrón oro, y en su caso cómo habría de operarse en su establecimiento. La *Comisión del Patrón Oro* estuvo presidida por don Antonio Flores de Lemus, catedrático de Economía Política de la Universidad Central, quien desempeñó un papel primordial en la redacción de su dictamen, que ha pasado a los anales de la Economía española.

La consecuencia inmediata del *Dictamen* fue el abandono del propósito que lo había movido, lo que, unido al giro que tomaron la propia económica internacional y la coyuntura política española en particular en 1929, hizo que en diciembre de aquel año se desistiera definitivamente de intervenir el cambio, quedando por ello disuelto el Comité interventor.

Con la caída de la Dictadura de Primo de Rivera, el Gobierno de Berenguer dejó fluctuar libremente el

Arancel español de aproximación, 1987

FIGURA 26 (véase apartado 2.4) Textos partidas (NCCA), subpartidas y subdivisiones (autónomos) Nomenclaturas arancelarias y estadística mercancías	Derechos arancelarios: %						AAC %	IVA %
	Terceros países	CEE	AELC	Argelia Chipre Egipto Israel Jordania Malta Marruecos Siria Túnez Turquía	ACP PTOM	SPG (PVD)		
87.02								
Vehículos automóviles con motor de cualquier clase, para el transporte de personas o de mercancías (incluidos los coches de carreras y los trolebuses):								
A.—Para el transporte de personas, incluidos los vehículos mixtos.								
I. con motor de explosión o de combustión interna:								
b) los demás (R. A.):								
1. con un máximo de 9 asientos, incluido el del conductor	40,1	28,4	28,4 Lib P		28,4	28,4	10	33
2. los demás	31,2	21,7 Lib P	21,7		21,7	21,7	10	12

Arancel de importación comunitario, 1993

Códigos NC	Designación de la mercancía Texto y subpartidas (Nomenclatura combinada)	Rég. Com.	Derechos arancelarios % aplicables 1993							IVA e IIEE (%)
			Terceros	AELC	Este	Meit.	ACP	SPG1	SPG2	
8703	Coches de turismo y demás vehículos automóviles proyectados principalmente para el transporte de personas (excepto los de la partida 87.02), incluidos los vehículos del tipo familiar y los de carreras:									
8703.10	– Vehículos especialmente proyectados para desplazarse sobre la nieve; vehículos especiales para el transporte de personas en los terrenos de golf y vehículos similares:									
8703.10.10.0	– – Con motor de émbolo, de encendido por compresión (diesel o semidiesel) o con motor de émbolo de encendido por chispa:									
8703.10.10.10.H	– – – Nuevos..............	(1)	10	0	0	0	0	0	0	15
8703.10.10.20.G	– – – Usados	(1)	10	0	0	0	0	0	0	15
8703.10.90.00.B	– – Con motor de otra clase .	(1)	12,5	0	0	0	0	0	0	15

(1) L: Zonas B y C. A: Zona D.

cambio. Pero ante la baja que con ello se produjo en la cotización de nuestra valuta, hubo de promover nuevamente la intervención; para lo cual se creó el *Centro Regulador de Operaciones de Cambio.* La intervención llevada a cabo por el Centro no resultó suficiente, y así lo puso de relieve Julio Wais, ministro de Hacienda en el Gabinete Aznar (1931).

Wais acometió el problema del cambio de forma decidida. Su primera medida consistió en prohibir las operaciones de compraventa de moneda extranjera que no respondiesen a probadas necesidades, a fin de evitar la multiplicación de transacciones sobre una misma partida. Con todo, Wais estimaba que para ejercer un verdadero control era preciso sustituir la mera intervención del mercado practicada por un centro regulador de moneda, un organismo que fuese el único comprador y vendedor de divisas extranjeras. Con la creación del Centro —pensaba Wais— se haría posible centralizar todas las operaciones para compensarlas y conocer exactamente su volumen real. Lo cual a su vez permitiría obtener las cifras de la balanza de pagos absolutamente ignorada por entonces por la falta de una base estadística.

Con tales finalidades, en agosto de 1930 se creó el *Centro Oficial de Contratación de Moneda,* que pervivió durante la República y que constituyó el precedente inmediato del Instituto Español de Moneda Extranjera, creado en 1939. El control de cambios quedó de esta forma plenamente introducido; formalmente, por razones monetarias (cotización de la peseta); en el fondo como medida protectora del sistema productivo (limitación de las importaciones).

La Segunda República reforzó la política de cambios en línea con la ya iniciada en el período inmediatamente anterior. El control pasó a ser absoluto en 1931. El Decreto de 29 de mayo de ese año dividió las operaciones de moneda extranjera en tres grupos: prohibidas (las de carácter especulativo y la evasión de capitales), las que requerían previa autorización (las de carácter financiero no prohibidas) y las restantes (comerciales), que si bien de carácter libre en principio, requerían la autorización del Centro. Con este Decreto se consagraba legalmente el sistema de control de las operaciones de comercio exterior; todos los pagos y cobros con el exterior habían de realizarse a través del Centro, que podía demorar, como así lo hizo, la cesión de divisas para impedir la progresiva depreciación de la peseta.

Desde 1939 hasta 1959 subsistió el pleno control de cambios por el *Instituto Español de Moneda Extranjera* (IEME); que experimentó a lo largo de ese período una evolución en la que pueden distinguirse tres diferentes etapas. Durante la primera de ellas (1939-1948), el cambio oficial permaneció fijo, y a fin de paliar las dificultades que se presentaron a la exportación por el mantenimiento de la cotización oficial a un nivel nada realista, se abrió paso a las cuentas especiales. Las cuales permitían a los exportadores disponer de parte de las divisas producidas, para emplearlas en operaciones de importación y obtener por esta combinación un cambio real favorable, muy por encima del oficial.

Durante la segunda etapa (los años 1948-1957), se adoptó el *sistema de cambios múltiples,* que en 1930 y 1951 fue objeto de simplificación.

Finalmente, tras la frustrada unificación de cambios de abril de 1957 —que originó la reaparición de verdaderos cambios múltiples, tanto en la exportación (por las primas) como en la importación (por los retornos)—, en julio de 1959, dentro del conjunto de medidas del *Plan de Estabilización,* se procedió a fijar la paridad oro de la peseta (equivalente a 60 pesetas = 1 dólar), que se mantuvo sin variación hasta la devaluación de noviembre de 1967 (70 pesetas = 1 dólar).

También debemos poner de relieve los efectos de la crisis monetaria internacional sobre la peseta. Al

producirse la primera devaluación del dólar en diciembre de 1971, la peseta —manteniendo su paridad oro
de 1967— se revaluó *de facto* frente a la valuta norteamericana en un 8,57 por 100, al fijarse el tipo de
cambio central en 64,4737 pesetas = 1 dólar; con la
particularidad adicional de que la antigua banda de
fluctuación del 1 por 100, por encima o por debajo,
se amplió al 2,5 por 100 (65,93 y 63,03).

Posteriormente, con la segunda devaluación del dólar (de febrero de 1973), nuevamente se revaluó la
peseta de hecho frente a la moneda de Estados Unidos
(en un 11,12 por 100), al fijarse el cambio central en
58,02 pesetas = 1 dólar, con banda de fluctuación entre 59,42 y 56,56.

Por último, ante la inestabilidad internacional generalizada —y los precedentes concretos del Reino
Unido, Dinamarca, Italia y Francia—, el 22 de enero de 1974 se decidió poner *la peseta en flotación*.
Es decir, se dejó su cotización al resultado de las
libres fuerzas del mercado, si bien con una cierta
intervención del Banco de España; entidad que, por
lo demás, en julio de 1973 se hizo cargo directamente
de las antiguas funciones del IEME, que quedó disuelto.

Posteriormente, en febrero de 1976 se produjo una
devaluación de hecho, bajo la presión inflacionista,
que situó el cambio en 70 pesetas = 1 dólar (*devaluación Villar Mir*) y que apenas tuvo efectos favorables
porque, en contra de lo que se dijo, no se tomó ninguna medida complementaria.

Más tarde, en julio de 1977 —coincidiendo con el
primer gabinete democrático presidido por Suárez— y
cuando el concepto de devaluación tipo FMI había
perdido todo su significado, el Gobierno decidió *de-
preciar* la peseta, situando el cambio central en 87
pesetas = 1 dólar. Desde entonces, la caída del dólar
en los mercados internacionales permitió una mejora
del cambio de la peseta, que en el verano de 1979 se
situó en 65 pesetas = 1 dólar. Sin embargo, en 1980

empezó la escalada del dólar, que se acentuó decisivamente en 1981 con la política de Reagan de altos tipos de interés. Así, en septiembre de 1982, el cambio en el mercado estaba en 113 pesetas = 1 dolar, subiendo luego a más de 170; para situarse, a mediados de 1989, a 120 pesetas, y en 1990 en 93. Luego, tras la Guerra del Golfo, nueva recuperación del dólar hasta 115 en julio de 1991, para caer de nuevo a menos de 95 pesetas durante el verano de 1992. En el apartado 7 de este mismo capítulo volveremos a las cuestiones más recientes del cambio de la peseta, ya dentro del Sistema Monetario Europeo (SME).

El Banco de España es la institución que —a través de la «Banca delegada», que son la mayoría de los Bancos— se ocupa de la absorción y cesión de divisas de todas las transacciones con el exterior.

4. Los contingentes y los acuerdos de *clearing*

Los contingentes son las limitaciones, en cantidad o en valor, a la importación o a la exportación de una mercancía durante un período dado de tiempo. Francia fue el país que, como consecuencia de la Gran Depresión, en 1933, estableció los primeros contingentes de importación; como método más rápido de proporcionar una protección adicional a su propia producción, que tras la caída de los precios internacionales en 1929 no tenía ya en el arancel suficiente defensa contra la competencia extranjera.

Establecidos los contingentes inicialmente por Francia, todos los países adoptaron como represalia comercial idéntico régimen de restricciones; primero, sólo frente a los productos franceses de exportación, pero paulatinamente el nuevo sistema se extendió al resto de las relaciones internacionales.

En España, los contingentes de importación fueron autorizados por el Ministerio de Agricultura, Industria y Comercio por Decreto de 23 de diciembre de 1931, en cuyo preámbulo se apreció claramente el carácter de *arma comercial de represalia* y no de protección que originariamente se asignó a la contingentación. Sin embargo, los contingentes se convirtieron pronto en un *instrumento de protección* de la economía nacional frente a la competencia extranjera. Este papel proteccionista del contingente, junto a la política arancelaria, se mantuvo durante la segunda parte del período republicano (1933-1936), siendo preciso subrayar que a partir de 1939 la contingentación se transformó en el instrumento básico de protección.

Igual que los contingentes, los acuerdos de *clearing* surgieron como medida transitoria; en este caso, para remediar la difícil situación creada en el campo de los pagos internacionales. Al abandonar el patrón oro, fueron muchos los países que para sostener el cambio de sus valutas frenaron los pagos a otros países, y entre ellos a España, llegándose incluso a bloquear los saldos obtenidos por nuestra exportación o resultado de otros conceptos (remesas de emigrantes, rendimientos de capitales, etcétera). Así, en 1932, el Centro de Moneda vio congelados sus saldos en una serie de países.

La situación planteada en esta forma, fue resolviéndose caso por caso, mediante *acuerdos de desbloqueo* de los fondos congelados y de compensación de los pagos que habrían de hacerse en lo sucesivo, relacionándose pronto el problema transitorio de la liquidación de esos saldos con el intercambio comercial y con los contingentes. Surgió, de este modo, el sistema de *acuerdos de clearing,* de los cuales fue prototipo el acuerdo hispano-británico de 1935, en el que, además de listas de contingentes por ambas partes, se establecía un sistema bilateral de pagos. En cada uno de los dos países funcionaba una oficina de compensación (que esto quiere decir *clearing*), en las cuales los importadores nacionales debían realizar el pago de las cantidades adeudadas, y cobrar los exportadores el valor de sus envíos; los saldos en favor de uno de los dos países se liquidaban periódicamente entre las dos oficinas (que en el caso citado eran el Banco de Inglaterra y el Banco Exterior de España).

El sistema de *clearing* se fue imponiendo en nuestras relaciones comerciales con casi todas las naciones. Entramos así de lleno en un régimen estrictamente bilateral, en el que en caso de disponer de saldo favorable en un determinado *clearing*, normalmente no podía utilizarse para saldar el déficit de otro. En otras palabras: la convertibilidad de las monedas desapareció casi por completo, pues sólo podía hacerse a través de las *bolsas libres de divisas,* con un fuerte quebranto respecto a los cambios oficiales.

La *bilateralización del comercio exterior* iniciada en la etapa republicana se consolidó plenamente a lo largo de toda la siguiente, 1939-1959, pero reforzada; primero por la fijación de un cambio oficial único y después por la aparición del complejo sistema de los cambios múltiples y las cuentas especiales a que nos hemos referido en la sección 3 de este capítulo. De la nueva situación creada por el Plan de Estabilización en cuanto al régimen de comercio nos ocupamos en el siguiente apartado.

5.   El Plan de Estabilización de 1959.
     El Régimen de Comercio

El Plan de Estabilización supuso un cambio fundamental en los métodos de protección del sistema productivo seguidos desde 1931 a 1933. Básicamente puede decirse que supuso una acción en tres direcciones:

1.   Frente a las restricciones cuantitativas bilaterales, se inició la liberalización de las importaciones.

2.   Frente a la multiplicidad de los cambios creada por las primas y los retornos, se estableció la paridad

oro de la peseta en el Fondo Monetario Internacional (FMI), según vimos en la sección 3.

3. El Arancel de Aduanas, que yacía casi en el olvido desde 1933, pasó a convertirse de nuevo en un instrumento importante.

En el memorándum que el Gobierno español dirigió a la OECE y el FMI en julio de 1959, se comprometió a pasar paulatinamente la mayor cantidad posible de mercancías de comercio de Estado a comercio privado, de comercio bilateral a comercio global, y de este último a comercio libre.

Entre los años 1959 y 1985, el comercio español se liberalizó, pues, ampliamente. Lo cual comportó una fortísima expansión de las importaciones, como puede apreciarse a la vista del cuadro 8-3. Concretamente, se pasó de una cifra total (imp. + exp.) de 1.446 millones de dólares en 1960, a 54.210 millones en 1985; con un factor multiplicador de 37,5 veces, lo cual, a pesar de la importante pérdida del poder del dólar en ese período, da una idea del espectacular impulso comercial que experimentó el país en su intercambio.

Pero lógicamente, con la adhesión de España a la Comunidad Europea, conforme al Tratado de Adhesión del 12 de junio de 1985, que entró en vigor el 1 de enero de 1986, las cosas volvieron a cambiar nuevamente de manera significativa, y en correspondencia al sustancial paso que supuso el cambio de una situación de cooperación a otra de integración.

6. El nuevo régimen de comercio tras la adhesión a la Comunidad Europea

A continuación se resume el régimen de comercio tras el ingreso en la CE. Para ello seguimos el excelente artículo de José Gasset Lornig en el *Boletín Semanal* de *Información Comercial Española* del 7 de diciembre de 1986.

I. Principios básicos de la nueva normativa

La adaptación de nuestra normativa de Comercio Exterior a este nuevo marco supone:
— Revisión en profundidad de la legislación anterior sobre comercio exterior.
— Un mayor grado de liberalización en los intercambios.
— Una pérdida de soberanía en la gestión de la política comercial española.

Hay que considerar que no se trata de un marco estático sino que, por el contrario, se encuentra inmerso en un proceso de continua evolución pues se debe ir adaptando al esquema comercial que en cada momento mantenga la CE.

La nueva regulación del comercio exterior se inspira en tres principios básicos: la libertad comercial, la simplificación administrativa y la potenciación de los instrumentos de defensa comercial.

a) Libertad comercial

Se procedió a la sustitución de los regímenes de comercio existentes antes de la adhesión (liberado, globalizado, bilateral, Comercio de Estado, operaciones especiales) por únicamente dos: comercio liberado; y comercio restringido, para aquellos productos sometidos a algún tipo de restricción cuantitativa.

Ello supuso, por un lado, un mayor grado de liberalización del régimen de importación, pues disminuyeron las partidas arancelarias sometidas a restricción cuantitativa y, por otro, una menor discreccionalidad en las autorizaciones.

b) Simplificación administrativa

La simplificación se tradujo en:
— La reducción del número de impresos y documentos de carácter comercial para proceder a la

importación o exportación (en el caso de las importaciones de productos industriales se pasó de ocho impresos a cuatro).

— Mayor agilidad en las tramitaciones:

Se redujeron los plazos en las concesiones, y se aumentó su automaticidad.

c) Potenciación de las medidas de defensa comercial

Este aumento de la liberalización, se ha visto acompañado necesariamente por un refuerzo de los instrumentos de defensa comercial que permiten que sectores y empresas puedan defenderse de las importaciones perturbadoras. Para los productos liberalizados, la defensa comercial se debe basar en un control «a posteriori». Solamente cuando se haya producido una importación que haya causado perturbación en un sector, podrá la Comisión autorizar que se tomen las medidas necesarias para evitar nuevas importaciones.

II. Los nuevos regímenes de comercio

Puede clasificarse la nueva normativa de comercio exterior en:

— *Horizontal.* Se refiere a la legislación que regula los aspectos generales de la importación y la exportación.

— *Sectorial.* Regulación específica del comercio exterior textil y siderúrgico (Orden de 24 de febrero de 1986 y Resolución de 22 de febrero de 1986, respectivamente).

— *Regional.* Régimen específico para Ceuta y Melilla, que recoge las condiciones establecidas en el Acta de Adhesión, según las cuales estos territorios quedan fuera del territorio aduanero de la CE y no se les aplica la PAC (Protocolo número 2 y Orden de 26 de febrero de 1986).

Dentro de la normativa de comercio exterior y sin

ánimo de ser exhaustivos, haremos referencia exclusivamente a la de carácter horizontal que regula la importación y exportación y que, por su globalidad, es la más relevante. De la nueva legislación destacan la Orden de 21 de febrero de 1986 sobre procedimiento y tramitación de las importaciones, el Real Decreto de 27 de diciembre de 1985 que regula el comercio de exportación, y la Orden de 21 de febrero de 1986 que desarrolla el anterior Real Decreto y regula el procedimiento y tramitación de las exportaciones. Las dos Ordenes presentan rasgos comunes:

— Se refieren a importaciones o exportaciones, tanto con pago o cobro, respectivamente, como sin él.

— Quedan excluidas las operaciones que no reúnan las características de una expedición comercial.

— No se refieren a operaciones de tráfico de perfeccionamiento, que se regulan por su propia normativa específica.

— El régimen de importación o exportación se establece en función de países o zonas de origen y destino respectivamente, y no en función de los productos como ocurría antes de la adhesión.

— De acuerdo con los principios de la normativa comunitaria, la nueva legislación de importación y exportación distingue entre dos regímenes de comercio:

a) Comercio liberado

Como analizamos anteriormente, el principio que inspira los intercambios de la Comunidad es el de libertad comercial. En consecuencia, la mayor parte de las operaciones de importación o exportación de mercancías de España se rigen por este principio. Podemos distinguir dos casos:

— *Mercancías en absoluta libertad comercial:* que no necesitan ningún documento de carácter comercial para su tramitación. Unicamente requieren un impreso a efectos de control de divisas:

Declaración estadística de pagos de importación (DE-PI), que es un documento de pagos que no se exigirá si la operación es inferior a 500.000 pesetas y el plazo de financiación inferior a un año. En estos casos para el despacho aduanero basta con la factura comercial.

Declaración estadística de reembolso de exportación (DERE): si el plazo de reembolso es inferior a seis meses, este documento de pagos no es necesario. No se presenta ante la Secretaría de Estado de Comercio, sino ante la entidad financiera delegada a través de la que se realice el reembolso de la exportación.

— *Mercancías sometidas a vigilancia estadística:* son aquellas mercancías incluidas en el régimen de libertad comercial, pero sometidas a una cierta vigilancia con fines puramente estadísticos. Como hemos visto antes, la normativa comunitaria permite, en caso de que a través de la evolución de las cifras de comercio exterior se detecte una perturbación en un sector, que las operaciones de importación queden sujetas a un documento previo con fines estadísticos que permita realizar el seguimiento del sector. En el comercio entre España y la Comunidad, sólo se permite someter a vigilancia estadística en los casos de recurso al artículo 115 del Tratado de Roma o cuando se haya pactado expresamente en el Acta de Adhesión.

El documento que se exige se denomina *Notificación Previa de Importación o Exportación (NOPI y NOPE, respectivamente).* Este documento debe ser verificado por la Dirección General de Comercio Exterior, y su concesión es automática en un plazo máximo de cinco días hábiles. En este caso la Administración sólo puede tramitar o verificar, sin que en ningún momento pueda denegar la importación o exportación. Lo que sí puede hacer la Administración es no admitir a trámite la NOPI o NOPE en aquellos casos en que no esté correctamente rellenado el documento o haya un error en el impreso a rellenar.

b) Comercio restringido

Como hemos visto, la normativa comunitaria establece algunas excepciones al principio de libertad comercial, que permiten imponer ciertas restricciones a los intercambios. En este régimen de comercio restringido se incluyen todas las operaciones de importación (o exportación) que están sometidas a algún tipo de restricción cuantitativa, o para las que se ha solicitado cláusula de salvaguardia; y exigen, por tanto, un control estricto de la importación o exportación. Estas operaciones requieren la expedición de un documento denominado *autorización administrativa* (bien de importación o exportación).

La concesión de la autorización administrativa es discrecional por parte de la Administración (Dirección General de Comercio Exterior), pudiendo, por tanto, denegar la operación. Sin embargo, no debe confundirse discrecionalidad con arbitrariedad, que está expresamente prohibida por el artículo 9 de nuestra Constitución. Esto significa que la denegación de una Autorización Administrativa de Importación o Exportación (AAI/AAE) tiene que estar fundamentada en razones jurídicas.

Con carácter general, el período de validez de todos estos documentos (DEPI, NOPI, AAI, etc.) es de seis meses.

En lo referente al fomento de la exportación, en 1982 se creó el *Instituto de Fomento de las Exportaciones (INFE),* que tras el ingreso en la CE modificó su nombre por el de *Instituto de Comercio Exterior (ICEX).*

Respecto de terceros países subsiste en gran parte el sistema de apoyo anterior, pero armonizado en lo que respecta al tráfico de perfeccionamiento, como pasamos a ver.

El *régimen de perfeccionamiento activo* es el régimen aduanero económico orientado al fomento de la exportación, que permite la utilización de mercancías no comunitarias dentro del territorio aduanero nacional sin que queden gravadas con derechos a la importación ni sujetas a otras medidas restrictivas y que, una vez sometidas a operaciones de perfeccionamiento, se exporten en forma de productos compensadores.

También pueden acogerse a este régimen las mercancías comunitarias en tanto que subsistan derechos residuales a la importación como consecuencia del proceso de adhesión de España a las Comunidades europeas, de conformidad con lo establecido en el Reglamento (CE) número 296/1986, de la Comisión, de 10 de febrero.

El régimen de perfeccionamiento activo comprende los sistemas de suspensión y de reintegro.

El sistema de suspensión propiamente dicho se inicia con la importación de mercancías con suspensión de pago de derechos a la importación, continúa por el perfeccionamiento de éstas, y se ultima con la salida del territorio aduanero nacional.

El sistema de reintegro se inicia con el despacho a libre práctica de las mercancías de importación, con reembolso o condonación de los derechos a la importación correspondientes, si las mismas se reexportan en forma de productos compensadores.

La utilización del régimen de perfeccionamiento activo estará condicionada a la concesión de una autorización.

Corresponde a la Dirección General de Comercio Exterior la expedición de la citada autorización cuando:

a) El régimen de perfeccionamiento activo pueda contribuir al fomento de las exportaciones.

b) Sean identificables las mercancías de importación en los productos a exportar.

c) Se estime que los posibles titulares ofrecen las garantías suficientes.

d) No se lesionen los intereses esenciales de los sectores productivos.

7. España en el SME

En junio de 1989, pocos días antes de la cumbre comunitaria celebrada en Madrid, España, como Estado miembro de la CE, anunció su integración plena en el Sistema Monetario Europeo (SME). Con ello, la fluctuación cambiaria de la peseta no podía ser mayor del 6 por 100 respecto a las moneda más débil del SME (normalmente el FF o la £), y cualquier modificación del valor de la peseta (por devaluación o revaluación) en relación con esas monedas de los países de la CE, deberá ser autorizada por el SME.

Por lo demás, la cumbre comunitaria de Madrid marcó el primer paso hacia la *moneda común europea* según el diseño del *Informe Delors;* luego consagrado en el *Tratado de Maastricht* de 10 de diciembre de 1991. Según las previsiones del Tratado, los países que aspiren a estar en la Unión Económica y Monetaria (UEM) en 1997 como pronto, o en 1999 a más tardar, deben cumplir toda una serie de condiciones de convergencia.

Señalemos, por último que en medio de las turbulencias monetarias internacionales que se sucedieron en los meses de agosto y septiembre de 1992, el 16 de septiembre la peseta se devaluó un 5 %; de modo que se pasó de la anterior paridad con el marco alemán (1989/1992), cambio central de 65 pts.=1 DM, a un nuevo tipo central de 68,4207 pts., con un *techo* de 72,622 y un *suelo* de 64,433.

Luego, el 14 de noviembre de 1992, vendría la segunda devaluación de la peseta, esta vez de un 6 %. A pesar de lo cual las tensiones prosiguieron. Así las cosas, se produjo una tercera devaluación de la peseta (del 8 %) el 14 de mayo de 1993. Y no sólo para la peseta, sino para otras monedas el SME (FF, Lit., £, FB, CD); hasta el punto de que el 1 de agosto, la banda de fluctuación se amplió hasta el 15 %. Con esta última decisión, el acoso a las monedas débiles del SME, entre ellas la peseta, cedió, al menos durante algunos meses. Por lo demás, los efectos de las devaluaciones se dejaron sentir en una considerable expansión de las exportaciones, y en una muy apreciable contracción de las importaciones, con la lógica reducción del fuerte déficit de la balanza comercial.

Segunda parte

Los circuitos de distribución

1. Introducción a los circuitos de distribución

Dentro de los capítulos 3, 4 y 5 hemos estudiado el sistema productivo de bienes, que se dirigen a su destino final (consumo, inversión, exportación) a través de unos determinados circuitos de distribución. En su examen pueden distinguirse dos planos bien diferenciados. El primero, los medios físicos de la distribución, es decir, el sistema de transporte, tema de este capítulo. El segundo, los cauces comerciales, cuya compleja red constituye el comercio interior, del que nos ocupamos en el capítulo 7.

A lo largo del proceso de producción se opera un acercamiento continuo al consumo intermedio o final. Espacialmente, la aproximación al consumo se realiza por medio del transporte. El proceso de producción sin un mínimo de transporte es totalmente inexplicable e imposible (salvo en el supuesto límite teórico de un autoconsumo *in situ*), ya que el transporte provee el necesario enlace entre la producción y el mercado.

La demanda de transportes, y ésta es una de sus características fundamentales, crece mucho más rápidamente que la renta nacional. A pesar de ello, el sector transportes fue el más descuidado por la política económica hasta 1964. La producción de energía, la puesta en regadío, algunas producciones básicas, fueron en ese período objeto de una atención por parte del Estado muy superior a la prestada a los transportes, cuya infraestructura y equipo capital sufrieron tan duramente de ese abandono que llegó a sentirse, e incluso a materializarse, la amenaza de severos estrangulamientos en la economía del país.

Ese descuido de la política económica se explica en términos económicos por la carencia, por parte del Estado, de medios financieros suficientes para promover la producción (INI, etc.), y simultáneamente mantener y mejorar las condiciones del transporte en términos análogos. En el dilema producción-transporte, el Estado abordó resueltamente la primera como más urgente, descuidando su alternativa, a pesar de ser el transporte un sector asimilable a la categoría de servicio público y por ello en gran medida de la responsabilidad directa del Estado, independientemente del sistema económico vigente.

Desde 1964 se advirtió una revisión en este campo de la política económica; buena prueba de ello fueron el Plan Decenal de Modernización de la RENFE (1964-1973), completado en 1971 con el Plan 1972-1975, los programas REDIA y PANE, el Plan de Carreteras 1984-1991, etc. (véase cuadro 6-1). Sin embargo, como veremos, continua habiendo un fuerte déficit de infraestructuras.

Al estudiar el transporte terrestre nos ocupamos por separado del ferrocarril y de la carretera, para analizar con cierto detenimiento sus estructuras y problemas específicos. Más adelante hacemos referencia al transporte marítimo y a la aviación civil.

CUADRO 6-1
Transportes

I. TRANSPORTE, COMUNICACIONES Y PIB

Conceptos	1984	1985	1986	1987	1988
A. PIB a precios de mercado (10⁹ pts. 1980)............	15.925,00	16.282,00	16.816,00	17.740,00	18.628,00
B. Total transportes (id.).....	690,00	706,00	713,00	746,00	780,00
C. % transporte/PIB (B/A × × 100).....................	4,33	4,33	4,24	4,28	4,21
D. Modos de transporte (% sobre B).................	100,00	100,0	100,0	100,00	100,0
Ferroviario...............	1,57	2,52	2,25	1,94	—
Carreteras................	56,71	57,24	56,37	—	—
Viajeros..............	18,35	18,08	18,15	15,73	—
Mercancías...........	38,36	38,16	38,22	35,40	—
Marítimo.................	9,79	9,49	8,96	7,80	—
Aéreo....................	10,58	10,86	11,43	11,34	—
Servicios anexos al trans...	21,35	20,89	20,99	19,01	—

II. EVOLUCION DE LOS TRAFICOS Y DE LOS RECORRIDOS MEDIOS DE RENFE

Conceptos	Ingresos (millones de pts.) 1991	Tráfico (millones) 1991
Largo recorrido.................	51.960	7.991
Regiones y cercanías...........	31.241	7.031
Total viajeros (Vj/Km)........	83.201	15.022
Vagón completo.......	44.412	7.146
Contenerdores.................	12.452	2.395
Otros tráficos.................	—	967
Total mercancías (Tm/Km)...	56.864	10.508

III. CUENTA DE RESULTADOS DE RENFE (en millones de pesetas)

Conceptos	1985	1989	1990	1991
Ingresos..................................	129.278	165.694	186.071	219.427
Gastos de Explotación....................	244.274	262.048	283.847	315.540
Resultados antes amortiz. e intereses......	−114.996	−96.515	−90.453	−96.126
Amortizaciones...........................	23.703	35.343	38.400	50.178
Gastos financieros.......................	64.965	59.947	63.051	68.547
Resultados extraordinarios...............	—	− 161	7.323	−6.846
Resultados................................	−203.665	−190.805	−191.904	−121.341
Compensación Servicio Público (Reglamentos CE).............................	92.115	112.661	115.673	79.294
Gastos financieros.......................	64.965	58.947	63.0951	78.882
Resultados de Gestión...................	−46.585	−19.917	−13.810	−56.672

Fuente: RENFE

2. La red ferroviaria

La construcción de la red ferroviaria española se inició efectivamente con las líneas de Barcelona-Mataró (1848) y Madrid-Aranjuez (1851), primeros tramos de proyectos de mayor longitud. La primera ley ferroviaria fue la de 1855. En ella se garantizaba un mínimo de interés al capital invertido en compañías ferroviarias y al mismo tiempo se establecía que las concesiones para el tendido y explotación de líneas férreas se otorgarían con el límite de noventa y nueve años, al cabo de los cuales habían de revertir al Estado, que se reservaba el derecho de rescatar las concesiones en cualquier momento.

Al amparo de la ley de 1855 se constituyeron las principales empresas ferroviarias: Compañía del Norte, MZA Isabel II y otras, vinculadas todas ellas al capital extranjero, principalmente francés, inglés y belga. La segunda ley ferroviaria, de 1877, apenas modificó los términos de la de 1855; estuvo vigente hasta 1941, año en que el rescate de las concesiones fue llevado a la práctica.

Se puede decir que los actuales problemas de la RENFE tienen sus orígenes últimos en la forma en que se construyó la red. Desde un principio, el tendido de las líneas se hizo con escasa inversión de capital; la infraestructura no se construyó lo suficientemente fuerte y bien trazada que hubiera sido necesario.

Además, la idea, muy extendida durante la segunda mitad del siglo XIX, de que el ferrocarril necesitaba una fuerte inversión inicial, pero que después sólo debería atenderse a los gastos de explotación, hizo que las inversiones para renovación del material fuesen muy limitadas.

En buena parte, esta tendencia se debió también a las dificultades financieras de las compañías ferroviarias españolas desde sus orígenes; repetidamente las tarifas, carentes de flexibilidad, se vieron reducidas en términos reales por el proceso inflacionista sufrido por nuestro país con carácter casi crónico. También desde un principio la escasa densidad de tráfico se presentó como el problema más grave de la explotación y como una de las últimas causas de los déficits de resultados (véase cuadro 6-1).

La creación de la RENFE en 1941 estuvo plenamente justificada. La situación económica de las compañías, muy poco desahogada ya en 1936, se agravó a consecuencia de la larga contienda civil, que sometió al ferrocarril a un trato extremadamente duro y produjo daños muy elevados. Las antiguas compañías explotadoras no podrían haber afrontado los difíciles problemas de la reconstrucción, y por ello el rescate fue bien acogido por todas ellas.

La RENFE, en su primera época, trató de reconstruir la red y conseguir un nivel similar al de la preguerra, meta cuyo logro presentó insuperables dificultades, tanto por la magnitud de los daños como por el hecho de que la guerra desencadenada fuera de nuestras fronteras hizo imposible la importación del equipo necesario. En fases ulteriores, el problema residió fundamentalmente en la penuria de recursos económicos. Así, la larga serie de planes de reconstrucción y de modernización que se sucedieron entre 1940 y 1960 no pudieron garantizar un servicio eficaz, y por ello la desviación del tráfico del carril a la carretera se desarrolló aceleradamente.

Los datos básicos sobre la red ferroviaria pueden verse en el cuadro 6-1. La estructura de la red es radial, con su centro en Madrid y con sus terminaciones más importantes en La Coruña, Gijón, Santander, Bilbao, Irún, Port-Bou, Valencia, Alicante, Málaga, Algeciras, Cádiz y Lisboa (ver figura 27).

La estructura radial, completada con estructuras secundarias y con una serie de transversales, tiene la consecuencia favorable de asegurar el máximo de relaciones de transporte con el mínimo de líneas, lo que

Figura 27: LA RED DE ALTA VELOCIDAD ESPAÑOLA

El 11 de octubre de 1986 el gobierno decidió la construcción de la nueva línea Madrid-Brazatortas-Sevilla, de alta velocidad. En diciembre de 1988, se acordó el esquema de las líneas maestras de alta velocidad; aprobándose al propio tiempo la introducción del ancho de vía internacional (1.435 mm.), dando prioridad a los trayectos Madrid-Sevilla y Madrid-Barcelona-Frontera francesa.

Además, en 1989 se alcanzaron diversos compromisos con el gobierno del País Vasco para la extensión de la red a esa comunidad autónoma.

El AVE Madrid-Sevilla comenzó a funcionar el 20 de abril de 1992, y en 1993, el MOPT ultimó el diseño del resto de la red española, que es el que aparece en la figura con el siguiente kilometraje (fuente: *Expansión*).

El Ministerio de Obras Públicas estima que la red de alta velocidad tendrá efectos externos altamente beneficiosos: ahorro sustancial de tiempo, incremento de la seguridad, aminoración de contaminaciones varias, y mejora del balance energético.

Tramo	km. longitud	Millones ptas. inversión
Madrid-Sevilla.....................	471	447.000
Madrid-Zaragoza-Barcelona......	590	650.000
Barcelona-Frontera francesa.....	145	150.000
Red vasca........................	164	400.000
Zaragoza-Pamplona-Tolosa......	220	230.000
Sevilla-Huelva....................	110	70.000
Sevilla-Cádiz.....................	153	90.000
Córdoba-Málaga..................	192	250.000
Ramal de Toledo.................	20	4.250
Ramal de Alcázar.................	50	45.000
Madrid-Cuenca-Valencia..........	350	350.000
Madrid-Valladolid.................	190	190.000
Totales.....................	2.184	2.429.250

Fuente: MOPT.

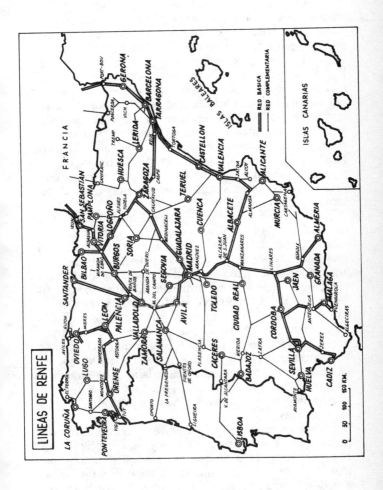

reduce los costes de primer establecimiento y, en definitiva, los de explotación.

Otro punto de crítica de la estructura de la red es su presunta poca longitud. Es cierto que ésta es inferior (en longitud por kilómetro cuadrado) a la de otros países; pero actualmente el que la longitud total no sea mayor no parece constituir un grave problema, por la limitación creciente del uso de ferrocarril a los grandes recorridos con tráfico abundante y pesado. De hecho, esa longitud modesta hace que la necesidad de abandonar la explotación de líneas y ramales de escaso tráfico sea menos grave en nuestro caso que en otros países europeos, donde —en contra de lo sucedido en España— el desarrollo de las líneas férreas y la consiguiente proliferación de ramales alcanzó un máximo antes de surgir la competencia carril-carretera.

Tampoco constituye hoy un problema la abundancia de trayectos de vía única en secciones de mucha intensidad de tráfico. Lo que hasta hace no mucho fue un grave inconveniente puede hoy paliarse mediante la adecuada señalización (control centralizado de tráfico, etc.), de la que aún no disfrutan nuestros ferrocarriles en la medida necesaria, si bien los progresos realizados en los últimos años en este aspecto han sido importantes. El problema más grave de la infraestructura en el momento presente es el estado en que se encuentra la vía en la mayor parte del tendido, que en muchos tramos no permite velocidades más altas. Un problema que parece de difícil solución si se tiene en cuenta que las máximas inversiones irán al AVE y a las cercanías.

Un inconveniente también grave de la infraestructura de nuestra red, y éste sí de muy difícil solución, es el proveniente de la diferencia de nuestro ancho normal respecto al ancho europeo. En 1989, el Gobierno acordó construir el tramo Madrid-Sevilla por Brazatorta (de cara a la Expo-92) con ancho europeo y con tren de alta velocidad (TAV, luego rebautizado como

AVE, alta velocidad española). Una doble decisión que resultó grandemente polémica y previsiblemente de muy alto coste. Por lo demás, la generalización del ancho europeo al resto de la red, o por lo menos a las líneas principales quedó todavía en una incertidumbre semicalculada. Se daría prioridad a la construcción del AVE Madrid/Barcelona/Port Bou, para el enlace con la red francesa, y en definitiva comunitaria.

En materia de tracción ha habido profundas transformaciones. Todavía en 1971 el vapor representaba el 34 por 100 del potencial de tracción —con carbón o fuel—, pero ya en 1974, completamente erradicada la tracción a vapor, en vez de seguir con los proyectos de tracción Diesel (gas-oil) según lo recomendado por el Banco Mundial en 1962, a causa de la grave crisis energética internacional que se desencadenó en 1973 se pasó a un plan de electrificación de todas las grandes líneas con el proyecto de abarcar a 3.000 kilómetros. A fines de 1986 las líneas electrificadas eran 6.207 kilómetros, y cuando el plan esté terminado se alcanzarán los 7.000.

Mientras tanto, el déficit de explotación alcanzó cifras ingentes, que coincidían con la plétora de camiones que trabajaban por debajo de las tarifas oficiales en el contexto de la crisis económica. En enero de 1979 —para intentar poner freno a ese declive— se aprobó el primer *contrato-programa* Estado/Renfe, y en 1981 se aprobó un *plan decenal,* con una inversión total de 1,2 billones de pesetas, en la perspectiva de una larga penuria energética, que por primera vez después de décadas podría ser un aliciente para el ferrocarril.

Sin embargo, los propósitos del plan decenal pronto quedaron desbordados por los déficit siempre crecientes, que en 1982 ya superaron la cifra de 100.000 millones de pesetas, alcanzándose más de 160.000 en 1983. En 1984, en un intento de resolver tan difícil solución, se planteó un segundo *contrato programa,* con la idea de cerrar buena parte de las líneas y de los ramales deficitarios (unos 3.500 km.), empezando por 1.000 en enero de 1985.

Por último, señalemos que en 1987 el Gobierno aprobó el «Plan de Transporte Ferroviario» (PTF) con un horizonte año 2000, y orientado sobre todo a las grandes infraestructuras. Sin embargo, la credibilidad del PTF pronto se vio afectada por la ulterior decisión —increíblemente no prevista en un plan a largo plazo— de ir al ancho europeo y al AVE. Así las cosas, el porvenir de RENFE, como de tantas otras entidades de un pasado de autarquías y monopolios (CAMPSA, Tabacalera, INI, etc.) es también incierto. Sus enormes déficits (300.000 millones en 1991), y su ingente endeudamiento (del orden de un billón), así como el control comunitario de las subvenciones a las empresas estatales (sólo parcialmente justificables en RENFE en las *cercanías* por razones de urbanismo y calidad de vida), hacen presagiar políticas del tipo siguiente:

a) Participación de toda una serie de empresas (Transfesa, Siemat, etc.) en la utilización de la red, cuya administración general conservaría RENFE como *carrier*.

b) Cesión de ciertos tramos (incluso el AVE Madrid-Barcelona) a entidades privadas.

c) Cierre de aquellas líneas no rentables, que no están apoyadas financieramente por las CC.AA.

d) Concentración de RENFE en los largos recorridos, los *intercitys* y en las cercanías; tal vez con dos empresas separadas.

En un intento de síntesis puede afirmarse que la escasa densidad de tráfico de la red la sitúa en una posición poco favorable, puesto que es la mayor o menor densidad lo que constituye el factor decisivo en relación con los costes de explotación. Se ha calculado que la actual infraestructura, debidamente renovada, resistiría una densidad de tráfico doble de la actual, con lo cual la situación económica del sistema ferroviario mejoraría notablemente.

3. Transporte por carretera

El transporte por carretera, único posible en la España interior hasta el advenimiento del ferrocarril, cedió en importancia con la construcción de la red ferroviaria, pero con el desarrollo de la capacidad y velocidad de los vehículos de motor de explosión la carretera se convirtió de nuevo en el principal de los cauces del transporte terrestre.

En el cuadro 6-2 se reflejan los principales datos del tráfico vial. La estructura radial (seis ejes que pasan por Madrid), soporta el 80 por 100 del tráfico sobre neumáticos. Por el contrario, en lo relativo a las carreteras comarcales y las locales, las mallas de la red resultan demasiado amplias en muchas zonas del país, cuyo desarrollo se ve dificultado precisamente por ello; mientras en España hay 25 kilómetros de carreteras por cada 100 kilómetros cuadrados de superficie y 4 kilómetros de carretera por cada 1.000 habitantes, los promedios europeos son 55 y 9, respectivamente, lo que supone una densidad media doble que la nuestra.

A la vista de la situación difícil de la red de carreteras, agudizada con la transferencia de tráfico que originó el Plan de Estabilización (al elevarse bruscamente las tarifas ferroviarias en un 50 por 100), se hizo ineludible un replanteamiento de política de carreteras, programándola a largo plazo.

Este fue el significado del Plan General de Carreteras de doce años (1962-1973), que, dividido en tres cuatrienios, vio la luz en diciembre de 1961. En el I Plan de Desarrollo (1964-1967) se incluyó la parte correspondiente del Plan General de Carreteras 1962-1973. Sin embargo, en el II Plan (1969-1971) sólo figuró un simple programa cuatrienal, al tiempo que se pusieron en marcha dos planes específicos nuevos: el Plan REDIA (Red de Itinerarios Asfálticos), para mejorar y homogeneizar en seis años (1967-1972) los 4.928 kilómetros de carreteras de mayor tráfico, y el PANE (Programa de Autopistas Nacionales Españo-

CUADRO 6-2 *Transportes*

Años	Miles de vehículos					Tráfico en millones		
	Automóvil	Autobús	Camiones	Motos	Total	Viajeros/Km	Tm/Km	Unidades tráfico
1970	2.377	31	710	1.267	4.385	85.257	51.700	136.957
1975	4.807	39	1.001	1.159	7.006	128.946	76.500	205.446
1980	7.556	43	1.338	1.231	10.168	198.287	98.898	297.195
1985	9.225	42	1.562	738	11.567	179.232	122.710	301.942
1990	12.001	46	2.418	1.071	15.536	—	—	—
1991	12.507	47	2.564	1.171	16.289	230.205	198.933	445.427

Fuentes: Hasta 1990, Instituto de Estudios de Transportes. Desde 1985, Banco de España para parque, y MOPT para tráfico.

II. EVOLUCION DE LAS PRINCIPALES FLOTAS MUNDIALES (en miles de TRB)

Países	1975	1980	1985	1988	1989	1991
Liberia	65.820	80.258	58.180	49.734	47.893	84.491
Panamá	13.667	24.191	40.674	44.604	47.365	48.392
Japón	39.740	40.960	39.940	32.074	28.030	28.492
URSS	19.236	23.493	24.745	25.784	25.854	11.568
Grecia	22.527	39.471	31.032	21.979	21.324	35.701
Estados Unidos	15.687	18.464	17.686	20.832	20.588	14.192
Chipre	3.221	2.091	8.196	18.391	18.134	28.756
Noruega	26.154	22.008	5.339	9.350	15.597	35.517
R. P. China	4.278	4.278	8.877	12.920	13.514	11.108
Bahamas	190	87	3.907	8.962	11.579	20.072
Filipinas	879	1.928	4.594	9.312	9.385	12.018
Corea del Sur	1.624	4.334	7.169	7.334	7.832	9.740
España	5.443	8.112	5.204	3.499	3.139	2.845
Total mundial	342.162	419.910	416.268	403.406	410.481	488.968

Fuente: Lloyd's Register of Shipping. ANAVE.

las), para las autopistas de peaje, que previó la construcción de 3.000 kilómetros en doce años. El cuadro 6-2 expresa el espectacular crecimiento del parque de vehículos desde 1985, y en la figura 28 nos referimos al Plan de Carreteras 1984-1991, que finalmente, tras muchas dilaciones, ineficiencias y revisiones al alza de los presupuestos, permite que hoy se disponga de una red de autovías libres de peaje. Sin embargo, las siempre crecientes necesidades de infraestructura vial, y los recortes presupuestarios de 1991 y 1992 plantearon la idea —inviable— de establecer *peajes blandos* en las autovías.

CUADRO 6-3

Evolución del parque automovilístico, en miles

Años	Automóviles	Vehículos carga	Autobuses	Motocicletas	Total vehículos
1988.........	10.787	2.029	44	885	13.745
1989.........	11.468	2.224	45	976	14.713
1990.........	11.996	2.401	46	1.073	15.516
1991.........	12.537	2.568	47	1.174	16.326
1992.........	13.102	2.726	47	1.252	17.127
1993 (abril)...	13.245	2.764	47	1.262	17.318

Fuente: D. G. de Tráfico.

4. Marina mercante

Estudiado el transporte terrestre, a continuación pasamos a ocuparnos del marítimo. Si por la carencia de vías de navegación fluvial, el tráfico interior en nuestro país depende casi por completo del ferrocarril y de la carretera, el que se dirige y proviene del exterior se hace por mar en más del 80 por 100. La evolución de la marina mercante desde 1975 puede apreciarse en el cuadro 6-2 para la flota mundial, y desde 1980 para la nacional en el cuadro 6-4.

La flota nacional de cabotaje comprende tres grandes grupos de tráfico: cabotaje regular, cabotaje libre o *tramps* y cabotaje de petroleros. El cabotaje regular se encuentra en crisis estructural por la competencia creciente del ferrocarril y, sobre todo, del camión, que asegura un servicio de puerta a puerta al cual el cabotaje no ha sabido aún equipararse por su incapacidad en la sistemática adopción del moderno sistema de *containers*. Una dificultad adicional la constituye el hecho de que por temor al posible contrabando se exige a los barcos de cabotaje una documentación excesiva, que origina gastos burocráticos y costes extra muy considerables. El cabotaje *tramp* —que se concentra fundamentalmente en el transporte de mineral, cemento, madera, etc.— se encuentra además con una serie de inconvenientes peculiares, como son la vejez de su flota —último refugio de los barcos más viejos de la Marina española— y la falta de eficacia de los puertos nacionales, que obligan a prolongar el número de estadías más allá de lo razonable.

CUADRO 6-4

*Evolución de la flota española
(barcos de más de 100 TRB)*

Clase de barcos	1980		1985		1991	
	N.º	TRB	N.º	TRB	N.º	TRB
Petroleros	196	2.873	72	2.540	52	1.489
Combinados.	4	259	2	128	0	0
Graneleros.	43	768	76	1.275	37	691
Carga general.	477	776	182	540	78	139
Portacontenedores.	30	56	61	187	42	114
RO-RO.	14	11	45	85	48	85
Frigoríficos.	47	68	45	85	18	26
Gases licuados.	16	53	16	69	9	28
Especiales.	22	35	55	178	58	156
Pasaje.	52	237	—	128	58	117
Totales.	811	5.135	601	5.204	392	2.845

Fuente: ANAVE

La crisis económica que se inició en 1973 también incidió —como no podía ser menos— en el negocio naviero. Como sucedió en otros sectores, el Estado hubo de ir haciéndose cargo de las empresas que amenazaban quiebra; así ocurrió con Naviera Letasa, la Cía. Transatlántica, etc. Aparte de ello, en 1980, el Estado también rescató la concesión hecha a favor del sector privado de la Cía. Transmediterránea. Al margen de ello, puede decirse que es el mayor armador español —*de facto*— llegó a serlo el Banco de Crédito Industrial, por los numerosos embargos de buques realizados a sus acreedores insolventes.

El *Plan de Flota* aprobado por el Gobierno en 1985, se estableció para prever los ajustes de la marina mercante a las normas de la CE, cuya preocupación es evidente por los efectos de los pabellones de conveniencia y el proteccionismo de los países en desarrollo. El Plan de Flota se nuclea en torno a la Comisión Interministerial de Tráfico Marítimo (COMINMAR). Aceptando el principio de progresiva liberalización del mercado, lo que se pretende es mantener la reserva para el pabellón nacional de los tráficos estratégicos (crudos de petróleo, carbón y cereales), así como el cabotaje, y seguir aplicando algunas ayudas a la explotación (subvenciones Tm/milla para ciertos tráficos como soja, bauxita, mineral de hierro y chatarra), el apoyo a las líneas regulares con el exterior, y las primas al desguace. En todas estas actuaciones colabora ANAVE, que es la Asociación de Navieros Españoles.

Sin embargo, tales aspiraciones, gradualmente se van revelando como impracticables, conforme a las decisiones comunitarias, la liberalización de fletes será total en 1994, cabotaje incluido. No es extraño que en esas circunstancias, y con costes laborales y operativos mucho más bajos en los «pabellones de conveniencia» (buques abanderados en Liberia y Panamá), se esté en el trance de un declive indefinido de la flota mercante española.

A lo largo del litoral español existe un total de 200

Figura 28: AUTOPISTAS Y AUTOVIAS

En esta figura representamos lo esencial de la actual estructura de autopistas y autovías de la red vial española. Como puede apreciarse, el sistema de autopistas —todas ellas de peaje excepto las del entorno de algunas de las grandes ciudades (Madrid, Barcelona, Bilbao, Zaragoza)— se sitúa básicamente en el País Vasco, el Valle del Ebro y la ribera del Mediterráneo; aparte de la del litoral de Galicia; y de la del Atlántico entre Sevilla y Cádiz.

El fuerte desfase respecto al resto de la Europa comunitaria transpirenaica en materia de autopistas, y el «aislamiento» de Madrid —única capital europea, con Lisboa, sin unión a la malla continental de grandes tráficos— se ha resuelto en buena medida con la red de nuevas autovías, que, como cabe observar, sigue las pautas tradicionales del radialismo del sistema español de transporte terrestre. Las ventajas de las autovías con respecto a las autopistas, son su menor coste, su mayor aprovechamiento, y el inferior impacto ambiental.

En la figura aparece la situación prevista por el MOPT para diciembre de 1993.

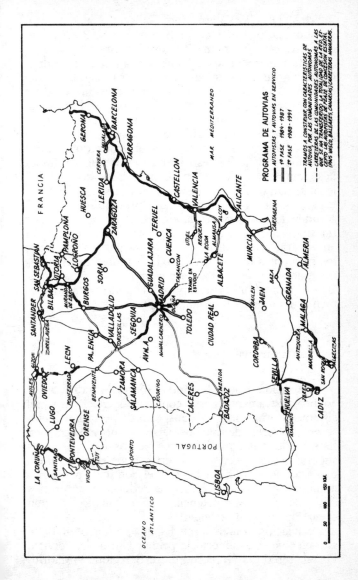

PROGRAMA DE AUTOVIAS

AUTOPISTAS Y AUTOVIAS EN SERVICIO

1ª FASE 1984-1987

2ª FASE 1988-1991

TRAMOS A CONSTRUIR CON CARACTERISTICAS DE AUTOPISTAS Y AUTOVIAS POR LAS COMUNIDADES AUTONOMAS

CARRETERAS DE LAS COMUNIDADES AUTONOMAS A LAS QUE SE HA TRANSFERIDO LA TOTALIDAD DE LA RED, ET-CETERA, Y DONDE NO EXISTE RED DE COMISION ESTATAL (PAIS VASCO, BALEARES, CANARIAS), CARRETERAS VARIAS.

puertos. De ellos, Barcelona, Bilbao y Valencia, son autónomos, otros 23 cuentan con organización administrativa semiautónoma (Juntas de Obras de Puerto), estando integrados los restantes en la Comisión Administrativa de Grupos de Puertos, a cargo directo del Estado (MOPT). Los diez puertos más importantes (Cartagena, Santa Cruz de Tenerife, Bilbao, Barcelona, Gijón, Avilés, La Luz, Huelva, Valencia y Sevilla) suponen más del 75 por 100 del tráfico total.

Desde los años sesenta, se han realizado grandes inversiones en la infraestructura de los puertos (muelles, rompeolas, etc.), y en algunos casos de rivalidad local se han construido instalaciones fijas, a todas luces excesivas para el tráfico actual y previsible. A lo cual se unen los altos costes laborales de los puertos, por un sindicalismo bastante miope, la deficiente gestión en general (hiperburocrática), las tarifas disparatadas, los frecuentes robos, etc. En tales circunstancias, algunos puertos —como los de Barcelona, Valencia y Málaga— tienen un futuro poco alentador. Indudablemente, habrán de reformarse.

5. Aviación civil

La aviación, tras la Segunda Guerra Mundial, avanzó progresivamente hasta convertirse en el principal sistema internacional de transporte de personas. Incluso en el interior de muchos países, como ya sucede en España, los viajeros-kilómetros aéreos han llegado a superar, con creces, a los ferroviarios. En cuanto a carga, la dimensión creciente y el continuo perfeccionamiento de las aeronaves, y la reducción de precios derivada de la competencia, han originado un gran desarrollo de esta actividad.

La aviación comercial en España se inició en 1919, año en que se estableció la primera línea del Servicio Postal Aéreo del Gobierno entre Barcelona y Madrid.

Las dos primeras compañías civiles de aviación fueron la Compañía Española de Tráfico Aéreo (CETA) e Iberia, creadas en 1921 y 1927, respectivamente, y que en los últimos tiempos de la Dictadura se fusionaron, dando lugar a la Concesionaria Líneas Aéreas Subvencionadas, Sociedad Anónima (CLASSA). Con la República, la CLASSA pasó a denominarse Líneas Aéreas Postales Españolas (LAPE), cuyo capital social era propiedad del Estado el 55 por 100. La compañía explotaba, además de algunas líneas interiores, las de Madrid a París, Berlín y Lisboa.

Durante la Guerra Civil se creó, en zona nacional, la Empresa de Transportes Aéreos Iberia, con participación mayoritaria del Estado; desde 1940 pasó a denominarse Iberia. En 1943 el Estado transfirió la totalidad de las acciones de la compañía al Instituto Nacional de Industria, que es actualmente su único accionista.

En 1948 se constituyó Aviación y Comercio (AVIACO), de capital privado, para la explotación de servicio discrecional y líneas regulares a varias capitales españolas y algunas ciudades del norte de Africa. En la actualidad, el INI, de socio mayoritario, se ha convertido asimismo en único accionista de la sociedad.

La explotación del tráfico interior se realiza mediante líneas que unen casi todas las capitales y ciudades de alguna importancia con Madrid y Barcelona. Líneas exteriores hay a todas las capitales y grandes ciudades de Europa occidental y a algunas del Este. Con América, la red es muy tupida, llegando Iberia a todos los países del continente. En Africa hay varias líneas a los países del norte, y del golfo de Guinea. Existen líneas a Beirut, Teherán, Kuwait, Jeddah (Arabia Saudita) y a El Cairo, y también a Japón.

El factor de utilización, es decir, el promedio de plazas ocupadas por pasajeros, es superior al 65 por 100 en el tráfico interior, y oscila en torno al 50 por 100 en el tráfico internacional. En general el servicio es susceptible de muchas mejoras.

El peso del interior es mayor que el del tráfico exterior. Ello se debe a las buenas condiciones para el desarrollo del transporte aéreo dentro de nuestro país, prácticamente inconcebible en países con potentes compañías aéreas, pero con un espacio geográfico nacional muy limitado, como son Bélgica, Holanda o Suiza. España, a escala europea, es un país extenso; el ferrocarril transfiere continuamente tráfico al avión, y la rigidez del sistema de comunicaciones marítimas con Canarias y Baleares origina un movimiento análogo desde la flota mercante. Económicamente, el tráfico interior —enteramente reservado a las dos compañías nacionales— es menos rentable, pues las tarifas son más bajas que para el internacional; se opera con un factor de aprovechamiento —como ha quedado dicho antes— mucho más elevado, lo cual ciertamente redunda en determinadas épocas del año en no pocas insuficiencias del servicio.

Los primeros tiempos de la crisis de los años 70 y 80, Iberia pareció resistir bien. Sin embargo, en 1982 los resultados negativos se elevaron a casi 7.000 millones, y en 1983 se acercaron a los 50.000. Tal situación se imputó «a la caída de tráfico en las líneas de Iberoamérica» (por su crisis financiera); pero también se debió a la mala gerencia, deficiencias estructurales, cuestiones laborales, etc. La huelga de pilotos del verano de 1984 polarizó la atención pública en el desastroso estado de la empresa. Se tocó fondo por entonces, para que las cosas empezaran a mejorar; y en 1987 la compañía ya pudo presentar un beneficio de 10.000 millones de pesetas, merced a la mejora de la coyuntura internacional e interior, y la caída del precio del combustible.

Con la mejora de sus resultados, Iberia —en relación con la cual los conflictos laborales de pilotos, controladores aéreos, mantenedores, etc., siguen siendo frecuentes— pudo afrontar tres problemas importantes. El primero, la renovación de la flota, fundamentalmente con aviones europeos de la serie *Airbus*.

El segundo, el desglose de las líneas del tráfico interinsular en Canarias, Baleares, y costa mediterránea, con la creación de compañías regionales separadas (Binter). La tercera, la liberalización del tráfico a escala de la Comunidad Europea, que está produciendo cambios importantes en los sistemas de *pools,* tarifas, *charter, catering* (suministros para pasajeros), centralización informática de reservas, etc. Sin embargo, todas estas mejoras se vieron dificultadas por la nueva crisis de Iberia (1990/91) a causa de la Guerra del Golfo, la caída del turismo, y la pésima gestión que de nuevo (1992/93) situó las pérdidas en la mencionada cota de los 50.000 millones de pesetas, con un coeficiente medio de ocupación del 62 por 100.

No obstante esos problemas, Iberia tomó posiciones mayoritarias de control en las líneas aéreas de Chile (Landeco), Venezuela (Viasa), y Argentina (Aerolíneas). Lo que, inevitablemente, obliga a una gestión de mucha más calidad, en su propósito de ser la empresa líder en el mercado americano desde el Caribe a la Patagonia. Y sobre todo, cuando la desregulación que en mayor o menor medida impondrá la CE, signifique un cambio drástico respecto del anterior panorama del monopolio absoluto. Desregulación que comporta mayor competencia exterior, e incluso compañías privadas para los vuelos interiores, incluido el *aeroducto* del puente aéreo Madrid-Barcelona.

Todos los temas expuestos, hicieron crisis en septiembre de 1993, con la renovación de la cúpula de Iberia, y con el anuncio del cierre de las líneas menos rentables de la compañía. En el horizonte cabe vislumbrar si no una privatización, sí una relación especial con alguna otra gran compañía del tipo de Lufthansa.

Así como el tráfico interior lo realizan en régimen de exclusiva las compañías españolas, el tráfico con el exterior se opera conforme a las reglas de la Asociación Internacional de Transportistas Aéreos (IATA) y con acuerdos de *pool* con gran número de compañías.

Una faceta del transporte aéreo aún insuficiente-
mente explotada por nuestras compañías es el tráfico
no regular (*charter*), que ha experimentado un importante desarrollo debido a la insuficiencia de los servicios regulares en los momentos punta de vacaciones.

En la actualidad hay abiertos al tráfico civil medio
centenar de aeropuertos, de los cuales los más importantes resultan insuficientes como consecuencia de la
expansión del tráfico. Por pasajeros entrados y salidos,
los más importantes son Madrid, Palma de Mallorca,
Barcelona, Las Palmas de Gran Canaria y Santa Cruz
de Tenerife.

1. Comercio interior y canales de comercialización

Como sector dentro de la economía nacional, la importancia del comercio puede medirse por medio de la contabilidad social, y más concretamente a través de cuentas nacionales y de las encuestas de población activa.

En España, y según la Contabilidad Nacional, el «comercio al por mayor y al por menor» representa dentro del producto interior bruto en torno al 12 por 100 del PIB. Este porcentaje viene a suponer algo así como el coste global de comercialización del sistema económico nacional.

Por lo que se refiere a la población activa, el sector comercio da empleo al 14 por 100 de la población activa española, con elevado porcentaje de mano de obra femenina situado en los intervalos más bajos de edad laboral y, en general, con retribuciones inferiores a la media. En definitiva, el comercio —en su escalón

minorista— absorbe una buena parte de la mano de
obra femenina.

El comercio interior, como nexo de unión entre
producción y consumo o inversión, tiene uno de los
aspectos más interesantes de su estudio en los llamados
«canales de comercialización». Un canal de comercialización puede definirse como el cauce por el que
discurre un determinado producto desde el punto de
producción (fábrica o explotación agrícola) hasta su
destino final para su consumo, su empleo como bien
de equipo (inversión) o su explotación. Los canales de
comercialización son de muy distinto carácter, según
el tipo de producto. Para su estudio nos será útil la
clasificación que sigue a continuación:

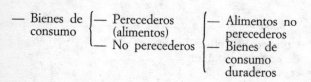

— Bienes de equipo

— Bienes de consumo
  - Perecederos (alimentos)
  - No perecederos
    - Alimentos no perecederos
    - Bienes de consumo duraderos

2. Comercialización de bienes de equipo

Los bienes de equipo («capital goods», en inglés;
«biens d'equipement», en francés), empleando la terminología utilizada actualmente de forma más frecuente en nuestro país, son aquellos que se destinan a la
producción y transporte de otros bienes. Junto con la
construcción civil, los bienes de equipo materializan la
inversión real. Aunque es discutible la frontera que
separa a los bienes de equipo de determinados bienes
de consumo duradero, puede afirmarse que entre los
bienes de equipo figuran las instalaciones industriales,
la maquinaria pesada, las máquinas-herramientas, la
maquinaria eléctrica, las máquinas agrícolas y los medios de transporte.

Por sus características especiales, e incluso por ser cada vez más frecuente su fabricación por encargo —la época de las máquinas universales se va quedando definitivamente atrás—, la mayor parte de los bienes de equipo se venden directamente por los fabricantes a los propios industriales que han de emplearlos. Así, pues, para una gama muy amplia de bienes de equipo se puede decir que no existen comerciantes intermediarios, disponiendo los propios fabricantes de departamentos o «divisiones» comerciales que se ocupan de los estudios de mercado, trato con los clientes, etcétera.

En algunos subsectores de la fabricación de bienes de equipo se han configurado en España últimamente asociaciones de fabricantes dedicadas a la promoción de ventas, sobre todo en el frente del comercio exterior. Este es el caso de entidades como Sercobe (Servicio Comercial de los Fabricantes de Bienes de Equipo), Madeform (Agrupación de los Fabricantes de Máquinas que trabajan por Deformación de Materia), el Servicio Técnico-Comercial de los Constructores Navales, la Asociación de Fabricantes de Máquinas-Herramientas, etc. Lo más reciente en la venta de bienes de equipo son las compañías que diseñan y venden fábricas completas, «llave en mano», incluso con financiación y asistencia técnica.

En la comercialización de los bienes de equipo en el mercado interior español —y al igual que sucede en todo el mundo— ha adquirido una gran importancia el tema de la financiación. En otras palabras, al ser los bienes de equipo en general de una vida técnica muy prolongada, el industrial comprador casi nunca está en condiciones de realizar su pago al contado, sino que trata de diluirlo a lo largo de un período siempre considerable.

Por ello, la financiación de la compraventa tiene que ser realizada o bien por el comprador o bien por el vendedor, siendo cada vez más frecuente que tal función recaiga sobre el vendedor. Esto es en buena medida consecuencia de la presión que ejercen las favorables condiciones financieras de las ofertas provenientes del exterior.

Por tanto, el fabricante de bienes de equipo se encuentra en la alternativa de inmovilizar un gran cúmulo de recursos en la financiación de sus ventas o de recurrir al crédito. Naturalmente, la segunda opción es la normalmente seguida por los fabricantes, que según los plazos de amortización de los bienes de equipo recurren al crédito comercial (hasta dieciocho meses) o al crédito a largo plazo, que pueden obtener de la Banca industrial y de negocios o de las entidades oficiales de crédito.

En el comercio interior de bienes de equipo tiene también su propio «escaparate», concretamente en las ferias de muestras. En España hay que señalar la Feria Internacional de Barcelona como la más importante, así como IFEMA, la Institución Ferial Madrileña —con vocación mayor por las industrias ligeras y los servicios— seguida de otras ferias nacionales e internacionales (Valencia, Bilbao, Sevilla y Zaragoza, sobre todo) y de las ferias monográficas (de maquinaria para minas, de la industria del calzado, de artes gráficas, de la construcción, etc.). Todos esos son los puntos adonde, de tiempo en tiempo, acuden los industriales y los técnicos de las empresas para examinar los avances de la industria de bienes de equipo a fin de preparar sus futuras compras.

3. Comercialización de alimentos

Nos ocuparemos primeramente de los alimentos perecederos, y fundamentalmente de los productos hortofrutícolas, para hacer al final una breve referencia a los alimentos no perecederos.

Los canales en la comercialización de productos

hortofrutícolas en nuestro país pueden esquematizarse como sigue:

Canal 1: Productor — Mayorista exportador — Minorista — Consumidor.
Canal 2: Productor-Comisionista — Asentador (Mercado Central) — Minorista — Consumidor.
Canal 3: Productor — Minorista — Consumidor.
Canal 4: Productor — Consumidor.

De estos cuatro canales, el 1 es propio de la exportación, y el 4 sólo tiene importancia local muy reducida. Existe en España una despreocupación casi absoluta (si se exceptúan los recientes casos de algunas poblaciones como Madrid, aunque, incluso en éstas, el hecho se ha planteado de forma esporádica y de modo muy simplista) por la venta directa del producto al consumidor.

Ello sucede incluso en lugares que se podrían suponer idóneos para tan simplificada canalización comercial, como es el caso de Valencia y otras plazas con un denso contorno agrícola. Las causas de este fenómeno las podemos resumir fácilmente: carácter perecedero de los artículos que exigen una comercialización rápida y dimensión económica muy reducida de las explotaciones agrarias, que no pueden afrontar por sí solas una actividad comercial que con sus menguadas posibilidades se presenta las más de las veces con todas las características de una auténtica aventura.

La solución, propugnada desde hace tiempo, reside en la formación de cooperativas, al modo de las existentes en algunos países del occidente europeo, especialmente en Holanda y Escandinavia. En España existen ciertamente sectores muy «cooperativizados», pero esto se da fundamentalmente en el caso de productos no perecederos, como el vino y el aceite; pero incluso en ellos, las cooperativas sólo son muchas veces simples sociedades anónimas encubiertas, que en poco o en nada favorecen a la mayoría de los auténticos agricultores y a los consumidores.

Así, pues, lo normal en la comercialización en España es el canal 2, arriba esquematizado, que en las grandes ciudades como Madrid, Barcelona, Bilbao y Sevilla tiene su acceso a los minoristas a través de los mercados centrales. A lo largo del canal de comercialización, los intermediarios cargan sucesivamente fuertes márgenes al precio original del producto.

Se dan normalmente recargos del 200 al 500 por 100 sobre el precio del productor. En este sentido, el margen global en el comercio de productos hortofrutícolas es mayor en nuestro país que en el resto de Europa. Según datos de la OCDE, el precio de consumo de tales bienes en los países europeos suele fijarse alrededor de tres veces el precio del agricultor. La situación española en este caso es aproximadamente la siguiente:

	Nivel de los precios
Minoristas.	350-500
Productor.	100
Comisionistas.	50
Asentador.	200

Como vemos, el precio del producto sufre sucesivos incrementos al pasar de unas manos a otras, llegando al público con un precio 3,5 ó 5 veces el del productor. La situación es, pues, desfavorable, tanto para el consumidor como para el agricultor. Las principales causas inmediatas de ellas son.

a) La fuerza de los asentadores, que casi siempre son *numerus clausus* en los mercados centrales de las grandes ciudades, por razones legales (licencias municipales) o por insuficiencia de espacio.

b) Prácticas restrictivas de los detallistas, que constituyen una oferta atomizada, pero que se enfrentan a una demanda aún más atomizada.

Se calcula que en España hay unos 35.000 detallistas. Tan alto número tiene por resultado un promedio de ventas muy reducido, lo cual a su vez incide en el precio del producto. Ello es posible en artículos como éstos de demanda muy rígida y en los cuales los minoristas disfrutan de pequeños monopolios locales. Los detallistas, naturalmente, aspiran a obtener unos beneficios que les permitan vivir.

Las prácticas que realizan con tal propósito tienen muchas veces un auténtico carácter restrictivo. Por ejemplo, cuando se producen fuertes aumentos en el volumen de los productos hortofrutícolas que llegan a los mercados centrales en las grandes ciudades, los detallistas compran a precios más bajos de lo normal, pero en cantidades iguales o sólo ligeramente superiores, a fin de que, al no aumentar sensiblemente su oferta frente al consumidor, los precios finales no bajen. En tales casos, sus beneficios son más elevados que de costumbre.

Esa situación tradicional, que prevaleció hasta los años de la década de 1960, se ha visto profundamente alterada, como después veremos, por las *grandes superficies*.

Aparte de los productos hortofrutícolas que como pieza básica en el abastecimiento hemos considerado hasta aquí, entre los alimentos perecederos hay que mencionar también los que aportan algo tan básico para la dieta como son las proteínas animales. Nos referimos, naturalmente, a la carne y al pescado, a cuya comercialización hemos dedicado algún espacio en el capítulo 3.

Dentro del grupo de alimentos, una serie de ellos tienen carácter no perecedero, esto es, pueden ser almacenados durante un lapso más o menos largo, pero en todo caso superior al de una campaña agrícola. En general, la comercialización de estos productos se encuentra intervenida para evitar que como consecuencia de la aparición de toda la oferta en un lapso muy breve (después de las cosechas) se produzcan

Figura 29: MERCADOS CENTRALES DE ABASTECIMIENTO

La concepción de los mercados centrales podría parecer, en términos generales, anticuada, puesto que viene a insistir en una figura organizativa de principios de siglo, pero que está perdiendo rápidamente su operatividad, puesto que el tráfico se realiza en medida creciente a centros de distribución minoristas de capacidad mayor (supermercados, cooperativas de consumo, **hipers,** etc.).

Sin embargo, la experiencia de MERCASA ha constituido si no un éxito espectacular, sí un desarrollo de interés urbanístico y comercial, al *sacar* del centro de las ciudades los mercados centrales, que no habrían podido coexistir con las actuales congestiones de tráfico. Además, las *unidades alimentarias,* que MERCASA ha constituido como sociedades mixtas con los ayuntamientos y los propios comerciantes, permiten el funcionamiento colateral de centros de transporte, almacenamiento, frigoríficos, etc., a los que acceden comerciantes no ya de municipios o de comarcas, sino incluso de regiones enteras (como sucede con MercaMadrid). Todo lo cual ha dinamizado de manera indudable el comercio alimentario mayorista.

La operación interventora del Estado en la comercialización de productos agrarios alimenticios se complementaba con la labor de MERCORSA, empresa nacional a que por su deficiente gestión, y por sus inversiones muy mal estudiadas, en 1990 entró en fase de liquidación.

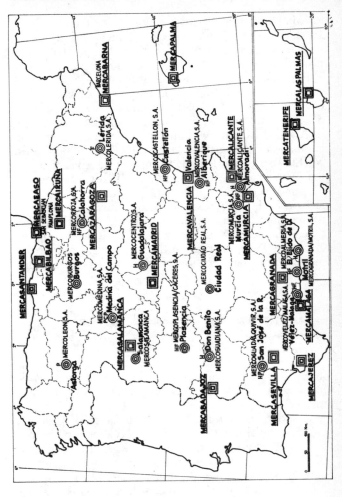

MERCASA

MERCORSA

H: HORTICOLA
F: FRUTICOLA
HF: HORDIFRUTICOLA
PCP: PATATA, CEREALES Y PIÑONES
P: PATATA

derrumbamientos en los precios de mercado. Desde 1968, la intervención de precios de productos agrícolas se halla centralizada por el FORPPA, que está administrativamente adscrito al Ministerio de Agricultura.

Por otra parte, para promover la creación de nuevos mercados centrales, existe la empresa nacional «Mercados Centrales de Abastecimiento, S. A.» (MERCASA), y a otro nivel de funciones, «Mercados en Origen, S. A.» (MERCORSA), también empresa nacional, con la finalidad de agrupar la oferta de los agricultores. MERCASA depende de la Comisaría de Abastecimientos (Ministerio de Comercio), y MERCORSA, en un 51 por 100 del de Agricultura y en un 49 por 100 de la Comisaría de Abastecimientos. En la figura 29 se representan las principales actuaciones de MERCASA y de MERCORSA, debiéndose señalar que esta última entró, en 1990, en fase de disolución, tras numerosas muestras de mala gestión e inversiones poco estudiadas.

4. Comercialización de bienes de consumo duraderos

Su venta al público se hace por los establecimientos minoristas de las grandes ciudades y de los centros de las áreas y subáreas comerciales a que nos referimos más adelante.

Los detallistas toman la mercancía en depósito o compran en firme a los fabricantes o a los distribuidores con efectos comerciales a noventa o ciento ochenta días, con lo cual cuentan con un cierto margen de tiempo para su venta al público. El público, en general, realiza el pago al contado, si bien es cada vez más frecuente el pago aplazado, que igualmente se formaliza mediante letras de cambio. Esto último es especialmente cierto en el caso de los electrodomésticos, los muebles y los automóviles; en todos estos casos se han dado multitud de abusos, pues el comerciante, en ocasiones, además de los intereses estrictamente bancarios, obtiene un beneficio financiero adicional considerable. La importancia para la coyuntura de la forma en que se realizan estas operaciones de venta con pago aplazado es cada vez mayor, por lo que el Ministerio de Hacienda dicta normas estableciendo los plazos máximos y «entradas» mínimas.

En la venta de los bienes de consumo duraderos es de gran interés el detalle de si el productor al facilitar la mercancía al comerciante al por menor se la entrega con un precio «impuesto» o sin él. En el primer caso, el fabricante está imponiendo al detallista un precio fijo de venta, del cual no puede apartarse con rebajas dirigidas a ampliar su clientela. En españa, en contra de lo que sucede en otros países, los «precios impuestos» no están prohibidos por la ley. Cuando no existen precios impuestos, lo normal son la concesión de «rápeles» por los fabricantes a los comerciantes (es decir, la concesión de descuentos progresivos en función del valor de los artículos) y de rebajas por parte de los comerciantes a su clientela.

Por último, es preciso destacar la importancia creciente de las denominadas *grandes superficies comerciales,* con los supermercados, hipermercados, centros comerciales, grandes almacenes, etc. En parte, esta actividad ha visto una fuerte penetración de empresas multinacionales del tipo de Continente, Alcampo, PRYCA, Carrefour, etc.; especialmente en lo relativo a alimentación y artículos para el hogar; área en la que ya representa —el signo de los tiempos; compras familiares una vez a la semana, cargando todo en el automóvil, y pagando con tarjeta de crédito— más del 50 por 100 del total, lo cual está en línea con el declive irreversible del pequeño comercio. En ese mismo sector el Grupo de El Corte Inglés con sus grandes almacenes, hipermercados (Hipercor), tiendas (Cortty), industria de la confección, producción, informática (investrónica), agencia de viajes, etc., se configura como el primer conglomerado comercial de España, con una cifra global de ventas (1992) próxima ya al billón de pesetas. Lo cual se debe, hay que decirlo todo, a un modelo de gestión muy riguroso, y un sistema laboral austero, que estimula a sus empleados a una integración de por vida con la empresa.

5. La competencia en el mercado interior

Algo tan viejo como el propio comercio lo son las prácticas comerciales restrictivas de la competencia. No es difícil que los fabricantes o comerciantes de un determinado producto lleguen a ponerse de acuerdo para fijar precios comunes de venta o para realizar otras prácticas que les eviten la guerra comercial. Por ello, para hacer que la competencia funcione de manera efectiva y para impedir las prácticas restrictivas comerciales, ha aparecido en todos los países desarrollados una abundante legislación represiva de las citadas prácticas en sus diversas manifestaciones.

En España, aparte de algunos antecedentes que fueron casi totalmente ineficaces, se publicó en 1963 la Ley de Represión de las Prácticas Comerciales Restrictivas de la Competencia (Ley 110/1963, de 20 de julio), que prohibía todas las actuaciones encaminadas a influir en el precio de los productos. Concretamente, en el artículo 3.º de la Ley se declaraban ilegales los cárteles de precios y de producción, el reparto de mercados o de fuentes de suministro, la discriminación local de precios, la discriminación en las relaciones comerciales frente a terceros y la exigencia de prestaciones extracontractuales abusivas.

En cambio, en la Ley 110/1963 se autorizaban en principio los cárteles de racionalización, de ajustes estructurales, de exportación, de sectores deprimidos, así como las reglas sectoriales de competencia. Con todo, la Ley 110/1963 tuvo *de facto* muy poca aplicación.

Tras el ingreso en la CE, la política de defensa de

la competencia se ajustó con la Ley 19/1989 de 17 de julio, que asumió como principio rector el de la economía de mercado, como elemento consustancial al modelo de organización económica, y como primera y más importante forma en que se manifiesta el ejercicio de la libertad de empresa. La defensa de la competencia, por tanto, de acuerdo con las exigencias de la economía general y, en su caso, de la planificación, se concibe como un mandato a los poderes públicos que entronca directamente con el artículo 38 de la Constitución. La nueva Ley responde a ese objetivo específico: garantizar la existencia de competencia suficiente, y protegerla frente a todo ataque contrario al interés público.

La Ley se asienta en los pilares de la experiencia. Por una parte se inspira en las normas comunitarias de política de competencia, que han desempeñado un papel trascendental en la creación y funcionamiento del mercado común. Y, por otra parte, nace con el propósito de superar los defectos que frustraron la plena aplicación de la Ley 110/1963.

La Ley regula un sistema de control flexible de los acuerdos que limitan la competencia en el mercado nacional. Y prohíbe tanto el ejercicio abusivo del poder económico, como aquellas conductas unilaterales que por medios desleales sean capaces de falsear sensiblemente la competencia.

Por otra parte, se establece un régimen de control de las concentraciones económicas que, por su importancia y efectos, pudieran alterar la estructura del mercado nacional en forma contraria al interés público. Y se instituye un sistema que permite analizar las ayudas públicas con criterios de competencia y, llegado el caso, prevenir sus efectos indeseables desde la perspectiva de los intereses generales.

La aplicación de la Ley, en cuanto se trata de garantizar el orden económico constitucional en el sector de la economía de mercado, se encomienda a dos órganos: el Tribunal de Defensa de la Competencia

(TDC), con funciones de resolución y, en su caso, de propuesta, y al Servicio de Defensa de la Competencia, al que se encarga la instrucción de los expedientes. Estos últimos tienen carácter especial, tanto por la esencial complejidad de la materia, como por la precisión de dotar al sistema de la independencia necesaria respecto de la Administración; todo ello sin perjuicio del control judicial de sus actos.

En 1992, en una intervención altamente polémica, el Presidente del TDC —Miguel Angel Fernández Ordóñez— criticó la política de altas tarifas de los profesionales liberales, acordadas en los Colegios de Abogados, Médicos, Arquitectos, etc.; y preconizó nueva legislación para frenar tales prácticas monopolistas, y de indudables consecuencias inflacionistas.

6. Areas comerciales del mercado español

Dentro del mercado nacional, y por encima de las divisiones administrativas de nuestro territorio, existen lo que se ha dado en llamar áreas comerciales. Según la definición de Tagliacarne, un área comercial es «el espacio geográfico cuya población se dirige con fuerte preponderancia a una localidad importante en el citado espacio, para la adquisición de artículos de uso no corriente», cuyos puntos de venta tienden a concentrarse en determinadas localidades (centros comerciales) adonde acuden compradores de las poblaciones menores vecinas (área o subárea comercial).

El profesor Reilly, de la Universidad de Texas, formuló en 1931, después de una observación minuciosa de la realidad, una ley comercial que guarda interesantes analogías con la Ley de Gravitación de Newton, y que por esta razón se conoce con el nombre de Ley de Gravitación Comercial. Puede enunciarse así: «Dos ciudades atraen compradores al por menor de un núcleo cualquiera situado en un lugar entre ellas, aproximadamente en razón directa a su población y en

Cuotas de mercado de las 101 áreas comerciales por orden decreciente, y cuotas de mercado por habitante en 1988

Areas	Cuota de mercado	Cuota per capita	Areas	Cuota de mercado	Cuota per capita
1. Madrid............	13.528	1,03	53. Tortosa.........	474	1,15
2. Barcelona........	13.149	1,18	54. Tarragona.......	463	1,25
3. Valencia..........	4.809	1,02	55. Vic...............	440	1,22
4. Sevilla...........	3.682	0,82	56. Toledo..........	394	1,00
5. Bilbao (Vizcaya)...	2.966	0,90	57. Ponferrada......	391	0,92
6. Málaga............	2.436	0,94	58. Segovia..........	379	1,01
7. Zaragoza..........	2.311	1,07	59. Guadalajara......	369	1,02
8. P. Mallorca.......	2.057	1,38	60. Alcoy............	358	1,12
9. Alicante..........	2.007	1,11	61. Avilés............	357	0,93
10. Murcia...........	1.843	0,94	62. Lorca............	347	0,90
11. Palmas (Las)......	1.731	0,94	63. Algeciras........	313	0,87
12. Córdoba..........	1.728	0,85	64. Avila............	313	0,86
13. S. Sebastián......	1.706	0,99	65. Ubeda............	313	0,80
14. Sta. Cruz Tener....	1.572	0,94	66. Don Benito-Villa-		
15. Granada..........	1.570	0,82	nueva............	311	0,79
16. Oviedo...........	1.555	0,92	67. Játiva............	306	1,03
17. Santander........	1.324	1,00	68. Figueras.........	282	1,36
18. Pamplona........	1.307	1,05	69. Vill. Penedés.....	281	1,36
19. Coruña (La)......	1.301	0,89	70. Cuenca..........	270	0,88
20. Valladolid........	1.260	0,99	71. Linares..........	270	0,80
21. Lérida...........	1.244	1,21	72. Ronda..........	264	0,91
22. Vigo.............	1.183	0,91	73. Plasencia........	257	0,26
23. Gerona...........	1.158	1,36	74. Ibiza............	240	1,38
24. Castellón.........	1.106	1,07	75. Teruel...........	238	1,03
25. Cádiz............	1.076	0,85	76. Soria............	228	1,06
26. Orense...........	1.032	0,86	77. Antequera.......	227	0,95
27. S. Compostela.....	943	0,91	78. Huesca..........	188	1,13
28. Lugo.............	925	0,88	79. Sta. Cruz de la		
29. León.............	924	0,91	Palma...........	186	0,94
30. Logroño..........	918	1,21	00. Valdepeñas.......	183	0,91
31. Almería..........	905	0,84	81. Zafra............	183	0,79
32. Albacete.........	892	0,88	82. Mérida..........	180	0,79
33. Pontevedra.......	769	0,90	83. Motril..........	173	0,82
34. Ciudad Real......	760	0,87	84. Puertollano......	173	0,82
35. Vitoria (Alava)...	752	1,07	85. Barbastro.......	167	1,12
36. Salamanca........	746	0,92	86. Olot............	159	1,36
37. Huelva...........	714	0,88	87. Aranda de Duero	157	1,03
38. Elche (Alicante)...	713	1,12	88. Línea (La).......	152	0,88
39. Gijón.............	703	0,97	89. Mahón...........	140	1,38
40. Jérez de la Fr....	673	0,87	90. Calatayud.......	139	1,10
41. Burgos...........	627	1,00	91. Arrecife.........	132	0,94
42. Jaén.............	625	1,18	92. Onteniente......	131	0,94
43. Reus.............	627	0,76	93. Miranda de Ebro	113	1,03
44. Manresa..........	617	1,18	94. Valls............	107	1,26
45. Cartagena........	591	0,92	95. Ciudad Rodrigo.	106	0,91
46. Badajoz..........	564	0,77	96. Jaca............	90	1,12
47. Talavera de la R...	562	0,92	97. Utiel............	80	0,99
48. Gandía...........	555	1,07	98. Béjar............	75	0,94
49. Palencia.........	527	1,07	99. Ciudadela.......	70	1,38
50. Cáceres..........	508	0,86	100. Ayamonte.......	46	0,88
51. Zamora...........	484	0,88	101. Puigcerdá........	39	1,38
52. Ferrol (El).......	481	0,91	Total............	100.000	100,00

Fuente: Banco Español de Crédito, *Anuario del Mercado Español*, 1989 (última información disponible en 1992).

Figura 30: CUOTAS DE RIQUEZA ACTIVA PARA LAS 101 AREAS COMERCIALES DE ESPAÑA

En el mapa se identifican las áreas comerciales del mercado español investigadas por el equipo del *Atlas Comercial de España,* al que nos hemos referido en la sección 6 de este capítulo. Para cada una de las 101 áreas comerciales se especifica la cuota de riqueza activa que le corresponde, lo que viene a medir su capacidad de gasto sobre un total de 100.000. Por otra parte, para cada área se ha establecido también, en la trama, el índice de la cuota de mercado per capita, siendo la media nacional igual a 1.

Claramente se aprecia una situación de cuota de mercado por habitante superior a la media en los tres centros neurálgicos: País Vasco, Barcelona y Madrid. Una situación también superior a la media, aunque en menor grado, se da en todo el Valle del Ebro y en el litoral Mediterráneo hasta Cartagena, y en el Cantábrico hasta los límites de Galicia. Por el contrario, los dos cuadrantes Sur y el cuadrante Noroeste de la Península aparecen con capacidades de gasto *per capita* muy inferiores a la media nacional. La razón de ello es obvia por la relación renta/gasto.

La información sobre áreas comerciales en España se actualiza de forma periódica por el Servicio de Estudios del Banco Español de Crédito en su publicación *Anuario del Mercado Español,* de donde proceden los datos registrados en este mapa. Esta publicación, de extremado detalle, incluso a nivel municipal, resulta de indudable utilidad para toda una serie de estudios de análisis regional, marketing, etc.

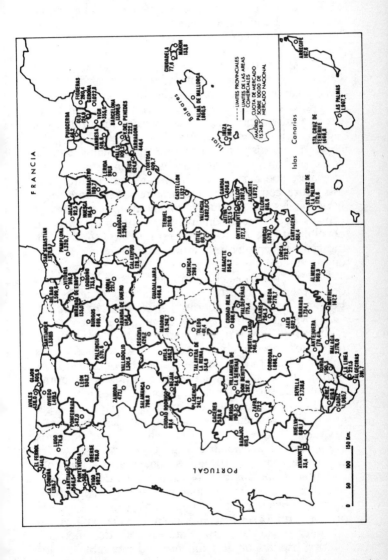

razón inversa al cuadrado de su distancia al lugar considerado.» La expresión matemática de esta ley permite delimitar teóricamente el contorno de un área comercial.

El método de Reilly, mejorado ulteriormente por Converse y una serie de entidades dedicadas al estudio de mercados, se adapta especialmente a los espacios geográficos donde no existen dificultades topográficas o de comunicación que hagan perder importancia al factor de la distancia en pro de otros elementos. Por ello, en un país con la orografía que cuenta España, con el aditamento de las divisiones administrativas provinciales, que han llegado a influir fuertemente en la estructura comercial (es importante señalar que todas las capitales de provincias son al propio tiempo los centros de las áreas comerciales más importantes), en el momento de abordarse el estudio de las áreas comerciales se empleó el método más preciso de la encuesta directa.

En otras palabras, el equipo del Consejo de Cámaras de Comercio, Industria y Navegación, dirigido por Fontana Tarrats, al elaborar el *Atlas Comercial de España* (Madrid, 1963), en vez de utilizar el método de Reilly, procedió a realizar una encuesta, empleando para ello como colaboradores a los secretarios de los entonces 9.200 ayuntamientos, que respondieron a los formularios destinados a averiguar *en dónde* compran artículos de uso no corriente (electrodomésticos, muebles, libros, confecciones, cosmética, artículos de regalo, etc.) los residentes de cada núcleo de población.

Con las contestaciones a los referidos cuestionarios fue posible confeccionar el *Atlas Comercial de España,* en donde aparecen 101 áreas comerciales claramente delimitadas con sus centros, que dentro de ellas comprenden 170 subáreas comerciales con sus correspondientes subcentros. El atlas se configura así como el primer estudio serio realizado en España para el conocimiento de la estructura espacial del mercado interior, siendo un instrumento indispensable en los estudios de localización de *stocks,* promoción de ventas, establecimiento de sucursales, cálculo de sus rendimientos, etc., de cualquier empresa de ámbito nacional o regional (ver figura 30).

Es de gran interés, además, destacar —entre otros detalles interesantes del citado trabajo— que el equipo elaborador del atlas llegó a determinar la capacidad de gasto de cada una de las áreas y subáreas. Al no contar con estadísticas oficiales (ya que éstas se hacen casi siempre a escala nacional o provincial), la determinación de la capacidad de gasto se hizo por un procedimiento indirecto. Concretamente, para cada área o subárea se tomaron siete datos considerados de interés: población, número de Bancos, número de Cajas de Ahorro, teléfonos instalados o solicitados, licencias comerciales vigentes, cifra recaudada por el impuesto sobre el gasto de espectáculos y efectos comerciales timbrados.

Por cada uno de estos datos se estableció un total nacional de 100.000, y para cada área comercial se determinó la correspondiente cuota con respecto a ese total. Homogeneizados de esta forma los datos de base, ya resultó posible construir su media aritmética y obtener para cada área comercial su cuota final dentro del mercado nacional (véase la figura 30).

Aparte del *Atlas Comercial de España,* también es de interés para el conocimiento del comercio interior español la publicación anual del Banco Español de Crédito que lleva por título *Anuario del Mercado Español,* elaborada por el mismo equipo del atlas y que ha venido actualizando su información básica y ampliándola.

7.   Costes de venta y publicidad

En la década de 1920, el profesor Chamberlain acometió por primera vez de forma sistemática el estudio teórico de los costes de venta. Realizando unos determinados desembolsos, los fabricantes y comerciantes pueden conseguir variar la curva de demanda y ampliar sus ventas para un precio dado. De esos costes de ventas los más importantes son los imputables a la publicidad. La publicidad tiene una importancia creciente en un mundo como el nuestro, de fabricación y de consumo de masas, especialmente para la venta de los productos de marca. En España, el mercado publicitario representó en 1991 un billón de pesetas (casi el 2 por 100 del PIB).

Los protagonistas del sector de la publicidad son las agencias publicitarias y lo que en el *argot* de este sector se conoce con el nombre de «medios»; es decir, la prensa, la radio, el cine, la televisión y la publicidad exterior.

Las agencias son básicamente los receptores de las órdenes de campañas publicitarias. Teóricamente realizan los estudios adecuados para obtener un máximo impacto en el mercado con un mínimo de gasto. Las agencias materializan las campañas publicitarias por contratación de los medios.

La *Prensa* fue hasta hace no mucho el principal medio publicitario, y aunque sigue manteniendo hoy una importancia considerable acusa la incidencia de los otros medios. Naturalmente, las tarifas de publicidad de la prensa española están —como en todo el mundo— en función de la tirada y de la capacidad de gasto de sus lectores. Para controlar el primero de esos dos extremos funciona en España desde fecha reciente la OJD, Oficina de Justificación de Difusión para la Prensa, que controla el volumen efectivo de las tiradas. *El País, ABC, El Mundo, El Periódico, La Vanguardia,* y *Diario 16,* por este orden, son los rotativos más importantes; con una importancia también destacada de COMECOSA, el grupo de diarios regionales como *El Correo Español, La Verdad, El Ideal, Hoy, Diario Montañés,* etcétera.

El segundo de los medios por orden de antigüedad es la *radiodifusión.* En España operan en la actualidad varios centenares de emisoras de OC, OM y FM, públicas y privadas. Por su importancia, destacan las siguientes cadenas: Radio Nacional, SER, COPE, Antena 3, Onda Cero (la antigua Rueda Rato adquirida por la ONCE en 1990), y Radio España/Cadena Ibérica.

En *televisión,* el monopolio de TVE empezó a romperse con las emisoras autonómicas (TV3, Euskal Telebista, TVG, TM3, Canal Sur, Canal Nou), y con las televisoras locales sobre la base del sistema de vídeo comunitario. Pero fue en 1989, concretamente el 23 de agosto, cuando se produjo la adjudicación por el Gobierno de las tres primeras cadenas de televisión privada: «Antena-3 Televisión», promovida por la citada cadena de emisoras de radio; «Telecinco», en la que tienen las participaciones destacadas la ONCE (Anaya se retiró del proyecto), y el magnate italiano Berlusconi; y «Canal Plus», en la que las participaciones más significativas (ningún accionista puede contar con más del 25 por 100 del capital) son las de PRISA (editora del periódico *El País*) y las del propio *Canal Plus* francés. Esta última adjudicataria presentó su proyecto con un sistema de abono con pago mensual. En su proceso de expansión, PRISA que, presidida por Jesús de Polanco, construye el mayor grupo *Multimedia*, que además de sus actividades ya reseñadas entró en 1992 en *La Vanguardia,* y en Antena 3 de Radio. Otro grupo multimedia, en el cual Mario Conde ejerce el control vía Banesto, tiene participaciones en Antena 3TV, *El Mundo,* Grupo Zeta (revistas como *Interviú, Tiempo,* etc.), etc.

Finalmente, queda por mencionar la *publicidad exterior;* a la cual la Ley de Carreteras de 1988 impuso restricciones importantes en las vías de tráfico interurbanas; pero como en tantas ocasiones, la ley no ha sido observada.

8. El sistema de precios

Más arriba hemos intentado hacer una referencia pormenorizada de cómo y de qué instituciones influyen en la formación de los precios españoles en los diferentes canales de comercialización. Nos vamos a limitar ahora a exponer brevemente como se mide la evolución del nivel general de precios a través de los índices de precios al por mayor y del coste de la vida, desde 1976 Indice de Precios al Consumo (IPC).

En España contamos básicamente con dos índices, el de productos industriales IPI,(base 1990 = 100), y el índice de precios al consumo (base 1992 = 100). Este último mide el poder adquisitivo de la unidad monetaria empleada por una unidad de consumo-tipo; al propio tiempo, la ponderación de los diferentes índices que lo integran nos expresa la estructura del consumo en el «presupuesto-tipo» de la familia española, a base de índices parciales, que a su vez sintetizan la evolución de los precios de una serie de artículos representativos del total.

La composición del IPI y el IPC, con sus índices parciales y su peso dentro de la ponderación total, aparece detallada en el cuadro 7-1. En el cuadro 7-2 se refleja la evolución del IPC y algunas comparaciones internacionales.

En el tema de los precios, como medidores de la inflación, es de importancia subrayar la muy distinta evolución de sus diversos subíndices y agrupaciones. Así, mientras hay casos de estabilidad muy clara, por la fuerte competencia internacional, en el área de los productos industriales, en cambio, en los servicios —que disfrutan de mercados mucho más herméticos—, las alzas son más fáciles. Así en 1991, mientras los primeros crecieron de un 2 a un 3 por 100, los segundos lo hicieron entre el 8 y el 10 por 100. Lo cual marca la necesidad de suprimir en los servicios situaciones de monopolio —ya lo vimos en la sección 5 de este mismo capítulo—, así como eliminar barreras de entrada a los diversos mercados.

CUADRO 7-1

A) Índice de precios de consumo

Bases y años	Índice general	Alimentos bebidas y tabaco	General no alimenticios	Vestido y calzado	No alimenticios — Vivienda — General vivienda	Alquiler	En propiedad	Gastos en agua y energía	Menaje y servicios hogar	Medicina y salud	Transporte y comunicaciones	Esparcimiento y enseñanza	Otros gastos
Base 1983	100 %	33,02 %	66,98 %	8,74 %	18,57 %	1,93 %	13,61 %	3,03 %	7,41 %	2,39 %	14,38 %	6,96 %	8,52 %
Base 1992	100 %	29,36 %	70,64 %	11,48 %	10,28 %	1,39 %	5,31 %	3,58 %	6,68 %	3,13 %	16,54 %	7,27 %	15,26 %
1990	164,1	171,0	160,8	174,0	155,1	158,0	156,9	145,0	156,5	157,9	151,6	155,7	183,6
1991	173,9	177,0	172,4	183,3	166,3	172,1	167,5	157,1	164,5	173,2	164,5	165,3	200,1
1992	184,2	183,5	184,5	192,7	177,2	186,5	177,9	167,3	173,4	190,2	177,0	177,9	218,9
1990	168,6	175,4	165,3	179,4	159,4	164,1	160,0	154,1	159,8	161,4	156,1	160,1	189,5
1991	178,0	181,1	176,4	188,4	170,7	177,9	172,5	158,3	167,3	178,2	166,5	170,6	205,3
1992	187,5	183,4	189,5	198,4	180,8	192,8	181,2	171,0	177,8	193,7	182,5	184,1	224,5

B) Índice de precios industriales

Años (Base 100, 1990)	Índice general	Del cual — Extractivas	Manufactureras	Energía	Industrias i.o energéticas — total	Minerales no energéticos y química	Transformadoras metales y precisión	Otras manufacturas	Bienes de consumo — Total	Alimenticios	No alimenticios	Bienes de equipo — Total	Estructuras metálicas y caldería	Material de transporte	Maquinaria y otros bienes de equipo	Bienes intermedios
	100 %	—	—	11,2 %	88,8 %	20,8 %	28,4 %	9,6 %	39,6 %	17,0 %	22,6 %	13,8 %	3,2 %	2,5 %	8,1 %	46,5 %
1987	92,0	—	—	92,3	92,0	96,6	88,3	92,1	89,8	91,5	89,3	87,4	82,0	91,9	86,3	95,1
1988	94,7	—	—	92,8	95,0	99,6	92,0	94,7	92,8	93,2	92,9	91,54	86,3	94,8	90,8	97,2
1989	98,7	—	—	95,5	99,1	104,6	95,8	98,7	97,0	99,7	95,9	95,6	91,5	97,9	95,2	100,9
1990	100,9	—	—	100,7	100,9	102,9	99,8	100,7	100,0	101,0	99,9	99,5	97,2	99,2	99,2	101,8
1991	102,3	—	—	104,1	102,1	99,9	103,1	102,7	103,5	102,4	104,4	103,0	103,4	102,8	102,6	101,1
1992	103,7	—	—	106,4	103,4	97,8	105,2	105,0	106,5	105,3	107,3	105,3	107,6	105,2	104,5	100,9

Fuente: INE.

Cuadro 7-2

*Evolución de los índices de coste de vida e IPC
en España y en otros países de la OCDE
(% de incremento sobre año anterior)*

España	Incremento medio anual	Incremento en el año (diciembre a diciembre)	España	Incremento medio anual	Incremento en el año (diciembre a diciembre)
1965......	13,2	9,1	1984......	12,1	9,0
1970......	5,7	6,8	1985......	8,8	10,8
1975......	17,0	14,0	1986......	8,7	8,2
1976......	17,6	19,0	1987......	4,8	5,8
1977......	24,5	26,0	1988......	6,8	6,0
1978......	19,7	16,8	1989......	6,7	6,5
1979......	15,7	15,9	1990......	6,7	6,5
1980......	15,6	15,2	1991......	5,9	5,5
1981......	14,5	15,2	1992......	5,3	4,6
1983......	12,1	12,2			

Países OCDE	Media anual		1985	1987	1988	1989	1990	1991	1992
	1961-70	1971-80							
RFA.......	2,7	5,1	2,2	0,2	1,9	3,0	2,8	3,5	3,9
España.....	6,0	15,3	8,8	5,2	5,8	6,9	6,5	5,9	5,3
EE.UU.....	2,8	7,8	3,5	3,6	4,5	4,6	6,1	4,2	3,1
Francia.....	4,0	9,7	5,8	3,3	3,1	3,6	3,3	2,9	2,6
Italia.......	3,9	13,8	9,2	4,7	5,4	6,3	6,8	6,4	5,2
Japón.......	5,8	9,0	2,1	0,1	1,0	2,6	4,0	3,3	1,7
R. Unido...	4,1	13,7	6,1	4,1	6,8	7,7	9,3	5,9	3,7

Fuente: Banco de España.

Las ordenaciones de precios, que casi siempre sin éxito intentan frenar su continuo aumento, se han sucedido en España en un continuo tejer y destejer; combinándose en las ocasiones más críticas con «paquetes» de medidas monetarias y crediticias, como sucedió en 1966, 1967, 1973, 1977, 1979, 1980, 1981...

Desde el Decreto-ley 12/1973, de 30 de noviembre (modificado por el Decreto 2695/1977, de 28 de octubre), la regulación se basa en la existencia de dos categorías: «precios autorizados» (fijos o máximos), que no pueden ser rebasados sin autorización expresa de la Administración. Entre éstos se encuentran los precios de los sectores de *monopolio natural,* energía eléctrica, tarifas de Renfe y de Iberia, agua por contador, precios agrícolas de la CE, etc. Además, están los «precios comunicados», respecto de los cuales el Gobierno puede adoptar las medidas que considere pertinentes para que no sobrepasen determinados niveles.

Como institución para la vigilancia de esas disposiciones existe la Junta Superior de Precios, de carácter interministerial, y que preside el subsecretario del Mercado Interior de la Secretaría de Estado de Comercio del Ministerio de Economía y Hacienda.

9. La defensa del consumidor

En una sociedad urbana y también industrial como ya lo es la española —por muchas bolsas de subdesarrollo e incluso de pobreza que en ella pueda haber—, los efectos del consumismo y los abusos que del mismo se derivan, adquieren más y más importancia. La concentración de la oferta y la atomización de la demanda, la falta de control por las autoridades, la propia proliferación de normas oficiales —a menudo incumplidas en un ambiente de general e irresponsable permisividad—, el afán desmedido de lucro, todo ello origina la más diversa clase de fraudes en la calidad y en la cantidad de los productos; a veces con tan siniestras

consecuencias como las que se originaron con la venta
de aceites tóxicos (el *affaire de la colza* durante 1982/92
que ocasionó más de 300 muertos), de carnes en mal
estado, de productos lácteos mezclados con sebos, etc.
Por lo demás, son frecuentes el uso de sucedáneos no
declarados, de envases inadecuados, de conservantes
no permitidos, de mezclas no autorizadas, de pesos no
respetados, y de otros muchos casos de manipulaciones ilegales.

Frente a esta situación, hay servicios de inspección
en la Dirección General de Comercio Interior del Ministerio de Economía y Comercio (el Instituto Nacional del Consumo, etc.), como también existen en la
Dirección General de Política Alimentaria del Ministerio de Agricultura, Pesca y Alimentación, y en el
Ministerio de Sanidad y Consumo (Direcciones Generales específicas de Inspección del Consumo y de Control y Análisis de Calidad). Por otra parte, ya son
numerosas las asociaciones de consumidores (como la
OCU y ACUDE) y asociaciones de usuarios del telé-
fono, de anunciantes, etc., en un movimiento que si no
todavía muy fuerte sí presenta un interés creciente. Sin
embargo, la situación continúa siendo preocupante, a
falta de una acción decidida de la Administración, de
un verdadero ambiente de moralidad pública.

La Ley 26/1985, de 19 de julio, ha previsto nuevos
dispositivos para la defensa de los consumidores y
usuarios.

10.   El sector servicios

Realmente, a lo largo de este libro, y especialmente
en sus capítulos 6 a 9, se estudian una serie de actividades de lo que generalmente se considera como *sector
servicios;* y concretamente, los transportes, las comunicaciones, el comercio interior y el turismo. Además,
en el capítulo 13 nos referiremos en detalle al sistema
financiero. Y en el capítulo 15, al ocuparnos del marco

CUADRO 7-3

Participación del sector servicios en el total de empleo

Países	1977	1987	% Aumento
Bélgica	58,8	72,1	13,3
Dinamarca	60,5	71,4	10,9
Alemania Federal	47,9	58,0	10,1
España	42,5	62,1	19,6
Francia	54,3	67,3	13,5
Italia	45,7	64,7	19,0
Holanda	60,7	71,4	10,7
Portugal	46,1	55,8	9,7
Reino Unido	57,5	70,5	13,0
Estados Unidos	65,3	72,6	7,3
Japón	52,7	65,5	12,8
CEE	54,7	65,4	10,7

Fuente: EUROSTAT.

CUADRO 7-4

Distribución de empleo en los servicios en España (%)

Subsectores	1984	1987
Comercio al por mayor y por menor	27,1	27,2
Restaurantes, cafés y hostelería	9,5	9,9
Recuperación de productos y reparaciones	3,5	3,9
Transporte y actividades conexas	9,6	8,3
Comunicaciones	1,9	1,9
Finanzas, seguros e inmobiliarias	5,2	5,3
Servicios prestados a las empresas	3,0	4,1
Alquiler de bienes muebles e inmuebles	0,1	0,2
Adminón. pública, defensa y Seg. Soc.	9,6	10,1
Servicios de saneamiento y similares	1,6	1,7
Educación e investigación	8,5	8,6
Sanidad y servicios veterinarios	6,3	6,0
Asistencia social	1,4	1,5
Servicios recreativos y culturales	2,3	2,3
Servicios personales y domésticos	10,2	8,9
Representaciones diplomáticas	0,1	0,0
Total	100,0	100,0

Fuente: Encuesta de Población Activa.

CUADRO 7.5

Sector servicios por ramas de actividad. (Población ocupada. Miles de personas y % sobre total servicios)

	1970	%	1975	%	1980	%	1985	%	1990	%
SERVICIOS	5.257,5	40,52	5.658,8	43,83	5.618,7	47,31	5.922,2	52,22	7.400,0	56,56
Comercio y hostelería	1.905,3	36,24	2.104,6	37,18	2.048,1	36,44	2.080,4	35,13	2.669,8	36,08
Comercio	1.321,8	25,14	1.465,1	25,88	1.529,1	27,20	1.442,3	24,36	1.839,9	24,87
Hostelería	583,5	11,10	639,5	11,30	519,0	9,24	638,1	10,77	829,9	11,21
Transportes y comunicaciones	658,2	12,52	754,7	13,34	733,8	13,06	689,6	11,65	734,0	9,92
Transporte por carretera	383,5	7,29	452,1	7,99	448,7	7,98	409,3	6,91	451,3	6,10
Otros servicios de transporte	163,9	3,12	181,2	3,20	174,5	3,11	162,7	2,75	155,1	2,10
Comunicaciones	110,8	2,11	121,4	2,15	110,6	1,97	117,6	1,99	127,6	1,72
Crédito y seguros	336,1	6,39	287,0	5,07	289,7	5,16	289,2	4,88	306,8	4,15
Alquiler inmobiliario	29,5	0,56	13,4	0,24	11,0	0,20	11,3	0,19	11,7	0,16
Otros servicios para la venta	870,5	16,56	1.017,2	17,98	914,7	16,28	977,0	16,50	1.293,5	17,48
Enseñanza y sanidad	281,3	5,35	312,3	5,52	253,3	4,51	297,7	5,03	335,6	4,53
Otros servicios	589,6	8,17	393,6	6,96	381,4	6,96	380,6	6,43	369,6	4,99
Servicio doméstico	429,6	8,17	393,6	6,96	381,4	6,79	380,9	6,43	369,6	4,99
Servicios públicos	1.028,3	19,56	1.088,3	19,23	1.240,0	22,07	1.493,8	25,22	2.014,6	27,22

Fuente: Papeles de Economía, n.º 50, págs. 53-54.

social de la economía, tratamos, con relativa extensión los temas de seguridad social, sanidad y educación. Sin olvidar las amplias referencias que a toda una serie de servicios del sector público se hacen específicamente en el capítulo 14 al examinarse el sistema fiscal.

Pero con ser muchas las páginas de esta obra dedicadas al sector servicios, faltaba una visión del conjunto, que introducimos por primera vez en la presente edición, como consecuencia de la progresiva «terciarización» de la economía española; análogamente a lo que sucede en la mayoría de los países de la Comunidad Europea. En los cuadros 7-3 a 7-5 es posible apreciar la trascendencia del sector.

Entre los servicios más importantes no tratados específicamente en esta obra, destaquemos el de *seguridad,* con empresas ya de gran talla —Grupo Esabe, Prosegur, Prosesa, Fichet, etc.— y con casi 200.000 agentes privados, que desbordan —signo de los tiempos— a los efectivos sumados de la Policía Nacional y de la Guardia Civil. Este subsector cuenta con su propia patronal. «La Asociación Española de Seguridad» (AES).

Asimismo, deben señalarse los sectores en que el insuficiente o mal funcionamiento de los servicios públicos han permitido difundirse la actividad de las empresas privadas. Ello sucede con: la *asistencia sanitaria,* en la que hay importantes empresas de servicios médicos (Sanitas, Asisa, Menfis, etc.); la distribución de *correspondencia y paquetería,* con multinacionales como DHL, MRW, UP, etc., que se han llevado lo mejor del antiguo servicio de correos; la *auditoría,* y el *asesoramiento fiscal,* que desempeñan también grandes multinacionales como Arthur Andersen, Price Waterhouse, Ernst & Young y otras.

Tercera parte:
El sector exterior

1. Introducción general al sector exterior: la balanza de pagos en su conjunto

La Contabilidad Nacional nos ofrece el esquema más claro de la circulación dentro de una economía nacional, a través de un sistema de cuentas que registra las transacciones entre los diversos sectores que la componen. En la cuenta de las empresas se registran las entradas y salidas monetarias derivadas respectivamente de la venta de bienes y servicios y de los costes de producción de las empresas en su conjunto; esto es, del *sector productivo.* En la cuenta de familias se integran las entradas y salidas del *sector consumo,* integrado por las unidades de consumo que son las familias, que por un lado trabajan y obtienen unos ingresos (entradas) y que por otro realizan unos gastos y acumulan unos ahorros (salidas).

La capitalización de las empresas y el ahorro de las familias se contabiliza en una cuenta aparte (no puede hablarse propiamente de sector) que lleva el nombre de «Formación Bruta de Capital».

Finalmente, las transacciones entre la economía nacional (configurada por las tres cuentas antes citadas) y el exterior se registran en una «cuenta de operaciones con el exterior». La integración de las actividades que origina esa cuenta, es decir, que genera ingresos y salidas respecto de fuera de la Nación, es lo que habitualmente se denomina *sector exterior,* objeto de nuestra atención en el presente capítulo.

Las operaciones con el exterior son analizables no sólo a través de Contabilidad Nacional, sino, además —y de forma mucho más minuciosa—, por medio de la balanza de pagos. El Fondo Monetario Internacional define la balanza de pagos como el «registro sistemático de todas las transacciones económicas verificadas durante un período de tiempo entre los residentes del país informante (al que la balanza se refiere) y los residentes de otros países». La balanza se descompone en dos balanzas diferentes: la «balanza por cuenta corriente» y la «balanza por cuenta de capital» (véase cuadro 8-1) que refleja el nuevo sistema establecido por el Banco de España a partir de 1991).

La balanza por cuenta corriente (o de operaciones corrientes) registra todas aquellas transacciones distintas de las que representan cambio en la posición internacional acreedora-deudora del país o en su tenencia de oro monetario. Registra, en suma, las transacciones que crean o absorben renta, que pueden ser de tres clases: mercancías, servicios (turismo y viajes, fletes, seguros, rentas de inversiones, transacciones gubernamentales, servicios diversos) y transferencias.

La balanza por cuenta de capital registra todos los movimientos de valores que afectan a la posición acreedora-deudora del país, o que se manifiestan en las reservas de oro monetario. Recoge todas las importaciones o exportaciones de capital (sean privadas o públicas) a largo plazo. Los movimientos de capital a corto plazo tienden a equilibrar la situación, compen-

CUADRO 8-1

Balanza de pagos de España de 1991 y 1992
(miles de millones de pesetas)

Conceptos	1990			1991		
	Ingresos	Pagos	Saldos	Ingresos	Pagos	Saldo
CUENTA CORRIENTE						
Mercancías (a)	5.607,0	8.614,2	−3.007,1	6.130,7	9.321,8	−3.191,1
Servicios	3.494,0	2.638,5	855,5	3.971,3	832,1	
Fletes y seguros	181,0	298,3	−117,3	188,4	322,8	−134,5
Otros transportes	427,6	254,4	173,2	432,3	248,8	183,5
Turismo y viajes	1.878,4	429,3	1.449,1	1.991,1	473,4	1.517,8
Rentas de inversión	504,2	890,3	−386,1	730,9	1.232,5	−501,5
Privadas	119,9	776,9	−657,0	173,7	1.036,5	−862,9
Públicas	384,3	113,4	270,9	557,3	195,9	361,3
Transacciones gubernamentales	29,1	87,6	−58,6	37,3	90,3	−53,1
Asistencia técnica y royalties	40,7	221,8	−181,1	66,7	236,5	−169,9
Otros servicios	433,2	456,8	−23,6	524,6	534,9	−10,2
Transferencias	965,3	533,2	432,1	1.368,4	745,7	622,7
Privadas	452,4	143,1	309,2	401,4	174,7	226,7
Públicas	512,9	390,1	122,9	967,0	571,0	396,0
Balanza por cuenta corriente	10.066,4	11.785,9	−1.719,6	11.470,4	13.206,7	−1.736,3

Conceptos	Var. Pasivos	Var. Activos	VP-VA	Var. Pasivos	Var. Activos	VP-VA
CUENTA DE CAPITAL (b)						
Capital a largo plazo	2.438,6	512,1	1.926,6	4.024,9	525,5	3.499,4
Sector privado	1.992,0	407,8	1.584,2	2.383,3	462,9	1.920,4
Inversiones	1.845,5	370,2	1.475,4	1.672,7	471,3	1.201,4
Créditos	146,5	37,7	108,8	710,6	−8,4	719,0
Sector público	446,6	119,6	327,0	1.641,6	132,1	1.509,5
Sector bancario	—	−15,4	15,4	—	−69,3	69,3
Balanza básica	—	—	207,0	—	—	1.763,1
Capital a corto plazo	66,6	430,1	−363,5	123,2	411,8	−288,6
Sector privado	−32,8	430,1	−462,9	112,1	410,1	−298,0
Sector público	99,4		99,4	11,1	1,6	9,5
Movimientos monetarios del sistema crediticio	558,7	535,8	22,9	287,7	1.747,6	−1.359,9
Reservas centrales	—	765,3	−765,3	—	1.465,8	−1.465,8
Otros movimientos del sistema crediticio	558,7	−229,5	788,2	387,7	281,8	105,9
En moneda extranjera	132,4	−246,4	378,8	344,6	232,2	112,3
Posición en moneda extranjera	—	−368,1	368,1	—	149,0	−149,0
Contrapartida cuentas en divisas residentes.	—	121,7	−121,7	—	83,2	−83,2
Pasivos en moneda extranjera (que financian préstamos a residentes)	132,4	—	132,4	344,6	—	344,6
En pesetas	426,3	16,9	409,4	43,1	49,6	−6,4
Activos a corto plazo del sector bancario	—	16,9	−16,9	—	49,6	−49,6
Pasivos en pesetas convertibles	426,3	—	426,3	43,1	—	43,1
Errores y omisiones	133,7	—	133,7	—	114,7	−114,7

Fuente: Banco de España
(a) Incorpora el comercio de petróleo en régimen de maquila.
(b) Desde la óptica del residente.

sando el saldo de la balanza básica que resulta de las balanzas por cuenta corriente y de los movimientos de capital a largo plazo.

Desde 1959, la Secretaría General Técnica del Ministerio de Comercio (desde 1982, Secretaría de Estado de Comercio), publicó anualmente la balanza de pagos, conforme al modelo propuesto por el Fondo Monetario Internacional, hasta que como ya dijimos, en 1991 se hizo cargo de su elaboración el Banco de España.

En la balanza aparecen los resultados netos (*entradas menos salidas de divisas*) de cada epígrafe, siendo el que aparece en el epígrafe «balanza básica» el resultado inicial de la balanza de pagos, que se traduce —tras la depuración de los «errores y omisiones»— en el resultado definitivo; éste se salda con entradas (cuando existe superávit de balanza de pagos) o con salidas (cuando existe déficit) de oro monetario y capital a corto plazo en divisas de moneda extranjera. En caso de superávit de la balanza, las reservas nacionales de oro y divisas aumentan; en caso de déficit, disminuyen (cuadro 8-2). Las cabeceras del cuadro 8-2 son expresivas de los distintos componente de la reserva. Las columnas 4, 5 y 6 reflejan las posibilidades de giro automático de disponibilidades de España en el FMI (cuota y DEGs) y en la CE (Ecus en el FECOM). En el cuadro 8-2 figura también la evolución de la deuda exterior española.

En su evolución, la balanza de pagos de España contó con excedentes importantes desde 1960, tras la puesta en marcha del Plan de Estabilización. La devaluación de la peseta (de 42 pesetas a 60 pesetas = 1 dólar) realizada en aquella ocasión, supuso un fuerte incremento en la entrada de divisas por exportaciones, turismo, remesas de emigrantes e inversiones de capital extranjero. La evolución de la reserva de oro y divisas puede seguirse en el cuadro 8-2.

Tras el anterior examen global de la balanza de pagos y de la reserva de divisas, en lo que resta de este

CUADRO 8-2
Evolución de las reservas exteriores y de la deuda exterior de España (millones de dólares)

Años	Oro	Divisas convertibles	Divisas no convertibles	Cuota de España en FMI	Posición DEGS	Derechos ECUS en FECOM	Total reservas		Deuda exterior		
							Importe	Variación	Pública	Privada	Total
1961	316,6	546,6	6,1	22,5	—	—	891	—	—	—	—
1965	809,9	458,0	-13,3	141,0	—	—	1.395	-112,4	—	—	—
1970	498,1	1.143,5	61,7	45,0	43,5	—	1.791	905,4	—	—	—
1975	602,4	5.112,8	43,8	—	146,4	—	5.950	-119,9	3.918	4.536	8.454
1980	616,7	11.060,6	50,7	255,3	286,3	—	12.358	-758,5	9.958	13.761	23.719
1981	4.652,6	10.234,3	4,9	251,9	390,4	—	15.337	2.979,0	11.414	15.791	27.205
1982	3.666,1	6.912,7	—	248,4	224,6	—	11.519	-3.807,4	12.841	15.931	28.772
1983	3.826,8	6.494,3	—	256,3	68,5	—	11.228	-301,4	14.044	15.418	29.462
1984	3.832,1	10.872,1	—	356,3	151,9	—	15.788	4.599,8	14.173	15.404	29.577
1985	3.722,0	8.929,9	—	384,1	264,9	—	14.484	-1.304,0	16.691	12.584	29.285
1986	3.785,0	11.383,0	—	454,0	379,0	—	16.001	1.517,0	12.566	11.497	24.063
1987	3.767,0	22.056,0	—	625,0	475,0	3.249	30.172	14.171,0	13.647	16.468	30.115
1988	4.766,0	30.067,0	—	954,0	543,0	3.565	39.875	9.703,0	13.514	19.234	32.748
1989	5.419,0	33.262,0	—	1.123,0	632,0	3.985	44.422	4.574,0	13.839	19.070	32.909
1990	4.777,0	41.967,0	—	1.123,0	639,09	4.683	53.104	8.682,0	10.372	24.392	24.764
1991	4.498,0	53.217	—	1.006,0	429,0	7.134	66.283	11.104	26.143	31.868	58.011
1992	4.217,0	35.690,0	—	1.145,0	184,0	9.247	50.484	-15.799	16.223	53.561	79.784
1993 (mayo)	4.217	32.742	—	1.080,0	206,0	6.414	44.658	-5.826	—	—	—

Fuente: Banco de España

capítulo nos ocupamos de la balanza de mercancías, y en los dos siguientes realizamos un estudio detenido de los principales aspectos de la balanza de servicios (fundamentalmente, turismo), transferencias (en su mayor parte remesas de emigrantes) y capital a largo plazo (inversiones de capital extranjero).

2. La balanza de mercancías

Dentro del conjunto de la balanza de pagos tiene máxima importancia la balanza de mercancías, que registra todo el comercio exterior (importaciones y exportaciones de mercancías).

La importancia que el comercio exterior tiene dentro de nuestra economía fue enjuiciada de modo muy distinto. Las posibilidades económicas autárquicas de nuestro sistema económico las señalaron, entre otros autores, Francisco Cambó, Juan Ventosa e Higinio Eguilaz. De Cambó es la conocida afirmación de que «en la economía española los factores exteriores tienen una débil influencia; es mucho más importante la del sol y la de la lluvia». Una postura mucho menos autárquica es la que sostuvo Olegario Fernández Baños, cuando en los años de la crisis económica mundial de la década de 1930 se suscitó la polémica sobre si nuestro sistema era lo suficientemente autárquico como para escapar a los efectos de la crisis. El autor que por entonces puso más de relieve la escasa importancia cuantitativa de nuestra importación, al tiempo que destacó su valor cualitativamente inestimable para la economía nacional, fue el profesor Olariaga.

Claro es que desde entonces la situación ha cambiado radicalmente, sobre todo a partir del Plan de Estabilización de 1959 hasta hoy. Si en 1960 el comercio exterior de España (importaciones más exportaciones) representaba un 16,5 por 10 del PIB, en 1989 esa proporción se elevaba al 29 por 100, con tendencia a seguir aumentando. Esto significa que la economía es-

CUADRO 8-3

Comercio exterior de España (millones de dólares)

Años	Exporta-ciones	Impor taciones	Saldo	Cobertura %
1959.............	523	758	−253	68,99
1960.............	745	688	57	108,28
1965.............	1.019	2.756	−1.737	36,29
1970.............	2.457	4.325	−1.868	56,81
1971.............	2.970	4.548	−1.578	66,30
1972.............	3.810	6.017	−22.207	63,32
1973.............	5.129	9.533	−4.405	53,80
1974.............	7.078	15.418	−8.340	45,91
1975.............	6.690	16.262	−8.572	47,29
1976.............	8.719	17.468	−8.749	49,91
1977.............	10.253	17.880	−7.635	57,31
1978.............	13.082	18.665	−5.583	70,03
1979.............	18.188	25.410	−7.222	71,58
1980.............	20,380	34.253	−13.424	60,81
1981.............	16.452	32.179	−15.727	51,13
1982.............	20.522	31.535	−11.035	65,08
1983.............	19.731	29.186	−9.455	67,60
1984.............	23.265	28.829	−5.564	69,99
1985.............	24.247	29.963	−5.176	80,92
1986.............	27.256	25.390	−8.134	77,00
1987.............	36.153	51.943	−15.790	69,60
1988.............	40.341	60.530	20.189	66,60
1989.............	43.450	70.945	−27.495	61,50
1990.............	55.641	87.714	−32.073	63,40
1991.............	60.259	93.204	−32.945	64,70
1992.............	64.685	89.902	−25.217	71,95

Fuente: D. G. de Aduanas.

pañola se encuentra hoy mucho más relacionada con el exterior.

En el cuadro 8-3 puede apreciarse la evolución seguida por la balanza de mercancías desde 1959 según la Dirección General de Aduanas (pueden apreciarse diferencias de alguna consideración respecto al primer epígrafe del cuadro 8-1, que está reelaborado teniendo en cuenta una serie de elementos de ajuste).

España ya no es un país «eminentemente agrícola»

ni siquiera en el frente comercial, pues desde el año 1965 la balanza comercial agrícola viene siendo crecientemente importadora, sobre todo por las fuertes importaciones de cereales-pienso (maíz fundamentalmente) y aceites de semilla. Por otra parte, el fuerte déficit energético de la economía española pesa de manera decisiva (importación de crudos).

La reducción de las exportaciones de minerales se refleja en la escasa entidad de las «materias primas»; por su parte, las importaciones para abastecer a la industria nacional (fosfatos, caucho, fertilizantes, fibras textiles, madera, etc.) representan más del doble de toda nuestra exportación de bienes de consumo y de equipo, lo cual revela el todavía carácter intravertido de nuestro desarrollo industrial.

El cuadro 8-4 refleja la distribución geográfica de nuestro comercio exterior en los últimos años. Tanto para las importaciones como para las exportaciones —y por razones obvias de contigüidad geográfica y de nivel de renta— los países de Europa occidental son nuestros mayores socios comerciales. Ello es especialmente cierto a partir del ingreso de España en la Comunidad Europea —al que nos referimos *in extenso* en el capítulo 18— que conlleva también el desarme arancelario, para todos los productos industriales con los países de la EFTA. De hecho, desde 1993 la CEE y la EFTA integran un mismo Espacio Económico Europeo de 19 países, sin barreras comerciales significativas entre ellos.

Sigue en orden de importancia Estados Unidos, en donde se hacen grandes compras de productos alimenticios (maíz y aceites vegetales, especialmente) y a donde ya exportamos una amplia gama de productos manufacturados (tejidos, confecciones, artículos de piel, muebles, etcétera), si bien aún siguen teniendo un peso decisivo determinadas exportaciones tradicionales (aceitunas, aceite de oliva, frutos secos, etc.).

Por último, en el cuadro 8-5, se registra el intercambio, clasificado por grandes grupos de productos.

CUADRO 8-4

El comercio exterior por áreas y países (miles de millones de pesetas)

Años	Total mundial	CCDE Total	Comunidad Europea						Estados Unidos de América	Japón	Resto OCDE	OPEP	COME-CONH (extinto)	Otros países americanos	Nuevos países industrializados	Resto
			Total	Alemania	Francia	Italia	Reino Unido	Resto CE								
1987...	6.051,4	4.471,3	3.300,1	973,4	773,4	533,2	424,6	595,1	501,3	271,3	398,4	572,3	169,6	351,4	134,7	352,0
1988...	6.989,4	5.418,2	3.969,2	1.130,1	942,3	673,7	497,7	725,4	627,6	358,9	462,5	466,4	189,4	355,6	184,0	375,7
1989...	8.396,4	6.520,8	4.780,4	1.359,2	1.157,1	835,0	549,3	879,7	762,7	401,6	576,2	625,3	224,1	377,5	197,8	450,8
1990...	8.898,4	6.985,2	5.264,4	1.464,0	1.309,4	906,2	602,0	982,8	748,1	397,9	574,9	656,0	199,0	375,9	199,9	482,4
1991...	9.636,8	7.601,8	5.780,3	1.559,1	1.464,0	964,8	727,9	1.064,6	769,9	454,3	597,3	695,1	138,2	394,1	248,6	559,0
1992...	10.205,0	8.064,9	6.197,5	1.673,7	1.619,3	1.003,1	745,0	1.156,5	755,0	475,6	636,8	600,8	90,4	410,0	264,2	774,7

Fuente: D. G. Aduanas.

CUADRO 8-5

Comercio exterior de España por grandes agrupaciones de productos (miles de millones de pesetas)

Años	Total	Productos energéticos			Productos no energéticos											
		Total	Inter-medios consumo	De consumo	Total	Bienes intermedios			Bienes de consumo					Bienes de capital		
						Total	Agrí-colas	Indus-triales	Total	Alimen-ticios	No dura-deros	Duraderos		Total	De los que	
												Total	Del cual auto-móviles		Maqui-naria	Trans-porte
1987....	4.211,8	252,2	221,1	31,1	3.959,7	1.878,4	120,5	1.757,9	1.609,5	585,5	412,6	611,4	451,1	471,9	324,1	115,8
1988....	4.659,5	210,9	171,8	39,1	4.448,6	2.178,5	159,3	2.019,2	1.693,2	605,1	421,0	667,1	501,6	564,8	345,6	188,9
1989....	5.134,5	244,6	195,5	49,2	4.889,9	2.354,6	126,5	2.223,1	1.829,0	630,0	435,2	763,7	597,5	691,3	418,9	239,8
1990....	5.630,6	272,5	239,2	33,3	5.358,0	2.445,4	145,1	2.300,3	2.120,9	668,3	489,4	963,2	751,1	756,4	463,6	251,5
1991....	6.064,7	184,6	155,4	29,2	5.880,1	2.646,8	184,8	2.462,0	2.441,6	732,0	486,2	1.223,4	990,7	791,7	507,5	237,0
1992....	6.605,7	188,1	167,7	20,4	6.417,5	2.769,9	126,1	2.643,9	2.722,7	838,6	522,3	1.361,8	1.110,8	924,9	554,4	300,0

Fuente: D. G. de Aduanas.

Capítulo 9

Turismo y transferencias

1. El turismo

El hombre, en su curiosidad por conocer el mundo que le rodea, ha sentido siempre la inquietud de viajar. Pero hasta nuestra época la realización de esa inquietud estuvo limitada, por razones técnicas y económicas, a un reducido número de países y a círculos de personas muy poco extensos. El desarrollo de medios de transporte económicos, rápidos y cómodos, y la progresiva elevación del nivel de vida han hecho posible una formidable expansión del turismo, que ha llegado a convertirse en una actividad de masas en todos los países con cierto nivel de desarrollo.

Existen unos motivos de atracción que explican las corrientes turísticas. La atracción reside a veces en factores infraestructurales (clima, especialmente número de días de sol por año; existencia de costas con playas; paisajes de gran belleza, etc.), estructurales (buenas comunicaciones, industria hotelera muy perfeccionada, precios razonables) y finalmente culturales (alto nivel artístico, monumentos históricos, lugares conocidos por influencia de obras literarias de gran difusión, etc.).

Los turistas gastan su dinero en la adquisición de bienes y servicios en el país que visitan. Por tanto, el turismo es un caso especial de exportación sin desplazamiento de bienes y servicios, algunos de los cuales son indesplazables por su propia naturaleza (utilización de las carreteras y ferrocarriles, servicios hoteleros, etc.).

Generalmente, en un sentido específico, se entiende por turismo el realizado dentro de cada país por los residentes fuera del mismo; pero en un sentido genérico hay que incluir como turismo el que realizan dentro de cada país los residente en él. Este turismo interior ha llegado a adquirir una importancia fundamental desde el punto de vista económico y social.

1-1.   La evolución del turismo extranjero

España cuenta ciertamente con atractivos importantes para el turista extranjero. Los más señalados son el clima soleado del litoral mediterráneo, los tesoros artísticos y monumentales, la fiesta de los toros y lo relativamente bajo que resulta a los turistas nuestro coste de vida. Por ello, no es de extrañar que desde los años 50 exista una corriente turística de cierta importancia hacia nuestro país.

Aunque el desarrollo del turismo extranjero en España ha sido especialmente rápido a partir de 1951, ya era de consideración antes de 1936. En el cuatrienio 1931-1934 el número de extranjeros entrados en España provistos de pasaporte alcanzó un promedio de 195.000, a los que habría que agregar 78.000 pasajeros en tránsito por los puertos españoles.

La Guerra Civil, la Segunda Guerra Mundial y las circunstancias económicas y políticas que siguieron a ésta abrieron un largo paréntesis en el desarrollo de las actividades turísticas en España. Sólo en 1949 la cifra de los turistas superó a la de preguerra, y al año siguiente se advirtió ya un aumento sustancial en su afluencia, que desde entonces no ha dejado de crecer, salvo en los años 1989 y 1990 de crisis turística (cuadro 9-1).

CUADRO 9-1

Turismo exterior e ingresos y pagos en divisas

Años	Turismo (en miles)		Millones de dólares	
	Visitantes extranjeros	Españoles al extranjero	Ingresos	Pagos
1970............	24.105	4.682	1.6809,8	113,1
1975............	30.122	5.970	3.404,3	385,4
1980............	38.027	18.083	6.968,0	1.227,0
1981............	40.129	14.354	6.716,0	1.088,0
1982............	42.001	13.896	6.454,0	1.009,2
1983............	41.263	14.245	6.836,0	895,0
1984............	42.931	14.619	7.717,0	835,0
1985............	43.235	15.651	8.150,8	1.010,1
1986............	47.389	17.636	12.058,4	1.513,8
1987............	50.544	18.227	14.759,9	1.937,9
1988............	54.578	18.985	16.686,0	2.440,0
1989............	54.058	23.306	16.174,0	3.080,0
1990............	52.036	22.156	18.593,0	4.253,0
1991............	53.491	19.311	19.004,0	4.530,0
1992............	53.330	19.862	20.792,2	4.721,8

Fuente: Instituto de Estudios Turísticos y *Anuario El País*.

Dentro de la tendencia general de crecimiento de la corriente turística hacia España hay que señalar algunas de sus características de mayor interés, como son el promedio de estancia, la estacionalidad y la procedencia del turismo.

Se observa una clara tendencia al aumento de la proporción del conjunto de turistas con estancia superior a las veinticuatro horas (los provistos de pasaporte más los españoles residentes en el extranjero). Este es un hecho del máximo interés, pues es indicio de que, en vez de disminuir la estancia media de los turistas, aumenta.

Otra característica que se observa en el turismo es la estacionalidad. La máxima afluencia de turistas se produce en los meses estivales de junio a septiembre, con un máximo en julio y agosto.

De Francia, Gran Bretaña y Alemania proceden más del 70 por 100 del total de los turistas, lo que configura a nuestro país como de turismo netamente europeo (véase cuadro 9-2).

1-2. Política de turismo

En España, la preocupación del Estado por el turismo nació durante la Dictadura de Primo de Rivera. La construcción del circuito de carreteras de firmes especiales puso de relieve la casi total ausencia de medios de alojamiento decoroso en nuestras principales rutas. Ese fue el motivo de la creación del «Patronato Nacional de Turismo», que en los últimos años de la Monarquía y durante la Segunda República ejecutó un excelente plan de albergues y paradores, que adquirieron gran prestigio internacional.

Después de la Guerra Civil, el Patronato Nacional de Turismo, de organismo autónomo, se convirtió en la Dirección General de Turismo, embrión de la actual Secretaría General de Turismo. Su actividad durante la década 1940-1950 se vio forzosamente limitada por la Segunda Guerra Mundial y por la política exterior de España durante ese período: la red de paradores apenas se amplió, se mantuvo una cierta vigilancia sobre la actividad de hostelería (cuyos precios estaban fijados oficialmente), y, salvo en las grandes ciudades, la industria hotelera se desarrolló muy poco en esos años, debido a la casi total extinción incluso del turismo interior, fuertemente obstaculizado por las dificultades de transporte (especialmente por carretera) y de alimentación.

Entre 1951 y 1960 se produjo la fuerte expansión turística comentada en páginas anteriores. Es cierto que a ella coadyuvaron algunas medidas adoptadas por el Estado, como la suavización de las trabas administrativas en la concesión de visados (anteriormente muy restringidas por razones políticas), el establecimiento de un tipo de cambio turístico más favorable, la adhesión de España a los convenios internacionales sobre facilidades aduaneras al turismo y la concesión de préstamos a largo plazo para la construcción de hoteles a través del Crédito Hotelero. Pero en lo sustancial la expansión del turismo se produjo espontáneamente: la prosperidad de Europa y Norteamérica, el bajo nivel de los precios españoles y la saturación de áreas clásicas de esparcimiento en Europa, todo ello promovió un aflujo creciente de visitantes a España; ante tan excelentes expectativas la iniciativa privada fue creando instalaciones más o menos adecuadas. La trascendencia económica del turismo, especialmente ostensible tras el Plan de Estabilización, indujo a una serie de cambios en la actitud oficial.

Siguiendo la recomendación hecha por el BIRF sobre este particular, en julio de 1962 fue creada la Subsecretaría de Turismo (hoy Secretaría General para el Turismo, dentro del Ministerio de Industria, Comercio, y Turismo), que presta atención a las actividades turísticas. Los principales puntos a los que se dirige esa atención son cuatro: régimen de precios, crédito hotelero, publicidad y planificación general de las zonas turísticas. Los dos primeramente enumerados pueden ser resueltos con relativa facilidad, los otros dos requieren un mayor esfuerzo y plantean la necesidad de una política a largo plazo, con una visión que vaya más allá de lo económico. Veamos en primer término lo referente a precios.

Tras el sistema de precios oficiales mantenido en vigor durante muchos años, en 1962 se pasó a la libertad de precios para la industria hotelera, dentro de unos topes máximo y mínimo que se fijan las propias empresas y a los cuales da publicidad el Ministerio de

CUADRO 9-2
Turismo exterior (entradas y salidas, en miles)

| Años | Entradas en España | | | | | | | | | | | | Salidas al extranjero de residentes en España | | |
| | Total | Extranjeros | | | | | | | | | | Españoles residentes en el extranjero | Total | Frontera con Andorra | Otros puntos de salida |
		Total	Alemania	Francia	Reino Unido	Portugal	Benelux	Países escandinavos	Marruecos	Estados Unidos y Canadá	Otros				
1987..	50.544,9	48.202,9	6.596,4	11.671,4	7.550,3	8.969,4	2.988,7	2.201,9	2.557,6	1.044,4	4.662,8	2.342,2	18.227,7	7.248,5	10.979,2
1988..	54.178,3	51.310,6	6.904,5	12.085,5	7.645,7	10.065,0	3.472,2	2.390,0	2.794,5	1.026,9	4.926,3	2.867,5	18.984,9	6.710,8	12.274,1
1989..	54.057,6	50.912,7	6.791,5	11.994,4	7.345,8	10.044,2	3.497,8	2.229,2	2.615,5	1.126,1	5.268,2	3.144,9	23.306,1	8.197,5	15.108,6
1990..	52.044,1	48.744,7	6.887,5	11.623,6	6.286,4	10.106,1	3.295,4	2.073,1	2.132,3	994,0	5.346,2	3.299,3	21.878,0	6.461,1	15.416,9
1991..	53.494,9	50.023,1	7.663,2	12.052,9	6.144,9	10.533,6	3.606,4	1.907,8	1.849,6	790,3	5.474,4	3.471,8	19.311,9	3.707,2	15.604,6
1992..	55.330,6	51.630,5	7.763,9	11.794,5	6.598,4	11.568,4	3.578,4	1.765,5	1.944,1	973,5	5.643,7	3.700,0	19.862,1	3.274,2	16.588,0

Fuente: Secretaría General de Turismo.

Información y Turismo; su incumplimiento puede ser origen de sanciones.

En lo referente a publicidad, existe una especie de acuerdo general entre todos los expertos en turismo de que la actuación es insuficiente. Si bien es verdad que hay más de medio centenar de oficinas de propaganda turística en Europa, Estados Unidos e Iberoamérica, lo cierto es que están montadas con criterios poco comerciales y cuentan con recursos insuficientes para llegar a una verdadera penetración en el mercado.

Finalmente, la planificación de zonas turísticas ha sido muy ineficiente. Sólo así se explican los numerosos problemas: excesiva concentración de las construcciones hoteleras, escasa calidad de muchas de ellas, falta de espacios verdes y, sobre todo, ausencia de una visión ordenadora de conjunto.

Desde 1989, ya de antes de la Guerra del Golfo, viene hablándose de la *crisis turística,* por la tendencia de lenta expansión, incluso con caída algunos años, del número de turistas entrados. Esa situación se debe a varias circunstancias, que seguidamente sintetizamos:

a) fuertes aumentos de los precios españoles de los turistas, en combinación con una peseta muy dura en todo el período 1985/1992;

b) deterioro medioambiental, suciedad generalizada, y colmatación de las infraestructuras de transporte;

c) peor trato a los turistas por una población activa del sector elementalmente preparada;

d) existencia de un amplio espacio de acogida turística de carácter sumergido, al margen de cualquier control, cifrable en 1992 en 7,5 millones de camas (apartamentos fundamentalmente);

e) gradual agotamiento del modelo de oferta *playa/sol,* que supone más del 80 por 100 del mercado español;

f) nuevas ofertas en otros países altamente competitivos, que incluso absorben una proporción creciente del propio turismo español de nacionales: México, Cuba, República Dominicana y otras áreas del Caribe

(Florida, etc.) en las Américas; Marruecos, Túnez y Turquía en el Mediterráneo; Siria, Jordania y Yemen en el mundo árabe; el Indico, Kenia, Tailandia, el Pacífico, etc.

2. Transferencias

Conforme al sistema del FMI, se incluyen dentro de la balanza de transferencias los ingresos y pagos que confieren poder de compra a sus perceptores, sin una contraprestación de bienes o derechos de valor equivalente. Las remesas de emigrantes, las donaciones benéficas e intergubernamentales son sus componentes más importantes. Se ha discutido si la balanza de transferencia debería ser considerada dentro de la cuenta corriente o en la cuenta de capital. El FMI, como hemos visto anteriormente, adopta el primer criterio, estimando que las transferencias no afectan a la postura acreedora-deudora del país. Sin embargo, algunos autores la incluyen en la cuenta del capital, por estimar que las transferencias no son operaciones corrientes, ya que no tienen ninguna relación con la actividad económica normal en el país, constituyendo en definitiva verdaderos movimientos de capital (véase cuadro 9-3).

En la balanza de pagos de España las dos partidas más importantes por transferencias han sido las donaciones públicas y las remesas de emigrantes. Las donaciones públicas provenían casi en un 100 por 100 de los acuerdos firmados con Estados Unidos en 1953 y eran de dos tipos: programa de apoyo a la defensa y Ley Pública 480. Por el primer concepto se transfería gratuitamente al Gobierno español parte del contravalor de los envíos de materias primas, etc., suministrados dentro del programa de apoyo. Bajo el segundo epígrafe se incluían las donaciones parciales realizadas por Estados Unidos dentro del marco de las compras de excedentes agrícolas, al amparo de la Ley Pública

CUADRO 9-3

Balanza por cuenta corriente de España (1991 y 1992), miles de millones de pesetas

Conceptos	1991			1992		
	Cuenta corriente					
	Ingresos	Pagos	Saldo	Ingresos	Pagos	Saldo
Mercancías (a)............	6.130,7	9.321,8	−3.191,1	6.655,9	9.806,1	−3.150,2
Servicios............	3.971,3	3.139,2	832,1	4.644,1	3.975,3	668,9
Fletes y seguros.........	188,4	322,8	−134,5	206,1	349,7	−143,6
Otros transportes.......	432,3	248,8	183,5	418,0	247,5	170,5
Turismo y viajes........	1.991,1	473,4	1.517,8	2.264,8	565,6	1.699,2
Rentas de inversión.....	730,9	1.232,5	−501,5	930,3	1.608,3	−678,0
Privadas...........	173,7	1.036,5	−862,9	262,9	1.157,2	−894,3
Públicas...........	557,3	195,9	361,3	667,4	451,1	216,3
Transacciones gubernamentales.....	37,3	90,3	−53,1	39,1	109,6	−70,5
Asistencia técnica y royalties.......	66,7	236,5	−169,9	90,4	357,8	−267,4
Otros servicios........	524,6	5534,9	−10,2	695,4	736,8	−41,3
Transferencias.........	1.368,4	745,7	622,7	1.530,6	927,9	602,7
Privadas.........	401,4	174,7	226,7	519,7	252,1	267,6
Públicas.........	967,0	571,0	396,0	1.010,9	675,7	335,1
Balanza por cuenta corriente.........	11.470,4	13.206,7	−1.736,3	12.830,6	14.709,2	−1.878,6

Fuente: Banco de España.

norteamericana 480. Ambos tipos de donaciones prácticamente desaparecieron en 1963, al ultimarse el primer período de diez años de los Pactos de Madrid de 1953.

En cuanto a las remesas de emigrantes es fácil seguir la evolución de los saldos netos migratorios y de transferencias, apreciándose claramente una correlación estrecha entre los índices en cadena construidos a partir de ambas series cronológicas. La correlación sería aún más estrecha si se pudiera determinar con exactitud el verdadero valor de las remesas de emigrantes. Todo parece indicar que una buena parte de las mismas —las que traen los propios trabajadores en sus frecuentes viajes a la Península— se contabilizan de hecho como ingresos por turismo.

Las remesas de emigrantes tuvieron una influencia decisiva en la ampliación del consumo de las familias en España de los trabajadores que laboran en el exterior. Por otra parte, aunque este extremo resulta difícil de cuantificar, es evidente que buena parte de tales remesas, sobre todo hasta el comienzo de la crisis en 1973, se dedicó a la compra de viviendas, uno de los objetivos fundamentales perseguidos por casi todos los españoles que se decidían a emigrar.

Con el retorno de emigrantes a que tuvimos ocasión de referirnos en el capítulo 2, las remesas por este concepto han disminuido de forma sustancial. Y se han visto más que compensadas por las salidas que se generan por remesas de los inmigrantes en España, iberoamericanos, norteafricanos, y de los países del Este de Europa.

Capítulo 10

Inversiones de capital extranjero

1. La forma tradicional de la inversión extranjera en España

En el capítulo 3 nos hemos referido, aunque sólo fuera de pasada, al papel que la inversión de capital extranjero desempeñó en el desarrollo de la industria española. Vimos allí cómo la España de mediados del siglo XIX constituía un típico país subdesarrollado. La escasa formación interior de capital y el insuficiente desarrollo de la técnica no permitían el aprovechamiento de los recursos, cuya explotación fue acometida en buena parte por el capital extranjero.

Los motivos y efectos de las inversiones de capital extranjero en España hasta 1914 fueron, en líneas generales, los mismos que se manifiestan actualmente en la inversión extranjera. Ragnar Nurkse puso de relieve las características de esta experiencia que tiene carácter prácticamente general; los capitales extranjeros se invierten en los países subdesarrollados preferentemente en las industrias extractivas, que trabajan de modo primordial para la exportación a los grandes centros industriales de las naciones más adelantadas.

Este esquema parece perfectamente aplicable a las primeras inversiones realizadas en España en el siglo XIX por los capitalistas extranjeros, que, en vez de tender a desarrollar la economía española, de renta *per capita* bajísima y por tanto de muy débil demanda interior, polarizaron su atención en la minería exportadora. Esta actitud no obedecía a una predisposición especial contra la economía española; simplemente las inversiones extranjeras se guiaban por la demanda del mercado, y como en España no existía una demanda para las riquezas del propio subsuelo, habían de exportar los minerales a los centros industriales de Europa. La industrialización general de España habría creado ciertamente un mercado interior, pero ésta no era labor atractiva para el capital extranjero, que carecía de incentivos inmediatos para construir sus fundiciones y sus fábricas en España.

El retraso del proceso de industrialización español respecto a Inglaterra, Francia, Alemania y Bélgica hizo, pues, que fuesen los empresarios de esos países los que explotaran los recursos mineros peninsulares en interés casi exclusivo de sus propias industrias.

Sin embargo, no toda la inversión extranjera en España se dirigió al sector de la minería, puesto que también en los ferrocarriles y en algunos servicios públicos las inversiones fueron muy importantes y con influencia indudablemente más favorable para nuestro desarrollo económico. En realidad, se puede afirmar la existencia de tres tipos distintos de inversión extranjera en España durante el siglo XIX y principios del XX:

a) La realizada por empresas con sede en el extranjero para explotar recursos españoles, fundamentalmente para su exportación a los países industrializados de Europa, tipo al que responden las inversiones en minería (Riotinto Mines, Orconera Iron Co.,

Real Cía. Asturiana de Minas, SMM Peñarroya, Tharsis Sulphur, The Alquife Mines, etc.).

b) La llevada a cabo por sociedades constituidas en España (promovidas generalmente por españoles, en muchos casos junto con extranjeros), que colocaban parte de la emisión de sus acciones y obligaciones en el exterior. Esta clase de empresas es la que tuvo mayor importancia en el desarrollo de la red ferroviaria. Un caso típico fue el de los franceses Pereyre, promotores de varias compañías.

c) La realizada por empresas constituidas en el extranjero para el establecimiento de servicios públicos en régimen de monopolio por concesión del Estado (electricidad), o de las corporaciones locales (tranvías, abastecimiento de agua, etc.). Varios ejemplos: «La Canadiense» en electricidad; y en servicios públicos y urbanos Lebon y Cía., Aguas de Barcelona, Seville Water Works, Cie. de Tramways et Chemins de Fer de Valence, etc.

Como hemos visto hasta 1936 la inversión extranjera no encontró ninguna clase de trabas en España. El capital extranjero gozaba de completa libertad para invertir, parra transferir sus beneficios y para realizar desinversiones.

2. La política de inversiones desde 1939:
    de la puerta abierta a la restricción

La nueva actitud de no dar facilidad a la inversión exterior se hizo patente en 1939 con publicación de la Ley de Ordenación y Defensa de la Industria Nacional de 24 de noviembre de ese año. Se limitó la aportación de capital extranjero a la cuota del 25 por 100 del capital social de las empresas, ampliable al 45 por 100 por medio de una tramitación más complicada, pudiendo autorizarse porcentajes mayores sólo en casos excepcionales. Las sociedades comerciales podían contar hasta con 10 por 100 de capital extranjero, y en la minería nunca con más del 49 por 100. En todo caso, la autorización de la inversión tenía carácter discrecional a la vista del interés que pudiera suponer para la economía nacional y especialmente para la balanza de pagos.

Esta ordenación de las inversiones extranjeras presentaba muy escaso aliciente para los empresarios y capitalistas de fuera. Ello, unido a las obvias dificultades de los seis años que duró la Segunda Guerra Mundial y del subsiguiente período, hizo que desde 1936 hasta 1951 la inversión de capital extranjero en España fuera muy escasa. No existen estadísticas oficiales sobre inversiones extranjeras entre los años 1939 y 1960, pero no cabe duda de que debieron de ser muy débiles.

Al iniciarse en España la preparación del Plan de Estabilización se pensó en dar mayores facilidades a la inversión extranjera. El ejemplo de otros países, especialmente el de Italia, ponía de relieve cómo el desarrollo económico es más fácil de realizar, y los peligros inflacionistas menores, cuando al ahorro interior se agrega capital extranjero. Esta fue la razón de abrir de nuevo la entrada al capital extranjero, con los tres objetivos siguientes:

1.º Aumentar las posibilidades nacionales de capitalización, al incrementar las disponibilidades de ahorro interior con la aportación de ahorro extranjero.

2.º Equilibrar la balanza de pagos. El superávit de la cuenta de capital podría contribuir a compensar el tradicional déficit por cuenta corriente.

3.º Aumentar la productividad de las empresas. Al mismo tiempo que se trataba de conseguir una mayor disponibilidad de capital, para forzar el desarrollo económico, con la entrada de capital y técnica extranjera, se perseguía la elevación de la productividad.

Para conseguir estos tres objetivos, el mecanismo legal desarrollado a partir de 1959 contuvo los siguientes puntos:

1.   Libertad absoluta de inversión (sin discriminación ni limitaciones de ninguna clase) hasta el 50 por 100 del capital de las empresas. Para inversiones superiores al 50 por 100 se exigía la previa autorización del Consejo de Ministros. En principio quedaban excluidas de la esfera de la Ley las empresas relacionadas con la defensa nacional, la información y los servicios públicos.

2.   Las modalidades de inversión previstas por la ley, atendiendo a la forma de su realización, eran cinco: contravalor en pesetas de la divisas que se aporten, pesetas convertibles, pesetas transferibles, maquinarias e instalaciones de procedencia extranjera, licencias de fabricación y asistencia técnica.

3.   Garantía de transferibilidad de beneficios en divisas sin limitación de ninguna clase.

4.   Desinversión. Podían convertirse y transferirse los capitales invertidos y las plusvalías obtenidas en su realización, sin ninguna clase de limitaciones.

5.   Disponibilidad de crédito. Las empresas en las que la aportación de capital extranjero era inferior al 25 por 100 no tenían limitaciones en esta cuestión; si la participación extranjera era superior a esa cuota, estaban autorizadas a obtener créditos a plazo medio y largo sólo hasta por el equivalente a un 50 por 100 de su capital.

La apertura iniciada en 1959 para el capital extranjero redundó en un aumento muy sensible de la inversión exterior en España. La liberalización desde entonces fue *in crescendo* hasta el RD 1042/85, de 29 de mayo, de casi total libertad, que después llegó a su plenitud la *libre circulación de capitales,* que de conformidad con las previsiones de la primera fase de la Unión Monetaria Europea, entró en vigor en España el 1 de febrero de 1992; con carácter *erga omnes,* es decir, frente a los otros países de la CE, y también frente al resto del mundo.

En el cuadro 10-1 figura el detalle de los saldos netos de inversión exterior en los últimos años.

CUADRO 10-1

Desglose de inversiones por modalidades (miles de millones de pesetas)

Conceptos	1991	1992
Variación de pasivos (inversiones extranjeras en España):		
A) *Total inversiones*.	3.075,3	933,8
Acciones.	1.163,2	1.144,6
No cotizadas en Bolsa.	878,8	783,7
Cotizadas en Bolsa.	284,4	360,9
Renta fija.	1.703,4	−258,4
Préstamos matriz-filial.	27,2	−44,2
Inversiones en inmuebles.	160,3	104,6
Otros.	21,2	−12,9
Variación de activos (inversiones españolas en el exterior):		
B) *Total inversiones*.	475,9	298,9
Acciones.	377,4	95,3
No cotizadas en Bolsa.	342,9	80,9
Cotizadas en Bolsa.	34,6	14,4
Renta fija.	65,5	146,4
Préstamos matriz-filial.	8,0	4,0
Inversiones en inmuebles.	10,2	16,4
Otros.	14,7	36,8
Pro memoria:		
Desglose de la inversión extranjera en acciones cotizadas (c).	—	360,9
Inversión directa.	—	280,0
Inversión en cartera.	—	80,9

Inversiones extranjeras en España (miles de millones de pesetas)

Años	Total (1)			Inversiones directas Títulos no cotizados			Inversiones en cartera Títulos cotizados			Inversiones en inmuebles		
	Saldo	Inversión	Desinversión	Saldo	Inversión	Desinversión	Saldo	Compras	Ventas	Saldo	Compras	Ventas
1986.....	716,8	1.128,6	411,8	284,2	321,2	37,1	235,0	501,0	266,0	190,5	194,9	4,4
1987.....	996,5	2.223,9	1.227,4	321,5	443,6	122,1	434,8	1.482,9	1.048,1	221,4	227,9	6,5
1988.....	1.063,5	2.248,6	1.185,1	521,1	691,3	170,2	246,2	1.211,2	965,0	267,3	274,7	7,4
1989.....	1.730,1	2.993,6	1.263,3	667,3	806,1	138,7	732,7	1.774,0	1.041,3	303,2	311,3	8,1
1990.....	1.845,5	3.313,1	1.467,6	1.073,1	−257,2	184,1	450,8	1.636,4	1.185,6	244,4	258,8	14,4
1991.....	1.643,0	4.015,1	2.372,1	898,2	−212,3	314,2	559,9	2.559,1	1.999,2	160,3	168,7	8,4
1992.....	1.151,2	3.092,5	1.941,2	738,9	−052,9	314,0	320,2	1.874,1	1.553,9	104,5	129,1	24,6

Fuente: Banco de España.
(1) Además de las tres clases de inversiones, para llegar al total se computan, implícitamente, «otras inversiones» de menor monto.

3. La penetración del capital extranjero en la economía española

A continuación hacemos, sin ánimo exhaustivo, una relación por ramas de la producción (según la terminología adoptada en esta obra) de las principales empresas en las que existe una conocida participación de capital extranjero o un dominio absoluto del mismo. Esta relación data de 1985 y se mantiene como estaba entonces. Actualmente la penetración es mucho mayor y prácticamente en todos los sectores*.

a) *Minería del hierro.* La Cía. Andaluza de Minas mayoritariamente de capital extranjero —vinculada a través del grupo francés Le Nickel a la banca Rothschild— abarca en torno al 35 por 100 de la producción nacional.

b) *Minaría del plomo.* Dos filiales de empresas multinacionales (Peñarroya, también del grupo francés Le Nickel) y el grupo belga de la Real Compañía Asturiana de Minas (RCAM), suponen más del 60 por 100 de la producción.

c) *Minería del cinc.* El grupo RCAM (Asturiana de Cinc, ahora) controla casi el 65 por 100 de la producción, y sumándole la SMM de Peñarroya, se llega casi al 90 por 100.

d) *Piritas.* La empresa Tharsis, que tiene un 49 por 100 de capital de la sociedad inglesa del mismo nombre, produce casi el 45 por 100 y realiza en torno al 75 por 100 de la exportación. Mantiene conexiones, a través de su filial APISA, con la otra gran productora del sector, Unión Explosivos Río Tinto.

e) *Minería del cobre.* Río Tinto Patiño (50 por 100 capital extranjero) controla el 75 por 100 de la producción.

---

* Esta relación data básicamente de la edición de 1980 y ha sido objeto de algunas actualizaciones hasta 1987 y tal como estaba entonces la incluimos aquí. Puede haber desfases y omisiones de interés, pero como cuadro global conserva su vigencia.

f) *Sal gema y potasas.* Solvay et Cie. controla directamente o a través de sus filiales el 60 por 100 y el 33 por 100, respectivamente, de las producciones nacionales de sal gema y potasa.

g) *Tierras de infusorios.* Dos empresas de fuerte participación extranjera (Diatomeas, S. A., y Minas de Gador) controlan la producción de esta sustancia minera, de demanda creciente para la fabricación de detergentes y jabones.

h) *Otros minerales.* Minas de Baritina —25 por 100 de la alemana Kali-Chemie A. G.— y Minas de Gador —40 por 100 de Leporte Industries— producen, respectivamente, el 75 por 100 de la minería de la barita y de la bentonita.

i) *Aluminio metal.* La totalidad de la producción está controlada por dos empresas: ENDASA (25 por 100 de la canadiense ALCAN con participación mayoritaria del INI y también con un 12 por 100 del Banco de Bilbao) y Aluminio de Galicia, ALUGASA, filial de la multinacional Pechiney-Kuhlmann. Ambas empresas forman conjuntamente Alúmina Española (fábrica de San Cipriano, Lugo).

k) *Plomo, cinc y cobre metalúrgicos.* Las dos empresas ya citadas (Peñarroya y Asturiana de Cinc). Controlan el 70 por 100 de la producción de plomo y cinc. En el refinado de cobre, Río Tinto Patiño controla a su vez el 75 por 100 de la producción.

l) *Siderurgia.* La U. S. Steel tiene una participación ya meramente simbólica en AHV.

m) *Automóviles de turismo.* Aquí el dominio exterior es completo; cinco empresas (SEAT, FASA, Talbot, Citroën y Ford) dominan totalmente el mercado. La Chrysler, ahora Talbot, desde 1978, está controlada por el grupo francés SPA Peugeot-Citroën. En 1979 se decidió la inversión de la General Motors Corporation en Figueruelas (Zaragoza). Desde 1986, la Volkwagen absorbió a SEAT en su grupo.

n) *Industria química.* Solvay et Cie, Dow Chemical, y las firmas que después se citan para fibras sintéticas, farmacia, y caucho, son, todas ellas, empresas relevantes en sus respectivos subsectores químicos. Desde 1985, KIO tomó participaciones crecientes en el sector, hasta llegar al control total de Ercros y su grupo. Por otra parte, el mercado fotográfico es casi un coto de Kodak, y en la cosmética sucede otro tanto con firmas como Revlon, Juvena, Estée Lauder, Avon, etc.

ñ) *Industria farmacéutica.* Está prácticamente en manos de las grandes firmas europeas y norteamericanas: Bayer, Schering, Merck, Ciba, Geigy, ICI, Lepetit, Abbot, Parke Davis, Pfizer, etc.

o) *Vehículos industriales y comerciales.* Tres multinacionales (Daimler-Benz, Nissan Motors y Peugot-Citroën) controlan el 75 por 100 de la producción, a través de participaciones en MEVOSA, Motor Ibérica y Talbot. La Internacional Harvester abandonó su presencia en ENASA para dejar paso, finalmente a IVECO.

p) *Tractores.* Está igualmente controlado por John Deere y Massey Ferguson.

q) *Máquinas de oficina.* Hispano-Olivetti, del grupo italiano Olivetti, tenía casi el control total del mercado, que sólo le disputaba realmente IBM a base de importaciones. Hoy el sector informático está dominado por IBM, Siemens-Nixdorf, Fujitsu, etc.

q) *Material telefónico y otros.* Standard Eléctrica y Citesa (grupo ITT) dominaban por completo hasta los años 70. Teletra, Ericson, General Cable y ATT —otras cuatro multinacionales— estuvieron asociadas con la Telefónica en otras tantas empresas conjuntas. Philips, Telefunken y otras firmas europeas, norteamericanas y japonesas son muy activas en los mercados de radios, televisiones, etc. Electrolux, Moulinex, AEG, General Electric, etc., tienen una gran penetración en el sector de electrodomésticos.

r) *Caucho y neumáticos.* Tres multinacionales (Michelín, Firestone, y Dunlop-Pirelli) controlan el 90 por 100 de la producción.

s) *Plásticos.* Un conjunto de doce empresas, todas

ellas vinculadas a grandes multinacionales de la petroquímica. (ICI, Solvay, Monsanto, Basf, Rhone-Pulenc,
Gulf, etc.), acaparan el 90 por 100 de la amplia y
diversificada producción de este sector.

t) *Pinturas.* Varias empresas con importantes participaciones de multinacionales (Sherwin Williams, Va-
lentine, Urruzola, etc.) cubren el 70 por 100 de la
producción nacional, siendo la primera empresa productora (Titán, S. A.) totalmente nacional.

u) *Detergentes y jabones.* Las grandes multinacionales (Unilever, Henkel, Procter-Gamble, Colgate, y
Shell) suministran a través de sus filiales más del 60
por 100 de la producción nacional, si bien la primera
empresa productora (Camp, S. A.) es totalmente nacional.

v) *Gases industriales.* El grupo francés, L'Air Liquide, y otras multinacionales (Unión Carbide, Hoesc-
hst, Linde...) dominan, a través de cuatro filiales, casi
el 50 por 100 de la producción.

w) *Fibras artificiales y sintéticas.* Cinco grandes
(La Seda de Barcelona con graves problemas desde
1991, SAFA, Cyanenka, Montefiebre, y Nurel) vinculadas a conocidas multinacionales del sector (AZKO,
Rhone- Poulenc, Montedison, ICI) controlan el 80 por
100 de la producción.

x) *Vidrio.* Los grupos Saint Gobain, francés, y
SIV, italiano, polarizan la producción, con dominio
absoluto en determinados artículos (lunas de automóvil, fibras minerales, etc.)

y) *Alimentación.* Purina penetra a través de Galli-
na Blanca en el mercado avícola. Kraft, en quesos,
mantequillas y salsas. Nestlé en toda la amplia gama
de lácteos. Libby's en los jugos de fruta. Unilever en
los helados (Frigo, etc.). Findus (grupo Nestlé) en los
congelados. Riera-Marsá (Nestlé) en sopas, et.

z) *Sector servicios.* Hilton y Holiday Inn están presentes en la hotelería. Hertz y Avis dominan casi totalmente el negocio de automóviles de alquiler. En
Seguros, las compañías extranjeras son numerosas e

importantes: Assicurazioni Generali, L'Adriatica, Assurances Generales, UAP, La Sudamericana, etc. En Banca, los cuatro bancos extranjeros existentes entre 1936 y 1978 no tenían gran penetración (Crédito Lionés, Bank of London and South America, Banca Nazionale del Lavoro, y Societé Generale), pero actualmente ya hay más de una cincuentena de nuevos bancos. Aparte de que los cinco grandes están mucho más penetrados por capital exterior.

4.   Las inversiones españolas en el exterior

La inversión de capitales españoles en el extranjero fue libre hasta la intervención de cambios en los años 30, cuando se hizo precisa una autorización previa. Sin embargo, por entonces, los activos españoles en el exterior eran casi todos de no residentes, en concreto de «indianos» que vivían en Cuba y México, y de emigrantes españoles en Argentina, Venezuela, etc. La relevancia de estos capitales se traducía en algunas remesas a familiares y en repatriaciones de capital más o menos importantes; de ellas, la de mayor envergadura se produjo después de que en 1898 se «perdieran» Cuba, Filipinas y Puerto Rico.

Después de 1939, en el clima ultranacionalista que por entonces se dejó sentir la prohibición de exportar capitales se hizo muy rigurosa, y para evitar o reprimir cualquier salida de recursos financieros de España (o la retención en el exterior de divisas generadas por exportaciones de bienes y servicios) se creó en 1939 el Juzgado de Delitos Monetarios. Y en lo relativo a las tenencias de activos extranjeros por españoles, también en 1939 se ordenó su inscripción en un registro especial en el IEME, a efecto de la permanente fiscalización de la entrada de los rendimientos generados por los mismo.

Esa situación fue cambiando a lo largo de los años 60 por la creciente presión del capitalismo español; los bancos, por hacerse presentes en una serie de mercados financieros; y las grandes industrias, para tomar posiciones en diversidad de fuentes de energía y de materias primas (exploraciones petroleras, minas de hierro, bauxita, implantación de filiales de ingeniería técnica y de empresas industriales, etc.)

Todo ese cúmulo de circunstancias fueron el origen del Decreto 487/1973, de 1 de marzo, que liberalizó, aún con cierta cautela, las inversiones españolas en el exterior. Sin embargo, la crisis económica que se desató a fines de 1973, y que tan rápida y negativamente incidió en la reserva de divisas, tuvo como resultado una actividad relativamente limitada del dispositivo liberalizador entre 1974 y 1977. Cosa muy distinta sucedió con las salidas de capital por procedimientos ilegales —la célebre *fuga*— que además se hicieron especialmente importantes a causa de la crisis política del régimen anterior, que se inició con la muerte del almirante Carrero, el 20 de diciembre de 1973, y que se hizo ya irreversible con la desaparición de Franco el 20 de noviembre de 1975.

Fue en 1978, nuevamente al alcanzar las reservas internacionales cotas muy elevadas, cuando otra vez se sintió la necesidad de impulsar determinadas inversiones españolas en el exterior. Ello se tradujo en el Decreto 1.087/1978, de 14 de abril. Conforme al referido texto legal, se entiende por inversiones españolas en el exterior las realizadas en el extranjero por las personas físicas españolas o extranjeras residentes en España, y por las personas jurídicas españolas. Esas inversiones pueden llevarse a cabo de las siguientes formas:

1. *Inversiones directas,* a través de participación en una sociedad o entidad jurídica extranjera, tanto en su constitución como por la adquisición total o parcial de sus acciones. Igualmente, se considera inversión directa el ejercicio de actividad empresarial en el exterior mediante sucursales, agencias o establecimientos permanente.

2. *Inversiones de cartera,* mediante la adquisición de títulos públicos, privados de renta fija o variable, y participaciones de fondos de inversión mobiliaria u otros.

3. Formalización de contratos de *cuentas en participación,* adquisición de fincas rústicas o urbanas, o cualquiera otra forma de inversión.

Las inversiones españolas en el exterior requerían previa autorización administrativa, en la que habían de especificar las condiciones y el modo de su realización. La decisión sobre las solicitudes presentadas por los interesados correspondía al Consejo de Ministros, al ministro de Economía y Comercio o al director general de Transacciones Exteriores, según sea la cuantía de la inversión.

El Real Decreto 2236/1979, de 14 de septiembre, y la Orden de 15 de octubre del mismo año modificaron de nuevo la normativa legal de las inversiones en el exterior, introduciendo una mayor liberalización; lo que antes era la norma general —la autorización previa— pasó a ser la excepción, en lo que a inversiones directas respecta, incorporando al concepto de estas últimas un nuevo supuesto: la concesión de préstamos financieros, con un plazo de amortización mínimo de cinco años, a empresas en las que el prestamista sea accionista mayoritario. Se liberalizó, igualmente, una gran parte de las inversiones de cartera y se centraron las competencias decisorias en una única entidad, la Dirección General de Transacciones Exteriores, con independencia de cuál sea el importe de la inversión.

Por la libre circulación de capitales desde el 1 de febrero de 1992, ya comentada en la sección 2, la inversión española en el exterior quedó completamente liberalizada.

1. Conceptos básicos sobre producto y renta nacionales

El *Producto Nacional Bruto (PNB)* es la medida fundamental de la actividad de una economía nacional. Se puede definir como la suma del valor de todos los bienes y servicios finales producidos en el país en un año (Producto Interior Bruto), deduciendo de ese total la parte que se debe a los servicios prestados por factores productivos extranjeros, y adicionándole el producto que corresponda —de los obtenidos en otros países— por los servicios de los factores nacionales. Dos observaciones deben hacerse para que el concepto quede totalmente claro. EL PNB es *bruto* porque incluye la inversión para la reposición (amortización); hablamos de bienes y servicios *finales* porque se excluyen los de carácter intermedio para evitar el doble cómputo de un mismo valor.

La principal ventaja del PNB, como medida de la total actividad económica de un país, consiste en su carácter global, que no plantea problemas, siempre difícil de resolver, como la valoración de las amortizaciones. No es extraño, por tanto, que para las comparaciones internacionales e intertemporales el PNB sea la magnitud más adecuada (fig. 31).

Una vez obtenido el concepto del PNB resulta fácil alcanzar el de sus magnitudes derivadas. El *Producto Nacional Neto (PNN),* tal como lo indica el sufijo *neto,* se obtiene del PNB, deduciendo de él el capital consumido o depreciado a lo largo del año. En otras palabras, en el PNB solamente se incluye la inversión neta de capital y no la destinada a reposición, esto es, a mantener constante el capital anteriormente disponible.

El PNN, tal como se ha definido en las líneas anteriores, es el que obtiene a los precios de mercado, valorando la producción a los precios de venta que, naturalmente, incluyen los impuestos indirectos. Por esta razón, al PNN se le denomina frecuentemente «PNN a los precios de mercado», para diferenciarlo del «PNN al coste de los factores», estimación en la cual se deducen los impuestos indirectos. Este «PNN al coste de los factores» es lo que precisamente recibe el nombre de *Renta Nacional (RN),* que en rigor habría de calificarse de «RN en sentido estricto» por el empleo a veces muy vago que se hace de la expresión RN, asimilándola al PNB. Inicialmente, podemos definir al RN como la corriente de bienes y servicios *recibidos* por la comunidad económica nacional durante un año.

La RN es generalmente considerada como la magnitud macroeconómica más significativa; además de las ventajas ya señaladas para el PNN, muestra asimismo cuál ha de ser el gasto en bienes de consumo y en inversión neta para retribuir a los factores de producción. Por otra parte, las dos magnitudes de la *renta per capita y renta por individuo activo,* derivadas ambas de la RN (sin más que tomar como divisor la población total y la población activa, respectivamente), son los dos conceptos básicos en el estudio de la distribución personal de la renta, y en el análisis de la productividad global del sistema económico, dos cuestiones a las que nos referimos más adelante.

Naturalmente, las magnitudes económicas antes relaciones no son algo aislado del contexto económico, sino que son abstracciones, por agregación, de una serie de flujos, que integran el esquema circulatorio de la Economía (fig. 32).

Una ver revisados brevemente los conceptos básicos sobre productos y renta nacionales pasamos a referirnos a las diferentes valoraciones realizadas de la renta nacional de España. Ese estudio lo hacemos a lo largo de tres diferentes apartados: estimaciones particulares (no oficiales), cálculos del Consejo de Economía Nacional y cómputos del Instituto Nacional de Estadística.

2. La estimaciones particulares de la renta nacional

El interés de su conocimiento, por pura curiosidad científica y sobre todo para lograr una valoración de síntesis de la economía española, ha hecho que a lo largo de casi ochenta años, una serie de particulares hayan tratado de calcular nuestra renta nacional.

Podemos clasificar estas estimaciones privadas en tres grupos bien diferenciados: estimaciones de escasa fiabilidad y poca transcendencia; estimaciones básicas (Banco de Urquijo y Vandellós) por haber servido de fundamento a las estimaciones oficiales del Consejo de Economía Nacional, y, finalmente, estimaciones más recientes, mejor elaboradas y con datos de gran interés.

La insuficiencia de datos estadísticos, su elaboración, muchas veces confusa, y la poca fiabilidad de las fuentes utilizadas, que en ocasiones ni siquiera se citan, hace que la mayoría de las estimaciones no tengan sino un interés histórico, puesto que metodológicamente

Figura 31: CONCEPTOS BASICOS DE PRODUCTO Y RENTA NACIONAL

La figura es una representación de lo que en el texto se expone detalladamente sobre cómo a partir del **Producto Interior Bruto** (PIB) a precios de mercado, restando las rentas netas pagadas al resto del mundo, se obtiene el **Producto Nacional Bruto** (PNB) también a precios de mercado, para deducir de él las amortizaciones y pasar de este modo al concepto de PNN a precios de mercado, restando al cual los impuestos indirectos obtenemos el **Producto Nacional Neto** al coste de los factores, que es la magtnitud macroeconómica más generalmente conocida como **Renta Nacional.**

La Renta Nacional, que en su apreciación cuantitativa los economistas clásicos llamaban dividendo nacional, al dividirse por el conjunto de la población nos proporciona la **renta per capita,** que se toma generalmente —a pesar de las acusadas dispersiones en torno a la media que se dan en todos los países— como medidor que cada vez está siendo más criticado por no tener en cuenta otros muchos elementos (condiciones de vida, medio ambiente, etc.) que son fundamentales para el verdadero bienestar, y que no entran en los fríos guarismos de la renta per capita.

A partir de la Renta Nacional, por detracción del impuesto sobre el beneficio, los beneficios no distribuidos por éstas, y el aporte a la Seguridad Social, se obtiene una magnitud a la cual debemos sumar dos conceptos más (intereses de la deuda pública y transferencias de la Seguridad Social), para obtener así una nueva magnitud macroeconómica cual es la **Renta Personal,** es decir, la cantidad que efectivamente perciben los ciudadanos a lo largo del año. Sin embargo, que la perciban no significa que puedan disponer de ella, y por eso mismo si retiramos de la Renta Personal la cantidad que ha de destinarse al pago de los impuestos directos personales, la cantidad que finalmente nos queda es la **Renta Disponible,** que a su vez se distribuirá, en el ciclo de renta-consumo-producción, en dos grandes tipos de gasto: consumo e inversión; este último, después de pasar por una fase intermedia más o menos larga de ahorro.

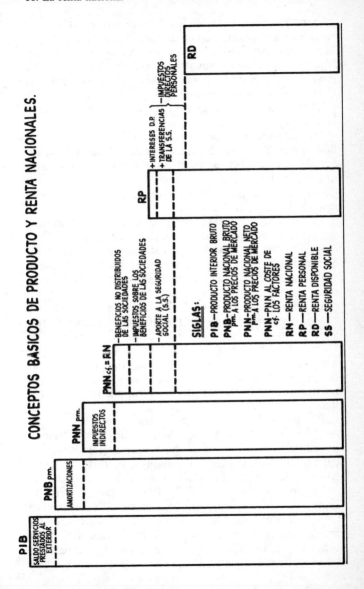

CONCEPTOS BASICOS DE PRODUCTO Y RENTA NACIONALES.

PIB
SALDO SERVICIOS PRESTADOS AL EXTERIOR

PNB p.m.
AMORTIZACIONES

PNN p.m.
IMPUESTOS INDIRECTOS

PNN c.f. = RN
- BENEFICIOS NO DISTRIBUIDOS DE LAS SOCIEDADES
- IMPUESTOS SOBRE LOS BENEFICIOS DE LAS SOCIEDADES
- APORTE A LA SEGURIDAD SOCIAL (S.S.)

RP
+ INTERESES D.P.
+ TRANSFERENCIAS DE LA S.S.
} − IMPUESTOS DIRECTOS PERSONALES

RD

SIGLAS:

PIB — PRODUCTO INTERIOR BRUTO
PNB p.m. — PRODUCTO NACIONAL BRUTO A LOS PRECIOS DE MERCADO
PNN p.m. — PRODUCTO NACIONAL NETO A LOS PRECIOS DE MERCADO
PNN c.f. — PNN AL COSTE DE LOS FACTORES
RN — RENTA NACIONAL
RP — RENTA PERSONAL
RD — RENTA DISPONIBLE
SS — SEGURIDAD SOCIAL

presentan fallos a todas luces importantes. Por ello renunciamos a entrar en su análisis. Cronológicamente ordenadas estas estimaciones fueron las de: Michael Mulhall (1885), J. Navarro Reverter (1889), André Barthe y Vizconde Eza (1917), Francisco Bernis (1917), J. Ceballos Teresi (1921), Carlos Caamaño (1930), Antonio de Miguel (1935) y el Anuario Ibáñez (1943).

Las estimaciones del Banco Urquijo y de J. Vandellós, que parecen ser las más precisas entre las realizadas sin carácter oficial antes de nuestra guerra, fueron utilizadas durante una larga serie de años como base de sus cálculos por la Comisión de la Renta del Consejo de Economía Nacional.

En su estimación de la renta, el Servicio de Estudios del Banco Urquijo siguió el modelo del Censo de Producción, con un cálculo casi totalmente directo, utilizando datos oficiales siempre que ello fue posible y realizando estimaciones para algunos sectores concretos.

La estimación de José A. Vandellós para 1923 está basada en el método de los multiplicadores, ideado por su maestro el profesor Gini, de la Universidad de Padua. Los principales defectos de la estimación de Vandellós fueron el no citar cómo obtuvo las cifras de producción de 1923 y, sobre todo, el carácter extremadamente simplista de la extrapolación que realizó.

Entre las estimaciones privadas recientes hay que citar las José Ros Gimeno, Paul Hemberg y el Banco de Bilbao. En las tres se ha seguido el método de cálculo directo, si bien para algunos sectores se hicieron estimaciones sobre datos primarios.

En su cálculo para 1955, 1957, 1960, y 1962 el Banco de Bilbao siguió también el método directo del Censo de Producción; pero lo más interesante de este trabajo consiste en el estudio de la distribución de la renta por provincias, cuestión a la que nos referimos en el siguiente capítulo.

3.   Los cálculos oficiales de la renta nacional

La preocupación oficial por el conocimiento de la renta nacional se manifestó por primera vez en 1944, en una orden de la Presidencia del Gobierno en la cual se expresaba el interés del Estado español por el conocimiento de la renta nacional, ya que la falta de esa cifra dificultaba —se decía en el preámbulo— «el establecimiento de una adecuada política financiera tributaria y de intervención en las distintas ramas de la producción, así como el reajuste del nivel de vida a través de una política de salarios y precios en armonía con la realidad de cada momento». En virtud de lo dispuesto en la citada orden ministerial se designó una Comisión dentro del Consejo de Economía Nacional (CEN) para el estudio del volumen y distribución de la renta que ha venido estimando la renta nacional entre 1945 y 1964.

Aparte de la poca claridad de muchos pasajes de la exposición del método, hay que hacer algunas observaciones al cálculo oficial de la renta por el CEN.

En primer lugar, hay que destacar que la Comisión estimó únicamente el volumen de la renta nacional y de la renta *per capita* y por individuo activo, estas dos últimas magnitudes de muy fácil deducción a partir de la primera. La Comisión del CEN no se ocupó del segundo objetivo que se le fijó legalmente, la averiguación de las distribuciones personal y espacial. El conocimiento de la distribución de la renta según las clases sociales habría sido, sin duda, una de las averiguaciones más fructíferas de la Comisión con vistas a una política de desarrollo económico de las amplias zonas atrasadas del país, y con vistas a una redistribución de la renta por medio de la política fiscal y de medidas sobre los salarios y la Seguridad Social. Sólo con el acicate de los estudios del Banco de Bilbao se decidió el CEN a realizar una estimación de la distribución provincial del PIB referida a 1960.

Figura 32: ESQUEMA CIRCULATORIO DE LA ECONO-MIA ESPAÑOLA

Con base en la contabilidad nacional hemos construido este esquema circulatorio de la economía española. En él aparecen los cinco sectores a que puede llegarse por agregación sucesiva para obtener lo que podríamos llamar una visión general de los protagonistas macroeconómicos de la economía nacional.

Así las **economías domésticas** son el resultado de la suma de todas las unidades de consumo (familias) de la nación. El sector **empresas** resulta de la agregación de todas las unidades de producción (incluyendo sociedades anónimas y de otras formas jurídicas), y constituye por tanto el colectivo productor de bienes y servicios. El sector **Administraciones Públicas** integra al Estado, a las corporaciones territoriales y a los organismos y entidades autónomas, y expresa, por tanto, la actividad global del sector público. El sector **extranjero** nos permite cerrar el sistema circulatorio, al incluir las relaciones económicas de España con el resto del mundo, es decir, con el conjunto internacional con el que mantenemos un intercambio comercial, de capitales y de transferencias de todo tipo. Finalmente, la «caja» **Formación Bruta de Capital** nos resume la magnitud de la acumulación con vistas a la inversión; mantiene relaciones de entradas provenientes de los cuatro sectores mencionados, que generan ahorro; y al mismo tiempo se establecen las relaciones de salida al sector de empresas y extranjero, que absorben, en proporciones muy distintas, el volumen total de ahorro.

Las «cajas» o rectángulos del gráfico nos definen la magnitud de cada uno de los sectores, en tanto que los flujos entre ellos se señalen gráficamente mediante flechas. La magnitud de cada uno de los sectores se expresa, proporcionalmente a su importancia, en términos de superficie, mientras que la de los flujos la traducimos por el grosor de cada una de las flechas.

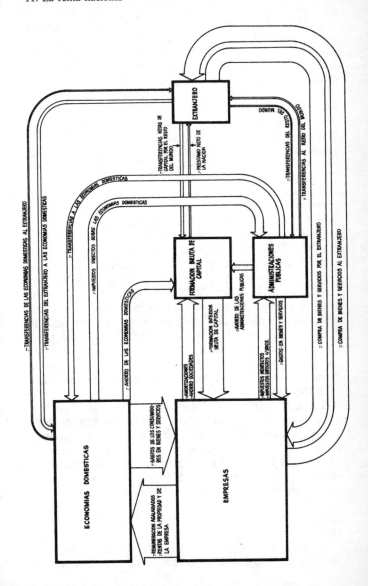

Aparte de renunciar a uno de sus dos objetivos esenciales, la Comisión no intentó fundamentar todos sus cálculos sobre una base propia y rigurosa, sino que los realizó siguiendo un método indirecto sumamente prolijo y basado en las estimaciones del Banco Urquijo y de J. Vandellós para 1923. Si en 1923 el Banco Urquijo había estimado de modo casi totalmente directo el valor de la producción, a la Comisión CEN, por su carácter oficial, le habría sido mucho más fácil calcular la renta de una año base, por ejemplo, 1942, de forma que el resultado final de la estimación hubiese estado más próximo a la realidad.

Hay que criticar a la Comisión de haber mantenido el mismo método indirecto hasta 1959. Lo que se dio como provisional se mantuvo catorce largos años, y sólo cuando los Ministerios de Agricultura, Industria y Obras Públicas hicieron estimaciones de sus correspondientes sectores, y cuando el equipo de la Contabilidad Nacional (CN) llevó a cabo una estimación directa para 1954 (en 1958) pensó el CEN que también él podía pasar a un cálculo más directo. Adicionalmente, el fuerte contraste entre las estimaciones del CEN y del equipo de la Contabilidad Nacional puso de manifiesto los grandes fallos de la primera. A pesar de ello, entre 1958 y 1964 se mantuvo esta anomalía de contar con dos estimaciones oficiales de la RN, tan dispares entre sí.

En este período de tiempo, las estimaciones del equipo de la CN fueron ganando en crédito, en tanto que las del CEN cayeron en un descrédito progresivo, que llegó a ser general. Una buena muestra de ello fue el hecho de que en 1962, al comenzarse los trabajos preparatorios del Plan de Desarrollo, se tomaron como base las cifras de la CN y no las del CEN; de esta forma los datos de la Contabilidad Nacional adquirieron un carácter, por así decirlo, «más oficial».

Esta extraña situación se superó legalmente por medio del decreto 1.291/1965, de 20 de mayo, en virtud del cual se confió al INE la estimación de la renta nacional, tras veinte años de estar encomendada tal labor al Consejo de Economía Nacional. Este no fue solo el primer movimiento de un proceso de concentración de facultades estadísticas en el Instituto. Concretamente, unos meses después, y por medio del decreto 2.592/1961, de 11 de septiembre, se encargó al Instituto la elaboración de la Contabilidad Nacional (anteriormente confiada a la Secretaría General Técnica del Ministerio de Hacienda), que en lo sucesivo parece ha de constituir la base de todo el sistema estadístico nacional.

Conforme a este nuevo planeamiento, el Instituto Nacional de Estadística publica anualmente, en una monografía y en la ediciones de su *Anuario*, la estimación del producto y la renta nacionales, calculadas según tres métodos (rentas pagadas, censo de producción y gasto nacional).

En el cuadro 11-1 aparece la forma en que el PIB se destina a *retribuir a los distintos factores* de la producción, trabajo, consumo de capital, sector público, y empresas. El cuadro nos muestra la evolución en valores absolutos y en porcentajes.

En el cuadro 11-2 figura la estimación del producto nacional a través del *método del gasto*. La visión que nos proporciona esta presentación del producto nacional es de utilidad para observar, en términos macroeconómicos, la evolución del consumo y del ahorro y las transferencias globales de bienes y servicios con el resto del mundo.

En el cuadro 11-3 se incluye la estimación del producto nacional bruto al coste de los factores, con su desglose, en términos de Producto Interior Bruto, en las *diferentes ramas.*

En el cuadro 11-4, análogo al 11-1, aparece la evolución seguida por el PIB desde 1970 a 1991.

Y finalmente, como cuadro 11-5 incluimos la evolución de la renta *per cápita,* que puede compararse internacionalmente en el cuadro 11-6.

Cuadro 11-1

Distribución factorial del PIB (al coste de los factores)
(billones de pesetas corrientes y %)

Años	PIB c.f. (1)	Rentas del trabajo	Consumo capital fijo	Rentas Públicas (2)	Excedente neto de explotación (antes de impuestos)
BP (3):					
1985........	26,21	12,90	3,58	0,32	9,40
1986........	29,50	14,58	3,85	0,33	10,72
1987........	33,01	16,30	4,17	0,28	12,24
1988........	36,87	18,19	4,59	0,31	13,76
1989........	41,24	20,41	5,04	0,39	15,38
1990........	46,04	23,07	5,55	0,48	16,92
1991........	50,36	25,27	6,05	0,70	18,33
1992........	53,77	27,03	6,57	0,97	19,18
% PIB:					
1986........	100,0	49,2	13,7	1,2	35,9
1987........	100,0	49,4	13,1	1,2	35,9
1988........	100,0	49,4	12,6	1,0	37,0
1989........	100,0	49,2	12,4	0,9	37,5
1990........	100,0	49,3	12,1	1,1	37,5
1991........	100,0	49,7	11,9	0,9	37,5

(1) c. f. = al coste de los factores.   (2) Intereses, dividendos, y otras rentas de las Administraciones Públicas.   (3) BP = billones de pesetas.
Fuente: BBV, con base en CNE-85.

4.   La economía sumergida

En el cálculo oficial del producto social, no entran numerosas actividades que por una serie de razones quedan al margen de los circuitos estadísticos, fiscales, laborales, etc. Se trata de los que, según los países. se llama economía informal, sumergida, oculta o encubierta. En un análisis sobre el caso español, José B. Terceiro sistematiza los diversos elementos de este sector marginal de la economía:

1.   Producción de bienes en domicilio o talleres clandestinos.
2.   Producción de servicios a domicilio.
3.   Pluriempleo no declarado.

CUADRO 11-2

Evolución del PIB, a los precios de mercado, según los componentes de la demanda
(billones de pesetas constantes de 1986)

Año	PIB/GIB a precios de mercado	Consumo privado (residentes)	Consumo público	Formación interior bruta de capital fijo	Variación existencias	Demanda nacional	Exportación de bienes y servicios	Importación de bienes y servicios	Saldo neto exterior
1985	31,32	19,78	4,49	5,72	0,01	30,02	6,30	5,00	1,29
1986	32,32	20,43	4,74	6,29	0,16	31,63	6,41	5,72	0,68
1987	34,14	21,62	5,15	7,18	0,24	34,20	6,82	6,88	−0,05
1988	35,91	22,68	5,36	8,17	0,38	36,61	7,16	7,87	−0,70
1989	37,61	23,95	5,81	9,30	0,38	39,46	7,38	9,23	−1,84
1990	39,00	24,84	6,14	9,94	0,39	41,33	7,62	9,95	−2,32
1991	39,89	25,61	6,40	10,10	0,48	42,61	8,12	10,83	−2,71
1992	40,28	26,23	6,65	9,80	0,52	43,21	8,64	11,56	−2,92

Fuente: BBV, con base en CNE-85.
GIB = Gasto Interior Bruto.

CUADRO 11-3

PIB al coste de los factores, por sectores

Año	Agricultura y Pesca	Industria	Construcción	Servicios	PIB (c.f.)
Estructura sectorial (%)					
1985...........	6,73	27,86	6,48	58,93	100,00
1986...........	6,20	28,39	6,62	58,79	100,00
1987...........	6,58	28,17	6,81	58,44	100,00
1988...........	6,49	27,99	7,20	58,32	100,00
1989...........	5,79	27,69	7,82	58,70	100,00
1990...........	5,71	27,18	8,29	58,82	100,00
1991...........	5,44	27,00	8,40	59,16	100,00
1992...........	5,36	26,86	7,94	59,84	100,00
VR (1)					
1985...........	3,11	2,09	2,24	2,31	2,30
1986...........	−4,51	5,61	5,93	3,40	3,65
1987...........	11,60	4,40	8,30	4,60	5,22
1988...........	3,70	4,40	10,92	4,85	5,06
1989...........	−6,70	3,51	13,75	5,38	4,67
1990...........	2,80	2,21	10,41	4,08	3,98
1991...........	−0,20	1,62	4,55	2,85	2,48

(1) VR = Variación real, en pesetas constantes, en porcentaje sobre año anterior.
Fuente: Banco Bilbao Vizcaya, con base CNE-85.

4. Trabajo realizado por perceptores del seguro de desempleo.
5. Actividad no declarada de pequeños empresarios, comisionistas y trabajadores autónomos.
6. Empleo extranjero ilegal.
7. Propinas y gratificaciones.
8. Evasiones impositivas.
9. Robos de empleados en sus empresas (considerados como gastos por éstas, y no como renta por aquéllos),
10. Juego clandestino.
11. Prostitución.
12. Tráfico de drogas.

Entre las causa del crecimiento de la economía encubierta, cabe señalar las siguientes.

Cuadro 11-4

*Distribución factorial del PIB al coste de los factores,
en billones de pesetas corrientes*

Año	PIB al coste de factores	Rentas del trabajo	Consumo capital fijo	Rentas públicas (*)	Excedente neto de explotación antes de impuestos
1970.........	2,47	1,18	0,26	0,03	0,98
1971.........	2,80	1,37	0,29	0,03	1,10
1972.........	3,27	1,66	0,32	0,03	1,24
1973.........	3,91	2,03	0,38	0,04	1,44
1974.........	4,83	2,52	0,49	0,06	1,75
1975.........	5,71	3,07	0,59	0,07	1,96
1976.........	6,68	3,78	0,71	0,08	2,27
1977.........	8,71	4,80	0,91	0,11	2,87
1978.........	10,77	5,89	1,10	0,12	3,64
1979.........	12,55	6,87	1,35	0,14	4,19
1980.........	14,51	7,78	1,61	0,15	4,96
1981.........	16,08	8,71	1,93	0,22	5,21
1982.........	18,53	9.85	2,25	0,28	6,13
1983.........	20,91	11,13	2,63	0,30	6,68
1984.........	23,54	11,87	3,02	0,25	8,38
1985.........	26,21	12,90	3,58	0,32	9,40
1986.........	29,50	14,58	3,85	0,33	10,72
1987.........	33,01	16,30	4,17	0,28	12,24
1988.........	36,87	18,19	4,59	0,31	13,76
1989.........	41,24	20,41	5,04	0,39	15,30
1990.........	46,04	23,07	5,55	0,48	16,92
1991.........	50,36	25,27	6,05	0,70	18,33
1992.........	53,77	27,03	6,57	0,97	19,18

(*) Intereses, dividendos y otras rentas de las AA.PP.
Fuente: BBV.

1. La intensidad de la regulación económica. El incremento de las reglamentaciones gubernamentales en materia de amortizaciones y controles, incentiva a las empresas a eludir los mayores costes de la regulación, desplazando una parte de sus actividades a la economía encubierta. De igual forma, el incremento de la presión fiscal es técnicamente irresistible para algunas empresas, que dejan de ser competitivas, en igualdad de costes, respecto a las de otros países, por su

CUADRO 11-5

Evolución de la renta «per capita»

Año	Renta nacional (% incremento)		Renta *per capita* a precios de mercado		
	A precios corrientes	A precios constantes	Pesetas corrientes	Pesetas 1986	US $ (1)
1970.........	11,40	5,00	70.160	541.776	1.002
1971.........	13,48	5,27	78.471	562.516	1.167
1972.........	17,61	8,48	91.605	609.887	1.420
1973.........	20,01	8,02	109.434	657.656	1.878
1974.........	23,52	5,34	132.292	688.304	2.293
1975.........	17,34	0,26	152.564	682.613	2.804
1976.........	19,71	3,17	180.531	694.083	2.699
1977.........	26,83	3,31	226.098	706.998	2.977
1978.........	23,75	1,75	273.472	712.723	3.562
1979.........	16,18	−0,41	316.064	707.395	4.708
1980.........	14,76	0,59	359.773	707.518	5.108
1981.........	8,95	−1,69	392.528	688.283	4.252
1982.........	14,98	0,92	448.367	691.818	4.078
1983.........	11,99	1,16	503.998	695.457	3.514
1984.........	12,30	1,69	565.756	703.152	3.519
1985.........	10,86	1,83	631.146	697.630	3.712
1986.........	13,68	4,70	729.710	729.710	5.210
1987.........	12,54	5,84	817.796	772.599	6.623
1988.........	11,68	5,03	905.674	809.867	7.775
1989.........	12,39	5,16	1.019.543	850.527	8.597
1990.........	11,80	4,31	1.132.469	881.162	11.109
1991.........	9,25	1,94	1.234.207	898.716	11.878
1992.........	6,08	0,39	1.312.713	901.341	12.822

(1) Cambio del dólar: 1970 = 70; 1971 = 67,25; 1972 = 64,5; 1973 = 58,26; 1974 = 57,69; 1975 = 54,41; 1976 = 66,90; 1977 = 75,96; 1978 = 76,77; 1979 = 67,13; 1980 = 71,70; 1981 = 92,32; 1982 = 109,96; 1983 = 143,43; 1984 = 160,76; 1985 = 170,04; 1986 = 140,05; 1987 = 123,48; 1988 = 116,49; 1989 = 118,38; 1990- = 101,94; 1991 = 103,91; 1992 = 102,38.
Fuente: BBV.

baja productividad derivada del retraso en la adopción de nuevas tecnologías.

2. El coste del factor trabajo (salarios y Seguridad Social).

3. La rigidez del mercado de trabajo, tanto por las regulaciones oficiales como por el sindicalismo.

4. La desconfianza en el Gobierno y la falta de una política económica estable, lo que lleva a las empresas a reducir sus costes fijos, optando por la subcontrata-

CUADRO 11-6

PIB por habitante en términos reales y nominales
(dólares de EE.UU., por habitante y año)

Países	Poder adquisitivo real (según el poder real de compra de cada moneda)		PIB nominal (a los tipos de cambio y precios corrientes)	
	1991	1992	1991	1992
Estados Unidos.........	22.206	23.134	22.206	23.134
Suiza...................	21.762	22.209	34.158	35.161
Japón..................	19.201	20.047	27.005	29.538
Canadá................	19.097	19.895	21.556	20.597
Francia................	18.277	19.121	21.022	23.082
Bélgica................	17.484	18.195	19.677	21.794
Dinamarca.............	17.501	18.178	25.277	27.512
Austria................	17.321	18.045	20.963	23.321
Italia..................	17.038	17.749	20.144	21.392
Holanda...............	17.005	17.646	19.298	21.219
Alemania..............	16.906	17.629	21.129	22.105
Noruega...............	16.877	17.582	24.852	26.413
Suecia.................	16.655	16.888	27.498	28.253
Australia..............	15.980	16.656	17.081	16.394
Reino Unido...........	16.031	16.343	17.511	18.002
Finlandia..............	15.988	16.194	24.764	21.617
España................	12.614	13.102	13.511	14.673
Irlanda................	11.507	12.124	12.324	13.770
Portugal...............	8.948	9.861	6.991	8.540
Grecia.................	7.826	8.129	6.873	7.630
CEE (doce países)......	16.510	17.149	18.182	19.830

Fuente: Elaboración propia a partir de los datos figurados en *Economie Européenne* n.º 54 (año 1993). Anexo estadístico, tabla 9, para los países CEE. El resto de países, según *Main Economic Indicators,* junio 1993; (BBV, «Informe Económico, 1992», p. 92).

ción, lo cual a su vez conduce a la proliferación de las fábricas difusas.

5. Otras causas de menor importancia, como la atribuida por R. Klatzmann al pluriempleo masculino: «Huir de la familia por las tardes. Los sábados y los domingos.»

Es difícil el cálculo de lo que en términos de PIB puede representar la economía encubierta en España. A. Lafuente la estimó en 1978 en el 23 por 100 y J. B.

Terceiro la cifró, para 1981, en un 33 por 100, uno de los porcentajes más altos (Japón, 10 por 100; Reino Unido, 20; EE. UU., 25; Italia, 40).

En un informe oficial publicado en septiembre de 1986, realizado con una amplia muestra, sobre las condiciones de trabajo en España, se puso de relieve la extensión y la intensidad del fenómeno, que afecta sobre todo a la juventud, a la mujer, a las zonas rurales, a ciertos sectores (construcción, calzado, muebles y confección, sobre todo) y a determinadas áreas (Alicante, Madrid y Barcelona). En cierto modo, puede considerarse que la relativa «recuperación» del empleo entre 1985 y 1987 se debió, en buena parte, a afloraciones de la economía sumergida, que cabe imputar, sobre todo, a los efectos del establecimiento del IVA. Una vez reabsorbido ese efecto, la mayor parte del nuevo empleo proviene de la expansión económica.

1. Introducción

Algo tan importante como la propia magnitud renta nacional es su distribución. El conocimiento de la distribución del dividendo nacional nos proporciona una idea sobre los grados de equilibrio y de equidad del sistema económico nacional.

No basta con conocer cuál es el volumen absoluto de la renta, que puede derivarse de una economía excesivamente concentrada en unos pocos sectores. Por ello tiene interés la distribución funcional de la renta que nos muestra cómo se genera ésta por las distintas actividades económicas, aspecto al que nos hemos referido ya en el capítulo 11 al examinar la importancia absoluta y relativa de los diferentes sectores en la formación del PIB.

Por otra parte, interesa saber en qué medida contribuyen las diferentes provincias a la formación de la renta nacional, y cuál es el nivel de bienestar económico en ellas. En este caso nos valemos de las investigaciones sobre distribución espacial o geográfica de la renta, tema que tratamos en la sección 2 de este capítulo.

Finalmente, para tener una idea de cuál es la estructura social de la población, recurrimos a los estudios sobre distribución personal, que nos permiten medir de alguna forma la dispersión existente en torno al promedio nacional de la renta *per capita*. Esta cuestión la analizamos en el número 3 del presente capítulo.

2. La distribución espacial de la renta nacional

La distribución espacial de la renta nos proporciona conocimientos de interés para planear una política de desarrollo que tienda a disminuir —en la medida de lo posible y dentro de lo económicamente racional— los desequilibrios de renta existentes.

Como hemos visto más arriba, a pesar de que en 1944 se le encomendó oficialmente investigar la distribución de la renta, el CEN no abordó este tema en su faceta espacial hasta 1963 (para el año 1960). Con anterioridad al CEN avanzaron en este campo dos economistas —Román Perpiñá Grau y Juan Plaza Prieto— y un Servicio de Estudios Económicos, el del Banco de Bilbao.

En lo que sigue nos ocupamos del estudio de la distribución espacial de la RN, tomando como base cuantitativa las últimas estimaciones del Banco de Bilbao Vizcaya, realizadas por métodos directos y referidas a 1964 y 1985. Los datos básicos son los que se recogen en los cuadros 12-1 y 12-2, sobre ingresos totales y renta *per capita,* respectivamente.

Con los datos reunidos en el cuadro 12-1 se conoce la distribución espacial de la renta en España, que sirve de base para multiplicidad de estudios de todo tipo, tales como cálculo de las presiones tributarias provinciales, dimensión de los mercados provinciales, estructura de la producción (censo de producción) y de los ingresos (rentas pagadas) en cada provincia y sus transferencias netas con el exterior. Todo ello, tanto en análisis estáticos como referidos a períodos más o menos largos, registrados en las correspondientes series de renta provincial.

El cuadro 12-2 registra las rentas *per capita* de las 50 provincias españolas y la evolución de su posición relativa en la clasificación nacional desde 1960. Como es lógico, existe una fuerte correlación entre renta *per capita* y corrientes migratorias. Las de mayor nivel son las que atraen mayor volumen de población. Resulta obvio que es el mayor nivel de vida que refleja esa mayor renta lo que convierte a tales provincias en centros de atracción demográfica.

Asimismo, a partir del cuadro 12-1 e integrando los conceptos de superficie, población y renta de las 15 primeras provincias de la clasificación según ingresos *per capita*, se obtiene el siguiente resultado: en un 22,3 por 100 del territorio nacional se concentra un 46,7 por 100 de la población y el 53,9 por 100 de la renta nacional. Oscureciendo en un mapa de España las provincias que constituyen el agregado de las que tienen más del 100 por 100 del promedio nacional, podría apreciarse que salvo en el caso del islote meseteño de Madrid las provincias «ricas» se agrupan a lo largo del eje del Ebro, con dos amplias bases en los litorales mediterráneo y cantábrico (ver figuras 33 y 34).

Hasta aquí hemos alcanzado dos conclusiones: fuerte concentración espacial de la renta y acusado desequilibrio en los niveles provinciales de la renta *per capita*

Si se pregunta a qué se deben esos dos fenómenos, la respuesta tendrá que ser extremadamente amplia y matizada, por la enorme complejidad de los factores que influyen en el resultado final. No obstante, esquemáticamente, trataremos de exponer algunas de las circunstancias que han influido en la situación descrita.

CUADRO 12-1

Ingresos totales por provincias, y por empleo, año 1989 (orden decreciente)

Provincias	Ingresos totales (millones de pesetas)	% provincial de los ingresos totales		Producción neta (pesetas)	
		1987	1989	Provincias	Por empleo
1. Madrid	7.297.270	17,14	17,72	Madrid	3.747.358
2. Barcelona	6.488.637	15,37	15,76	Barcelona	3.611.148
3. Valencia	2.388.226	5,95	5,80	Tarragona	3.610.424
4. Vizcaya	1.331.076	3,28	3,23	Valladolid	3.563.285
5. Alicante	1.290.137	3,20	3,13	Vizcaya	3.536.983
6. Sevilla	1.272.690	3,12	3,09	Alava	3.513.522
7. Asturias	1.035.924	2,65	2,52	Guipúzcoa	3.504.100
8. Zaragoza	982.998	2,45	2,39	Navarra	3.439.603
9. Coruña (La)	975.148	2,43	2,37	Guadalajara	3.337.203
10. Málaga	954.830	2,33	2,32	Zaragoza	3.253.553
11. Baleares	945.086	2,34	2,30	Rioja (La)	3.204.777
12. Murcia	878.798	2,15	2,13	Gerona	3.198.316
13. Pontevedra	820.444	2,00	1,99	Palencia	3.191.844
14. Guipúzcoa	792.804	1,93	1,93	Valencia	3.191.564
15. Cádiz	774.330	1,92	1,88	Santa Cruz de Tenerife	3.186.310
16. Palmas (Las)	743.799	1,82	1,81	Baleares	3.185.081
17. Gerona	714.070	1,69	1,73	Huesca	3.134.070
18. Santa Cruz de Tenerife	682.823	1,67	1,66	Palmas (Las)	3.124.100
19. Navarra	611.566	1,47	1,49	Alicante	3.074.987
20. Tarragona	611.779	1,44	1,46	Burgos	3.074.427
21. Cantabria	574.191	1,37	1,39	Teruel	3.068.302
22. Granada	519.070	1,28	1,26	Málaga	3.049.616
23. Valladolid	515.401	1,25	1,25	Lérida	3.001.023
24. Córdoba	515.401	1,25	1,25	Lérida	3.001.023
25. Castellón	484.448	1,15	1,18	Melilla	2.972.790

Nº / Provincia				Provincia	
26. León	442.936	1,15	1,08	Cantabria	2.968.265
27. Jaén	431.245	1,05	1,05	Cádiz	2.936.844
28. Badajoz	412.168	1,06	1,00	Castellón	2.884.588
29. Toledo	408.812	0,99	0,99	Salamanca	2.851.457
30. Burgos	387.745	0,93	0,94	Murcia	2.844.757
31. Lérida	373.532	0,95	0,91	Sevilla	2.813.433
32. Álava	366.850	0,87	0,89	Ciudad Real	2.779.615
33. Ciudad Real	359.424	0,88	0,87	Huelva	2.779.002
34. Almería	344.790	0,86	0,84	Asturias	2.754.004
35. Huelva	317.624	0,77	0,77	Jaén	2.676.990
36. Salamanca	297.644	0,77	0,72	Córdoba	2.618.291
37. Orense	296.375	0,68	0,72	León	2.611.797
38. Rioja (La)	296.327	0,74	0,72	Toledo	2.598.910
39. Lugo	279.770	0,69	0,68	Cáceres	2.581.340
40. Cáceres	267.704	0,71	0,65	Segovia	2.575.631
41. Albacete	257.476	0,63	0,63	Almería	2.565.261
42. Huesca	204.945	0,50	0,50	Soria	2.556.166
43. Zamora	159.276	0,41	0,44	Coruña (La)	2.540.323
44. Palencia	122.476	0,44	0,42	Granada	2.338.360
45. Cuenca	161.106	0,35	0,39	Albacete	2.552.151
46. Guadalajara	165.010	0,37	0,35	Ávila	2.433.371
47. Ávila	134.549	0,34	0,33	Pontevedra	2.343.107
48. Teruel	131.118	0,32	0,32	Zamora	2.324.478
49. Segovia	130.529	0,34	0,32	Badajoz	2.319.386
50. Soria	95.661	0,23	0,23	Cuenca	2.090.491
51. Ceuta	54.137	0,14	0,13	Orense	1.659.214
52. Melilla	45.630	0,12	0,11	Lugo	1.637.907
Nacional	41.173.630	100,00	100,00	Nacional	3.118.187

Fuente: Banco Bilbao Vizcaya.

CUADRO 12-2

Ingresos «per capita» en 1989, y posición relativa de las provincias(1969-1989)

Provincias	Ingresos per capita (pesetas)	Indice Media = 100	1989	1987	1985	1983	1981	1979	1977	1975	1973	1971	1969
1. Madrid	1.487.966	140	1	1	1	1	1	1	1	1	2	5	5
2. Gerona	1.406.450	132	2	3	5	5	7	3	6	6	7	7	7
3. Barcelona	1.402.930	132	3	2	3	4	2	2	3	5	4	6	4
4. Alava	1.350.615	127	4	5	4	3	4	4	2	4	6	3	3
5. Baleares	1.340.158	126	5	4	2	2	3	5	7	8	5	4	6
6. Navarra	1.180.980	111	6	9	11	11	12	11	9	9	8	8	8
7. Guipúzcoa	1.178.381	111	7	7	8	6	5	6	5	3	3	1	1
8. Zaragoza	1.174.210	110	8	6	6	40	8	7	10	14	12	13	11
9. Vizcaya	1.154.652	108	9	8	9	8	6	9	4	2	1	2	2
10. Valencia	1.132.502	106	10	10	10	13	11	12	15	11	11	16	17
11. Rioja (La)	1.126.594	106	11	11	12	9	13	8	11	15	13	12	13
12. Tarragona	1.114.643	105	12	13	15	14	14	10	8	7	10	11	9
13. Burgos	1.099.069	103	13	14	16	18	23	21	19	18	23	19	18
14. Cantabria	1.090.598	102	14	15	13	12	9	15	12	12	14	9	10
15. Castellón	1.089.262	102	15	16	22	19	17	18	17	19	16	17	15
16. Lérida	1.065.344	100	16	12	7	8	10	14	16	13	9	10	12
17. Valladolid	1.040.937	98	17	18	17	16	16	16	14	10	15	14	14
18. Soria	1.011.376	95	18	21	21	26	30	30	23	23	22	23	20
19. Alicante	1.004.516	94	19	19	19	20	20	17	21	20	17	20	23
20. Guadalajara	998.341	94	20	17	14	25	22	20	22	22	20	22	27

#	Provincia	Renta	%											
21	Huesca	984.536	92	16	15	18	16	13	13	21	22	18	22	21
22	Palmas (Las)	981.198	92	26	21	21	25	27	23	18	21	25	20	22
23	Sta. Cruz de Tenerife	951.666	89	35	30	25	36	32	28	19	26	26	26	24
24	Asturias	943.355	89	19	18	19	17	18	19	15	17	20	23	24
25	Palencia	931.542	87	22	27	29	24	20	22	26	15	23	24	25
26	Pontevedra	916.754	86	29	29	26	29	28	24	25	29	28	27	26
27	Teruel	907.919	85	21	32	33	26	25	27	31	31	30	30	27
28	Coruña (La)	890.127	84	32	31	34	27	26	25	24	27	29	28	28
29	Segovia	888.085	83	24	24	24	21	21	26	27	24	24	24	29
30	Murcia	850.785	80	31	34	28	32	33	29	35	34	32	32	30
31	León	842.864	79	25	26	32	28	29	31	28	28	27	29	31
32	Toledo	840.202	79	33	36	31	33	38	35	32	33	34	34	32
33	Zamora	839.189	79	37	40	43	40	41	45	45	43	38	38	33
34	Salamanca	832.971	78	30	33	37	38	34	34	29	30	31	31	34
35	Orense	831.451	78	50	50	48	47	48	49	40	39	37	39	35
36	Málaga	831.201	78	50	50	48	47	48	49	40	39	37	39	36
37	Melilla	815.083	76											
38	Ceuta	809.344	76											
39	Sevilla	793.835	74	28	25	27	30	31	32	34	37	36	35	37
40	Cuenca	786.174	74	44	41	36	41	30	36	48	47	40	47	38
41	Avila	770.909	72	39	39	44	43	42	41	33	35	35	37	39
42	Almería	766.955	72	49	45	40	39	36	37	39	41	39	36	40
43	Ciudad Real	760.238	71	42	43	38	34	40	38	41	42	47	41	41
44	Albacete	757.989	71	43	42	42	42	43	40	47	45	44	40	42
45	Cádiz	727.060	68	34	28	35	37	35	39	37	40	42	42	43
46	Lugo	724.387	68	40	48	50	48	43	44	42	38	46	44	44
47	Huelva	723.398	68	36	37	39	31	35	42	46	46	48	45	45
48	Jaén	682.722	64	47	46	45	45	50	48	36	36	43	48	46
49	Córdoba	681.152	64	41	38	41	44	44	44	43	44	45	43	47
50	Granada	663.288	62	46	47	46	49	47	47	49	49	50	50	48
51	Cáceres	652.959	61	48	49	49	50	46	46	43	48	41	46	49
52	Badajoz	637.689	60	45	44	47	46	49	50	50	50	49	49	50
	Nacional	1.065.572	100											

Fuente: Banco Bilbao Vizcaya.

Figura 33: RENTA «PER CAPITA» SEGUN LAS PROVINCIAS

Con base en la estimación de la renta nacional y su distribución provincial del Servicio de Estudios de Banco de Bilbao, que se publica desde 1955 y para años sucesivos —como hemos visto en la sección 2 de este capítulo— se prepararon los cuadro gráficos que figuran a continuación el presente gráfico (estimación de 1979), que conservan su virtualidad.

Tomando la media nacional como índice = 100, la trama del gráfico nos representa la intensidad en las rentas «per capita» en las diferentes provincias, siendo posible trazar una línea isocuanta que nos separa la España rica de la España pobre. Estas calificaciones son siempre relativas, puesto que cualquier provincia desarrollada de España estaría por debajo de las áreas medianamente prósperas de países más avanzados que el nuestro, como por ejemplo Suecia. Pero lo cierto es que en esa línea isocuanta (en este caso isorenta) hay una demarcación clara entre dos partes del territorio nacional que nos permiten sintetizar muchas de las observaciones hechas anteriormente; sobre todo las referentes a población (recuérdese las figuras 3, 4 y 5), grandes empresas industriales (16, 17 y 18), tráfico (27 y 28): y áreas comerciales (fig. 30).

En la España rica, el único islote que se destaca con importancia, como ya hemos subrayado también en las figuras antes mencionadas, es la provincia de Madrid, rodeada de una serie de unidades provinciales de nivel de renta menor.

Si en Italia la demarcación entre las regiones desarrolladas se sitúa normalmente en el paralelo que pasa por debajo de Roma, en España esa delimitación viene dada por la línea isorenta, que hemos reforzado con trazo negro. Es por lo tanto en el cuadrante Sur **más** las islas Canarias y en el cuadrante Noroeste, donde indudablemente debe centrarse una vigorosa política de desarrollo, que tienda a un mayor equilibrio en la distribución del ingreso.

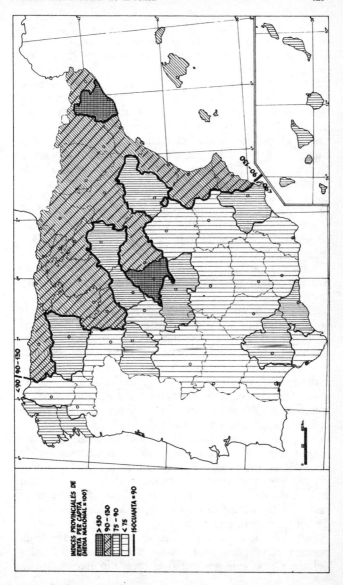

INDICES PROVINCIALES DE
RENTA PER CAPITA
(RENTA NACIONAL = 100)

>150
90 – 150
75 – 90
< 75

ISOCUANTA = 90

Las razones de infraestructura, sin caer en el determinismo geográfico, no cabe duda de que tienen su importancia. Los yacimientos de minerales de hierro, de amplio consumo internacional y bien localizados frente al principal foco de demanda en su tiempo (Inglaterra), explican en buena medida el arranque de la industrialización de Vizcaya. Y algo parecido sucedió en Asturias con el carbón, si bien su único mercado fue el interior, lo cual ciertamente se tradujo en una capitalización mucho menor. Las razones de localización también tienen una gran importancia. No cabe duda de que Vascongadas y Cataluña se han beneficiado de su frente marítimo, de sus puertos y de su proximidad a la frontera francesa, a través de la cual nos han llegado durante el último siglo y medio gran parte de las corrientes europeas de cultura, ciencia y tecnología.

Una vez puesto en marcha el proceso de industrialización en las referidas regiones —siderurgia y textil, respectivamente—, éste resultó ser apoyado, autosostenido, tanto por el ahorro generado en las propias zonas como por sus economías externas y su potencial de consumo, que representaban dos atractivos fundamentales para nuevas inversiones. Inversiones que fueron factibles en buena medida por la inmigración procedente de las provincias restantes, e incluso por la absorción de recursos de capital del mismo origen a través del sistema bancario. Esto último parece particularmente cierto en el caso de Vascongadas, centro de fuertes entidades de la Banca nacional, que dió origen, especialmente en Vizcaya, a un capitalismo de sociedades anónimas. Por el contrario, en Cataluña, sin una Banca realmente propia, el desarrollo —salvo en el caso de algunas destacadas inversiones extranjeras— ha sido realizado por empresas originariamente de carácter familiar.

Si a los factores hasta aquí expuestos se añade la política económica proteccionista instaurada a finales del siglo XIX, que garantizó el mercado nacional a la industria del Norte y de Cataluña, se tiene ya el cuadro completo, siquiera sea esquemático, que nos explica el porqué de su nivel de desarrollo, muy superior al de la generalidad del resto de España, en términos de renta *per capita provincial*. Lo cual no quiere decir que olvidemos otros muchos elementos contribuyentes a ese resultado: clima más favorable, tradición empresarial, laboriosidad de las poblaciones locales, etc.

Para la tercera de las zonas de mayor desarrollo la explicación resulta muy distinta. En el caso de Madrid, el factor inicial de su crecimiento económico fue la fijación en ella de la capitalidad de la Nación, según parece por su posición central geográfica dentro del territorio nacional.

De forma paulatina, y fundamentalmente por el desenvolvimiento del sector servicios, Madrid se fue convirtiendo en un centro de consumo de importancia, lo que originó la aparición paulatina de un cinturón industrial de consideración, cuyo abastecimiento, y cuyas salidas se ven facilitadas por la radialidad del sistema nacional de transportes terrestres. Otro elemento que sin duda también favoreció el desarrollo de Madrid fue su conversión en el centro financiero, tras la creación a principios de siglo de dos grandes bancos madrileños, el Central y el Hispano-Americano, que vinieron a reforzar la posición financiera importante que ya tenía la capital con el funcionamiento del Banco Español de Crédito y del Urquijo. Las cuatro mencionadas instituciones bancarias y una constelación de bancos menores y de sucursales importantes de otros bancos nacionales fue de importancia definitiva para la financiación de la expansión inmobiliaria, industrial y de los servicios.

En el resto de la zona desarrollada de España jugaron en mayor o menor medida algunos de los factores ya expresados anteriormente, si bien en el caso de Levante y Baleares el sector exterior tuvo una importancia destacada, primero con la exportación hortofrutícola y más recientemente con el turismo. En

la cornisa del Cantábrico pesaron fuertemente los factores infraestructurales, fundamentalmente el subsuelo, el clima y la posición geográfica. En el caso del valle
del Ebro, la localización geográfica, en cuya dirección
se trasladan los centros de gravedad.

Respecto de la amplia zona de menor renta, cualquier intento de explicar su situación inferior se fijaría
inmediatamente en el elevado porcentaje que en ella
representa la actividad del sector primario y en la baja
productividad del mismo. Circunstancias las dos que
en lo fundamental se deben a razones institucionales
históricas, sobre todo al régimen de distribución de la
propiedad de la tierra. La España subdesarrollada es
la España rural, del minifundio en Galicia y en la
cuenca del Duero y del latifundio en toda la España
del Sur. En el primer caso, las posibilidades de acumulación en explotaciones tan poco racionales son
prácticamente nulas. Por su parte, el latifundismo
combinado con el absentismo y la evasión espacial de
rentas (o su empleo en fines no productivos) y el bajo
nivel educativo general originado por la concentración
de la riqueza en pocas manos, es lo que retrasó el
desarrollo de toda la España del Sur; y está claro que
ésta no experimentará su impulso definitivo en tanto
que no se modifique la actual distribución de la propiedad, y en tanto que el Estado no canalice hacia ella
recursos suficientes para coadyuvar a la recuperación
de su atraso secular.

3.   La distribución personal
     de la renta nacional

El estudio de la distribución personal de la renta en
nuestro país presenta grandes dificultades.

Si las declaraciones a efectos fiscales se hicieran con
un mínimo de exactitud, esas declaraciones explotadas
estadísticamente permitirían hacer la investigación sin
grandes problemas. Sin embargo, al ser la realidad

Figura 34: POBLACION, INGRESOS Y AHORRO

Con el método de mapas contorsionados (véase la referencia a esta técnica en el comentario a la figura 33) representamos aquí cuatro distintas variables económicas en su planteamiento espacial, concretamente: superficie, población, ingresos y ahorro. Para todas ellas la graficación se hace en términos de porcentaje sobre el total nacional, habiendo procedido de la misma forma para Portugal. El gráfico conserva su virtualidad.

Para la superficie no hay ningún comentario que hacer; el mapa correspondiente a esta variable (I) es una simple esquematización de la geografía de la Península y de los archipiélagos. Para la población (II) hacemos lo propio con los porcentajes provinciales sobre el total del censo de 1981. Para los ingresos (III) utilizamos las estimaciones provinciales del Servicio de Estudios del Banco de Bilbao de 1979. Y finalmente, para el ahorro (IV) hemos considerado, siempre en % provinciales sobre el total nacional, los volúmenes de depósitos bancarios **más** imposiciones en cajas de ahorro (30-VI-1981). Aclaremos, naturalmente, que en este caso más que de una expresión estricta del ahorro se trata de un indicador del mismo, en la práctica el único utilizable al nivel actual de nuestra información estadística.

Las conclusiones a que lleva la comparación de estos cuatro gráficos sucesivos —cuyas proporciones comparativas no han experimentado cambios importantes en los últimos años— son tan obvias que apenas requieren comentario. Simplemente, debemos subrayar que al pasar de superficie a población ya se destacan una serie de provincias, y marcadamente las de Madrid y Barcelona. Esas diferencias se acentúan todavía más en el paso de población a ingresos; y se extreman al llegar a la representación de la última variable, es decir, el ahorro.

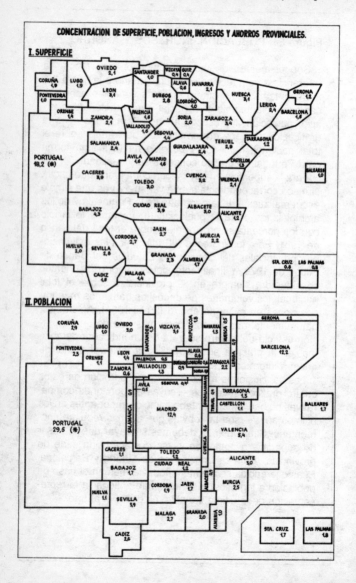

CONCENTRACION DE SUPERFICIE, POBLACION, INGRESOS Y AHORROS PROVINCIALES.

I. SUPERFICIE

II. POBLACION

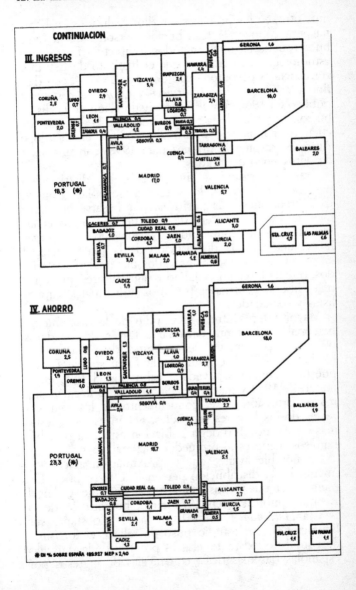

CONTINUACION

III. INGRESOS

IV. AHORRO

* EN % SOBRE ESPAÑA 189.927 MEP × 2,40

muy otra, en los primeros estudios realizados en España para conocer la distribución personal de la renta hubieron de seguirse métodos indirectos. Entre tales estudios hay que citar: el que el Instituto de Estudios Agrosociales preparó —con datos de 1957—, con destino a la FAO; el que *Información Comercial Española* publicó en 1962 con el título «Estimación de la distribución personal de la renta a través de la encuesta de cuentas familiares»; y el realizado por el sociólogo Antonio Perpiñá Rodríguez para 1958, con una serie de datos poco depurados.

Tras esos primeros ensayos sobre la distribución personal de la renta, los esfuerzos se polarizaron en dos direcciones más positivas, por basarse en datos más fiables. La primera de ellas tiende a aprovechar los datos de la Contabilidad Nacional, para observar la evolución de la distribución de la renta nacional entre diversos grandes agregados personales: asalariados, trabajadores no asalariados, agricultores, profesionales liberales, otros empresarios individuales, capitalistas y sociedades.

Mayor interés ofrece el estudio de la distribución personal de la renta nacional a través de los datos obtenidos por medio de encuestas de presupuestos familiares (PF). Precisamente la Encuesta de Presupuestos Familiares llevada a cabo por el INE entre marzo de 1964 y marzo de 1965 permitió llegar a una mayor precisión en el conocimiento de los ingresos reales de los hogares españoles. Según esta encuesta, más del 80 por 100 de la población española percibía ingresos menores al promedio nacional.

Un notable avance en la aproximación al conocimiento de la distribución personal de la renta en España es el que supuso el artículo de Julio y Angel Alcaide, publicado en 1974 en el número 26 de la revista *Hacienda Pública Española*. No obstante sus limitaciones, ese estudio puso de relieve el fortísimo desequilibrio existente: el 4,14 por 100 de las familias españolas (las más ricas, con niveles de ingresos por hogar superiores a 700.000 pesetas en 1970) absorbían nada menos que el 29,88 por 100 de los ingresos. En tanto que el 43,28 por 100 de la población (la más pobre) solamente percibían el 16,63 por 100. Esas cifras, aunque sólo fuesen un reflejo indiciario de la realidad, decían mucho sobre los grandes cambios estructurales necesarios en España.

Más recientemente, con la publicación por el Instituto Nacional de Estadística de la Encuesta de Presupuestos Familiares, correspondiente al período abril 1980 / marzo del 81, se hizo posible la estimación de la distribución personal de la renta española de 1980, publicada por el Instituto de Estudios Fiscales. La distribución por decilas de hogares de la renta disponible de las familias españolas resultó ser la que figura en el cuadro 12-3.

CUADRO 12-3

Porcentaje de renta percibida por cada decil de hogares

Decila	Año 1970	Año 1974	Año 1980	Acumulado 1980	
				Población	Renta
Primera......	1,44	1,76	2,41	10	2,41
Segunda.....	3,13	3,18	3,98	20	6,39
Tercera......	4,31	4,47	5,20	30	11,59
Cuarta.......	5,29	5,11	6,31	40	17,90
Quinta.......	6,42	6,34	7,48	50	25,38
Sexta........	7,90	8,04	8,80	60	34,18
Séptima......	8,59	9,06	10,01	70	44,19
Octava.......	9,90	10,09	11,53	80	55,72
Novena......	12,26	12,38	15,05	90	70,77
Décima......	40,76	39,57	29,23	100	100,00

Fuente: Instituto de Estudios Fiscales.

El cuadro expresó que las transformaciones en el modelo de distribución personal de la renta española entre 1974 y 1980 fueron importantes. La decila de población con renta más baja, que en 1970 percibía sólo el 1,44 por 100 de la renta española, se elevó al 2,41 por 100 en 1980. La mayor participación en la renta, respecto a 1970 y 1974 se trasladó también hasta la novena decila. Todo ello a costa de una reducción del 10 por 100 para la población con renta más elevada, que de una participación del 40,8 por 100 en 1970 y 39,6 por 100 en 1974, descendió hasta el 29,2 por 100 en 1980. A pesar de lo cual, las diferencias eran todavía abismales.

Hay que citar, por último, las estimaciones de Julio Alcaide, que basadas en los presupuestos familiares, que publica el BBV (*Informe 1992*, 1993); aparecen sintetizadas en los cuadros 12-4 y 12-5. El 12-4, sigue la misma tónica del 12-3; en tanto que en el 12-5, se analiza la evolución según la técnica de Gini (equidistribución = 0,0) apreciándose cómo la disminución hacia el 0, es expresiva de la tendencia a amortiguarse las desigualdades. Las dos últimas columnas, recogen la relación más ricos, más pobres (entre la primera y última decila o quintila). Esa relación va también en franca disminución, como puede constatarse.

El problema, con estas nuevas averiguaciones del FIES, radica en la opacidad de la información estadística, que ni siquiera se resuelve a través de encuesta continua de Presupuestos Familiares utilizada. En otras palabras, las decilas o quintilas superiores tienen, sin duda, ingresos mucho más altos que los declarados.

CUADRO 12-4: *Distribución porcentual de la renta familiar disponible, por decilas de hogares, según el nivel medio de ingresos por hogar*

Años	1.ª	2.ª	3.ª	4.ª	5.ª	6.ª	7.ª	8.ª	9.ª	10.ª
1981	2,41	3,98	5,20	6,31	7,48	8,80	10,01	11,53	15,05	29,23
1986	2,72	4,10	5,35	6,39	7,49	8,55	9,93	11,39	14,97	29,11
1987	2,64	4,21	5,33	6,45	7,45	8,63	10,08	11,46	14,90	28,85
1988	2,72	4,29	5,38	6,62	7,64	8,74	10,04	11,51	14,95	28,11
1989	2,74	4,29	5,38	6,44	7,62	8,65	9,79	11,40	15,07	28,62
1990	2,89	4,47	5,22	6,32	7,66	8,48	9,75	11,78	15,08	28,35
1991	2,85	4,49	5,31	6,31	7,63	8,50	9,86	11,83	15,14	28,08

Fuente: Estimación J. Alcaide a partir de la «Distribución Personal de la Renta 1980-81», *Hacienda Pública*, n.° 85, año 1983 y los datos contenidos en las Encuestas de Presupuestos Familiares (INE) de los años 1986 a 1991.

CUADRO 12-5: *Evolución en la distribución personal de la renta española. Años 1970 a 1991*

Años	Índice de Gini	Porcentaje de la renta familiar disponible				Coeficiente de los valores extremos	
		Decilas		Quintilas		Decilas	Quintilas
		Inferior	Superior	Inferior	Superior		
1970	0,457	1,44	40,76	4,57	53,02	28,31	11,60
1974	0,446	1,76	39,57	4,94	51,95	22,48	10,52
1980	0,363	2,41	29,23	6,39	44,28	12,13	6,93
1986	0,356	2,72	29,11	6,82	44,08	10,70	6,46
1987	0,353	2,64	28,85	6,85	43,75	10,93	6,40
1988	0,345	2,72	28,11	7,01	43,06	10,33	6,14
1989	0,349	2,74	28,62	7,03	43,69	10,45	6,21
1990	0,347	2,89	28,35	7,36	43,43	9,81	5,90
1991	0,346	2,85	28,08	7,34	43,22	9,85	5,89

Fuente: BBV, *Informe Económico*, 1992, p. 95.

Quinta parte:

1. Introducción general al marco institucional

La estructura de cualquier economía nacional viene
dada por relaciones de producción y de cambio que
hemos estudiado en los capítulos anteriores, a través
del sistema productivo, los circuitos de distribución y
el sector exterior. Esa estructura económica que en los
aspectos que aquí estudiamos facilitan las transacciones (sistemas monetario y crediticio), inciden sobre los
precios y sobre la distribución de la renta (sistema
fiscal y Seguridad Social), determinan las relaciones
capital-trabajo (por medio de las regulaciones sobre
salarios y de acceso de los trabajadores a los órganos
de las empresas), condicionan en desarrollo profesional y cultural (sistema educacional), etc. Esos son los
aspectos del marco institucional que analizamos en los
capítulos siguientes. A otros aspectos no menos importantes del mismo nos hemos referido anteriormente,
sobre todo al estudiar el sistema productivo nacional

(protección frente al exterior), y al ocuparnos de los circuitos de distribución (precios de sostenimiento para los productos agrícolas en el mercado nacional).

Con este capítulo abordamos, pues, el estudio del marco institucional, iniciándolo con el análisis del sistema financiero.

2. El sistema financiero en su conjunto

El sistema financiero está constituido por las instituciones a través de las cuales las disponibilidades de fondos se canalizan hacia el crédito y a la inversión distinta de la pura autofinanciación. Estas instituciones son el Banco de España, la Banca Pública (Argentaria), la Banca privada y las Cajas de Ahorro, todas las cuales componen un conjunto regulado por medio de normas. Pero si bien es cierto que las instituciones de crédito absorben la mayor parte de los fondos disponibles en España, en parte menor se dirigen también, directamente o a través de las propias instituciones de crédito, a las Bolsas de Valores, verdadero centro del mercado de emisiones.

La importancia absoluta y relativa de los diferentes grupos de instituciones que integran el sistema financiero es muy diferente. El más importantes de ellos, con mucho, es el sistema crediticio, a cuyo conjunto se refiere el cuadro 13-1, donde en el activo se especifica el empleo de los recursos, y en el pasivo, su origen (fig. 35).

3. El Banco de España

Como se dice expresamente en la Ley de Bases de 14 de abril de 1962: «la reforma bancaria se concentra en torno a un Banco de España», que para realizar su carácter de entidad central en el sistema, desempeña funciones de dos tipos: las de asesoramiento y ejecución de la política monetaria y de crédito, y las estrictamente bancarias.

Dentro del primer tipo de funciones, el Banco asesora al Gobierno en todas las materias de política monetaria y crediticia, centraliza y elabora las estadísticas bancarias, inspecciona a la Banca privada y a las Cajas de Ahorro y se ocupa del buen funcionamiento de una «Central de Información de Riesgos» en relación con las operaciones de crédito.

El segundo tipo de funciones, es decir, las operaciones estrictamente bancarias del Instituto emisor, son las siguientes:

a) *Emisión,* en exclusiva, de billetes de curso legal al portador hasta el límite superior de circulación fiduciaria que señala el Consejo de Ministros, a propuesta del de Hacienda, propuesta que ha de ser preparada por el Banco con memoria justificativa.

b) *Canje.* El Banco de España puede acordar la retirada de la circulación y el canje de los billetes de determinada serie o clase.

c) *Operaciones con el Tesoro.* El Banco realiza gratuitamente el servicio de Tesorería del Estado y servicio financiero de la Deuda del Estado y del Tesoro.

d) *Crédito al sector público.* El límite máximo de los créditos que pueden autorizarse por el Banco de España a organismos públicos, empresas nacionales y nacionalizadas, para operaciones de corto plazo o de campaña, se fija por decreto previo informe del Consejo de Economía Nacional.

e) *Cartera de renta.* La nueva ordenación congeló la cartera de renta del Banco, con la previsión de que sólo podría aumentarse o reducirse con autorización expresa del Consejo de Ministros. Ello supuso la práctica superación de una actividad poco ortodoxa en la técnica de un Banco central.

f) *Operaciones exteriores y reserva de divisas:* Desde la disolución del Instituto Español de Moneda Extranjera (IEME), en julio de 1973, el Banco de España —directamente y a través de la Banca delegada—

CUADRO 13-1

Balance del sistema crediticio (miles de millones de pesetas)

| | Posición a 30 de junio de 1993 | | Agrupaciones institucionales | | |
	Total	Banco de España	Entidades de depósito	ECAOL	Crédito Oficial (CO)
Sistema crediticio..........	30.831,7	4.026,1	24.117,8	403,2	2.284,6
Administraciones Públicas...	16.276,0	2.206,3	12.514,2	62,2	1.493,3
Créditos............	7.069,1	1.870,6	3.683,3	46,5	1.468,7
Valores a corto plazo......	4.611,8	0,1	4.591,4	12,8	7,6
Valores a largo plazo......	4.595,1	335,6	4.239,6	2,9	17,1
Otros sectores residentes.....	45.587,7	26,4	39.086,3	3.932,5	2.542,5
Créditos............	43.056,0	21,5	36.587,0	3.923,5	2.523,9
Valores de renta fija.......	731,5	4,9	723,4	3,2	—
Valores de renta variable....	1.800,2	—	1.775,9	5,7	18,6
Sector exterior..........	19.156,6	5.304,0	13.330,3	6,4	515,9
Operaciones no sectorizadas....	9.859,9	2.381,9	6.183,3	291,5	1.003,2
Inmovilizado..........	2.821,5	46,1	2.650,7	53,9	70,8
Activos de la Obra Benéfico-Social de las cajas de ahorros........	146,3		146,2		—
Periodificación y diversas.....	6.892,2	2.335,8	3.386,4	237,6	932,4
Total Activo = Total Pasivo.....	121.711,9	13.944,7	95.231,9	4.695,8	7.839,6

Sistema crediticio	30.074,9	5.306,1	18.937,1	2.827,8	3.003,8
Administraciones Públicas	4.402,7	193,1	3.001,4	21,9	1.186,4
Otros sectores residentes	58.360,7	6.112,2	48.973,5	992,3	2.282,7
Efectivo en manos del público	6.009,1	6.009,1	—	—	—
Depósitos	39.414,1	100,2	38.969,0	189,9	155,0
En pesetas	39.046,9	1002,	38.601,8	189,9	155,0
A la vista	9.437,3	24,9	9.333,9	—	78,4
De ahorro	9.862,7	—	9.861,0	—	1,7
A plazo	19.746,9	75,3	19.406,9	189,9	74,9
En moneda extranjera	367,2	—	367,2	—	0,1
Cesión temporal de activos	8.358,5	—	8.240,8	88,1	29,1
Valores a corto plazo	1.424,3	—	37,6	546,1	840,5
Valores a largo plazo	1.737,4	—	543,3	28,2	1.165,8
Valores no negociables (cédulas para inversiones)	81,8	—	—	—	81,8
Otros acreedores	1.335,5	2,8	1.182,8	140,0	9,9
Participaciones de activos	12,6	—	12,6	—	—
Pasivos por operaciones de seguro	214,3	—	214,3	—	—
Resto de acreedores	1.108,6	2,8	955,9	140,0	9,9
Sector exterior	12.070,2	55,6	11.418,7	88,8	507,1
Operaciones no sectorizadas	16.803,3	2.277,7	12.901,1	765,0	859,5
Cuentas de capital	12.514,1	2.088,7	9.453,9	542,8	428,6
Pasivos de la Obra Benéfico-Social de cajas y cooperativas	218,3	—	218,3	—	—
Periodificación y diversas	4.071,0	189,0	3.229,0	222,2	430,9

Fuente: Banco de España. ECAOL = Entidades de Crédito de Aumento Operativo Limitado.

centraliza todas las operaciones económicas con el exterior, y tiene a su cargo las reservas de oro y divisas.

g) *Banco de Bancos.* El Banco de España realiza con la banca privada todas las operaciones propias de un banco de bancos, ateniéndose a las normas de carácter general dictadas por el Ministerio de Hacienda (concesión de créditos contra la pignoración de deuda pública, redescuento de efectos comerciales, apertura de cuentas corriente, concesión de créditos personales, etc.).

h) *Operaciones con el sector privado.* Sólo puede realizarlas el Banco cuando existen razones de interés público, y siempre con la autorización previa, y caso por caso, del Consejo de Ministros.

i) *Mercado abierto.* Con independencia de la cartera de renta que posea, el Banco puede adquirir, poseer y enajenar valores y efectos, con la finalidad de regular el mercado de dinero, según la técnica generalmente conocida con la expresión de *open market.*

La enumeración de las funciones del Banco de España debe completarse con una referencia a su balance. Para ello, en vez de tomar el balance oficial confeccionado con arreglo a la estructura clásica (activo = pasivo, con signo positivo en ambos miembros), puede tomarse el balance sectorizado que elabora el Servicio de Estudios del Instituto emisor. Puesto que todo balance es una igualdad, es posible pasar cualquier partida de uno de sus miembros al otro, cambiándola de signo, con lo cual siempre se mantiene el activo igual al pasivo. Según esto se puede construir un balance del Banco de España cuyo pasivo esté constituido únicamente por la circulación fiduciaria y su activo por todas las demás partidas, agrupando éstas en los distintos sectores a que pertenezcan (sector público, sector instituciones de crédito, sector privado, sector exterior y sectores diversos). La suma algebraica de las cuentas de cada sector representa la posición neta del sector frente al Banco. Si la suma arroja un saldo positivo, ello quiere decir que el sector es deudor neto frente al Banco por el importe correspondiente, y si tal signo es negativo, el sector es acreedor neto del Banco. La suma algebraica de las posiciones netas de todos los sectores es la contrapartida del total endeudamiento del Banco frente a la comunidad por la emisión de billetes, y la variación de la suma de una fecha a otra representa la variación (aumento o disminución, según el signo que prevalezca) que la circulación fiduciaria habrá experimentado durante el período.

4. La banca pública

Además del Banco de España, integran la banca pública las siguientes entidades: Banco Hipotecario de España, Banco Exterior de España, Banco de Crédito Local, Banco de Crédito Agrícola y Caja Postal de Ahorros. Todos esos institutos eran las llamadas Entidades Oficiales de Crédito a medio y largo plazo. Hasta su nacionalización en 1962 estuvieron coordinados, primero, a través de la figura del Comisario de la Banca oficial, desde 1959 por medio del Instituto de Crédito a Medio y Largo Plazo, y tras la aprobación, en mayo de 1971 de la nueva «Ley de Organización y Régimen del Crédito Oficial», a través del Instituto de Crédito Oficial (ICO).

El *Banco Hipotecario de España (BHE),* fundado en 1872, tiene como fin esencial el préstamo hipotecario sobre inmuebles situados en España, hasta por un 80 por 100 de su valor de tasación. El BHE emite bonos hipotecarios al portador.

El *Banco de Crédito Industrial* fue constituido en 1920 para efectuar préstamos a la industria a medio y largo plazo. Este Banco —como el resto de las entidades oficiales de crédito— no recibía depósitos; operaba con las consignaciones que le hacía el ICO. El Banco concedía préstamos para la instalación de nuevas industrias o para la ampliación de las ya existentes, sin

Figura 35: FLUJOS FINANCIEROS

El esquema gráfico representa las principales corrientes entre los distintos componentes del sistema financiero, que está constituido por el Banco de España y por los agregados que aparecen en la figura: banca pública (Argentaria), banca privada, y cajas de ahorro.

Las relaciones entre el Banco de España y la banca, convenientemente analizadas en el texto de este capítulo, ya no se diferencian de las que existen entre el Banco y las cajas de ahorro, puesto que desde 1977, ambos grupos de entidades crediticias fueron equiparados a todos los efectos, menos en lo relativo a la distribución de beneficios (por el diverso carácter de la propiedad), y en lo que respecta a los coeficientes de inversión.

Las relaciones de las instituciones financieras con el resto del sistema económico, se reflejan en los trazos que vinculan a los distintos intermediarios con las empresas, las familias y el Estado, que también aparecen representados, todos ellos, en la presente figura.

El circuito banca pública-tesoro-banca privada-empresas, registra el flujo de fondos de origen bancario hacia la inversión a largo plazo a través del Estado.

Por último, el mercado de capitales expresa las entradas y salidas de fondos que se materializan en la compraventa de títulos emitidos por las empresas y el sector público.

Depósitos del sistema crediticio (billones de pesetas)

Año	Total	Por instituciones		
		Banca privada	Cajas de ahorro	Cooperativas de crédito
1984......	19,0	11,5	6,7	0,8
1985......	19,9	11,2	7,8	0,9
1986......	20,4	10,6	8,7	1,0
1987......	21,4	11,2	9,5	1,1
1988......	24,0	11,9	19,8	1,2
1989......	26,4	13,0	12,1	1,3
1990......	30,1	15,0	13,7	1,5
1991......	34,3	17,0	15,6	1,7
1992......	45,1	22,3	20,9	2,0

Fuente: Banco de España, «Boletín Estadístico». (BBV, *Informe Económico, 1992*, p. 208.)

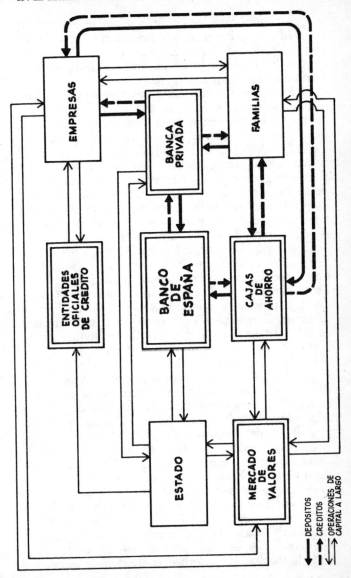

que en ningún caso los créditos pudieran exceder de la mitad del capital social del prestatario. En 1991 fue absorbido por el Banco Exterior de España (BEX), dentro de la operación de nacimiento de Argentaria, Corporación Bancaria de España.

El *Banco de Crédito Local* se creó en 1925, para atender a las necesidades financieras de las corporaciones locales. Interviene en la conversación de deudas municipales, organiza por cuenta de las corporaciones locales la recaudación de arbitrios y asesora a aquéllas en materia de presupuestos. Al otorgar sus créditos, el Banco exige una garantía general de los bienes reales de las corporaciones que los soliciten, y normalmente acepta la asignación de ciertos ingresos públicos para tener la seguridad de poder intervenir en caso necesario en su recaudación hasta cancelar el crédito.

El Servicio Nacional de Crédito Agrícola, hoy *Banco de Crédito Agrícola,* fue creado en 1925, y hasta 1962 operó con un fondo que ponían a su disposición la Banca privada y las Cajas de Ahorro a interés reducido. Los préstamos que concede este Banco han de destinarse a inversiones en agricultura, y no pueden exceder del 60 por 100 del valor de la garantía que se acepte.

En las entidades oficiales de crédito hubo, hasta 1962, un predominio de capital privado y estaban por ello fuertemente influidas por los consejeros representantes de la banca comercial. La primera disposición importante dictada para superar esa situación fue la Ley de 26 de diciembre de 1958, sobre «entidades oficiales de crédito», promulgada con el propósito de llenar la laguna institucional del crédito a medio y largo plazo, aumentando para ello los medio a disposición de las entidades crediticias oficiales.

Las entidades oficiales, se adscribieron al *Instituto de Crédito Oficial (ICO),* órgano dependiente del Ministerio de Hacienda que aseguró su relación con el Gobierno. Respecto del sector privado, el Instituto tenía la facultad de autorizar la emisión de obligaciones y de los demás títulos de renta fija, así como la concesión de créditos por la Banca privada por plazos superiores a dieciocho meses. En suma, el Instituto pasó a tener competencia sobre todo el crédito a medio y largo plazo, ya fuese de origen privado o público. Sin embargo, tales atribuciones ya no corresponden al ICO. Las emisiones de títulos, las supervisa la Comisión Nacional del Mercado de Valores. Y en el caso del crédito a largo plazo, está liberalizado; y solamente sometido, como las demás operaciones crediticias, a las inspección del Banco de España.

En abril de 1991, y tras muchos meses de rumores y en el marco de los preparativos para el Mercado Interior Unico de la CE para 1993, se decretaron importantes transformaciones en la Banca Oficial. Como ya quedó dicho, el BEE absorbió al BCI, y el conjunto público (BEE, BCA, BHE, y BCL *más* la Caja Postal de Ahorros), se federaron en la «Corporación Bancaria de España» (CBE), Argentaria, presidida por el propio presidente del BEE. Nació así el gran *banco público,* con recursos superiores al primero de los privados en 1991 (el BBV), y con importantes efectos sobre los movimientos de concentración empresarial en la banca privada, según veremos en el apartado 5 2 de este mismo capítulo.

En lo sucesivo, es previsible que la banca pública, tras el reseñado reajuste, entre en una fase de progresiva privatización; hasta llegar, en principio, hasta un 49 por 100 de participación de particulares, vía la puesta en bolsa de los tres bancos oficiales que aún no cotizan (BCA, BHE, BCL), o bien de la propia Argentaria como holding.

5. La banca privada

El desarrollo de la banca privada, ya con un carácter análogo al actual, se inició a mediados del siglo XIX y se desarrolló en el transcurso de 1844 a 1920.

Las entidades de la banca privada se clasifican legalmente en tres grupos, según el número de sus sucursales, extensión geográfica que abarcan, importancia de sus débitos y negocios y cuantía de sus recursos propios. De acuerdo con estos criterios, los Bancos pueden ser nacionales, regionales o locales.

El 31 de diciembre de 1991 había en España 102 bancos españoles y 53 extranjeros. A primera vista podría parecer, dado el elevado número de empresas bancarias, que en esta actividad económica existe una excesiva fragmentación. Pero no sucede así; el grueso de la actividad que despliegan el centenar de bancos españoles se concentra en el grupo de los cinco grandes (BBV, Central Hispano, Santander y Popular).

El reforzamiento de la posición dominante de los grandes bancos nacionales contribuyó la doctrina oficial del *status quo* bancario mantenida hasta 1963. Por *status quo* bancario se entendía la situación bancaria existente en 1936, a partir de la cual se prohibió la creación de nuevas entidades. Al propio tiempo, se aceleró el proceso de absorción de los Bancos pequeños por los grandes, proceso que se había iniciado en 1918.

5-1. Las funciones de la Banca

Las actividades que realiza la Banca privada se reflejan en el pasivo y el activo de su balance (junto con las Cajas de Ahorro; véase cuadro 13-2).

A través de los principales epígrafes del *pasivo* se aprecian las distintas formas en que la Banca obtiene recursos. La rúbrica *Cuentas de capital* incluye los recursos propios de la Banca, esto es, el capital desembolsado y las reservas constituidas.

La rúbrica *Depósitos* comprende las distintas formas en que los clientes de la Banca puedan convertirse en acreedores de ésta, proporcionándole recursos. Cuando el depósito es a la vista (o en cuenta corriente), el

CUADRO 13-2
Balance ajustado de las entidades de crédito al 30 de junio de 1993
(en miles de millones de pesetas)

ACTIVO:

	Posición a: 30 de junio de 1993	Entidades de depósito	Otras entidades de crédito
Sistema crediticio	26.805,6	24.117,8	2.687,8
Administraciones Públicas	14.069,7	12.514,2	1.555,5
Crédito a corto plazo	5.198,5	3.683,3	1.515,2
Valores a corto plazo	4.611,7	4.591,4	20,3
Valores a largo plazo	4.259,5	4.239,6	20,0
Otros sectores residentes	45.461,3	39.086,3	6.475,0
Créditos	43.034,5	36.587,0	6.447,4
Valores de renta fija	726,6	723,4	3,2
Valores de renta variable	1.800,2	1.775,9	24,3
Sector exterior	13.582,7	13.330,3	522,4
Operaciones no sectorizadas	7.478,0	6.183,3	1.294,7
Inmovilizado	2.775,4	2.650,7	124,7
Activos de la Obra Benéfico-Social de cajas de ahorros	146,2	146,2	—
Periodificación y diversas	4.556,4	3.386,4	1.170,0
Total Activo = Total Pasivo	107.767,3	95.231,9	12.535,3

PASIVO:

	Posición a: 30 de junio de 1993	Entidades de depósito	Otras de crédito
Sistema crediticio	24.768,8	18.937,1	5.831,6
Administraciones Públicas	4.209,6	3.001,4	1.208,2
Otros sectores residentes	52.248,5	48.973,5	3.275,0
Depósitos	39.313,9	38.969,0	344,9
En pesetas	38.946,7	38.601,8	344,9
A la vista	9.412,4	9.333,9	78,4
De ahorro	9.862,7	9.861,0	1,7
A plazo	19.671,7	19.406,9	264,7
En moneda extranjera	367,2	367,2	0,1
Cesión temporal de activos	8.358,5	8.240,8	117,8
Valores a corto plazo	1.424,3	37,6	1.386,6
Valores a largo plazo	1.737,4	543,3	1.194,1
Valores no negociables (cédulas para inversiones)	81,8	—	81,8
Otros acreedores	1.332,7	1.182,8	149,9
Sector exterior	12.014,6	11.418,7	595,9
Operaciones no sectorizadas	14.525,6	12.901,6	1.624,5
Cuentas de capital	10.425,4	9.453,9	971,4
Pasivos de la Obra Benéfico-Social de cajas y cooperativas	218,3	218,3	—
Periodificación y diversas	3.882,0	3.229,0	653,1

Fuente: Banco de España.

depositante puede girar contra su cuenta por todo su saldo y sin previo aviso; en los depósitos de ahorro (hasta doce meses) y a plazo (un año o más) se puede girar en determinadas condiciones, a cambio de las cuales se obtiene un interés mayor.

Los *bonos de caja* son los títulos emitidos por los bancos industriales y de negocios para allegar recursos a largo plazo.

Otras entidades financieras son los depósitos que la Banca obtiene fuera del sector bancario, pero en el interior del mercado español; en tanto que el *sector exterior* expresa los créditos tomados en el extranjero.

Los *efectos y otras obligaciones a pagar* son reflejo de las cantidades recogidas por la Banca mediante la emisión de letras de cambio que coloca día a día en las bolsas, un sistema que se introdujo en 1980 por presión de la banca extranjera y que después se generalizó.

Los epígrafes que se integran bajo la rúbrica *Crédito del Banco de España* expresan la forma en que la Banca privada hace uso de las fuentes de crédito del Banco de Bancos: créditos (personales con garantía de valores, con pignoración de Deuda pública), redescuento de efectos comerciales o de pagarés del SEN-PA, endoso de las pólizas de los créditos agrícola y social pesquero y créditos de regulación monetaria.

La rúbrica *diversas* incluye obligaciones pendientes y el saldo de la cuenta de pérdidas y ganancias, esto es, el beneficio de la Banca.

El estudio de las principales partidas componentes del *activo* nos muestra cómo emplea la Banca la totalidad de sus recursos propios y ajenos.

Entre las operaciones activas figuran las relativas a compras de *bonos del Tesoro y certificados de depósito* que emite el Banco de España con tipo de interés cambiante para drenar efectivo.

Por otra parte, están los créditos concedidos al *sector público,* fundamentalmente en forma de adquisición de fondos públicos y de pagarés del SENPA (a las que ya nos referimos en el capítulo 3 al explicar la financiación de las cosechas y sobre todo la del trigo).

En cuanto al *sector privado,* los créditos se conceden por descuento de letras (efectos) o por pólizas. La cartera de valores se agrupa en dos categorías: renta fija (obligaciones) y variable (acciones).

La partida activa que resulta de cancelar los saldos activos y pasivos de la rúbrica *Bancos y banqueros* se debe a un complejo conjunto de factores contables y a los inevitables desfases en determinados asientos. El *activo real* corresponde a la valoración de edificios, etcétera.

La reforma bancaria de 1962 fue una «operación de relaciones públicas». Simplemente trató de suprimir exteriormente algunos de los privilegios más clara-mente visible de la banca privada, a fin de eliminar los argumentos más inmediatos en pro de su socialización.

De hecho, tras la reforma, siguió vigente el *status quo.* Es cierto que existe la posibilidad de crear Bancos de depósito o de negocios, pero en manera alguna de carácter mixto, que son sin duda alguna los más rentables y cuyo número quedó prácticamente congelado.

La especialización bancaria, dudosamente necesaria, pero que fue uno de los argumentos más empleados para justificar la reforma, no se instauró de manera efectiva; la mayor parte de los nuevos bancos indus-triales y de negocio están estrechamente vinculados a la gran Banca mixta tradicional.

5.2   Nuevas tendencias en la Banca privada

La crisis y la recesión económicas que se iniciaron en 1973 —entreveradas con toda la transición políti-ca— tuvieron sus manifestaciones bien concretas en el área de la banca privada. Veamos.

a)   *Crisis de los bancos más pequeños,* a causa de la disminución de la tasa de ganancia como consecuencia del encarecimiento del dinero; por el pago de extratipos primero y por la elevación de los tipos libres después. De manera ostensible, las dificultades se dejaron sentir en los casos del Banco Condal, Cantábrico, Navarro, del Descuento, Bankunión, Más Sardá, etc. Lo cierto es que prácticamente toda la pequeña banca se vio en aprietos por la creciente desconfianza de los depositantes.

b)   La salida a corto plazo de la crisis (aparte la constitución, a fines de 1977, de un *Fondo de Garantía de los Depósitos Bancarios,* para asegurar el reembolso de hasta 1.500.000 pesetas a todos los depositantes en caso de cese de operaciones) fue la creación, en febrero de 1978, de la llamada Corporación Bancaria, que no tenía fines de lucro, y cuyo objetivo social consistía en sanear los bancos en situación grave; para de este modo «lograr su viabilidad como bancos privados, tanto para subsistir como unidades independientes, como para luego proceder a la fusión de varios de ellos o a la absorción por otro banco». Respaldada por un capital de 500 millones de pesetas, 50 por 100 del Banco de España, y 50 por 100 de la banca privada, esta entidad disponía, sobre todo, del apoyo financiero del instituto emisor, lo cual le da grandes posibilidades. La idea de la corporación fue objeto de numerosas críticas, tanto del lado socializante —por suponer una especie de seguro privilegiado para el monopolio financiero— como por parte de los liberales. El resultado fue su disolución para traspasar sus funciones al Fondo de Garantía de Depósitos en 1979.

c)   Una *nueva onda de concentración bancaria.* El Banco Central absorbió al Ibérico, del grupo financiero Fierro; el Banesto, para no caer de su primer puesto en el *ranking,* hizo lo propio con el Coca, que a poco de tomarse tal decisión pasó por un grave escándalo de fuga de capitales; y ulteriormente inició su penetración en el Banco de Madrid. Por su parte, el Santander adquirió la Banca Jover y se hizo con una parte del Banco Comercial Español. Siguieron otras absorciones.

d) Otro aspecto novedoso e importante de la banca privada española fue su creciente *penetración en el exterior y su endeudamiento* en los mercados de dinero para aportes al sistema a fin de engrosar los recursos internos.

e) Por lo demás, en junio de 1978 se decretó la *libertad de entrada de la banca extranjera* en el mercado español, si bien con una serie de limitaciones y obligaciones (véase la pág. 430 de la 17.ª edición de este libro) en, materia de capital social mínimo, de sucursales, de cartera de títulos, etc. Todas estas restricciones desaparecerán definitivamente el 31 de diciembre de 1992 al terminar el período de adhesión de España a la CE.

Por otra parte, en 1987 se abrió una nueva fase de macrofusiones, y tras la OPA fallida del Bilbao al Banesto, en 1988 se consolidó la fusión Bilbao-Vizcaya, en tanto que —ya en 1989- no llegó a prosperar la fusión Banesto-Central. En 1991, y tras la creación de Argentaria, ya comentada en la sección 4, se produjo, en mayo, el acuerdo de fusión BHA/Banco Central (Banco Central Hispano Americano).

Señalemos, además, que con la Ley 26/1988, de 29 de julio, «de disciplina e intervención de las entidades de crédito», se establecieron nuevos sistemas cautelares para disminuir los riesgos del negocio bancario y asegurar una mayor inspección por el Banco de España a todos los efectos.

En agosto de 1991, nuevamente se puso a prueba el sistema del Fondo de Garantía de Depósitos, establecido en 1977, según vimos al comienzo de este apartado 5-2. La ocasión la dio el «Bank of Credit and Commerce International» (BCCI), de ámbito mundial y con base en los Emiratos Arabes Unidos, y cuya suspensión de operaciones —entre las que presuntamente estaba el *blanqueo* de dinero de la droga, así

como otras operaciones más o menos inconfensables—
decidió el Banco de España. Más lamentable aún, y
más oscuro, fue el caso Ibercorp en 1991/92.

6.   Las Cajas de Ahorro

Las Cajas de Ahorro pueden ser de carácter público
(estatal, provincial o municipal) y fundacional privado.
Fomentan el ahorro, al que ofrecen tipos de interés
más elevados que los ofrecidos por la Banca comercial.
Con los recursos obtenidos de las imposiciones, las
Cajas pueden efectuar préstamos sin desplazamiento
de prenda y préstamos pignoraticios, e inversión en
títulos oficiales.

Desde 1951, las Cajas quedaron obligadas a invertir
como mínimo el 60 por 100 de sus recursos ajenos en
fondos públicos, de los cuales tres cuartas partes habían de ser títulos de la deuda flotante o consolidada
del Estado o que gozasen de su garantía. A partir de
1957 les fue impuesta a las Cajas de Ahorro una obligación adicional: dedicar el 10 por 100 del crecimiento
anual de sus depósitos a la concesión de créditos para
la construcción de viviendas. Finalmente, en 1959, al
renunciar formalmente el Estado a la emisión de deuda
pública automáticamente pignorable, el Estado estableció la obligatoriedad de que las Cajas invirtieran el
65 por 100 de sus depósitos en «valores calificados»,
lo que garantizó de hecho la colocación automática de
todas las emisiones del INI.

Para dar una idea de la importancia de las Cajas de
Ahorro baste indicar que el total de sus depósitos al
28 de abril de 1989 ascendía a 15,086 billones de
pesetas, lo que equivalía al 63 por 100 de los depósitos
de la Banca, y lo que es más importante, los depósitos
en las Cajas de Ahorro muestran una clara tendencia
a crecer más rápidamente que los de la Banca.

Actualmente existe un total de 78 Cajas de Ahorro
independientes, que forman una Confederación, cuyos
depósitos totales representan el 93 por 100 del total,

correspondiendo el 7 por 100 restante a la Caja Postal de Ahorro, que es una entidad estatal. Dentro de las Cajas de Ahorro, la concentración es casi tan elevada como en la Banca privada. Las quince primeras Cajas controlan el 63 por 100 de los depósitos totales, y las cinco mayores custodian el 39 por 100.

El Estado realizaba su intervención en las Cajas a través del Instituto de Crédito de las Cajas de Ahorro, reorganizado en 1963 como entidad oficial autonóma con personalidad jurídica propia y dependiente del Gobierno a través del ministro de Hacienda. El Instituto desempeñaba las funciones de alta dirección (transmitía instrucciones del ministerio de Hacienda, informaba sobre aperturas o fusión, etc.) y coordinaba e inspeccionaba las Cajas. Desde la Ley de Crédito Oficial de 1971, las Cajas dependen del Banco de España.

A partir de la formación del segundo gobierno Suárez —4 de julio de 1977— las Cajas de Ahorro entraron en una serie de transformaciones importantes que seguidamente tratamos de resumir.

1. La Orden de 23 de julio de 1977, del Ministerio de Economía, sobre liberalización de tipos de interés y coeficientes de inversión del sistema financiero, redujo dichos coeficientes de modo gradual.

2. En cuanto a los *préstamos de regulación especial,* se fue a su progresiva reducción hasta suprimirlos.

3. Por otro lado, el Real Decreto 2.229071977, de 27 de agosto de 1977, reorganizó la *administración de las cajas de ahorro* que de una estructura personalista y de cooptación de sus consejos de administración, pasaron a gobernarse por una asamblea general. Tras la Ley de 31/1985, de 2 de agosto, las Corporaciones Municipales cuentan con el 40 por 100 de los miembros de la Asamblea General, los impositores con el 44 por 100, los fundadores con el 11, y el personal con el 5 por 100; la misma Ley suprimió las Comisiones de Control y Obras Sociales, transfiriendo sus poderes a los Consejos de Administración.

**Figura 36: LA GLOBALIDAD DEL
            MERCADO BURSATIL MUNDIAL**

El mapa adjunto (que procede de la «Pocket Guide to
the New City», de *The Economist,* Basil Blackwell, Londres, 1988, pág. 56), es bien expresivo de la situación
actual en lo que concierne a la negociación bursátil internacional.

En el mapa figuran, en las escalas de arriba y abajo,
los distintos husos horarios, en términos del meridiano de
Greenwich (Greenwich mean time); así como los cinco
principales mercados mundiales: Tokio, Hong Kong,
Amsterdam, Londres y Nueva York.

Es fácil apreciar, en horario de Greenwich, cómo en un
día laborable cualquiera, el mercado de Tokio está funcionando desde las 12 de la noche del día anterior —o si
se prefiere, desde las 00.00 del día de hoy—, hasta las
6 de la mañana. El mercado de Hong Kong hace lo propio
entre las 2 y las 8 de la mañana. Luego, se incorpora
Amsterdam, que empieza a trabajar a las 9 a.m., para
terminar a las 3:30 p.m.; igual que Londres, que trabaja
media hora menos, porque empieza 30 minutos después.
Por último, cuando Londres y Amsterdam no han cerrado
aún, a las 14:30, comienza a operar Nueva York (el NAS-
DAQ es el mercado informatizado del conjunto de
EE.UU.), que cierra a las 21:00 horas. Por tanto, sólo hay
dos horas y media de «tranquilidad» en la negociación de
estos cinco grandes mercados mundiales, que sin embargo, se conectan, cubriéndose la zona residual del mapa,
por otras dos bolsas: San Francisco y Sidney.

Nos hallamos, pues, ante un mercado auténticamente
global, cuya operatividad se ve reforzada por los sistemas
informáticos vía satélite, y por la virtual libre circulación
de capitales.

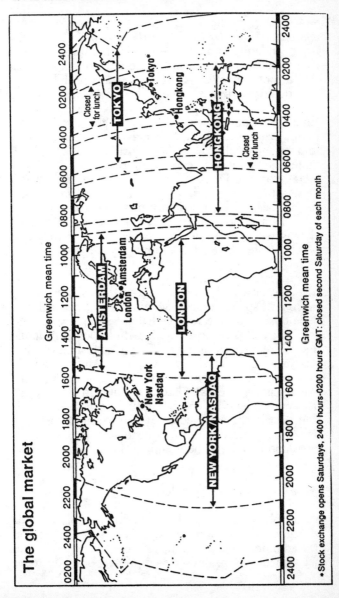

The global market

4. En el mismo RD 2.290/1977 se dispuso la plena *equiparación de las Cajas de Ahorro con la Banca Privada*. En la práctica, la repercusión más importante de esta medida es la posibilidad que se brinda a las Cajas de descontar efectos —lo cual les estaba prohibido por el artículo 39 de su Estatuto de 1933—, así como la financiación de las operaciones de comercio exterior. En ambos campos, serán a partir de ahora criterios de naturaleza financiera y comercial, y no limitaciones impuestas por el ordenamiento jurídico, los que determinen qué hará cada caja de ahorros.

5. Por otro Decreto, el 2.291/1977, también del 27 de agosto, se reguló la *regionalización de inversiones* de las Cajas, si bien posteriormente las Cajas pasaron a tener plena libertad en cuanto a su difusión en todo el país (sin olvidar que su regulación está en buena parte transferida a las Comunidades Autónomas).

Señalemos, por último, que las Cajas de Ahorro no han sido ajenas al amplio proceso de fusiones que se inició en España desde 1984 con el comienzo del final de la crisis. En 1986 todavía había 86 Cajas, y en 1989 eran 78; y el proceso sigue. Sin duda por el estímulo que a este respecto han significado las fusiones bancarias ya aludidas en 5-2, las Cajas de Ahorros buscan una mayor dimensión vía absorciones y fusiones. La más señalada de ellas es la que se anunció al comienzo del verano de 1989 entre la Caixa de Pensiones y la Caixa de Barcelona, que ocupaban los números 1 y 3 del *ranking*. En definitiva, al fusionarse pasaron a ser, por depósitos, la primera entidad financiera española.

7. El mercado de capitales. La Bolsa

La Bolsa es el centro del mercado de valores, donde se negocian las acciones y obligaciones de las sociedades admitidas a cotización, así como otras emisiones del tipo de los pagarés de empresa, bonos de todas clases, «warrants», títulos de la deuda pública, y otros valores del Estado o de sus organismos autónomos, etc.

Las bolsas de valores operan de forma cada vez más automática u global, debido a la informatización de sus operaciones. A escala mundial, los principales mercados —ya en un sistema continuo— son Tokio, Hong-Kong, Singapur, Milán, Francfort, París, Londres y Nueva York.

En España —y ello es una muestra más del retraso de nuestra revolución industrial—, la primera Bolsa de Valores se abrió en Madrid en 1831, más de un siglo después de la organización de la primera Bolsa oficial europea (París, 1724).

La segunda Bolsa Oficial de Comercio fue fundada en Bilbao en 1890, y la tercera, en Barcelona en 1915, una año después de que finalizara en esa plaza la contratación bursátil que en régimen no oficial y de forma un tanto irregular se realizaba en el llamado Casino Mercantil. Posteriormente, la vida no muy activa de las tres Bolsas de Comercio españolas ha sido completada con las contrataciones que se realizan en los Bolsines de Valencia, Sevilla, Zaragoza, San Sebastián y Gijón y en los Colegios de Corredores de Comercio de las restantes provincias. Desde 1981 opera la Bolsa de Valencia.

Los numerosos problemas de las bolsas de valores, agudizados por la crisis económica que se desató a fines de 1973, suscitó, a poco de celebrarse las elecciones generales de junio de 1977 —OM de 4 de agosto— la creación de una comisión especial presidida por el profesor Juan Sardá, a la que se dio un plazo de seis meses para que informase acerca de las reformas a introducir en el mercado de valores. Tras solicitar prórroga, la Comisión presentó su informe el 12 de abril de 1978, que fue hecho público en julio del mismo año.

En el informe se puso de relieve el declive del mercado de emisiones. A efectos de financiación de las empresas, su importancia cayó del 30 por 100 en 1966-1986 a sólo el 18 por 100 en 1976, con el agravante de que los títulos de renta fija (deuda pública y obligaciones) tenían un peso muy elevado dentro de ese tan menguado porcentaje, y con la particularidad adicional de que prácticamente desaparecieron del mercado tales títulos, porque su colocación se hacía normalmente por el sistema de racionamiento entre las entidades tomadoras (bancos y cajas), sin que tampoco existiese un mercado secundario.

Por otro lado, en el informe Sardá se reiteró la ya conocida observación sobre la estrechez del mercado, el escaso desarrollo de las entidades de inversión colectiva, y la preferencia de los ahorradores por otras inversiones.

En el cuadro 13-3 es posible apreciar la enorme expansión de la actividad del negocio bursátil a partir de 1984. Se produjo como una especie de salida de un prolongado letargo; a causa fundamentalmente de la recuperación económica interior y exterior, y de la canalización a la especulación de grandes masas de *dinero B* que antes estuvieron en pagarés de empresa y del Tesoro.

También tuvo una gran importancia el hecho de que las negociaciones para el ingreso de España en las Comunidades Europeas, se encontraban ya muy avanzadas, estimándose, generalmente, que al incorporarse España a la CE, el interés de las sociedades cotizadas en bolsa crecería de forma extraordinaria; sobre todo, teniendo en cuenta su baratura. En efecto, con relativamente poca inversión, por *compra en bolsa* era posible hacerse con el control, o participaciones importantes, de sociedades de gran envergadura del mayor interés por su cuota de mercado, presencia en sectores de futuro, etc. Tales previsiones se confirmaron plenamente a partir de 1985, con la firma del Tratado de Adhesión; y no es extraño, pues, que 1986 y 1987 fueran dos ejercicios bursátiles de excepción, como puede apreciarse por el cuadro 13-3.

CUADRO 13-3

Cantidades negociadas en bolsas anualmente, en miles de millones de pesetas de valor efectivo, por títulos y bolsas

Años	Clases de valores			
	Total	Fondos públicos	Acciones	Obligaciones
1983...................	337,5	39,9	218,4	79,2
1984...................	633,2	58,6	440,8	133,9
1985...................	880,3	128,5	621,1	130,6
1986...................	2.738,6	314,5	2.266,4	158,2
1987...................	5.087,4	176,6	4.756,1	154,7
1988...................	3.563,3	83,4	3.286,8	166,1
1989...................	5.027,7	86,0	4.677,5	264,5
1990...................	4.643,3	122,4	4.133,7	389,7
1991...................	5.371,1	195,5	4.738,3	437,3
1992...................	5.668,4	473,7	4.457,4	737,7

Contratación bursátil

Años	Cotizaciones	
	1985 = 100	IBEX-35
1987...................	250	2.634
1988...................	277	2.804
1989...................	301	2.804
1990...................	259	2.551
1991...................	266	2.670
1992...................	230	2.471

Negociación bursátil (sólo acciones, miles de millones de pesetas, valores efectivos)

Años	Total	SIB (*)	Resto negociación				% SIB s/total
			Madrid	Barcelona	Bilbao	Valencia	
1989....	4.677,5	585,7	3.333,5	441,4	231,4	85,5	12,52
1990....	4.456,4	2.829,0	1.247,9	198,9	107,2	46,5	63,48
1991....	4.738,3	3.623,5	606,8	189,7	287,6	30,7	76,47
1992....	4.457,4	3.717,2	466,9	152,4	63,2	57,6	83,39

Fuente: Banco de España.
(*) Sistema de Interconexión Bursátil.

El fuerte impulso mencionado de las Bolsas, y la formidable ampliación del número de personas con inversiones bursátiles, así como el efecto demostración de las reformas en una diversidad de países (y sobre todo el *big bang* o informatización de la Bolsa de Londres), promovieron la reforma de la normativa española en este área. Lo cual, tras un controvertido debate se tradujo en la Ley 25/1988, de 29 de julio, de Regulación del Mercado de Valores.

La reforma se ha manifestado en la desaparición de los agentes de cambio y bolsa como intermediarios, que son sustituidos por las *agencias y sociedades de valores* (según negocien sólo por cuenta ajena o también por cuenta propia, respectivamente); por otro lado, las cuatro bolsas funcionan ya como *mercado único;* y las transacciones se informatizan progresivamente en un *mercado continuo* (el SIB del cuadro 13-3).

Como autoridad suprema del negocio bursátil, aparece la Comisión Nacional del Mercado de Valores, para garantizar el respeto a la ley, y evitar el recurso a la información privilegiada (*insider trading*).

1. La evolución del sistema tributario español

El sistema tributario lo compone el conjunto de medios con que cuenta la Hacienda Pública para obtener de los contribuyentes el dinero que precisa a fin de hacer frente a sus objetivos. El funcionamiento del sistema tributario permite a la Hacienda obtener unos ingresos con los que realizar unos gastos; los ingresos y los gastos públicos se prevén periódicamente en el presupuesto del Estado, que —en frase de J. M. Naharro— constituye la expresión contable del plan económico de la Hacienda para un período determinado. El presupuesto se configura así como la concreción del sistema tributario y del gasto público, siendo, por tanto, una síntesis que refleja la actividad de la Hacienda Pública. Esta actividad es de importancia vital para la vida económica del país. Como ha puesto de relieve G. Myrdal, «la Hacienda, lo mismo que toda actividad estatal, constituye una parte del marco institucional de la formación de los precios en el mercado y es, por consiguiente, una de las condiciones esenciales. La actividad financiera influye en los costes de producción de todas las ramas de la economía nacional: los impuestos influyen en el abastecimiento del mercado de capitales y en la dirección de la oferta del capital hacia las distintas clases de inversión. La Hacienda Pública decide de un modo completo la forma de todas las funciones de oferta y demanda, y con ello toda la evolución de la vida económica, su dirección hacia distintas producciones, su progreso, el carácter del desarrollo de la coyuntura, etc. Todas estas condiciones tomarían una forma distinta si a la Hacienda del Estado le diéramos otra dirección». Por otra parte, el gasto público forma parte de la demanda global y tiene una gran influencia sobre la oferta y el nivel de precios; cuando su presión en el mercado es excesiva puede acelerar los fenómenos inflacionistas; pero cuando compensa la escasez de la demanda proveniente del sector privado, su papel para mantener la actividad económica a un nivel que no implique la extensión del paro es también sustancial.

El actual sistema tributario español tiene sus orígenes en la reforma fiscal que estableció la Ley de Presupuestos de 1845, que vino a enfrentarse con un sistema tributario abigarrado y confuso en el que subsistían contribuciones especiales distintas para las Reinos de la Corona de Aragón, Navarra, Vascongadas y Castilla. Esta reforma fue realizada siendo ministro de Hacienda don Alejandro Mon, si bien sus bases estaban ya sentadas por el dictamen de una Comisión nombrada en 1843 y en la cual desarrolló una gran actividad el hacendista, más tarde ministro del ramo, Ramón de Santillán, razón por la cual se la conoce normalmente con el nombre de «Reforma Mon-Santillán».

El sistema fiscal de 1845, con algunas transformaciones no sustanciales, perduró hasta 1900, año en el cual los acuciantes problemas financieros derivados de las guerras coloniales y de la propia evolución de nuestra estructura económica impusieron una revisión de la obra realizada nueve lustros antes. Esa revisión se plasmó en la ley de 27 de marzo de 1900 («Reforma Fernández Villaverde»). El sistema tributario de 1900 apenas habría de experimentar transformaciones hasta 1940.

Como no puedo por menos que suceder, la Guerra Civil provocó graves alteraciones en el funcionamiento de la Hacienda Pública y planteó nuevos problemas de cara a la reconstrucción. No es extraño, pues, que en el texto oficial «Resumen provisional sobre la evolución de la Hacienda desde el 18 de julio de 1936 hasta la fecha», publicado en agosto de 1940, se anunciara una reforma tributaria cuyo desarrollo se inició con la promulgación de la Ley de 16 de diciembre de 1940, refrendada por el ministro de Hacienda José Larraz.

La reforma no introdujo transformaciones sustanciales en nuestro sistema tributario, y si bien afectó prácticamente a todos los impuestos fue casi exclusivamente en la ampliación de las bases impositivas y en la elevación de los tipos. Por tanto, la reforma teórica significó una fuerte elevación de la presión fiscal; en la práctica, esa elevación fue mucho menor, ya que el desconocimiento de las bases impositivas reales hizo imposible la efectiva aplicación de los nuevos tipos. Como ha destacado el profesor E. Fuentes Quintana, la subsiguiente generalización del estado de defraudación tributaria se debió no sólo a la elevación de la presión fiscal teórica, sino también a otra serie de causas. La Ley de 5 de enero de 1939, que estableció la contribución excepcional sobre beneficios extraordinarios derivados de la Guerra, contribuyó al clima de defraudación, puesto que aplicó un criterio erróneo al considerar beneficios extraordinarios los que excediesen del 7 por 100 del capital para toda clase de empresas, sin tener en cuanta la intensificación del proceso inflacionista. Además, la estimación del beneficio extraordinario se confió a un jurado carente de información precisa, que hubo de operar con métodos sumamente empíricos, susceptibles de prestarse a la benevolencia por puras razones de humanización; ello sirvió de advertencia al contribuyente en el sentido de que los impuestos podían ser exigidos según criterios transaccionales, no estrictamente legales. Las frecuentes amnistías, moratorias o exenciones retroactivas habidas a lo largo de los años 1940 a 1957 no hicieron sino acelerar la creciente defraudación. Las actuaciones administrativas contribuyeron también no poco a la generalización del fraude: benignidad en las estimaciones de los jurados, lentitud en la tramitación de expedientes, blandura en la exigencia del cumplimiento del obligatorio suministro de datos y en la imposición de sanciones, confusionismo creado por la multitud de disposiciones fiscales, etc.

La creciente defraudación, derivada de la falta de revisión de las bases y de la estructura del sistema, condujo a un estancamiento de los ingresos presupuestarios en términos reales. Consecuencia de ello fue la necesidad de recurrir sistemáticamente al mecanismo de la Deuda para cubrir el déficit, con los consiguientes efectos sobre el sistema de precios (inflación) y el cambio de la peseta (existencia de cambios múltiples para posibilitar las exportaciones en un período inflacionista con un cambio oficial congelado a un nivel irrealista a margen de las cotizaciones del mercado negro y de las Bolsas extranjeras).

La disminución de la presión fiscal directa se trató de paliar con la instauración del régimen de convenios y evaluaciones globales y con una serie de modificaciones en la estructura impositiva introducidas en la reforma de 1957. El régimen voluntario de convenios con agrupaciones de contribuyentes (Sindicatos, Colegios oficiales, etc.) permitía la distribución individual de la suma global a percibir que la Administración señalaba para una determinada industria o actividad en el caso de los impuestos de cuota variable. A través de este sistema de «reparto» se recaudaban los impuestos sobre tráfico de empresas, los de rendimiento de trabajo personal de las profesiones liberales (médicos, abogados, etc.) e igualmente servía de instrumento para fijar casuísticamente el impuesto sobre sociedades. El más grave inconveniente de este sistema de agremiación fiscal estribaba en que suponía una transacción entre los contribuyentes y la Administración de Hecho, esta última renunciaba al conocimiento específico de las bases imponibles reales y delegaba la justicia tributaria en los grupos agremiados, que al amparo del mecanismo podían repercutir los impuestos sobre los precios (efecto inflacionista) y obtener además importantes beneficios adicionales por la evasión de impuestos retenidos (rentas fiscales). La evolución de los ingresos y gastos presupuestarios en los últimos años puede seguirse en el cuadro 14-1. Debe hacerse notar además que desde 1972 el presupuesto volvió a ser anual, en vez de bianual. La bianualidad se demostró que no tenía ningún efecto en la limitación al gasto público y que impedía una política fiscal coyuntural.

2. La Reforma Tributaria de 1964 y el sistema fiscal imperante hasta 1977

El sistema fiscal vigente en España hasta 1977 —y en vigor más o menos parcial hasta que se implantó la reforma de Fernández Ordóñez— fue en lo fundamental el establecido en virtud de la Ley de Reforma Tributaria de 11 de junio de 1964, realizada —al igual que la de 1957— siendo ministro de Hacienda Mariano Navarro Rubio y secretario general técnico Antonio Barrera de Irimo, razón por la cual se conoce esta reforma como la «Navarro-Barrera».

La Reforma de 1964, como oportunamente señaló Gabriel Solé Villalonga, «no se realizó en virtud de apremios recaudatorios, cosa que no había sucedido en anteriores reformas de nuestro sistema tributario». No obstante, era necesaria, y sus dos grandes méritos

Cuadro 14-1

Incidencia de los ingresos y gastos públicos,
sobre el PIB (%) (billones de pesetas)

Año	Ingresos no financieros	Presión fiscal	Gastos corrientes	Prestaciones sociales	Gasto público total
1970	23,05	18,99	18,78	7,30	22,40
1971	23,37	20,34	19,90	8,30	23,64
1972	23,89	20,34	19,90	8,30	23,64
1973	24,64	20,97	20,06	8,46	23,53
1974	24,06	20,16	20,39	8,50	23,88
1975	25,72	21,36	21,95	9,25	25,68
1976	26,83	22,50	23,78	9,99	27,14
1977	28,03	23,54	24,73	10,38	28,65
1978	28,76	24,39	27,22	11,96	30,51
1979	30,11	25,53	28,79	13,04	31,85
1980	30,45	26,88	29,66	12,67	33,14
1981	31,92	28,09	31,63	14,14	35,84
1982	32,09	28,10	32,42	14,04	37,71
1983	34,23	30,30	33,97	14,54	39,03
1984	34,51	30,60	35,30	14,02	39,92
1985	35,65	31,14	36,61	14,32	42,59
1986	36,16	31,69	36,20	13,95	42,13
1987	37,83	33,67	35,75	13,81	40,96
1988	37,84	33,58	35,50	13,86	41,10
1989	39,80	35,45	36,21	13,95	42,59
1990	39,57	35,20	36,86	14,41	43,49
1991	40,13	35,10	38,43	15,30	45,15
1992	42,10	36,63	40,36	16,63	46.76

Fuente: BBV, *Informe Económico, 1992,* p. 188.

fueron la personalización de la imposición directa y la ordenación de la indirecta. Graves defectos de la Reforma fueron la consagración del principio de la evaluación global introducido en 1967 y la persistencia de un peso excesivo de la imposición indirecta.

Pasó un decenio, casi, y en 1973 el tema predominante de las conversaciones en los medios económicos españoles no fue otro que la reforma fiscal. Al «Libro Blanco» que se anunció por entonces como inminente, y que contendría las bases de la futura reforma, se atribuyó en buena medida la baja de las cotizaciones bursátiles de la segunda quincena de mayo.

Pero las previsiones así hechas se demoraron inevitablemente por la tenaz renuencia del régimen de Franco a llevar a cabo la reforma, aunque de tiempo en tiempo aparecieron en escena partidarios sinceros de ella. Así pues, a pesar de los propósitos de Barrera de Irimo, las promesas hechas en 1973 quedaron incumplidas.

3. La reforma Fuentes Quintana/ Fernández Ordóñez

Celebradas las elecciones generales de 1977, el segundo gobierno Suárez, con Fuentes Quintana como Vicepresidente económico y Fernández Ordóñez como Ministro de Hacienda, incluyó en su programa legislativo una Ley de Medidas Urgentes de Reforma Fiscal (MURF) que se presentó en el Congreso el 9 de agosto de 1977, y que de inmediato pasó a la correspondiente ponencia, la primera que se formó de la nuevas Cortes democráticas.

El proyecto de MURF se discutió por el trámite de urgencia, y a los pocos meses se convirtió en la Ley 50/1977, de 14 de noviembre. Con su texto se reguló la desaparición del secreto bancario, se tipificó el delito fiscal, y se anunció la publicación de las listas de contribuyentes. Con esos tres mecanismos se pretendió, ante todo, empezar a combatir seriamente el fraude.

Pero además de esas primeras decisiones de la Ley de MURF que acabamos de reseñar, incluso antes de que fuera promulgada, en los Pactos de la Moncloa se sentaron las bases de la definitiva reforma fiscal que rápidamente podemos resumir en cinco puntos:

1. Carácter global, personal y progresivo para el *Impuesto sobre la renta de las personas físicas*, absorbiendo los impuestos reales o de producto (urbana, rústica, rendimiento del trabajo personal, etc.).

Carácter progresivo de la tarifa del Impuesto, con tipos moderados como respuesta a la amplitud de la base y a la inexorable exigencia del cumplimiento del tributo.

2. *Impuesto sobre el patrimonio,* armonizado en su estructura al nuevo impuesto sobre la Renta.

3. *Impuesto sobre sucesiones y donaciones* más simple, y coordinado además con el Impuesto sobre el Patrimonio.

4. Reforma del *Impuesto sobre sociedades,* modernizando la imposición sobre los beneficios de las entidades jurídicas y evitando todo tipo de exenciones y tratamientos de privilegio no necesarios, para incentivar la inversión creadora de puestos de trabajo.

5. Reforma de la *imposición indirecta,* al objeto de alinear el sistema fiscal español a los vigentes en los países europeos que forman parte de la Comunidad, introduciéndose, además, el Impuesto sobre el Valor Añadido (IVA). Con esta nueva figura impositiva, planteada a nivel de toda la CE por Francia se perseguían dos objetivos, la neutralidad del impuesto y la transparencia fiscal; propósitos, ambos, imposibles de alcanzar con el anterior ITE como impuesto «en cascada».

Como consecuencia de la Reforma Fernández Ordóñez (o mejor habría de denominarse Fuentes-Ordóñez), el sistema impositivo quedó en la forma que registra el cuadro 14-2.

Los gastos se detallan en el cuadro 14-3.

4. Las figuras impositivas del actual
   sistema tributario

Examinaremos a continuación los impuestos más importantes en sus líneas fundamentales; con la divisoria clásica de impuestos directos e indirectos.

CUADRO 14-2

Presupuesto de ingresos no financieros del Estado para 1994; 1, 2 y 3 en miles de millones de ptas.

Conceptos	Presupuesto inicial 1993 (1)	Previsión liquidación 1993 (2)	Presupuesto inicial 1994 (3)	Δ (%) (3)/(2)
I. *Impuestos directos*	6.442,3	6.068,1	6.048,0	−0,3
Impuesto sobre la Renta de Personas Físicas	5.104,9	4.818,0	5.121,6	6,3
Impuesto sobre Sociedades	1.233,3	1.149,0	820,0	−28,6
Cuota de Derechos Pasivos de funcionarios	74,7	74,7	79,3	6,2
Otros	29,4	26,4	37,1	2,7
II. *Impuestos indirectos*	5.155,9	4.420,0	4.956,5	12,1
Impuestos sobre el Valor Añadido	3.418,5	2.682,0	3.112,0	16,0
Impuestos Especiales y Renta del Petróleo	1.549,8	1.578,1	1.701,7	7,8
Impuestos sobre Tráfico Exterior	119,3	105,4	94,2	−10,6
Impuesto sobre Transmisiones Patrimoniales y Actos Jurídicos Documentados	52,8	36,4	40,3	10,7
Otros	15,5	18,1	8,3	−54,1
III. *Tasas y otros ingresos*	281,8	274,5	303,6	10,6
Seguridad Social	250,2	92,6	287,5	210,5
Loterías y apuestas del Estado	200,1	93,0	205,3	2,6
Contribuciones concertadas del País Vasco y Navarra	107,1	78,0	78,0	−16,1
Otras	32,1	52,1	32,1	37,7
IV. *Transferencias corrientes*	589,5	437,7	602,9	37,7
V. *Ingresos patrimoniales*	668,6	1.269,0	994,8	−21,6
VI. *Enajenación de inversiones reales*	4,3	4,3	4,6	7,0
De las CC.EE.	178,4	205,4	291,4	41,9
Otras	0,4	50,0	0,0	—
VII. *Transferencias de capital*	178,8	255,4	291,4	14,1
Total ingresos no financieros	13.321,2	12.729,0	13.201,9	3,7

Fuente: Ministerio de Economía y Hacienda.

CUADRO 14-3

Los grandes componentes del gasto en el presupuesto consolidado; 1 y 2 en miles de millones de ptas.

Políticas	Presupuesto inicial 1993 (1)	Presupuesto inicial 1994 (2)	(%)	Δ (%) 1994/1993
A) *Doce políticas de gasto*				
1. Agricultura	754.940	924,015	3,2	22,4
2. Subvenciones al transporte	246.505	292.559	1,0	18,7
3. Infraestructuras	758.176	844.111	2,9	11,3
4. Desempleo, fomento del empleo y prestaciones sociales	3.458.197	3.823.248	13,4	10,6
5. Defensa y política exterior	794.020	857.849	3,0	8,0
6. Vivienda	99.963	107.4192	0,4	7,8
7. Pensiones	6.004.118	6.460.727	22,6	7,6
8. Justicia	221.549	234.787	0,8	6,0
9. Sanidad	2.928.571	3.103.199	10,8	6,0
10. Seguridad ciudadana	517.793	530.199	1,9	2,4
11. Educación e investigación	1.001.614	1.021.807	3,6	2,0
12. Industria y energía	207.687	210.447	0,7	1,3
Total de las doce políticas de gasto	16.992.809	18.410.367	64,3	8,3
B) *Compromisos adquiridos*				
13. Participación en las CC.EE.	798.480	937.934	3,3	17,5
14. Deuda Pública	4.028.500	4.586.695	16,0	13,9
15. Financiación de las Administraciones territoriales	2.899.234	3.163.726	11,1	9,1
Total compromisos adquiridos	7.726.214	6.688.355	30,3	12,5
C) *Resto de políticas de gasto*	1.419.959	1.531.959	5,4	7,9
Total	26.138.980	28.630.681	100,0	9,5

Fuente: Ministerio de Economía y Hacienda.

4-1. Impuestos directos

La *contribución territorial urbana* (que corresponde a los ayuntamientos) se rige básicamente por el Decreto 1.251/1966, de 12 de mayo. Grava el suelo urbano, con un tipo global del 20 por 100 de la renta catastral de la finca urbana (el 4 por 100 de su valor catastral), si bien los Ayuntamientos pueden modificar el tipo.

La *licencia fiscal de actividades comerciales e industriales* (que también perciben los ayuntamientos, y basada en el Decreto 3.313/1966, de 29 de diciembre) grava el ejercicio de la actividad comercial o industrial de todos los comerciantes e industriales individuales, con una cuota que difiere según sectores y poblaciones.

El *Impuesto sobre la Renta de las Personas Físicas (IRPF)* es un impuesto personal, único y de carácter general, en el que queda englobada la imposición real. Los impuestos de producto (rústico, urbano, trabajo personal, rentas del capital, etc.), que entre 1966 y 1978 tuvieron el carácter de gastos necesarios para la obtención de los ingresos que se integraban en la base imponible, pasaron a ser ingresos a cuenta del impuesto y, por tanto, se deducían de la cuota tributaria. Desde 1978, en los distintos ingresos se van practicando retenciones, y la liquidación final, para el ingreso global, se hace al devengarse el IRPF.

Desde 1978 este impuesto se convirtió en el centro del sistema impositivo, siendo la figura tributaria que más claramente marca la progresividad. En 1991, y tras muchos avatares, se publicó la Ley 18/1991, de 6 de junio sobre el IRPF, que comportó la modificación del impuesto, con un tipo máximo del 53 por 100 a partir de 9.550.000 pesetas de base liquidable; para converger —en 1993— en una escala situada entre el 18 y el 50 por 100. Y sumando recaudación por IRPF con recaudación por *Patrimonio neto,* no puede superarse el 70 por 100 de la base imponible por IRPF. En 1992, por el Real Decreto Ley de Medidas Presupuestarias

Urgentes del mes de julio, se volvió, increíblemente, al 56 por 100 de tipo marginal máximo.

El *Impuesto general sobre sociedades,* grava la renta neta (ingresos, menos gastos corrientes y de reposición) de las sociedades y demás entidades jurídicas con fines de lucro. Del impuesto de sociedades son deducibles los pagos hechos por licencia fiscal, contribución territorial rústica, etc. El tipo general es del 35 por 100 de la base imponible (Ley 61/1978, de 27 de diciembre).

El *Impuesto general sobre sucesiones y donaciones* grava las adquisiciones por herencia, legado o donación de bienes, derechos y acciones de cualquier naturaleza.

Por Ley 29/1987 de 11 de noviembre, este impuesto fue modificado de modo sustancial, haciéndolo más progresivo, incluyendo a efectos de aplicación de tipos impositivos más altos el patrimonio del causahabiente (criterio coloquialmente denominado «la teoría del hijo pródigo»).

4-2.   Impuestos indirectos

El *Impuesto general sobre transmisiones patrimoniales y actos jurídicos documentados* (Ley 34/1980, de 21 de junio), gravaba las transmisiones por actos «inter vivos» de toda clase de bienes radicantes en territorio nacional.

El *Impuesto general sobre el tráfico de empresas (ITE)* se aplicaba al volumen de ventas de la empresa conforme a tipos que variaban según los casos.

El *Impuesto de lujo* (Real Decreto legislativo 875/1981, de 27 de marzo) gravaba la adquisición de determinadas mercancías (automóviles, alcoholes, etc.) no consideradas como de primera necesidad.

En todos los proyectos de reforma fiscal desde 1973 se planteó siempre la sustitución del ITE y del impuesto de lujo por el IVA, en línea con la armonización realizada en la Comunidad Europea en el tema de la imposición indirecta, que se centró en la citada figura. Sin embargo, siempre se manifestó una clara resistencia a la implantación del nuevo impuesto, que a la postre sólo llegó a introducirse por así haberlo exigido la CE en las negociaciones de adhesión; como condición para la entrada en vigor del Tratado integratorio el 1 de enero de 968. El IVA se configuró en España con tres tipos impositivos: uno general del 12 por 100, otro para los productos de lujo por el 33 por 100, y el tercero para los productos de primera necesidad por el 6 por 100.

Los ingresos por *monopolios fiscales* son de diferentes tipos, recaudados todos ellos por Tabacalera y CAMPSA.

Finalmente la *renta de aduanas* se nutre de dos clases de ingresos: los derechos de importación de carácter proteccionista y que se perciben conforme al Arancel de Aduanas, y el Impuesto de Compensación de Gravámenes Internos (ICGI), que equipara en trato fiscal alas mercancías importadas con las de producción nacional. El ICGI desde el 1 de enero de 1986 se sustituye por el IVA.

Dentro de las medidas para la armonización del IVA entre los países de la CE, el Estado español pasó a tres tipos el 1 de enero de 1992: 6, 13 y 28 por 100. Sin embargo, a mediados de año, la ruptura de una serie de equilibrios presupuestarios —el gasto público se disparó, especialmente por el Instituto Nacional de Empleo (INEM), y los ingresos cayeron a causa de la recesión—, lo cierto es que el Decreto Ley de medidas urgentes de julio de 1992 elevó el tipo medio del IVA del 13 al 15 por 100.

Asimismo, se planteó, para enero de 1993, el *car tax,* por similitud con el impuesto británico de ese nombre, a fin de situar la carga impositiva total sobre los automóviles en 15 + 13 = 28 por 100; es decir, el mismo gravamen (28 por 100) de los vehículos de turismo hasta el 31 de diciembre de 1992; y debido a que por la armonización comunitaria, el IVA había de caer del 28 al 15 por 100 en 1993. Todo lo cual demuestra que

la política fiscal en España tienen una volubilidad
coyunturalista cuando menos frívola.

4-3. El juego como ingreso público

En 1992, los españoles se jugaron legalmente, y por
mecanismos públicamente intervenidos, casi tres billones de pesetas (véase cuadro 14-4). Y aparte está lo
que se jugaron en clubs y otros locales privados, en
casas particulares y en el juego clandestino en sus más
diversas manifestaciones. ¿Somos un país de jugadores
empedernidos? ¿En cuánto contribuye a esas cifras la
inquietud económica? Sería necesaria más información, pero la que aquí ofrecemos ya es preocupante en
cierto grado. Con la particularidad de que no cesan las
nuevas figuras de juego controlado.

CUADRO 14-4
*Evolución de las cantidades jugadas por tipos de juegos
(millones de ptas.)*

Juegos	1986	1988	1989	1990	1991
Máquinas recrea- tivas.	837.654	1.253.655	1.463.148	1.388.008	1.220.629
Bingos.	361.573	513.700	576.893	578.558	619.619
Lotería Nacional.	345.547	348.203	389.770	423.479	481.677
ONCE.	163.751	223.027	233.131	259.731	287.083
Lotería Primitiva	87.013	197.560	175.176	176.487	186.902
Casinos.	90.515	127.920	152.508	146.892	146.892
Quiniela fútbol.	36.105	20.520	23.860	21.718	26.197
Quiniela hípica.	4.100	1.020	867	691	511
Total.	1.926.288	2.685.605	3.015.353	2.995.564	2.969.510

Fuente: Organismos Gestores Juegos.

5. La deuda pública

Desde 1940 hasta 1957, las emisiones de Deuda
fueron muy frecuentes y voluminosas, y originaron una

fuerte expansión de la circulación fiduciaria como consecuencia de la intensificación que en el proceso de monetización se produjo al desaparecer las últimas cortapisas a la emisión de billetes (supresión de la obligación de que el circulante mantuviese una determinada relación con las reservas metálicas). El proceso inflacionista tuvo precisamente su base en el mecanismo de la Deuda del Estado y las deudas especiales, el monto de cuyas emisiones, desde 1941, queda reflejado en el cuadro 14-5.

CUADRO 14-5

Evolución de la Deuda Pública desde 1941

Años	Miles de millones de pesetas		Indice	Años	Miles de milloneas de pesetas		Indice
	Total	Δ Anual			Total	Δ anual	
1941	24	—	100	1968	275	53,8	1.145
1942	29	4,3	121	1969	309	33,5	1.287
1943	31	2,6	129	1970	354	45,9	1.475
1944	35	3,8	146	1971	370	15,1	1.541
1945	38	3,3	158	1972	443	73,6	1.845
1946	44	5,7	183	1973	497	53,3	2.071
1947	49	5,3	204	1974	509	12,7	2.120
1948	58	2,7	217	1975	516	6,5	2.150
1949	54	1,4	225	1976	582	66,0	2.425
1950	57	3,9	237	1977	789	207,0	3.287
1951	53	5,4	262	1978	672	− 117,0	2.800
1952	64	1,3	267	1979	919	247,0	3.829
1953	71	7,3	296	1980	1.187	268,0	4.945
1954	77	5,3	321	1981	1.440	253,0	6.000
1955	87	10,0	362	1982	2.122	682,0	8.841
1956	98	11,0	408	1983	3.568	1.446,0	14.866
1957	113	15,5	471	1984	4.868	1.300,0	20.283
1958	127	13,7	529	1985	8.548	3.680,0	35.616
1959	145	18,0	604	1986	11.376	2.828,0	47.400
1960	152	6,7	633	1987	13.430	2.054,0	55.958
1961	153	0,7	637	1988	16.668	3.238,0	69.450
1962	156	3,6	650	1989	15.336	−1.332,0	63.900
1963	157	0,2	654	1990	18.010	2.674,0	75.041
1964	162	5,4	675	1991	20.723	2.713	86.345
1965	176	14,0	733	1992	23.552	2.829	98.133
1966	199	23,1	829	1993 (1)	24.953	1.401	103.970
1967	222	23,1	925				

Fuente: Ministerio de Hacienda.
(1) Abril.

El año 1957 marcó un punto de inflexión hacia una ensible disminución de las emisiones públicas. Las medidas preestablecidas adoptadas ya en ese año así lo exigían, y la reforma tributaria permitía esperar para los años siguientes un cierto aumento en la recaudación.

A partir de 1958, el volumen total de las emisiones públicas (cuyos títulos dejaron de ser automáticamente pignorables) se mantuvieron a niveles inferiores.

Posteriormente, el Estado ha utilizado otros títulos de deuda: desgravable, para estimular su compra, con tipos de desgravación desde el 22 al 15 por 100 (sobre la cuota liquidable de IRPF), según los años, y suprimida por entero en 1985; deuda no desgravable; obligaciones del Tesoro; y sobre todo, en los últimos tiempos, pagarés del Tesoro. Con la emisión de todos esos títulos, por las fuertes necesidades de financiación del déficit fiscal ya comentadas antes —en un mercado general orientado a contener la inflación y a no recurrir abusivamente al Banco de España— la expansión de la Deuda se aceleró desde la entrada del PSOE en el Gobierno en 1982. A esos problemas *generales* de deuda, vienen a añadirse, desde 1988, las cantidades crecientes de endeudamiento de las CC.AA.

Capítulo 15

El marco social del sistema económico

1. Introducción

En este capítulo nos ocupamos de aquellos aspectos institucionales de mayor incidencia social. Todas las piezas del marco institucional tienen implicaciones sociales, pero, con todo, donde más se aprecia el carácter democrático o no de las instituciones de un sistema económico es en los aspectos que aquí agrupamos bajo el epígrafe común de marco social: regulación de los salarios, derecho sindical, participación de los trabajadores en la gestión de las empresas, seguridad social y política de educación.

A continuación, y aunque sólo sea muy someramente, entramos en el examen de cada uno de los aludidos aspectos del marco social.

2. La regulación de los salarios y de las condiciones de trabajo hasta 1977

Antes de la Guerra Civil, los salarios, al igual que otras condiciones de trabajo, se regulaban, según lo dispuesto en la Ley de 21 de noviembre de 1931, por jurados mixtos, de los que formaban parte patronos y obreros, y que establecían las «bases de trabajo» o pactos colectivos. El sistema permitía, por tanto, la negociación entre patronos y sindicatos obreros, y en última instancia, como armas de esta negociación, se utilizaba la huelga y el *lock-out*.

El Fuero del Trabajo previó ya en 1938 la regulación estatal de los salarios, que comenzó a llevarse a la práctica en 1939 y que fue consolidada por la Ley de Reglamentaciones de Trabajo de 16 de octubre de 1942, dentro de un marco de relaciones laborales donde quedaban terminantemente prohibidas la huelga y el *lock-out* y donde desaparecieron los derechos de despido y de libre asociación sindical. Sólo en los años 50 se comenzó a evolucionar hacia una mayor flexibilidad. En la primavera de 1956, coincidiendo con las reivindicaciones planteadas en las huelgas que por entonces tuvieron lugar en casi todo el país, el Decreto de 8 de junio reconoció a la empresa el derecho a «establecer libremente, sin necesidad de autorización del Ministerio de Trabajo, condiciones superiores a las generales y mínimas fijadas en las reglamentaciones laborales». En el proceso de flexibilización así iniciado —y según ciertos indicios por la presión ejercida sobre la representación española en la Organización Internacional del Trabajo (OIT)— se llegó a la promulgación de la Ley de 24 de abril de 1958, de Convenios Colectivos Sindicales y que fue modificada por la Ley 38/1973, de 19 de diciembre.

También hay que señalar la introducción, por Decreto de 17 de enero de 1963, del Salario Mínimo Interprofesional (SMI), aplicable a todo el ámbito nacional (véase cuadro 15-1). Aunque afecta directamente a unos efectivos de población activa de menos del 5 por 100 del total, la realidad es que el salario mínimo sirve, por así decirlo, de indicador general y para fines de política de vivienda (véase sección 5 del capítulo 4).

Cuadro 15-1

Evolución del Salario Mínimo Interprofesional (SMI)
en pesetas por día (P/d) y por mes (P/m); y ganancia
media mensual (GMM) (1) por trabajador
(miles de pesetas)

Año/SMI	P/d	P/m	Año/SMI	P/d	P/m
1-I-63..........	60	1.800	1-IV-79........	640	19.200
1-X-66........	84	2.520	1-X-79.........	692	20.660
1-X-67........	96	2.880	1-VI-80........	750	22.770
1-I-69..........	102	3.060	1-IV-81.......	854	25.620
2-IV-70.......	120	3.600	1-I-82..........	948	28.440
1-IV-71.......	136	4.080	1-IV-83........	1.072	32.160
1-V-72........	156	4.680	1-I-84..........	1.158	34.740
1-IV-73........	186	5.580	1-I-85..........	1.239	37.170
1-IV-74........	225	6.750	1-I-86..........	1.338	40.140
1-IV-75.......	280	8.400	1-I-87..........	1.405	42.150
1-IV-76.......	345	10.350	1-I-88..........	1.468	44.040
1-X-76........	380	11.400	1-I-89..........	1.556	46.680
1-IV-77........	440	13.200	1-I-90..........	1.667	50.010
1-X-77........	500	15.000	1-I-91..........	1.775	53.250
1-IV-78.......	548	16.440	1-I-92..........	1.876	56.280
1-X-78........	600	18.000	1-I-93..........	1.951	58.530

Año	GMM	Año	GMM
1981..................	65,5	1987..................	121,3
1982..................	75,0	1988..................	128,7
1983..................	85,1	1989..................	136,1
1984..................	92,9	1990..................	147,7
1985..................	101,8	1991..................	150,9
1986..................	113,4	1992..................	162,7

(1) Pagos totales, ordinarios y extraordinarios.
Fuente: *Anuario El País*, 1992.

3. La ordenación laboral desde 1977

Con el retorno de la democracia tras las elecciones
generales del 15 de junio de 1977 se puso en marcha
la renovación de todo el sistema laboral. Entre sus
piezas fundamentales hay que destacar el Estatuto del
Trabajador y la Ley Básica de Empleo.

Desde la publicación del *Estatuto del Trabajador* (Ley 8/1980, de 10 de Marzo), los convenios colectivos se rigen por sus artículos 82 a 92, que regulan todo lo relativo a concepto y eficacia, unidades de negociación, concurrencia, contenido, vigencia (salvo pacto en contrario, un año), legitimación para negociar (los comités de empresa a este nivel, y los sindicatos con representatividad superior al 10 por 100 en los demás ámbitos), procedimiento, etc.

Pero aparte de la libertad de negociación, reconocida en el art. 37.1 de la Constitución, y reafirmada en el Estatuto del Trabajador, las circunstancias de la economía y de la política españolas a partir de 1977 llevaron, en tres ocasiones, a pactar topes o bandas salariales. La primera vez que ello sucedió fue en los Pactos de la Moncloa de octubre de 1977, en que el Gobierno y los partidos políticos incluyeron la previsión de que en 1978 los aumentos de salarios no superarían el tope del 22 por 100.

El efectivo cumplimiento de las cláusulas salariales de La Moncloa condujo, en septiembre de 1978, a unas *jornadas de reflexión*, organizadas por el entonces vicepresidente del Gobierno para Asuntos Económicos, señor Abril Martorell. Abril convocó a las Centrales Sindicales (CC.OO. y UGT) y a la Patronal (Confederación Española de Organizaciones Empresariales, CEOE), pero no a los partidos. Esta negociación «a tres bandas» —y no a cuatro como solicitaba CC.OO.—, junto con el evidente incumplimiento por el Gobierno de las cláusulas no salariales de La Moncloa, llevó a la no conclusión de ningún acuerdo, lo que se tradujo en una importante conflictividad a lo largo de todo el año.

En 1979, las negociaciones cambiaron de signo. La iniciativa de negociación «por arriba» la asumieron la CEOE y UGT, con el rechazo de CC.OO., por entender que el Gobierno y los partidos habían de participar en el acuerdo a fin de incluir previsiones sobre empleo, seguridad social, etc. El *Acuerdo Marco Inter-*

confederal (AMI) se suscribió entre la CEOE y la UGT, con una banda salarial del 13-16 por 100 para 1980, que en 1981 se amplió, hacia abajo, al 11-15 por 100, al deteriorarse aún más la situación económica y al reducirse la tasa de inflación.

Luego, en 1981, y tras el frustrado «tejerazo» del 23-F, se suscribió el *Acuerdo Nacional de Empleo (ANE)*, a cuatro bandas, el último en el que participaron conjuntamente CC.OO., UGT, CEOE y Gobierno. Después, siguieron los AMIs, UGT/CEOE; hasta que en 1985 UGT dejó de pactar. Se abrió así un período de no concertación y de creciente convergencia de UGT y CC.OO., que culminó en 1988, en la huelga general del 14 de diciembre. Fue ésta la primera huelga general convocada en la España democrática posterior a 1977 (en los períodos constitucionales anteriores sólo hubo dos: la de 1917 y la de 1934, de características muy distintas), y el seguimiento de la misma —casi el 100 por 100 de los asalariados— causó admiración, y no poca inquietud, según el ángulo de percepción. Cierto que la huelga coincidió con una fase de deterioro notable de todos los servicios públicos (correos, teléfonos, carreteras, RENFE, Iberia, sanidad, educación, justicia, etc.), por lo cual cabe considerar que en la referida jornada, además de la componente laboral, hubo también mucho de protesta ciudadana.

Por lo que se refiere a la *Ley Básica de Empleo* (Ley 51/81, de 8 de octubre, LBE), en su artículo primero se define la política de empleo como el «conjunto de decisiones que tienen como finalidad esencial la consecución del equilibrio, a corto, medio y largo plazo, entre la oferta y la demanda de trabajo en sus aspectos cuantitativos y cualitativos, así como la protección de las situaciones de desempleo».

La LBE abrió la posibilidad de establecer *programas nacionales de empleo*, con medidas de fomento de carácter selectivo a nivel regional, sectorial, etc. Pero lo cierto es que a fines de 1981, y a pesar de haber transcurrido un año desde la publicación de la Ley, y no obstante haber aumentado el paro, aún no se había fijado ningún programa de esta clase.

Por otra parte, la LBE permite al INEM recabar de los trabajadores parados que perciben el seguro de desempleo su colaboración en *trabajos temporales de utilidad social*. Asimismo, la LBE da prioridad en la concesión de créditos a los trabajadores autónomos que estén en paro, para ayudarles a su establecimiento.

La duración de la *prestación del seguro de desempleo* se fija por períodos máximos según se haya cotizado a la Seguridad Social: para 6/12 meses de cotización, 3 meses de percepción; 12/18, 6 meses; 18/24, 9 meses; 24/30, 12 meses; 30/36, 15 meses; y más de 36 meses, 18 meses.

La *cuantía del seguro de desempleo* se cifra en la LBE en el 80 por 100 del promedio de la base por la que se haya cotizado durante los seis meses precedentes para los 180 primeros días de desempleo. Después, la prestación se reduce al 75 por 100 de los 6 a 12 meses de paro, y 60 por 100 de los 12 a los 18. Por otra parte, se establece como tope al seguro el 220 por 100 del SMI. En abril de 1992, el llamado *Decretazo,* amplió a un año el tiempo necesario de cotización al seguro de desempleo, y redujo las prestaciones.

Aparte de regular de nuevo el seguro de desempleo, en la LBE se creó el *subsidio de desempleo*; por un 75 por 100 del SMI, y para los trabajadores con cargas familiares que hayan acabado su período de seguro; y para los trabajadores retornados del extranjero inscritos en las oficinas de colocación, y que 180 días después de volver no hayan encontrado trabajo.

La financiación del seguro y del subsidio se hace en un 60 por 100 mediante aportaciones de empresarios y trabajadores a través de cotizaciones; y en un 40 por 100 por el Estado. La administración de las prestaciones y el funcionamiento de las Oficinas de Colocación están a cargo del Instituto Nacional de Empleo.

4. El sindicalismo

El verdadero carácter de los Sindicatos Verticales españoles quedó perfectamente configurado en la declaración XIII de Fuero del Trabajo (1938), en donde se decía textualmente que «la Organización Nacional-sindicalista del Estado se inspirará en los principios de Unidad, Totalidad y Jerarquía». Los principios del Fuero se desarrollaron en la Ley de Bases de la Organización Sindical de 6 de diciembre de 1940, en donde quedaron encuadrados dentro de la Organización Sindical todas las ramas de la producción en los correspondientes Sindicatos Verticales.

El Sindicato Vertical era una corporación de derecho público que se constituía por la integración forzosa de todos los elementos del proceso económico (trabajadores, técnicos y empresarios) dentro de una determinada rama de la producción. Según la Ley Sindical de 17 de febrero de 1971 la cúspide de la Organización era el ministro de Relaciones Sindicales.

A los Sindicatos Verticales les correspondía conocer los problemas de la producción y proponer soluciones a la Administración. Existía un gran número de organismos públicos con participación preceptiva de representación de la Organización Nacionalsindicalista. Por otra parte, los Sindicatos Verticales contaban con numerosas publicaciones de carácter económico. Correspondía también a estos sindicatos suministrar al Estado los datos precisos para elaborar las estadísticas de producción*.

---

* En 1977, antes de su desaparición, eran: Actividades Diversas; Actividades Sanitarias; Agua, Gas y Electricidad; Alimentación; Azúcar; Banca, Bolsa y Ahorro; Cereales; Combustible; Construcción, Vidrio y Cerámica; Enseñanza; Espectáculo; Frutos y Productos Hortícolas; Ganadería; Hostelería y Similares; Industrias Químicas; Madera y Corcho; Marina Mercante; Metal; Olivo; Papel y Artes Gráficas; Pesca; Piel; Prensa, Radio, Televisión y Publicidad; Seguro; Textil; Transportes y Comunicaciones; Vid, Cervezas y Bebidas.

Cada uno de los citado Sindicatos se subdividía en sectores; éstos, en agrupaciones; éstas, en grupos, y eventualmente, estos últimos en subgrupos de empresas dedicadas a una actividad muy concreta (por ejemplo: grupo «bidones», de la agrupación «manufacturera varias», del sector «transformación y manufacturas» del «Sindicato Nacional del Metal»). Naturalmente, la existencia de tales grupos permitía numerosos acuerdos restrictivos de la competencia entre los fabricantes o comerciantes agrupados en ellos.

A escala local, provincial y nacional, los Sindicatos contaban con dos uniones: una *social*, formada por trabajadores, empleados y técnicos, y otra *económica*, constituida por los empresarios. El sistema electoral para las Juntas de las uniones era de sufragio sucesivo: directo en los centros de trabajo, y a partir de ahí sucesivo para las Juntas locales, provinciales, nacionales y representaciones en Cortes. Para este último caso el sistema de designación alcanzaba un grado muy alto de confusionismo: cooptación y «representantes natos», lo cual permitía fuesen procuradores a Cortes los presidentes y demás cargos sindicales (muchos de ellos designados por el ministro de Relaciones Sindicales).

Desde 1956, la Organización Sindical procuró transformarse en algunos aspectos: cambios de nombre (Sindicato *Nacional* en vez de *Vertical*; presidente en vez de *jefe*, una cierta propaganda con ocasión de las elecciones sindicales, creación de Consejos Provinciales y Nacionales de Trabajadores y Empresarios (que pretendían introducir una cierta horizontalidad compatible con la verticalidad), etc. En 1971 ese proceso culminó con las necesidades sociales del país, y que desde luego no cumplía las recomendaciones que hizo la OIT: independencia total de los sindicatos de los trabajadores y de los empresarios; separación del Gobierno; reconocimiento de los derechos de huelga y de cierre de fábricas (*lock-out*); elección directa de todos los cargos sindicales; libre derecho de sindicación. Claro es que para reconocer todos esos principios era indispensable el reconocimiento previo de los principios democráticos de base.

Posteriormente, las centrales sindicales libres —Comisiones Obreras, USO, UGT, ELA/STV— fueron saliendo a la luz pública, y tras la muerte de Franco el 20 de noviembre de 1975, se puso en marcha el mayor movimiento huelguístico conocido desde 1936, en el cual la reivindicación unánime fue la libertad sindical. De hecho, ésta se consiguió —con no pocas dilaciones— en la segunda mitad de 1976, cuando el entonces Ministro de Relaciones Sindicales empezó a verse con los líderes de CC.OO., UGT y USO. Más tarde, ya en 1977, el gobierno Suárez disolvió formalmente la Organización Sindical verticalista, pasando todo su patrimonio a la llamada «Administración de Instituciones de Servicios Socio-Profesionales» (AISS), que se creó como organismo autónomo del Estado.

El siguiente paso consistió en la legalización de las centrales sindicales antes de las elecciones generales. El derecho de asociación sindical se reconoció por la Ley 19/1977, de 1 de abril, y las elecciones sindicales se celebraron conforme el Decreto-Ley 3149/1977, de 6 de diciembre, según el cual se eligieron: un delegado en las empresas de 11 a 25 trabajadores y un Comité de Empresa para las de más de 50 trabajadores (con 5 miembros de 51 a 100 trabajadores, 9 de 101 a 250, 13 de 251 a 500, 17 de 501 a 750 y 21 de 751 a 1.000).

Por otra parte, entre 1974 y 1977 se formalizaron multitud de organizaciones empresariales de ámbito nacional, para a su vez aglutinarse en 1977 en la «Confederación Española de Organizaciones Empresariales».

5.   Seguridad social

En España, el punto de partida de la política de seguridad social fue la creación del Instituto Nacional de Previsión (INP) por Ley de 27 de febrero de 1908, en la cual se previó el establecimiento de un sistema de seguros de carácter voluntario que sirviese de preparación para la posterior implantación de regímenes obligatorios. Esta segunda etapa de carácter obligatorio se inició en 1919 con la creación del Seguro de Retiro Obrero Obligatorio y se continuó con el establecimiento, en 1929, del Seguro de Maternidad y, en 1932, del Seguro de Accidentes de Trabajo. La Ley de Bases de 13 de julio de 1936 previó el establecimiento de Seguro de Enfermedades Profesionales, y por esta misma época estaba en estudio en las Cortes un proyecto de ley para introducir el Seguro Obligatorio de Enfermedad. El comienzo de la guerra impidió la materialización inmediata de ambas normas.

Posteriormente, en la Declaración III del Fuero del Trabajo, se proclamó el pronto establecimiento del subsidio familiar, y en la Declaración X del mismo texto quedó trazado un programa completo de seguridad social que se desarrolló ulteriormente, originándose así los siguientes seguros: 1. *Seguros obligatorios*: enfermedad, maternidad, vejez e invalidez, ayuda familiar, accidentes de trabajo, enfermedades profesionales, Montepío Nacional del Servicio Doméstico, Mutualidad Nacional de Previsión Social Agraria. 2. *Seguros voluntarios*: pensiones de retiro, rama dotal, mutualidades y cotos escolares, Mutualidad de la Previsión (que abarca a los funcionarios del Instituto Nacional de Previsión), seguro de amortización de préstamos y Montepío de la Administración Local.

En la Seguridad Social ha de criticarse muchas cosas: su modelo médico curativo —y poco preventivo— y su gigantismo de ciudades sanitarias en las que se pierde el control de todo; la masificación en el tratamiento de los enfermos, que se convierten en simples números; la burocracia que llega a todos sus niveles, el nepotismo, los ambulatorios donde el diagnóstico virtualmente se ha sustituido por una simple receta, etc. El desastre del funcionamiento de la Seguridad

Social hace además que muchos centenares de miles de sus afiliados se vean en la tesitura de mantener su adhesión a sistemas de sociedades médicas privadas, lo que supone un encarecimiento adicional en la triste medicina social española.

En suma, la Seguridad Social, uno de los sectores más criticados de la actividad pública, fue objeto de un primer planteamiento general con ocasión de los Pactos de la Moncloa. Concretamente, se abordaron los temas de la gestión, control, inspección, financiación, prestaciones, desempleo y seguridad social agraria. Seguidamente hacemos un resumen de las previsiones.

a) *Gestión de la Seguridad Social.*—Elaboración de una Ley de reestructuración de las entidades generales de la Seguridad Social.

b) *Control y vigilancia de la gestión de la Seguridad Social*, mediante la sumisión de los presupuestos y de la gestión al Parlamento y a la intervención general del Estado.

c) *Financiación.*—Se preconizó un sistema de cotización con arreglo a criterios de progresividad, de eficacia social y de redistribución en función de los niveles de renta de los cotizantes y referidos a los salarios reales.

d) *Prestaciones.*—Al objeto de frenar el consumo innecesario de productos farmacéuticos, revisión de la participación de los beneficiarios en el coste de las prestaciones.

e) *Seguro de desempleo.*—Financiación por el Estado y traspaso de las competencias en esta materia al ministerio de Trabajo.

f) *Equiparación de la Seguridad Social Agraria* al régimen general.

Todas estas reformas proyectadas se fueron demorando por meses y meses, hasta que finalmente se acometieron, en parte, por el RDL 36/1978, de 26 de Noviembre, conforme al cual el INP se desglosó en una serie de entidades gestoras de la Seguridad Social:

1. El Instituto Nacional de la Seguridad Social (INSS), para las prestaciones económicas de la Seguridad Social, absorbiendo a las Mutualidades Laborales.

2. El Instituto Nacional de la Salud (INSALUD), para la gestión y administración de los servicios sanitarios.

3. El Instituto Nacional de Servicios Sociales (INSERSO), para los servicios complementarios de las prestaciones del sistema de la Seguridad Social.

4. El Instituto Nacional de Asistencia Social (INAS), para los servicios de asistencia social de Estado (antigua Beneficencia).

Por otro lado, el propio RDL, 36/1978 creó el Instituto Nacional de Empleo (INEM), que no se enmarca en la Seguridad Social ni en el Ministerio de Sanidad y Seguridad Social, sino en el Ministerio de Trabajo. En el INEM se integraron el Servicio de Empleo y Acción Formativa (SEAF), Promoción Profesional Obrera (PPO) y la Obra de FP de la AISS. También adscrito al Ministerio de Trabajo se constituyó el Instituto Nacional de Higiene y Seguridad en el Trabajo. Por último, las Universidades Laborales, antes dependientes del Ministerio de Trabajo y financiadas por el Mutualismo Laboral, pasaron al organismo autónomo del Ministerio de Educación, Instituto Nacional de Enseñanzas Integradas.

Por el RD 3064/1978, de 22 de diciembre, se reguló la participación de los sindicatos, empresarios y Administración Pública en el funcionamiento de la Seguridad Social, la salud y el empleo, mediante Consejos Generales en el INSS, INSALUD, INSERSO e INEM, constituidos —cada uno de ellos— por 13 representantes sindicales, 13 empresariales y 13 de la Administración.

En el cuadro 15-2 puede verse el detalle de ingresos y gastos de la Seguridad Social.

CUADRO 15-2
Presupuesto de ingresos de la Seguridad Social

	Presupuesto inicial 1994	(%)	Δ (%) 94/93
I. Cotizaciones sociales..............	6.409.526	64,3	1,5
III. Tasas y otros ingresos.............	121.251	1,2	24,7
IV. Transferencias corrientes (*)......	3.026.294	30,4	9,6
V. Ingresos patrimoniales............	24.922	0,2	−15,9
Operaciones corrientes...................	9.581.993	96,1	4,1
VI. Enajenación inversiones reales...	413	0,0	422,8
VII. Transferencias de capital	34.739	0,3	−17,9
Operaciones de capital..................	35.152	0,4	−17,1
Total operaciones no financieras........	9.617.145	96,5	4,0
VIII. Activos financieros..............	7.275	0,1	−0,6
IX. Pasivos financieros..............	345.000	3,5	—
Total operaciones financieras...........	352.275	3,5	4.714,5
Total presupuesto......................	9.969.420	100,0	7,7

(*) Del Estado.

Gastos de la Seguridad Social para 1994

	Presupuesto inicial 1994	(%)	Δ 94/93 (%)
Pensiones contributivas.................	5.697.022	57,1	7,5
Pensiones no contributivas.............	146.255	1,5	85,1
ILT e invalidez provisional.............	577.844	5,8	27,3
Otras prestaciones economicas..........	161.287	1,6	0,1
Gastos de funcionamiento e inversion..	70.826	0,7	4,1
Prestaciones economicas.................	6.653.234	66,7	9,7
Gestion directa.........................	1.246.800	12,5	6,1
Gestion transferida.....................	1.582.165	15,9	7,0
Asitencia sanitaria, mutuas e ISM......	82.842	0,8	4,4
Asistencia sanitaria......................	2.911.807	29,2	6,5
LISMI.................................	80.197	0,8	27,8
Otras transferencias....................	79.898	0,8	2,0
Gastos de funcionamiento..............	94.691	0,9	5,4
Servicios sociales.......................	254.786	12,6	9,8
Recaudacion e informacion..............	149.594	1,5	14,6
Total gastos............................	9.969.420	100,0	7,7

Fuente: Ministerio de Trabajo y Seguridad Social.

La financiación del gasto ha experimentado modificaciones importantes en los últimos años, como consecuencia del incremento de la aportación del Estado y las variaciones en los tipos de cotización. Los porcentajes también se reflejan en el cuadro 15.2.

La gran *asignatura* pendiente de la Seguridad Social en España de cara a la década de 1990, sigue siendo el funcionamiento de sus servicios. Hay un alto grado de burocratización desorganizada, especialmente en los ambulatorios y en las grandes clínicas. Las *listas de espera* en los hospitales, la masificación de la atención, los altos costes —con el solapamiento de los seguros privados, a que tantos recurren— son las quejas habituales.

En julio de 1991 se hizo público el *Informe Abril* sobre la Seguridad Social, elaborado por una Comisión que presidió Fernando Abril Martorell, ex-Vicepresidente del Gobierno para Asuntos Económicos. En ese documento —objeto de toda clase de críticas— se recomendó el pago parcial de las prestaciones, así como un mayor control del gasto, a fin de evitar abusos, dispendios y derroches.

6. Política de educación

Un conocido sociólogo definió la educación como «la acción ejercida por las generaciones adultas sobre las que no están aún maduras para la vida social, y cuyo objeto es suscitar y desarrollar en el niño un cierto número de estados físicos, intelectuales y morales que reclaman de él la sociedad política en su conjunto y el medio especial al que está particularmente destinado».

En línea con la anterior, decía J. Ortega y Gasset que «la pedagogía es la ciencia de transformar las sociedades», definición que puede ser desarrollada: la educación es el instrumento con el cual, a partir de una sociedad dada, y teniendo en cuenta sus posibilidades y limitaciones, es posible llegar a otra sociedad que se concibe como mejor. Hablando en puros términos económicos, la educación permite la formación de un capital social que posibilita, junto con el capital real, el aumento de la productividad. Por tanto, está fuera de toda duda que una política de desarrollo económico implica necesariamente una atención especialísima al sistema de educación y de reeducación.

Del volumen de la actividad educativa en España nos da una cierta idea el cuadro 15-3.

CUADRO 15-3

Alumnos en el curso académico 1992/1993

Enseñanzas	Total		Enseñanza pública		Enseñanza privada	
	Alumnos	% total	Alumnos	% total	Alumnos	% total
Preescolar....	1.003.937	10,80	630.982	62,85	372.955	37,15
EGB.........	4.474.775	48,12	2.913.078	65,10	1.561.697	34,90
Medias.......	2.558.717	27,52	1.849.952	72,30	708.763	27,70
Universidad..	1.261.012	13,56	1.219.399	96,70	41.613	3,30
Total......	9.298.441	100,00	6.613.411	71,12	2.685.030	28,88

Fuente: Ministerio de Educación y Ciencia.

La somnolienta política española de educación de los años sesenta (Ministros Rubio y Lora), y sobre todo los disturbios universitarios de 1967 y 1968, dieron paso a partir de ese último a un intento de renovación profunda. Sus promotores fueron J. L. Villar Palasí y R. Díez Hochhleinter, como Ministro y Subsecretario de Educación y Ciencia, respectivamente.

Como preparación de la reforma se elaboró un «Libro blanco» con el análisis técnico —pero escasamente el político— de los principales problemas educacionales. Resultado del proceso subsiguiente fue la Ley (14/1970) General de Educación (LGE), que reestructuró por completo el sistema educativo con los escalones de educación preescolar (dos-cinco años), EGB (seis-trece), BUP/COU (catorce-diecisiete), formación profesional, estudios superiores (Universidades y Universidades Politécnicas), y educación permanente de adultos.

En la disposición transitoria de la LGE se previó un plazo de diez años para su aplicación total, incluyendo la gratuidad de la enseñanza a todos los niveles,

Posteriormente, por el Decreto 2.459/1970, de 22 de agosto, se publicó el calendario de aplicación de la LGE, que desde entonces ha sido repetidamente modificado. Sería muy prolijo entrar en los episodios de la aplicación —e implantación— de la LGE, pero, en un intento de síntesis, podemos destacar:

a) Las consignaciones presupuestarias fueron insuficientes, y la gratuidad indiscriminada —que paradójicamente podría resultar clasista— no lleva camino de poder instrumentarse.

b) Ha habido improvisaciones lamentable como las del COU, y no pocas en materia de libros de texto. Pero lo más grave es la insuficiencia de medios para escolarizar a todos los alumnos que potencialmente debería esta en la EGB.

c) En materia de profesorado, en autonomía universitaria, y en sindicalismo estudiantil, apenas se hizo nada hasta 1977.

La futura reforma educativa, para la mejora de la enseñanza desde la escuela a las universidades, quedó planteada en los Pactos de la Moncloa.

Desde 1978, el desarrollo de la política educativa está estrechamente vinculada al desenvolvimiento y aplicación del artículo 27 de la Constitución:

1. Todos tienen el derecho a la educación. Se reconoce la libertad de enseñanza.

2. La educación tendrá por objeto el pleno desarrollo de la personalidad humana en el respeto a los principios democráticos de convivencia y a los derechos y libertades fundamentales.

3.   Los poderes públicos garantizan el derecho que asiste a los padres para que sus hijos reciban la formación religiosa y moral que esté de acuerdo con sus propias convicciones.

4.   La enseñanza básica es obligatoria y gratuita.

5.   Los poderes públicos garantizan el derecho de todos a la educación mediante una programación general de la enseñanza, con participación efectiva de todos los sectores afectados y la creación de centros docentes.

6.   Se reconoce a las personas físicas y jurídicas la libertad de creación de centros docentes, dentro del respeto a los principios constitucionales.

7.   Los profesores, los padres y, en su caso, los alumnos, intervendrán en el control y gestión de todos los centros sostenidos por la Administración con fondos públicos, en los términos que la ley establezca.

8.   Los poderes públicos inspeccionarán y homologarán el sistema educativo para garantizar el cumplimiento de las leyes.

9.   Los poderes públicos ayudarán a los centros docentes que reúnan los requisitos que la ley establezca.

10.   Se reconoce la autonomía de la Universidades, en los términos que la ley establezca.

En desarrollo del artículo 27 de la Constitución, se publicaron dos leyes altamente controvertidas. Por un lado, la Ley Orgánica del Derecho a la Educación —Ley Orgánica 8/1985, de 3 de julio, publicada, tras un largo período de recurso previo de inconstitucionalidad, el 3 de julio de 1985; y seis años después, en 1991, la Ley Orgánica del Sistema Educativo, LOGSE. En cuanto a los estudios superiores, hay que destacar la Ley de Reforma Universitaria (LRU) de 1983, actualizada en 1992. Todas esas leyes tienen en común el grave aspecto crítico de no haber planteado en profundidad verdaderos propósitos de renovación pedagógica.

Capítulo 16

Los problemas del desarrollo económico

1. Introducción

A lo largo de este volumen hemos tenido ocasión de examinar algunos aspectos de la evolución de la economía española desde las raíces históricas a su actual estructura e instituciones. Tratando de sintetizar, podría afirmarse que esa evolución ha seguido las pautas de un desarrollo capitalista de tono más bien mediocre, sin una burguesía que supiera aprovechar las posibilidades del país, que se vieron frenadas —salvo períodos excepcionales siempre frustrados— por la falta del impulso capaz de poner en tensión las fuerzas sociales del sistema productivo. Las leyes, muy modernas en su tiempo, de las Cortes de Cádiz, fueron ahogadas por la autocracia reaccionaria simbolizada por Fernando VII. Las reformas económicas del liberalismo del primer tercio del siglo XIX se perdieron en el laberinto de las guerras carlistas y del decenio moderado. Los impulsos que la Revolución de 1868 podría

haber puesto en marcha se sellaron con la restauración
borbónica, que había de quedar condenada por las
consecuencias del 98 y de las aventuras militares en
Marruecos. La Dictadura del general Primo de Rivera,
que abrió una etapa económica de interés, no supo
encontrar una salida normalizadora, para a la postre
desembocar —tras la experiencia republicana y la
Guerra Civil— en la autarquía del período 1939-1959.

Podrá preguntarse el lector a qué viene esta inespe-
rada galopada histórica. Simplemente se debe al punto
de vista del autor —muy extendido por lo demás— de
que economía y política no pueden separarse. Como
decía Schumpeter, los estadistas o políticos no son una
«clase especial de mamíferos» que actúen conforme a
unos hábitos que forman parte de su esencia, sino que
están inmersos en un complejo mundo de intereses
personales y de clase, que los mueven en una determinada dirección en el contexto de las fuerzas dominantes del mundo en que viven.

Para centrar esta última parte del libro nada mejor
que fijarnos en cuales fueron hasta 1977 —año de las
primeras elecciones democráticas desde 1936— los
mecanismos de la planificación económica en España,
para describirlos con algún detenimiento y para some-
terlos a una crítica de fondo. Ulteriormente haremos
algunas consideraciones sobre la crisis económica que
se desató en 1973 y sobre las perspectivas y las políticas económicas y sociales subsiguientes.

2. Del Plan de Estabilización
    al Plan de Desarrollo

En capítulos anteriores hemos hecho alusiones al
Plan de Estabilización de la economía española, formalmente iniciado en julio de 1959. Resumiendo apre-
suradamente: podemos afirmar que la estabilización
consistió en: 1.º Una contención del crédito (elevación
del tipo de interés y techo a su concesión por la Banca)

y de los gastos públicos, así como la congelación de sueldos y salarios para disminuir la presión de la demanda. 2.º La emisión —a partir de 1958— de más Deuda pública pignorable que entre 1939 y 1958 había tenido efectos claramente inflacionistas a causa de su monetización por el Banco de España. 3.º El establecimiento de un tipo de cambio realista a 60 pesetas = 1 dólar (una devaluación del 42 por 100) para fomentar los ingresos de divisas de las importaciones, protegidas en lo sucesivo fundamentalmente por un nuevo Arancel de Aduanas (publicado en 1960). 4.º Una nueva legislación sobre inversiones extranjeras.

Con las citadas medidas y las disposiciones complementarias, se restableció el equilibrio —interno y externo— de la economía española, en la que entre 1959 y 1961 se apreció una notable estabilidad, si bien a costa de un freno importante en el desarrollo y de la drástica disminución del consumo por los trabajadores que en gran número hubieron de emigrar. Así, el Plan de Estabilización comportó el saneamiento del capitalismo español, que ya había llegado al agotamiento de las posibilidades de la vía autárquica. Por otra parte, en la preparación del Plan de Estabilización estuvo en la mente de todos que habría de ir seguido de un inmediato Plan de Desarrollo, para lo cual se solicitó al Banco Mundial un informe completo sobre las posibilidades de desenvolvimiento de la economía española.

3. La planificación indicativa

Con la publicación del informe del Banco Mundial en septiembre de 1962, comenzó una nueva etapa, que bien podría calificarse de «preliminar al Plan de Desarrollo». Desde el punto de vista legal ya había quedado abierta unos meses antes, en febrero, con la creación del cargo de comisario del Plan de Desarrollo, cuyo titular hasta 1973 fue Laureano López Rodó.

El esquema del I Plan de Desarrollo 1964-1967 partió del establecimiento de una doble hipótesis de crecimiento: para la población activa se previó un ritmo del 1 por 100 anual, y de un 5 por 100 para la productividad. De esas premisas resultó, en términos aproximados, un ritmo de expansión del Producto Nacional Bruto del 6 por 100 anual; superior al registrado en España en los años 1954-1962 (4,5 por 100), y asimismo más elevado que el previsto por otros países europeos (Francia, 5,5 por 100; Italia, 5,6 por 100).

Después, el II Plan (1968-1971) previó un crecimiento menor —del 5,5 por 100— por los efectos de la devaluación de la peseta en noviembre de 1967. El III Plan (1972-1975) fijó un objetivo del 7 por 100 que ya ni lejanamente pudo ser alcanzado.

El Plan (esto es aplicable al I, II y III) constaba de dos partes: una, de carácter indicativo (las proyecciones sectoriales en general), y otra, de carácter vinculante concretada en el programa de inversiones públicas y en los sucesivos programas de desarrollo de las industrias concertadas con el Estado.

Para ser concretos en nuestra crítica, las diferencias entre las aspiraciones programáticas de los Planes y la realidad, podríamos sintetizarlas como siguen:

1. *No fueron indicativos en la práctica*, pues hubo multitud de sectores que en sus realizaciones quedaron muy apartados —por encima o por debajo— de las proyecciones incluidas en los tres planes sucesivos. Y de hecho, nada se hizo para resolver esas desviaciones: ni se revisaron los planes, ni se pusieron en marcha los mecanismos complementarios para ajustar la realidad al plan.

2. *No fueron realmente vinculantes*, ya que los proyectos de inversiones públicas quedaron por debajo de los previsto en términos reales —e incluso nomina-

les— debido a las dificultades financieras y por insuficiencias en la capacidad de gestión. Es decir, llegó a haber Departamentos que por falta de personal capacitado no lograron gastar los fondos que tenían para los diferentes proyectos.

3. *No resultaron equilibradores.* La inflación —a tasas fluctuantes pero casi siempre elevadas —fue uno de los elementos características de la década 1964-1973. Ello era enteramente lógico, pues nunca se pensó en atacar las raíces profundas de la inflación estructural, es decir, la especulación inmobiliaria y el uso inadecuado de los recursos financieros y del gasto público. Por otra parte, como se puso de relieve en el censo de población de 1970 y en la estimación de distribución provincial de la renta para 1973, los desequilibrios interprovinciales se agudizaron en el doble aspecto demográfico y económico.

4. *Carácter tecnocrático,* es decir faltó la discusión de las grandes opciones desde instancias realmente representativas, sectoriales y regionales.

5. A todo lo anterior se unió el hecho de las *estadísticas muy poco fiables,* a pesar de la incorporación del Instituto Nacional de Estadística a la Comisaría del Plan, primero, y al Ministerio de Planificación del Desarrollo, después.

La historia final de la planificación indicativa en España fue harto ilustrativa de su *carácter coyunturalista.* En junio de 1973, cuando ya prácticamente nadie creía en el III Plan —por la multitud de divergencias entre lo planificado y al realidad— y cuando el abandono de cualquier política de ajuste era más que evidente, se produjo el cambio de ministros consiguiente a la designación de Carrero Blanco como presidente del Gobierno. En el reajuste ministerial, Laureano López Rodó, *protagonista* principal de la triunfalista saga del crecimiento, cesó en su cargo al frente del Plan, para pasar a ocupar la cartera de Asuntos Exteriores.

La Comisaría del Plan, que hasta entonces había sido una simple oficina de coordinación adscrita a la Presidencia del Gobierno, se transformó en Ministerio de Planificación del Desarrollo (MPD). A partir de ese momento, el Plan habría de perder su preponderancia como entidad coordinadora, para entrar en liza con los ministerios, como uno más de ellos.

El nuevo MPD se reestructuró en virtud del Decreto 1384/1973, de 28 de junio. Además de la Subsecretaría y Secretaría General técnica, se configuraron seis Direcciones Generales. De ellas, tres de Planificación (Economía, Social y Territorial), una de Vigilancia del Plan, y otras dos destinadas a encuadrar a sendos organismos preexistentes: el INE y el Instituto Geográfico y Catastral.

En el propio Decreto 1384/1973 se anunció (artículos 11 y 12) «la próxima constitución de 22 Comisiones de planificación» (de ámbito nacional) y de las «Delegaciones territoriales» del Ministerio.

Además de las veintidós comisiones de ámbito nacional, en el organigrama del MPD se previeron una Comisión de Planificación Territorial y catorce Comisiones territoriales de planificación. Estas últimas, destinadas a hacer viable la presencia de las provincias en el desarrollo económico, recogiendo las aspiraciones expresadas en su ámbito. Sin embargo, el cambio de ministro de Planificación del Desarrollo que se produjo en enero de 1974 vino a significar la virtual desaparición de los propósitos de territorialización del Plan. No se pusieron en marcha ni la Comisión de Planificación Territorial ni las catorce delegaciones «regionales» del Ministerio, que a algunos debió parecerles una especie de «semilla de separatismo».

Pero es que si el Plan se derrumbó no fue por simples cuestiones administrativas. En octubre de 1973 se desencadenó la crisis energética internacional (véase más adelante la sección 5), quedando abierta así todo una nueva etapa de profundas convulsiones económicas, que en el caso concreto de España se agudizaron a partir del 20 de diciembre con la muerte, en atentado, de Carrero Blanco. La desaparición del Almirante marcó el comienzo de una grave crisis política.

La doble circunstancia de crisis económica y crisis política, disminuyó el interés por temas como el de la planificación o el de la estructuración del MPD. Si no se sabía si al mes siguiente escasearía el *fuel* o si se habría producido un golpe militar, difícilmente podía encontrarse el tiempo y el ánimo para razonar acerca de las aspiraciones y problemas en el horizonte cuatrienal del Plan. En realidad, surgía la pregunta latente que ponía en duda todo el aparato planificador «a la española»: ¿cómo puede planificarse en medio de la incertidumbre política más absoluta? Con todo, lo anterior no fue óbice para que en el MPD la recrecida máquina burocrática heredada de la Comisaría del Plan iniciara la preparación del IV Plan de Desarrollo, para el período 1976-1979... Varios centenares de personas se pusieron manos a la obra durante casi dos años, para elaborar un proyecto que de antemano se veía prácticamente imposible... Al fin llegó el momento de la presentación del Plan a las Cortes, pero coincidió con el agravamiento de la enfermedad de Franco (finales de octubre de 1975), circunstancia evidentemente «de lo más inoportuna» para hablar de planificación económica a largo plazo.

La presentación, pues se demoró. Franco murió el 20 de noviembre y con el cambio de gobierno que se produjo el 13 de diciembre de 1975 cesó el ministro de Planificación del Desarrollo, sin que fuera nombrado nuevo titular. Pocas semanas después, en enero de 1976 el MPD quedó oficialmente disuelto; el Departamento, y sus funciones y funcionarios fueron traspasados a la Subsecretaría de Planificación Económica, *a caballo* entre Presidencia y Hacienda.

De este modo finalizó la experiencia planificadora desde una entidad propia (Comisaría del Plan/MPD), coincidiendo con el final de la onda expansiva de los años 60. Se confirmó así que el planteamiento autocrático a la española había sido poco más que un instrumento publicitario, por medio del cual atribuir a un grupo político los «éxitos» del crecimiento que tan duros esfuerzos costaba a una alta proporción de la población española.

4.   Formación y crisis del modelo franquista

Cualquier visión de conjunto del funcionamiento del sistema social español exige un esfuerzo de modelización, de representación esquemática de la estructura social; cuestión a la que me he referido con cierta extensión en otro lugar*, por lo cual no voy a insistir aquí en su importancia para la aprehensión de nuestra realidad social.

Lo que sí creo conveniente subrayar en esta ocasión es que durante varios decenios (1973-1975) prevaleció en España un modelo de sociedad con sus particularidades en los político y en lo económico, que históricamente hoy podemos llamar modelo franquista. Socialmente su rasgo fundamental consistió en que hizo posible la dominación absoluta de la burguesía y sus aliados (clases dominantes) y, más en concreto, el control de la estructura económica por la oligarquía financiera.

Por ello, reelaborando conceptos vertidos en anteriores trabajos**, me parece que será interesante especificar cuál fue la configuración del modelo, viendo por separado —para mayor claridad, pero sin olvidar nunca su interacción dentro del conjunto social— có-

---

* ¿A dónde vas, España?, Planeta, 7.ª edición, Barcelona, 1977, pp. 48 y ss.

** El ya citado ¿A dónde vas, España? y La República. La Era de Franco (Alianza Editorial, 6.ª edición, Madrid, 1977, capítulo 16, 9.ª edición en 1981).

mo evolucionó el submodelo político autocrático, y cómo se configuró el submodelo económico autárquico que, después, entre 1959 y 1961, entraron en contradicción, para finalmente generar la crisis definitiva del modelo franquista en su conjunto.

4.1. Las sucesivas formalizaciones del submodelo político

El submodelo político franquista se configuró a lo largo de tres etapas fácilmente diferenciables. La primera, que podemos llamar de *disposiciones fundacionales,* se inició con el Decreto del 29 de septiembre de 1936, de designación de Franco como Jefe del Estado, y se consolidó con las leyes del 30 de enero de 1938 y de 8 de agosto de 1939, complementarias de las atribuciones omnímodas del Caudillo.

Se trataba de una legislación para tiempo de excepción —la Guerra Civil—, que se elevó a permanente, y que pasó a caracterizar al Régimen como una dictadura totalitaria sin paliativos; de la que Franco pudo disfrutar sin ninguna clase de cortapisas, incluso después de instaurar la «democracia orgánica», merced a las «leyes de prerrogativa», que podía promulgar sin pasar por las Cortes. El solo repaso de esas leyes vale por mil argumentos para demostrar que todo el poder estuvo siempre en Franco, y que las «Corrtes Españolas» no fueron otra cosa, que una asamblea de notables.

El *Submodelo autocrático* conformado entre 1936 y 1939 se caracterizó por la supresión de prácticamente todas las libertades públicas, la disolución oficial de los partidos de izquierda —con la posterior unificación de los de derechas en el Movimiento Nacional en 1937—, la abolición de las autonomías regionales, y la repulsa de cualquier órgano legislativo de elección popular.

El submodelo así nacido en la Guerra Civil se consolidó y tendió a parpadearse tras el 1 de abril de 1939,

Figura 37: FRACCIONAMIENTO MUNICIPAL

Así como en la figura 10 veíamos la fragmentación de la propiedad de la tierra al nivel «microscópico» de un término municipal, en este caso, elevando el ángulo de observación —podríamos decir—, se aprecia el mosaico que integran los municipios correspondientes a dos provincias bien significativas. Efectivamente, hemos seleccionado dos casos extremos, uno de máximo fraccionamiento, correspondiente a la provincia de Burgos (I), con nada menos que 485 municipios, todos ellos de muy escasa extensión y de muy débil población. Lo comparamos con un caso de mínimo fraccionamiento, como es el de Murcia (II), provincia en la que se encuentran algunos de los términos municipales mayores de la nación, entre ellos señaladamente los de Lorca, el de Murcia capital y el de Cartagena.

El fraccionamiento municipal corresponde a razones orográficas, ecológicas (disponibilidad de abundantes puntos de toma de agua, etc.), pero sobre todo a razones históricas. En términos generales, puede decirse que la mitad norte de la Península está muy fraccionada municipalmente, mientras que la mitad sur (y especialmente Castilla la Nueva, Extremadura, Murcia y Andalucía Occidental) presenta en sus mapas municipios relativamente grandes.

La razón histórica básica de esta fragmentación municipal a que estamos refiriéndonos fue el proceso de repoblamiento cristiano de la Península a lo largo de la Reconquista. Generalmente en las zonas al Norte lo predominante fueron los municipios libres (pequeños) y el derecho de presura (raíz del minifundismo). En la zona Sur prevaleció el repartimiento de tierra entre Nobleza y Clero (raíz del latifundismo) y los grandes municipios.

La existencia en España de 8.022 términos municipales según el censo de 1981, pone de manifiesto la necesidad de una vigorosa política de concentración municipal o de mancomunidades comarcales. Los términos municipales de muy escasas dimensiones no pueden, por razones obvias, contar con los servicios adecuados, que solamente pueden fijarse en núcleos de población superiores, digamos, a los 5.000 habitantes.

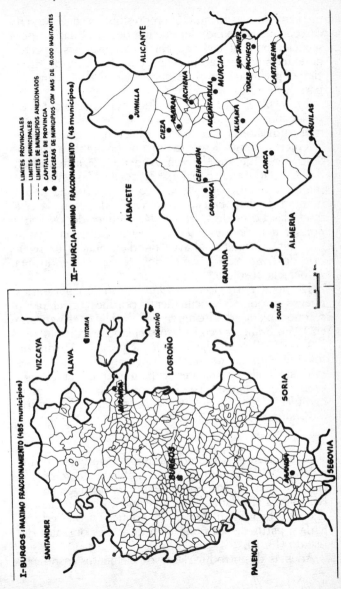

I.- BURGOS : MÁXIMO FRACCIONAMIENTO (485 municipios)

II.- MURCIA : MÍNIMO FRACCIONAMIENTO (43 municipios)

LÍMITES PROVINCIALES
LÍMITES MUNICIPALES
LÍMITES DE MUNICIPIOS ANEXIONADOS
● CAPITALES DE PROVINCIA
● CABECERAS DE MUNICIPIOS CON MÁS DE 10.000 HABITANTES

mediante la más formidable represión; ejecuciones, encarcelamiento, exilio, depuración de funcionarios, persecución policial, censura; combinándose esos aspectos de exterminio de la oposición con una serie de situaciones prebendarias y de permisividad de corrupción para los adictos al Régimen.

En 1942, el submodelo político autocrático entró en su segunda fase, durante la cual se produjeron algunas transformaciones secundarias. Cuando la tendencia de la Guerra Mundial se hizo menos favorable a las potencias del Eje, que habían ayudado a la instauración de la dictadura en España, Franco decidió revestir su poder autocrático y personal con la apariencia de un mínimo de democracia *sui generis*. Surgieron de este modo las Leyes de Cortes (1942), Fuero de los Españoles y Referéndum (1945) y Ley de Sucesión (1947). Con estas primeras «Leyes Fundamentales» se recubrió de *democracia orgánica* lo que seguía siendo una autocracia absoluta.

Después, entre 1947 y 1958, no fueron necesarios nuevos retoques. Sencillamente porque con el pleno reconocimiento del Régimen por EE.UU. y el Vaticano en 1953, Franco se consideró plenamente consolidado. Y si en 1958 promulgó los «Principios del Movimiento» fue a modo de síntesis dogmática de *sus* Leyes Fundamentales anteriores y para atenuar la tensión Opus Dei/Falange. Así, la etapa de la «democracia orgánica» (1942-1966) fue la más larga de la historia del franquismo.

Más adelante, el submodelo político autocrático surgido en 1939 culmino en 1967 en el llamado *desarrollo político,* que venían prometiendo los tecnócratas del Régimen. Paralelamente al crecimiento económico, se dijo que habría un desarrollo político, y que éste se haría a partir de la publicación de la Ley orgánica del Estado (LOE).

Además de introducir nuevos elementos institucionalizadores, con la LOE se intentó coordinar todo el cuerpo de textos legales anteriores, depurándolos de sus más claras connotaciones totalitarias, y consagrando la participación de las fuerzas armadas en el proceso político. En realidad, la LOE representó el último gran esfuerzo constituyente de Franco; y la pretendida introducción de las fuerzas armadas como grandes del orden franquista supuso la máxima aspiración de la conservación *ad aeternum* de su obra.

Las apariencias liberalizantes de las leyes de Libertad Religiosa y de Prensa de 1966 se agotaron con la LOE. lo cual se hizo aún más que evidente con el cambio ministerial de 1969 y con la regresiva Ley Sindical de 1971. A la postre, el promedio desarrollo político hizo crisis, para en 1974 dar paso al «prometedor» *aperturismo* de Arias Navarro, que en su gran conjunto de contradicciones puso de relieve que el franquismo no podía ir más allá de lo que permitía su «código genético», basado en la fuerza y en la concentración autocrática del poder. El aperturismo aspiró a modernizar las leyes franquistas en materia de régimen local (pero ni siquiera se admitió el término región), Cortes (a base de un mediocre sistema de incompatibilidades para los procuradores), asociacionismo político *dentro del Movimiento,* y reforma sindical. Pero al final, todo el aperturismo solemnemente prometido el 12 de febrero de 1974 por Arias, quedó varado el 20 de noviembre de 1975 a la muerte de Franco.

En resumen, puede afirmarse que el 20 de noviembre, a pesar de algunas diferencias secundarias, el submodelo político vigente era básicamente el mismo de 1939. Con rasgos bien claros de ser *oligárquico* desde el punto de vista de la concentración del poder en la clase política dirigente de origen franquista; *históricamente anacrónico* al hallarse anclado en un ya lejano pasado, ampliamente superado por la inmensa mayoría de la población; y *técnicamente obsoleto* por resultar incapaz de atender a las necesidades de una sociedad y de una economía mucho más compleja y diversificadas en 1975 que en los años cuarenta o cincuenta.

Por el contrario, según pasamos a ver, el submodelo económico sí que experimentó cambios importantes durante el franquismo. Para calibrar esas contradicciones, habremos de referirnos a cómo surgió en 1939 y a cómo en 1959 se produjo una auténtica ruptura para pasar a un signo más europeo—occidental.

4.2   Sobre la configuración del submodelo económico autárquico

El modelo económico surgido de la Guerra Civil, que podemos calificar de autárquico, era plenamente coherente con la estructura político-autárquica ya examinada; sus rasgos básicos creo que pueden agruparse en cuatro categorías *:

1. Propósito de *autoabastecimiento* como respuesta al colapso del comercio exterior que se originó subsiguientemente a la Guerra Civil; no sólo por el estallido de la Segunda Guerra Mundial, sino también a causa del sistema político franquista, que marginó a España de buena parte de sus anteriores relaciones internacionales.

2. *Supresión de numerosas libertades en el área de la economía,* mediante toda clase de intervencionismo, como los definidos en las leyes industriales de 1939 sobre protección y ordenación de la industria nacional. Con la política intervencionista se favoreció a los grupos financieros oligárquicos, que ya en 1936, casi en el mismo comienzo de la guerra, recibieron la primera garantía para sus negocios: el «status quo bancario», que permitió la expansión indefinida de los grandes bancos en base a la prohibición de crear nuevas entidades bancarias.

---

* Puede verse más detenidamente en ¿*A dónde vas, España?,* ob. cit., pp. 56 a 58.

3. *Intervención directa del Estado en el sistema productivo* a través del Instituto Nacional de Industria. Creado en 1941, el INI, como entidad subsidiaria de la iniciativa privada, se convirtió en un instrumento típico del capitalismo monopolista de Estado, de apoyo al gran capital monopolista privado, según vimos en el capítulo 4 de este mismo libro.

4. *Control y explotación de las clases trabajadoras.* Al margen de declaraciones programáticas claramente inspiradas en el fascismo italiano (como el Fuero del Trabajo, basado en la mussoliniana *Carta di Laboro*), pronto se vio cuál sería el «nuevo orden laboral»: disolución de los sindicatos y organizaciones de clase, sindicato vertical único, supresión de derecho de huelga, encarecimientos, exilio y repetición del servicio militar para la mayoría de los trabajadores que ya habían servido en las filas del Ejército Republicano. En definitiva, la autarquía significó una regresión total respecto de las reformas estructurales planteadas en los años treinta (reforma agraria, autonomías regionales, sindicalismo libre, etc.).

Al propio tiempo, la autarquía hizo posible un intenso grado de acumulación capitalista, y no precisamente por la senda de un crecimiento rápido, sino merced a fuertes tasas de plusvalías, conseguidas por la sincronización de precios altos y salarios bajos a lo largo de todo un prolongado período de estancamiento (1939—1951), con las clases trabajadoras debatiéndose entre la represión y el paro.

4.3. La ruptura del submodelo autárquico. La gran contradicción

Pero, lógicamente, el modelo autárquico no podía mantenerse a perpetuidad. Desde 1956 resultó notorio que las presiones políticas y sociales hacían imposible la persistencia de la autarquía, y que no bastaría con introducir unos simples retoque. Así, desde 1957 (febrero) se entró en todo un proceso de ruptura del modelo autárquico, que culminó en el Decreto-Ley de Nueva Ordenación Económica de julio de 1959, ya que comportó una serie de cambios importantes:

— La intensificación de las relaciones con el exterior, al liberalizarse las importaciones, la inversión de capital extranjero y otras transacciones.
— La supresión del intervencionismo de la economía, merced a una mayor libertad de precios y a la supresión de una larga serie de organismos intervencionistas.
— La erradicación de una de las principales causas de la inflación del período autárquico, al prohibirse la emisión de deuda pública pignorable.
— Asimismo, la economía española experimentó lo que en la terminología política de hoy llamaríamos su «homologación exterior». En otras palabras, se aceptaron diversas disciplinas internacionales; fijación de la paridad de la peseta en el Fondo Monetario Internacional, consolidación parcial del Arancel de Aduanas en el GATT, y compromiso de liberalizar las transacciones y los pagos exteriores conforme a los códigos de la OECE.

El modelo económico liberalizado, si bien no llegó a identificarse totalmente con el de la OECE (siguió son haber sindicalismo libre, derecho de huelga, etc.), supuso un cambio importante en la situación, al liberar las fuerzas productivas antes trabadas por miles de rigideces e intervencionismos. Las facilidades de importación permitieron modernizarse a las empresas españolas y conseguir espectaculares aumentos de productividad. El nuevo tipo de cambio de la peseta hizo posible una eclosión del turismo. La ampliación del mercado interior a consecuencia de las entradas de divisas por turismo, remesas de emigrantes e inversiones extranjeras, facilitó el crecimiento industrial, nutrido en fuerza de trabajo por una onda de movimientos igratorios internos como hasta entonces no se había conocido en la historia de España.

En definitiva, la ruptura del modelo económico autárquico tuvo como resultado un crecimiento económico acelerado. La explotación de las clases trabajadoras prosiguió en forma más inteligente por parte de la burguesía. Al suprimir las rigideces autárquicas con una mejora en el capital fijo —elevación de la productividad por modernización del equipo—, la tasa de plusvalía, las posibilidades de beneficios de los empresarios, aumentaron. La acumulación de capital se reforzó, y el crecimiento se aceleró. Pero, ciertamente, con una mayor explotación relativa directa de las clases trabajadoras, y con los serios costes sociales resultantes de los traumas migratorios, penurias de vivienda, de educación etc. Los «felices sesenta» no fueron tan felices para la inmensa mayoría; aunque sí menos negros que los años de represión de la década de 1940 y los inciertos cincuenta.

Las consecuencias de la nueva situación fueron importantes, El crecimiento acelerado comportó la dinamización de la sociedad española, con cambios en el comportamiento social y en las actitudes políticas. En definitiva, *el nuevo modelo económico llevaba en su matriz la necesidad del profundo e inevitable cambio político a largo plazo.* Tal eventualidad, que estuvo clara para muchos ya en los años 60, empezó a hacerse evidente al comenzar la década de 1970, cuando la economía y la sociedad españolas, más complejas y diversificadas, entraron en contradicción profunda y creciente con el submodelo político —oligárquico, anacrónico y obsoleto—, ya incapaz de todo punto para atender las necesidades económicas y sociales.

Esa contradicción fue la clave de la herencia que Franco dejó a España. Con lo cual, una vez más quedó claro que por muchas cosas que quieran resolver las dictaduras, las más importantes no tienen solución sino en situaciones democráticas.

5. Perspectivas económicas y sociales. Una política económica para salir de la depresión

La crisis económica que se desencadenó en 1973 con el alza de los precios del petróleo se agudizó y tendió a prolongarse por la situación política: la gran contradicción que Franco dejó como herencia. Concretamente, a principios de 1977 los rasgos negativos de la situación económica eran evidentes de estar en una auténtica depresión: estancamiento en la actividad general, paro creciente, fuertes niveles de inflación y endeudamiento exterior en rápido aumento. Después de un crecimiento en torno al 0,6 por 100 del PNB en 1975, en 1976 apenas se superó en 1,5 por 100. La cifra de parados se situó entre 700.000 y 900.000. La tasa de inflación llegó al 20 por 100, amenazando situarse en el 30 por 100 en 1977. La cota de la deuda externa desbordó los doce mil millones de dólares, y la fuga de capitales se mantuvo, según los indicios.

La realidad así rápidamente descrita, reflejaba los efectos de la doble crisis, económica y política. El deterioro político contribuyó al agravamiento de los problemas económicos: por las vacilaciones primero del aperturismo Arias (programa del 12 de febrero de 1974), de la «Reforma Arias-Fraga» después (todo el primer semestre de 1976), y finalmente por la espera adicional que supusieron los primeros planteamientos de Suárez.

¿Y qué se hizo en los tres años y medio transcurridos entre octubre de 1973 y junio de 1977 para afrontar la depresión económica? Debemos recordar aquí, a modo de síntesis, que se publicaron nada menos que ocho «paquetes de medidas de política económica». Los dos primeros (30 de noviembre de 1973 y 29 de

octubre de 1974), todavía en la época de Barrera de
Irimo como ministro de Hacienda: los dos siguientes
(7 de abril y 19 de noviembre de 1975), durante el
período de Cabello de Alba. El paquete número cinco
fue el proyecto de ley enviado por el Gobierno a las
Cortes el 7 de marzo de 1976, que contenía las propuestas de Villar Mir, y que suscitó tal controversia,
que el resultado final no fue otro que su retirada con
ocasión del reajuste ministerial de julio de 1976.

El sexto paquete de medidas (agosto de 1976) recibió escasa atención en los comentarios por su carácter
«veraniego». Se limitó a los aspectos de la inversión.
Especialmente de la supresión del impuesto sobre
plusvalías de origen bursátil: a pesar de lo cual, la
Bolsa siguió bajando el resto del año 1976, para situarse a finales de diciembre en el mínimo de 72 en Madrid: con una caída, pues, de un 28 por 100 en doce
meses: que la dejo a su nivel más bajo desde 1971.

Algo similar ocurrió con el paquete, el número 7,
instrumentado en el Decreto-Ley de 8 de octubre de
1976, con el cual no se hizo otra cosa que confirmar
el deterioro progresivo de la situación. Sobre todo,
porque acentuó el propósito de congelación salarial
con disposiciones desarticulantes de la negociación colectiva.

Después, el 22 de febrero de 1977, el Gobierno
publicó un extenso documento sobre la situación económica integrado por un análisis retrospectivo, un cuadro macroeconómico para 1977 y un conjunto de 41
«acciones inmediatas». Pero el documento no fue ni
un plan de estabilización, ni un programa de recuperación para salir de la crisis económica, ni un plan de
desarrollo a la antigua usanza de los años sesenta.

6.   Los Pactos de la Moncloa

Tras las elecciones generales que abrieron una nueva
era democrática para España, el segundo Gobierno

Figura 38: COMUNIDADES AUTONOMAS

Durante mucho tiempo, desde 1939 a 1977, la regionalización económica de España —y aún más política— fue un tema o tabú, prácticamente hasta los años 60, u objeto de estudios a nivel meramente histórico, académico o que incluso a algunos les parecían próximos a la ciencia ficción.

Esas referencias que siempre pervivieron eran buena muestra, a nivel de los círculos de estudiosos, de que el sentimiento de las nacionalidades y regiones de España, lejos de haber sucumbido bajo el peso del centralismo, se mantenía vivo, e incluso se desarrollara con fuerzas renovadas en no pocos lugares.

A partir de 1977, en la difícil transición a la democracia, la cuestión de las autonomías entró en los cauces de lo que vendrá a ser su solución al más alto rango. Concretamente, en la Constitución de 1978 se declara que la Nación Española es una e indivisible, lo cual es perfectamente compatible con el derecho a la autonomía por parte de las nacionalidades y regiones que la integran. Una autonomía que no va en contra de la unidad económica y política del país en su conjunto, sino que brinda un gran cúmulo de posibilidades de autogobierno en el importante horizonte regional.

Con base en esos principios, y en los antecedentes de la formación de órganos preautonómicos tras las elecciones del 15 de junio de 1977, en España las comunidades autónomas ya constituidas son las que gráficamente se expresan en la figura, es decir, un total de diecisiete. Como aclaración complementaria, debe hacerse constar que en la Constitución queda abierta la vía para la incorporación de Navarra a Euskadi.

En la figura hemos representado también las capitales regionales, esto es, de las comunidades autónomas.

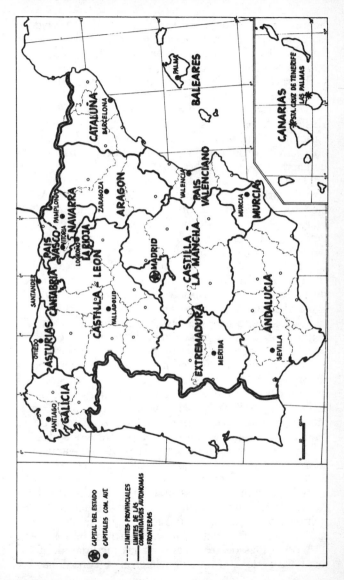

GALICIA
SANTIAGO

ASTURIAS
OVIEDO

CANTABRIA
SANTANDER

PAIS VASCO
VITORIA

NAVARRA
PAMPLONA

LA RIOJA
LOGROÑO

CASTILLA - LEON
VALLADOLID

ZARAGOZA
ARAGON

CATALUÑA
BARCELONA

MADRID

CASTILLA - LA MANCHA

EXTREMADURA
MERIDA

PAIS VALENCIANO
VALENCIA

MURCIA

ANDALUCIA
SEVILLA

BALEARES
PALMA

CANARIAS
STA. CRUZ DE TENERIFE   LAS PALMAS

CAPITAL DEL ESTADO
CAPITALES COM. AUT.

LIMITES PROVINCIALES
LIMITES DE LAS COMUNIDADES AUTONOMAS
FRONTERAS

Suárez, formado en julio de 1977, ante la gravedad de la crisis económica, no pudo por menos de plantear una política de consenso democrático. El resultado de ello fueron los *Pactos de la Moncloa,* suscritos por el Gobierno el 27 de octubre de 1977 con todas las fuerzas de representación parlamentaria.

A lo largo de este libro hemos hecho reiteradas alusiones a los Pactos, concretamente en lo relativo a agricultura, industrialización y empresa pública, sector energético, urbanismo y vivienda, sistema fiscal y financiero y Seguridad Social.

Desde luego, habrá de precisarse que la política de corto y largo plazo esbozada en los Pactos de la Moncloa fue precedida de una serie de medidas del Gobierno —vicepresidido por el profesor Fuentes Quintana— adoptadas en julio de 1977, concretamente la depreciación de la peseta, que en la valoración del Banco de España pasó de 70 = 1 a 87 = 1 dólar (cambio central). Al propio tiempo, se adoptó una política de control de las Disponibilidades Líquidas (DL, la suma del dinero efectivo en manos del público más todos los depósitos del sistema crediticio) a fin de evitar su expansión por encima de un aumento del 17 por 100 respecto de cada mes del año anterior.

Con la primera de esas medidas —depreciación— se pretendía forzar las exportaciones, el turismo, las inversiones extranjeras, así como restringir las importaciones y otros pagos al exterior: todo ello, lógicamente, con el propósito de reducir el déficit de la balanza de pagos y contener el progresivo endeudamiento exterior. Con la segunda medida —actuación sobre las DL— se trataba de restringir el crédito y contener la inflación.

En otras palabras, se aspiraba a un doble equilibrio externo e interno, para dominar una situación de déficit exterior y de inflación interna, aunque ello hubiera de significar inicialmente un aumento del paro.

A poco más de tres meses de las medidas de julio, los Pactos de la Moncloa vinieron a consolidar las políticas así iniciadas, al viabilizar una relación salarios-precios, con aumentos máximos del 22 por 100 en la masa salarial bruta en 1978, en la previsión de un incremento medio anual del 22 por 100 del IPC.

Por lo demás, y según hemos visto en los pasajes antes mencionados, con los Pactos de La Moncloa se previó el comienzo de una transformación importante en el modelo de desarrollo económico, para su democratización en ámbitos importantes.

7. La política económica 1978/1981

Sin embargo, de las fórmulas pactadas a la realidad hubo muchas diferencias, así como demoras ostensibles. Y, sobre todo, surgieron tratamientos diferentes para las diversas facetas de los Pactos. Se dio absoluta prioridad a la llamada política de saneamiento (precios y salarios, medidas urgentes de carácter fiscal, presupuesto, temas monetarios), en tanto que las reformas estructurales fueron quedando para «tomar en su día». Aparte de que la demora de las elecciones municipales, prometidas para el otoño de 1977 —y celebradas en abril de 1979— supuso la paralización de no pocas inversiones públicas e iniciativas privadas.

En febrero de 1978, cuando el Gobierno, sintiéndose ya suficientemente consolidado, modificó su composición, se abandonó de hecho el cumplimiento de los Pactos. Desde entonces, se apreció la falta de una verdadera política económica transformadora, y se patentizó un creciente conservadurismo.

En 1979, las críticas de la oposición se acentuaron ante el agravamiento de los problemas, de tal modo que en septiembre se llevó a las Cortes un Programa Económico del Gobierno (PEG), que podemos resumir.

En *política de creación de empleo,* apenas se sobrepasaba el horizonte de algunas observaciones generales, reiterándose programas de empleo juvenil, etc.

En la *reconversión de sectores industriales en crisis* no había ninguna novedad en el PEG, ni en materia de industria naval ni de siderurgia.

Sobre el *funcionamiento del sector público,* se hacían las habituales observaciones sobre la limitación de los gastos corrientes, con promesas sobre una mayor participación relativa de la inversión pública, anunciando mejoras en el control presupuestario, con un colofón de incrementos de productividad por parte de la Administración.

En términos de *Seguridad Social,* la única proposición clara del PEG consistió en retrasar en un año más el compromiso adquirido en los Pactos de la Moncloa de llevar hasta un 20 por 100 la contribución financiera del presupuesto del Estado.

En realidad, el PEG, oficialmente puesto en marcha en septiembre de 1979, no tuvo ninguna incidencia positiva. El estancamiento prosiguió, la inversión no llegó a relanzarse, el paro subió de nivel, y la contención del proceso inflacionista se agudizó. El fracaso del PEG sentenció a Fernando Abril Martorell, que cesaría como ministro un año después.

Los avatares políticos de la transición a lo largo del último trimestre de 1979 y el primero de 1980 fueron debilitando más y más al Gobierno, permanentemente en agonía, entre la crítica y la inacción. Hasta tal punto, que el cúmulo de dificultades que se reflejó en la marcha de los indicadores de paro y precios acabaron por desbordar las posibilidades de los debates ordinarios en las Cortes. Y así fue como por primera vez, conforme a la Constitución de 1978, se planteó, por el PSOE, la moción de censura al Gobierno en mayo de 1980.

El debate parlamentario que se suscitó, ampliamente difundido por radio y televisión, tuvo un gran impacto. La gente se interesó vivamente por la discusión, y en ella se puso de manifiesto que el Gobierno seguía sin una política económica con que afrontar eficazmente la situación de crisis: aunque también es cierto que el candidato a la presidencia del Gobierno no presentó un programa convincente, que por sus medidas transformadoras resultara suficientemente alentador.

Tras el verano, y como efecto retardado del debate de la moción de censura, el presidente Suárez remodeló su gabinete, dando el cese al máximo responsable de la anterior política económica (marzo 78—septiembre 80), Abril Martorell. Acto seguido, el 16 de septiembre de 1980, planteó la Cuestión de Confianza en el Congreso de los Diputados.

A pesar de pedir la confianza de la Cámara, Suárez no presentó un verdadero programa de política económica. En apariencia, aunque prácticamente sin ninguna virtualidad, seguía vigente el PEG. Suárez enunció varias directrices:

— *Aumento de la inversión pública.* Este propósito resultó ciertamente novedoso por comparación con la anterior insistencia en la prioridad absoluta de la inversión privada. Pero la verdad es que fue muy poco lo que después se hizo. En el presupuesto para 1981, el incremento nominal de la inversión pública se cifró en un 30 por 100, pero en términos reales se limitó a un 15 por 100: un crecimiento mínimo, si se recuerda que la inversión pública no representó en 1979 sino el 10 por 100 de la total formación bruta de capital.

— *Continuación de la reforma fiscal.* Este punto no pasó de ser sino una réplica frente a las críticas cada vez más acentuadas de haberse entrado ya en una auténtica contrarreforma. La situación real confirmó esta última tesis, sobre todo en materia de beneficios fiscales, desgravaciones, y con el nada progresivo aumento de la imposición indirecta.

— *Nuevas promesas de reconversión industrial.* Pronto se vieron incumplidas, tanto en la siderurgia como en la construcción naval y en el textil. Por lo demás, los proyectos que sucesivamente fueron acordándose no fueron de verdadera reconversión, sino de pura y simple reducción de la capacidad productiva, y de transferencia al paro de una buena parte de las nóminas de las empresas.

— Insistencia en la necesidad de una *moderación salarial.* Se dió luz verde a la segunda versión del Acuerdo Marco Interconfederal (AMI), que efectivamente se firmó entre la CEOE y la UGT en enero de 1981. A la postre, en vez de un AMI-2 se concluiría el ANE.

En resumen, después del abandono de los Pactos de la Moncloa, de la *política gota a gota* de marzo de 1978 al verano de 1979, y tras el PEG de Abril Martorell, el *programa Suárez* supusieron un reconocimiento del fracaso de toda una política económica, con sus secuelas de estancamiento, paro e inflación. De tal situación se derivó la profunda crisis interna de UCD, que se hizo patente en el Congreso de Palma de Mallorca a principios de febrero de 1981, inmediatamente después de la dimisión de Suárez que abrió la crisis de gobierno. Y en el proceso de investidura —amenazado por el golpe de Estado frustrado de los días 23 y 24 de febrero de 1981—, se produjo la presentación de un nuevo programa de política económica que seguidamente tratamos de analizar.

8. El programa económico de Calvo-Sotelo de marzo de 1981

Los principales rasgos de la política económica planteada por Calvo-Sotelo en el debate de su investidura de febrero de 1981, pueden resumirse en los seis puntos que a continuación exponemos.

1.°) *Máximo énfasis en la opción nuclear,* en el contexto de un «PEN actualizado» para incluir nuevas centrales nucleares (más allá de los once grupos en construcción en 1981 —por un total de 11.465 MW— y de los otros tres que al 23 de febrero de 1981 se encontraban en la fase de licencia previa por 3.000 MW).

2.º) *Promesa de una mayor aportación del Estado a la financiación de la Seguridad Social.* Sin especificar con qué clase de presupuestos generales del Estado. Desde luego, según todos los indicios, de carácter más regresivo de lo que se pudo imaginar cuando en 1977 se comenzaba la Reforma Fiscal.

3.º) *Planteamientos de moderación salarial.* Se dijo con claridad meridiana: hay que frenar la inflación y *reconstruir los beneficios de las empresas.* O aún más nítidamente, acelerar los aumentos de productividad, por delante de los salarios reales.

4.º) *Promesas de reconversión industrial.* Se reiteraron, otra vez, para los sectores más afectados (siderurgia, construcción naval, textil). Evidenciándose, eso sí, el posible otorgamiento —en línea con las previas propuestas de la CEOE— de mayores facilidades para desprenderse de trabajadores a través de expedientes de regulación de empleo.

5.º) En los sectores en situación más crítica *la agricultura y la pesca,* las previsiones fueron decepcionantes. Por un lado, adaptación a los reglamentos agrícolas de la Comunidad Europea, sin crítica alguna a la reforma comunitaria de la Agricultura, que en buena parte no persigue otra cosa que frenar el potencial español. Y en cuanto a la pesca, se dieron por buenos los tratados que a duras penas se consiguieron con la Comunidad, Marruecos, Portugal, EE.UU., Canadá, etcétera.

6.º) Entre las previsiones de la nueva política económica, hubo una referencia a la *planificación del sector público,* pero planteada como un simple Programa de Inversiones Públicas, sin más consecuencias, por consiguiente, que racionalizar el apoyo desde el Estado a los intereses que marquen los grandes grupos de presión, se llamen UNESA, UNESID, ANFAC, CSB o empresas transnacionales.

En definitiva toda la evolución descrita llevó a una pérdida de imagen del Gobierno, con una minoría cada vez más exigua en el Parlamento. Esta y otras circunstancias, condujeron a la decisión de Leopoldo Calvo Sotelo de disolver las Cortes el 27 de agosto de 1982, y de convocar nuevas elecciones generales para el 28 de octubre.

9. La política económica desde octubre de 1982

En las elecciones generales del 28 de octubre de 1982, debido a la depresión económica y al ambiente general de crisis originado por la explosión interna de UCD y los problemas internos del PCE, el triunfo del PSOE fue arrollador; de forma que, a partir del 4 de diciembre de 1982, pasó a gobernar con una holgada mayoría en el Parlamento.

El nuevo Gabinete, presidido por Felipe González, confió la elaboración de la política económica al nuevo ministro de Economía y Hacienda, Miguel Boyer, quien siguió desde el principio una tónica de corte muy conservadora, en la que se dio prioridad absoluta a la lucha contra la inflación. Para ello se mantuvo la anterior política de forma aún más acusada, de contención de la expansión de la masa monetaria, a base de drenar liquidez del sistema, al tiempo que se acentuó la moderación salarial, de modo que los niveles de retribución quedaron por debajo de la tasa de inflación prevista. Todo ello, coincidiendo con los efectos de una primera devaluación de la peseta, en diciembre de 1982, y de una fuerte depreciación de la misma a lo largo de 1983; lo que condujo a la mejora del nivel de las exportaciones y a la reducción del déficit por cuenta corriente de la balanza de pagos.

Sin embargo puede decirse que a lo largo de 1983, el programa económico del PSOE se tradujo en un aumento importante del desempleo, 200.000 parados más, y en una considerable disminución de la actividad en el sector secundario, como consecuencia de la política de reconversión industrial, que llevó a importan-

tes reducciones en la capacidad instalada de los sectores en crisis (siderurgia, construcción naval, textiles,
electrodomésticos, aceros especiales, manufacturas de
cobre, etc., etc.).

El primer bienio del gobierno del PSOE (1983-84)
generó una situación económica de falta de horizontes.
Prevalecieron las recetas monetaristas frente a algunos
tímidos intentos de planificación que no fueron a más.
Todo se fio a una recuperación económica internacional, que si bien tuvo alguna incidencia en las exportaciones españolas, no llegó a adquirir suficiente fuerza
como para detener el proceso de aumento del paro.
Así, no es extraño que a comienzos de 1984 ya resultara imposible, por la fuerte oposición sindical, llegar
a un acuerdo sobre moderación salarial como los in-
troducidos desde los Pactos de la Moncloa en 1978,
hasta el ANE de 1981-82. Esta circunstancia, a la que
se unieron una serie de zonas críticas (El Ferrol, Vigo,
Aceriales en el País Vasco, Sagunto, Getafe, etc.), creó
un profundo malestar social. La promesa electoral de
crear 800.000 puestos de trabajo durante la legislatura
fue rectificada por el propio Gobierno en una senda
de resignación ante el desempleo.

Por lo demás, el creciente nivel de paro, unido a las
actitudes permisivas respecto del consumo de drogas
blandas, y al menor rigor en las prisiones preventivas
(la célebre «reforma Ledesma», que fue seguida ver-
gonzosamente de su propia contrarreforma), favoreció
un clima de fortísimo crecimiento de la delincuencia,
que se tradujo en una auténtica psicosis de inseguridad
ciudadana, lo cual dio a la crisis económica una componente sociológica hasta entonces no tan manifiestamente apreciada.

Entre las medidas de política económica del PSOE
durante 1983, 1984 y 1985 habría que destacar asimismo:

1. *La reconversión industrial,* prácticamente en la
misma línea de UCD, con algunas innovaciones en

materia de fondos de promoción de empleo, sociedades de gestión sectorial, zonas de urgente reindustrialización y créditos participativos. Pero incluso con esas «novedades», el problema siguió siendo el mismo: la falta de creación de empleo alternativo para detener el aumento del paro.

2. *La revisión del Plan Energético Nacional (PEN)*, con una cierta moratoria nuclear, y con un «pacto eléctrico» que incluyó medidas de saneamiento financiero de las empresas eléctricas, la intervención estatal mayoritaria en la red de alta tensión, y toda una reestructuración de CAMPSA para dar entrada en ella a las refinerías privadas.

3. *La introducción de nuevos coeficientes obligatorios* para la Banca y las Cajas de Ahorro, a fin de contar el Estado con financiación suficiente para cubrir el fortísimo y creciente déficit fiscal, que en 1983 y 1984 ya se situó por encima del 6 por 100 del PIB.

4. *La elevación de la presión fiscal,* tanto en los impuestos directos como en los indirectos, en buena parte para atender a la burocracia en expansión y a la ineficacia de las empresas y servicios públicos (Iberia, SEAT, HUNOSA, RENFE, Correos, Seguridad Social, etcétera).

5. *La expropiación de RUMASA,* llevada a cabo, impremeditadamente, el 23 de febrero de 1983, con un elevadísimo coste —560.000 millones de pesetas, financiados con deuda pública—, para su ulterior reprivatización y, en gran medida, desnacionalización.

6. *La obsesión por la moderación salarial,* vía decisiones presupuestarias o mediante la política de concertación con la patronal y los sindicatos.

7. El énfasis en la *política monetarista,* con el rechazo sistemático de cualquier intento de planificación global y de cualquier clase de posible corresponsabilización obrera en las empresas públicas.

Dentro de esas coordenadas, la situación económica, durante tres años (1983-85) se mantuvo a un ritmo de crecimiento por debajo del 2 por 100. El único gran aliciente en ese período, en el que el desempleo siguió creciendo hasta acercarse a los tres millones de parados, estuvo en la exportación, que experimentó un fuerte auge, no sólo por la caída de la demanda interna sino, sobre todo, por el cambio de dólar (que llegó a 190 pts. a finales de 1983), y por la fuerte demanda exterior activada por la *locomotora norteamericana*.

A partir de 1986, con indicios ya claramente premonitorios en 1985, la situación mejoró rápidamente, para entrar en un quinquenio (1986-1990) con una tasa de expansión próxima al 5 por 100 del PIB como media. A ello contribuyó de manera decisiva el ingreso de España en la Comunidad Europea, con su triple efecto de:

a) Aumento espectacular de las *inversiones extranjeras*, de empresas deseosas de tomar posiciones en el mercado español de cara al comercio exterior.

b) Incremento del valor de los activos españoles, con un indudable *efecto enriquecimiento*, especialmente los títulos bursátiles, y los inmuebles. Una bolsa antes *barata* vió crecer las cotizaciones casi vertiginosamente. Un sector inmobiliario deprimido durante años, experimentó plusvalías espectaculares, en gran parte, también, por los efectos del Real Decreto Ley 2/1985, de 30 de abril (conocido como *Decreto Ley Boyer*), que flexibilizó la ley de arrendamientos urbanos, permitiendo los contratos de alquiler por tiempo definido, y con revisiones de renta.

c) El *impulso modernizador* que el ingreso en la Comunidad imprimió a las empresas españolas, en previsión de la mayor competencia internacional derivable del proceso de integración.

En el crecimiento del quinquenio 1986/90, también incidió el aumento de las inversiones públicas, tanto en los programas generales de infraestructura (ya nos hemos referido a ellos al ocuparnos de los temas de ferrocarriles y autovías en el capítulo 6), como en los *grandes eventos del 92* (Expo de Sevilla, Juegos

Olímpicos de Barcelona, y capitalidad europa de la cultura en Madrid).

Los efectos del crecimiento acelerado en los términos que hemos visto, el aumento del gasto público no solo en inversiones básicas, sino también en las muy poco reproductivas y nada rentables de la Expo-92 y sus colaterales (Isla de la Cartuja, AVE, etc.) además de la dedicación de recursos ingentes al INEM (que más que fomentar el empleo lo desincentiva, e invita a la economía sumergida subsidiada *por el paro*), todo ello creó una situación de recalentamiento de la economía, que en 1989, condujo a las primeras *medidas de enfriamiento*. Estas se manifestaron, sobre todo, en restricciones importantes del crédito, no solamente manteniendo altos tipos de interés, sino *racionando*, desde el Banco de España, los aumentos de las concesiones crediticias de las entidades financieras a cantidades máximas anuales. El impacto de tan contundentes como primitivas decisiones, fue inmediato, y ya en 1990, el ritmo de expansión de la economía española se resintió seriamente (véase para toda la secuencia del período el cuadro 11-3.).

Cuando la economía española ya estaba en proceso de enfriamiento, en medio de una coyuntura internacional en la que influían seriamente los problemas de la reunificación alemana y las medidas antinflacionistas generalizadas, llegó la Guerra del Golfo, en agosto de 1991, que supuso un brutal colapso de las previsiones de que el enfriamiento daría paso rápidamente a una recuperación. De hecho, los problemas fueron acumulándose a lo largo de 1990 y 1991, y con el Tratado de Maastricht, firmado el 10 de diciembre de ese último año, se planteó dramáticamente la *política de convergencia,* de la que pasamos a ocuparnos a continuación.

La política de convergencia

En abril de 1992, y para atender los objetivos de convergencia derivados del ya citado *Tratado de Maas-*

tricht de diciembre de 1991, se dió a conocer el «Programa de Convergencia del Gobierno» (PCG), con un indudable tono de triunfalismo en su amplio preámbulo, en el que se exaltaron los grandes éxitos de la política económica del quinquenio 1986/91; y en el cual se analizaron muy pobremente los desequilibrios que precisamente fueron creándose a lo largo de ese mismo período, y a los que nos hemos referido en el apartado anterior.

Nada se dijo en el PCG, por ejemplo, sobre la *política de enfriamiento* que empezó a introducirse en 1989 de forma tan contundente; y que fue haciendo disminuir la expansión del PIB hasta llegar a situarse por debajo del 2'5 por 100, frente a la media del quinquenio 86/91 de más de un 4 por 100 acumulativo. Por lo demás, el *enfriamiento* no se acompañó de ninguna medida estructural para atacar los desequilibrios de la economía española. Nadie, en las esferas oficiales, buscó en 1989 la necesidad de una *reconversión del Estado* burocrático, manirroto, e ineficiente; y sin ello, hablar de cualquier propósito de mejora, resultaba más bien un sarcasmo.

Otra muestra evidente de la falta de soluciones, la tenemos en el retraso observado en la adopción de cualquier clase de *medidas tributarias* importantes. Con el esfuerzo fiscal más alto de Europa, y con los peores servicios públicos de nuestro entorno y cota de desarrollo, las tardías y mediocres *modificaciones en la ley de IRPF* en pro del fomento del ahorro en 1991 (Ley 18/1991 de 6 de junio), no comportaron el giro que habría sido deseable. Por el contrario, la inversión se debilitó de manera amenazante en los años 1989-92.

Por otro lado, al *contemplar* las mejoras ya conseguidas en términos de convergencia respecto de la globalidad del CE, en el PCG no se tuvieron en cuenta muchos aspectos de fondo. Por ejemplo el del crecimiento del PIB *per capita*, traducido en un *dualismo persistente,* con una distribución personal de la renta muy mal analizada en las instancias oficiales, y peor asumida en sus implicaciones sociológicas.

Además, el PCG, se refirió a la expansión del empleo, que, se dijo, triplicó la media comunitaria entre el 86 y el 88, y que la duplicó entre el 89 y el 91. Pero en realidad, tal expansión, en parte difícil de desvelar, fue el resultado de afloramientos de la economía sumergida, más que de creación neta de ocupación. Aparte de que se experimentó un fuerte proceso de burocratización en la administración española (500.000 funcionarios más desde 1982, para llegar a 2,2 millones en 1992). Esto último, al ampliar desorbitadamente los «nudos puntuales» de cualquier circuito de decisiones, contribuyó a retrasarlo todo, y a aumentar —sin ningún IPC que los mida— los costes de cualquier proyecto.

En *materia de financiación*, el PCG se autoconcedió los máximos parabienes, constatando fríamente un tipo de interés a medio y largo plazo (el de las Letras del Tesoro) del 12,4 por 100. Pero si se estudiara de verdad el coste de financiación de las empresas españolas a largo plazo ¿no habría que situarlo entre cuatro y seis puntos por encima? ¿No es precisamente un clamor general, el hecho de que gran número de pequeños y medianos empresarios, al final de la jornada reflexionen amargamente sobre su sino, de que están trabajando para el fisco y los bancos?

Entrando ahora en los *objetivos* (que, en el contexto de la confusión terminológica de los tiempos, el Gobierno denominó *filosofía),* inevitablemente se plantearon las cinco *condiciones de Maastricht:* inflación (no mayor de 1,5 puntos por encima de los tres Estados miembros con menor posición inflacionista), déficit público anual y acumulado (3 por 100 y 60 por 100 sobre PIB, respectivamente), tipos de interés a largo plazo (no más del 2 por 100 por encima de los tres países con los más bajos), y banda estrecha del SME. Con dos grandes metas: lograr un crecimiento anual del PIB del 3,5 por 100 y crear un millón de nuevos puestos de trabajo en el quinquenio 1992/96.

Ese objetivo de expansión del 3,5 por 100 —que en pocas semanas se revelaría como quimérico—, se estableció en correspondencia con el *producto potencial máximo (PPM)*; un concepto acuñado hace bastantes años por Paul Baran (en su libro «La economía política del crecimiento»), y luego ampliamente difundido por Okun, asesor económico del Presidente Kennedy. Lo que sucede, es que el Gobierno español no explicó como determinó ese PPM; resultando, pues, un nivel más bien cabalístico.

Según el PCG, el otro condicionante de la senda de crecimiento vendría dado por las *reformas estructurales*. En este aspecto, lo que se propuso en el Programa 92-96, fue escaso y confuso; tanto en términos de mercado de trabajo, como de desregulación económica y de liberalización interior.

El *algoritmo de cálculo* del PCG se basó fundamentalmente en la idea de que podría alcanzarse, hacia el final del quinquenio una *tasa de formación bruta de capital fijo próxima al 28 por 100*. Lo cual, fue un propósito un tanto optimista, especialmente porque nada se aclaró sobre la indispensable premisa del aumento del ahorro interno. Más bien, el objetivo de inversión se fió al mantenimiento de un «flujo estable de inversiones procedentes del exterior»; lo cual, resulta bastante aventurado en un mundo financiero complejo y de penurias como el de 1992 y el futuro inmediato.

También en el área fiscal, y directamente relacionado con las cinco condiciones de Maastricht, se enunció el propósito de situar, para 1996, el déficit público en un mero 1 por 100 del PIB; correspondiendo 0,75 puntos a la Administración central y 0,25 a los entes territoriales.

Ese objetivo fue lo más elogiable del Programa. Pero

cosa muy distinta, es que vaya a poder cumplirse, si no se actúa con decisión en el gasto público corriente, con cauces presupuestarios totalmente desbordados (INEM, Seguridad Social, subvenciones a empresas públicas, incentivos fiscales, gastos prebendarios y clientelares, etc.), temas, todos ellos, que en el Programa brillaron por su ausencia. Ese 1 por 100 recuerda bastante la famosa *enmienda Gramm/Rudam/Hollings,* que pretendió poner el presupuesto de los EE.UU. en déficit cero al final de la década de los 80, y que en realidad no pudo frenar en absoluto la expansión del gasto público.

Por último, sobre tipos de interés nada se dijo, y la misma ausencia de objetivos se manifestó para la entrada de la peseta en la banda estrecha del 2,25 por 100 en el SME.

Las medidas presupuestarias y sociales de julio de 1992

A los que criticamos el PCG en el momento de publicarse por su falta de realismo (abril de 1992), los hechos, desgraciadamente, nos dieron la razón. Nada estaba tan bien como se decía, y ya en julio de 1992 el Gobierno hubo de reconocer que el gasto público se había disparado (eventos 92, INEM, etc.), que los ingresos fiscales estaban en baja por la recesión (el objetivo oficial de crecimiento se redujo del 3,5 al 2 por 100), y que el déficit exterior estaba alcanzando cotas más que preocupantes.

Ante esa situación tan rápidamente descrita, las medidas económicas no se hicieron esperar más, y en julio de 1992 se publicó el correspondiente Decreto Ley, que resultó convalidado por el Congreso de los Diputados el 28 del mismo mes. Podemos resumir lo esencial de tales medidas:

— La reducción de los gastos presupuestarios en unos 200.000 millones de pesetas, sin ninguna selectividad, simplemente por un procedimiento de *crementalismo* proporcional para todos los organismos. Un método altamente insatisfactorio.

— El aumento de la presión fiscal, elevando el tipo medio del IVA del 13 al 15 por 100, y el tipo marginal del IRPF del 53 al 56 por 100, en contra de todo lo previsto en la Ley 18/1991, de 6 de junio, que había sido pactada en las Cortes Generales hasta llegar a un virtual consenso. Aparte de la Cuestión de Inconstitucionalidad que se planteó en esta medida, lo cierto es que se desbarató cualquier aspiración de contar con una *senda fiscal* creible.

— Además de la disminución de prestaciones sociales del seguro de desempleo adoptadas en el mes de mayo (necesidad de un año de cotización para disfrutar del seguro, y disminución de los porcentajes de éste), en el Real Decreto Ley de julio se prometió sancionar el abuso en materia de recetas farmacéuticas, y se decidió que los primeros quince días de baja de un trabajador deben correr por cuenta de la empresa. Medida de lo más atrabiliaria.

En definitiva, el Real Decreto Ley de urgencias, lo que evidenció fue que 1992 iba revelándose como un año complicado. En ese contexto, las medidas traducían un egoísmo fiscal poco frecuente: contundente recaudacionismo, a pesar de la situación de las economías familiares y empresariales, sin ofrecer ningún tipo de alivio a las tensiones de tesorería.

Por lo demás, el prestigio de la economía española en su conjunto, y de la peseta en particular, cayó en picado con las medidas de septiembre y noviembre de 1992, de doble devaluación de la peseta y de introducción temporal del control del cambio para luchar —se dijo— contra los especuladores.

En definitiva, los gastos del 92, las alegrías presupuestarias, y el descontrol general, condujeron a una situación muy difícil al comenzar 1993, que culminaría en la tercera devaluación, el 14 de mayo de 1993.

Después, tras las elecciones generales del 6 de junio de 1993, se abriría una etapa de serios ajustes económicos, con el cuadro macroeconómico que como síntesis —y con el escepticismo natural—, incluimos seguidamente.

Escenario macroeconómico

Conceptos	1992 Miles de millones pesetas corrientes	1992 (%) del PIB	Tasa de variación (%) 1992	1993	1994
Producción y demanda					
Consumo privado nacional..........	37.157,7	63,2	2,1	−0,9	0,1
Consumo público...................	9.900,7	16,8	3,8	1,2	−2,0
Formación bruta de capital.........	13.451,9	22,9	−2,8	−10,2	1,6
Construcción..................	8.474,1	14,4	−4,8	−4,5	2,2
Bienes de equipo.................	4.446,1	7,6	−2,5	−13,1	0,2
Variación de existencias..........	531,7	0,9	—	—	—
Total demanda nacional..............	60.528,3	102,8	1,1	−2,8	0,1
Exportaciones......................	10.357,9	17,6	6,7	7,4	8,4
Importaciones......................	12.034,2	20,4	6,6	−1,9	8,4
Saldo neto exterior					
(Aportación al crecimiento del PIB)...	−1.676	−2,8	−0,4	2,2	1,2
PIB a precios de mercado..........	58.852,0	100,0	0,8	−0,8	1,3
Precios y salarios					
Deflactor del PIB....................			6,5	4,5	3,4
Indice de precios de consumo, diciembre/diciembre......................			5,3	4,5	3,5
Salarios según convenios (tablas).....			7,2	5,7	2,5
Coste laboral unitario nominal.......			5,6	3,4	1,3
Mercado de trabajo					
Población activa.....................			0,5	0,7	0,5
Empleo.............................			−1,9	−4,3	−0,7
Asalariados			−1,8	−4,3	−0,7
Tasa de paro (%) s/poblción activa..			18,4	22,4	23,4

Capítulo 17

La Constitución y las Comunidades Autónomas

1. El contenido económico de la Constitución

Estudiamos en este capítulo los últimos desarrollos del marco institucional a su máximo nivel. Me refiero, naturalmente, a la Constitución de 1978, que desde el punto de vista económico puede analizarse como un conjunto de principios generales (1.1), una serie de instrumentos para el desarrollo económico y la planificación (1.2), una ordenación de la Hacienda Pública (1.3) y, finalmente, como un marco de relaciones industriales (1.4). Las cuestiones relativas a la regionalización económica me parece que requieren una atención detallada y por separado (sección 2 de este mismo capítulo).

1.1. Los principios económicos generales de la Constitución de 1978

En una visión económica amplia del texto constitucional, los principios globales pueden esbozarse como sigue:

a) El reconocimiento del sistema capitalista, que se apoya en el derecho de propiedad privada y de herencia (art. 33).

b) La libertad de empresa y la economía de mercado (art. 38).

c) La atemperación del marco capitalista y de mercado con una serie de criterios de redistribución y participación (arts. 40, 128 y 129).

Veamos ahora los aspectos más importantes y las implicaciones de mayor interés en cada uno de los artículos reseñados.

a) El reconocimiento del *derecho a la propiedad privada y a la herencia* que se hace en el artículo 33 es una declaración que de una u otra forma figura en cualquier constitución en la que prevalecen los principios del sistema capitalista. Tal declaración se completa normalmente, como sucede en el caso español, con la precisión de que la propiedad y la herencia no pueden ser contemplados como algo absoluto al modo de las instituciones romanas o el código napoleónico. Por el contrario, la función social de la propiedad se determina en cada caso por medio de una ley que de forma expresa declara cuáles son los límites del propietario, al objeto de proteger —por ejemplo— determinados recursos naturales, como bosques, agua, paisaje, tierras de cultivo de gran riqueza, etc. Y al propio tiempo, se fijan garantías frente a cualquier intento de expropiación injustificada de carácter confiscatorio.

b) El artículo 38 reconoce la *libertad de empresa y la economía de mercado*. La economía de mercado es susceptible de múltiples interpretaciones, todas ellas con el común denominador de que se mantendrá tanto la posibilidad de creación de empresas, como el derecho del consumidor a proveerse de lo que desee de donde quiera que venga. Pero en cualquier caso, está claro que la economía de mercado debe contemplarse teniendo en cuenta, la necesidad de respetar el medio ambiente (art. 45), la prohibición de especular con el suelo edificable (art. 47), el control de la calidad de los productos (art. 51) y, sobre todo, la presencia activa del sector público en la economía (art. 128), así como la posibilidad de planificar (art. 131). Temas, todos ellos, de los que nos ocuparemos en al apartado 1.2 sobre desarrollo y planificación.

c)   La ya señalada *atemperación del marco capitalista* se hace a través de las precisiones que seguidamente resumimos:

1.   La política de *redistribución de la renta y de pleno empleo* (objeto del art. 40), de indudable impregnación keynesiana, que ha de combinarse —difícil propósito— con la estabilidad económica, para alcanzar esas metas en un marco si excesos inflacionistas, en una senda de desarrollo en la cual los desequilibrios sociales tiendan a reducirse.

2.   Por su parte, en el artículo 129 se dice que la ley establecerá las formas de *participación de los interesados* en la Seguridad Social y en la actividad de los organismos públicos, única forma de acabar con la *jungla* de la Seguridad Social, para poner fin al *desastre* que en muchos casos se traduce para el sufrido «beneficiario». Por otra parte, se trata de impedir que la burocracia siga siendo la dueña y señora de los organismos públicos, que han de estar bajo la crítica permanente y directa de los consumidores y usuarios. En cuanto a la *participación de los trabajadores en la empresa* a que se refiere el segundo apartado del artículo 129, es una exigencia de la sociedad desarrollada, donde los aumentos de productividad no pueden conseguirse sino por medio de la corresponsabilidad del trabajo. Así lo pusieron de relieve hace años el *Informe Sudreau* en Francia y las conclusiones de la *Comisión Bullock* en el Reino Unido.

3.   *Toda la riqueza del país está subordinada al interés general* (art. 128). Esta declaración se formula en términos análogos a los de la Constitución de 1931.

Por otra parte, en el artículo 128 se reconoce la *iniciativa pública en la actividad económica,* lo cual teóricamente equivale al abandono de la teoría de la subsidiaridad, que reservaba todo a la iniciativa privada, de modo sólo en caso de ser ésta incapaz venía a hacerse presente el sector público. Por lo demás, en la segunda parte artículo 129 se hace una declaración de naturaleza socializante cuando se dice que «los poderes públicos promoverán eficazmente las diversas formas de participación en la empresa y fomentarán, mediante una legislación adecuada, las sociedades cooperativas. También establecerán los medios que faciliten el acceso de los trabajadores a la propiedad de los medios de producción».

1.2. Desarrollo económico y planificación

El desarrollo económico y la planificación se plantean en la Constitución en línea con los siguientes principios:

a) Una regla general de planificación con un Consejo *ad hoc* (art. 131).

b) La presión de los poderes públicos en problema tan fundamental como la vivienda y el suelo (art. 47).

c) El desarrollo de los distintos sectores económicos y de las zonas desfavorecidas (art. 130).

d) La defensa de los derechos de los consumidores (artículo 51) y la protección del medio ambiente (artículo 45).

a) El Estado podrá *planificar la actividad económica en general,* se dice en el artículo 131, que fue objeto de gran polémica en el debate constitucional al quererse introducir el término «planificación indicativa», recordando así la que estuvo vigente entre 1964 y 1975. Pero a la postre se prescindió de cualquier calificativo por lo cual sólo cabe exigir que la futura planificación sea *efectivamente democrática:* hecha de abajo a arriba, y con la finalidad de armonizar el desarrollo regional y sectorial, para amortiguar las diferencias interterritoriales, y para atenuar en lo posible los desequilibrios intersectoriales como factores fundamentales de la inflación. En la segunda parte del artículo 131 se detalla el procedimiento a seguir en la planificación, a partir de las previsiones de las comunidades autónomas, y contando con el asesoramiento y colaboración de los sindicatos, de las organizaciones profesionales, empresariales y *económicas*. Y precisamente por el carácter muy general del término *económicas,* cabe entenderse que entre ellas deben incluirse asociaciones no expresamente mencionadas pero que son de gran trascendencia social, como las de consumidores, ecologistas, vecinos, etc., pues todas ellas se ocupan de serias cuestiones: consumo, medio ambiente, urbanismo, suelo y vivienda, etc. A efectos operativos, en la misma segunda parte del artículo 131 se anuncia la creación de un Consejo —de Planificación, o Económico y Social, podría llamarse—, cuyo alcance podría ser importante.

Un órgano de esa clase nació oficialmente, catorce años después de promulgarse la Constitución, por medio de la Ley 21/91 de 17 de junio, que creó el *Consejo Económico y Social,* y que en septiembre de 1992 aún no había comenzado a funcionar.

b)   El artículo 47 se refiere al *derecho de la vivienda* y a la *utilización del suelo*. Es una artículo relevante, que no sólo refleja la pretensión de atender a uno de los principales derechos sociales —el de la vivienda digna—, sino que además establece la inconstitucionalidad de la especulación del suelo, así como el principio de que en cualquier caso la plusvalía generada ha de revertir a la comunidad. Pero, evidentemente, «del dicho al hecho hay mucho trecho», y la disponibilidad de suelo suficiente y adecuado para viviendas exigirá un indudable esfuerzo de ordenación del territorio, la reforma del Instituto Nacional de Urbanismo (INUR) y del INV, en cuyos consejos rectores habría de estar representado el movimiento ciudadano. Al propio tiempo, los ayuntamientos tendrán que asumir funciones más amplias en cuanto a patrimonio de suelo, empresas mixtas, promotoras de viviendas sociales, inspección de normas de urbanismo, calidad de la edificación, etc.

En el artículo 130 sobre *desarrollo económico,* se expresa la preocupación por los sectores deprimidos necesitados de algún tipo de apoyo oficial, al efecto de no quedar por debajo del nivel de ingresos del resto de la economía: agricultura, ganadería, pesca y artesanía: como también se incluye un *tratamiento especial de las zonas de montaña.* El precedente de este último precepto puede verse en la Constitución Italiana y, sobre todo, en la circunstancia de que más del 20 por 100 del territorio nacional está por encima de los 1.000 m de altitud, y el 40 por 100 entre los 500 y los 1.000, lo cual genera el hecho bien comprobado de que con la introducción de las modernas técnicas de producción la población tiende a bajar de la montaña a los valles y las llanuras, fenómeno del que surge la secuela de despoblamiento de comarcas e incluso regiones enteras, con la contramedalla del hacinamiento de la población en las grandes ciudades. La ayuda a la áreas de economía de montaña habrá de materializarse en medidas concretas de repoblación forestal, fomento de la ganadería, desarrollo turístico, equipamiento, etc.

d) Los poderes públicos —dice el art. 51— garantizan la *defensa de los consumidores y usuarios,* aspiración también novedosa de la Constitución en respuesta al clamor popular contra el fraude generalizado en los productos: baja calidad, falseamiento de los componentes, utilización de ingredientes inadecuados, servicios carentes de eficiencia, etc. Para abordar todo ese cúmulo de problemas, habrán de fomentarse las organizaciones de consumidores y usuarios y, lo que es también importante, se tendrá que exigir la veracidad de los reclamos publicitarios. Por su parte, en el artículo 45 se reconoce el derecho de todos a *disfrutar de un medio ambiente adecuado.* Los espacios naturales, la gea, la flora y fauna, los montes y ríos y, en suma, todos los recursos renovables y no renovables, habrán de ser objeto de una mayor atención. Evidentemente, todo ello plantea la urgencia de mejorar el marco institucional, revigorizando la Comisión Interministerial del Medio Ambiente (CIMA) con verdaderas facultades ejecutivas. Y así como en el caso de la vivienda y del urbanismo las asociaciones del movimiento ciudadano desempeñan un papel de responsabilidad ante los órganos consultivos; en el área del medio ambiente, las asociaciones ecologistas deberían contar con representación suficiente en la CIMA a recuperar, y en los organismos análogos de los entes autonómicos.

1.3   Otras cuestiones económicas: la Hacienda Pública y relaciones industriales

Necesariamente, en cualquier texto constitucional ha de haber una referencia más o menos escueta a la Hacienda Pública. En este sentido, en la Constitución española de 1978 podemos apreciar toda una serie de preceptos importantes: el principio de que es obligado contribuir a los gastos públicos (art. 31), la potestad de establecer tributos (art. 133), las normas para la elaboración de los presupuestos (art. 134), las condiciones de emisión de Deuda Pública (art. 135), y las bases de la ordenación del control de la fiscalidad a través del Tribunal de Cuentas (art. 136).

En el artículo 31 se establece la *obligación de contribuir al sostenimiento de los gastos públicos,* norma que se concibe con los criterios de *justicia* —Todo impuesto debe ser establecido y liquidado conforme a derecho—, de *equidad* —habrán de tenerse en cuenta las circunstancias existentes— y de *progresividad,* para que en proporción paguen más quienes más tienen y más ganan. Y como contraprestación a la obligación de contribuir, en el artículo 31 se establece que el gasto público ha de cumplir los objetivos de *eficiencia y economía:* esto es, se debe lograr un máximo de realizaciones para la mayoría, con un mínimo de coste para el contribuyente.

El artículo 133, al determinar que la *potestad originaria para establecer tributos corresponde exclusivamente al Estado,* reconoce el principio de soberanía fiscal, que sólo puede ejercitarse mediante Ley de las Cortes Generales. Si bien ello no es un obstáculo para que la Comunidades Autónomas puedan exigir tributos, pero siempre dentro del marco de la Constitución y de las leyes.

La *elaboración de los presupuestos* se regula con bastante minuciosidad en el artículo 134, donde figura el proceso con plazos concretos y mecanismos idóneos, a fin de evitar que el gasto público exceda de las cantidades presupuestadas, La iniciativa para la preparación del proyecto de presupuesto se reconoce al Gobierno, claro que pudiendo presentarse enmiendas en el Congreso. Los presupuestos han de abarcar a todo el Sector Público, incluyendo la Seguridad Social, y han de fijar la cifra de exenciones y bonificaciones —o gastos fiscales— a fin de impedir vaguedades que podrían mermar arbitrariamente las posibilidades de recaudación.

El artículo 135 se ocupa de todo lo referente a la *Deuda Pública,* cuya cuantía se limita por ley. El Estado ha de respetar todos los términos de la ley de emisión, y viene obligado a incluir en el presupuesto los recursos necesarios para atender al pago de intereses y al reembolso del principal (amortización).

Por último, en el artículo 136 se establecen las bases para la futura ordenación del *Tribunal de Cuentas,* que es una institución con larga tradición en la historia de España. En la Constitución de 1978, este Tribunal tiende a revitalizarse como el brazo contable de las Cortes. Su ley orgánica se promulgó en 1982.

En cuanto a la regulación de las *relaciones dentro*

de la empresa, entre empresarios y trabajadores, así como la definición del marco general de seguridad social y del empleo, la Constitución española de 1978 incluye el deber de trabajar y el derecho al trabajo (art. 35), el derecho de asociación sindical (art. 28), las coordenadas generales de la negociación colectiva (art. 37), el cuadro general de la Seguridad Social (art. 41) y los derechos de los emigrantes (art. 42), temas, todos ellos, a los que nos hemos referido en el capítulo 15.

2. La Constitución de 1978 y las Comunidades Autónomas.

Al tema de la necesaria regionalización económica de España, se presentan una serie de opciones y soluciones concretas en la Constitución de 1978, concretamente en el Título VIII que versa sobre la organización territorial del Estado. Pero antes de entrar en la apreciación del problema desde el punto de vista constitucional, creo que es indispensable hacer algunos comentarios sobre los aspectos cuantitativos de la cuestión.

En las apreciaciones que siguen, utilizamos el concepto de región* para la agregación de las 52 provincias españolas, conforme a la configuración establecida para los entes autonómicos.

En el cuadro 17-1 figura la población, su densidad, y PIB/km². La acción conjunta de la demografía y las diferencias muy acusadas de PIB *per capita* (véase después cuadro 17-3) generan rendimientos económicos por km² muy diferentes, con un máximo para Madrid y con un mínimo para Extremadura.

El cuadro 17-2 se refiere al PIB en su distribución

---

* En este capítulo, y siguiendo la práctica habitual en los libros de Economía. utilizo la palabra *región* sin entrar en si políticamente tales regiones deben considerarse como regiones o como nacionalidades.

CUADRO 17-1

Superficie, población, densidades y PIB por km²

Comunidades Autónomas	Población residente					Densidad de población (por km²)		PIB por km² (miles de pesetas de 1985)	
	Total miles		% s. total		Variación en % 1989/1985				
	1985	1989	1985	1989		1985	1989	1985	1989
1. Andalucía	6.682,1	6.866,0	17,57	17,77	2,75	76,6	78,7	39.760	50.211
2. Aragón	1.187,1	1.189,7	3,12	3,08	0,22	24,9	25,0	20.105	24.873
3. Asturias	1.100,0	1.098,1	2,89	2,84	−0,17	104,1	103,9	73.626	84.658
4. Baleares	697,5	705,2	1,83	1,82	1,10	139,1	140,6	144.112	177.494
5. Canarias	1.434,1	1.475,6	3,77	3,82	2,89	197,2	202,9	134.860	179.414
6. Cantabria	521,0	526,3	1,37	1,36	1,06	98,5	99,5	70.339	85.799
7. Castilla-La Mancha	1.625,1	1.649,2	4,27	4,27	1,48	20,5	20,8	11.765	15.275
8. Castilla y León	2.523,6	2.545,6	6,64	6,59	0,87	26,8	27,0	17.856	22.453
9. Cataluña	5.944,5	6.023,3	15,63	15,59	1,33	186,2	188,6	168.465	221.708
10. Comunidad Valenciana	3.783,2	3.837,9	9,95	9,93	1,45	162,3	164,7	121.863	157.666
11. Extremadura	1.040,4	1.056,3	2,74	2,73	1,53	25,0	25,4	12.394	14.796
12. Galicia	2.724,8	2.733,1	7,17	7,07	0,30	92,6	92,9	55.648	70.173
13. Madrid	4.792,8	4.904,2	12,60	12,69	2,32	599,5	613,4	571.237	709.960
14. Murcia	1.002,7	1.032,9	2,64	2,67	3,01	88,6	91,3	53.867	68.092
15. Navarra	513,2	517,8	1,35	1,34	0,90	49,2	49,7	39.367	52.580
16. País Vasco	2.076,3	2.097,2	5,46	5,43	1,01	285,9	288,8	238.056	293.584
17. Rioja, La	261,5	263,0	0,69	0,68	0,57	51,9	52,3	40.948	53.596
18. Ceuta y Melilla	118,7	122,9	0,31	0,32	3,54				
Total	38.028,6	38.644,5	100,00	100,00	1,62	75,3	76,6	55.055	69.867

Fuente: BBV.

CUADRO 17-2
Composición del Producto Interior Bruto, por Comunidades Autónomas

Comunidades Autónomas	Año 1985					Estructura del PIB (total regional = 100)							
	Agricultura y pesca	Industria	Construcción	Servicios	Total	Agricultura y pesca		Industria		Construcción		Servicios	
						1985	1989	1985	1989	1985	1989	1985	1989
1. Andalucía	470.432	626.224	235.245	2.137.833	3.469.734	13,6	9,7	18,0	17,4	6,8	10,3	61,6	62,6
2. Aragón	84.431	306.303	50.010	517.644	958.388	8,8	7,6	32,0	32,0	5,2	7,4	54,0	53,0
3. Asturias	34.2372	309.678	33.192	400.719	777.861	4,4	4,9	39,8	37,5	4,3	6,7	51,5	51,0
4. Baleares	18.832	79.847	46.912	576.985	722.576	2,6	2,6	11,1	12,1	6,5	8,6	79,8	76,7
5. Canarias	50.369	106.546	94.119	729.800	980.834	5,1	4,2	10,9	11,9	9,6	12,3	74,4	71,7
6. Cantabria	23.194	114.333	17.850	216.646	372.023	6,2	6,7	30,7	26,4	4,8	8,0	58,3	57,3
7. Castilla-La Mancha	157.510	222.703	82.316	469.526	932.055	16,9	13,2	23,9	28,0	8,8	12,2	50,4	48,2
8. Castilla y León	211.327	457.342	106.926	905.538	1.681.133	12,6	11,3	27,2	28,8	6,4	9,6	53,8	50,3
9. Cataluña	132.104	1.837.184	225.720	3.180.074	5.379.082	2,5	2,1	34,2	33,9	4,3	6,3	59,0	57,7
10. Comunidad Valenciana	145.842	805.810	166.946	1.727.423	2.840.021	5,1	4,4	28,4	27,9	5,7	8,0	60,8	59,7
11. Extremadura	86.948	83.330	42.192	303.153	515.623	16,9	13,3	16,2	19,5	8,2	12,0	58,7	55,2
12. Galicia	186.004	390.300	121.557	940.069	1.637.930	11,4	10,9	23,8	24,5	7,4	9,3	57,4	55,3
13. Madrid	14.861	900.007	192.417	3.459.753	4.567.038	0,3	0,3	19,7	19,4	4,2	6,0	75,8	74,3
14. Murcia	72.551	144.997	42.634	349.427	609.609	11,9	10,2	23,8	22,6	7,0	10,5	57,3	56,7
15. Navarra	29.838	144.966	22.571	212.869	410.244	7,3	6,4	35,3	39,6	5,5	6,8	51,9	47,2
16. País Vasco	39.074	760.709	65.499	863.240	1.728.522	2,3	2,2	44,0	39,5	3,8	5,2	49,9	53,1
17. Rioja, La	25.528	61.290	11.064	108.228	206.130	12,4	10,8	29,7	32,5	5,4	7,5	52,5	49,2
18. Ceuta y Melilla	982	4.412	3.688	61.770	70.852	1,4	0,6	6,2	6,3	5,2	7,8	87,2	85,3
Total	1.784.099	7.355.981	1.558.858	17.160.717	27.859.655	6,4	5,3	26,4	26,2	5,6	8,0	61,6	60,5

Fuente: BBV.

CUADRO 17-3

Renta regional «per capita» (años 1985 y 1989)

Comunidades Autónomas	Renta per capita (pesetas)			Renta per capita Situación relativa (media nacional = 100)		Crecimiento de la renta per capita 1985 a 1989 (%)		
	1985 a precios corrientes	1989 a precios corrientes	1989 a precios de 1985	1985	1989	A precios corrientes	A precios constantes	Tasa anual a precios constantes
1. Andalucía	465.055	746.117	570.688	72,06	70,02	60,4	22,7	5,2
2. Aragón	684.095	1.108.700	851.339	105,99	104,05	62,1	24,4	5,6
3. Asturias	613.983	943.355	721.330	95,13	88,53	53,6	17,5	4,1
4. Baleares	844.098	1.340.158	1.041.304	130,78	125,77	58,8	23,4	5,4
5. Canarias	565.437	966.838	718.091	87,61	90,73	71,0	27,0	6,2
6. Cantabria	681.996	1.090.598	848.647	105,67	102,35	59,9	24,4	5,6
7. Castilla-La Mancha	484.864	807.560	618.630	75,12	75,79	66,6	27,6	6,3
8. Castilla y León	573.993	925.588	713.913	88,93	86,86	61,3	24,4	5,6
9. Cataluña	796.681	1.357.735	1.034.623	123,44	127,42	70,4	29,9	6,8
10. Comunidad Valenciana	660.578	1.084.661	828.745	102,35	101,79	64,2	25,5	5,8
11. Extremadura	432.432	643.616	492.701	67,00	60,40	48,8	13,9	3,3
12. Galicia	521.973	867.773	668.598	80,87	81,44	66,2	28,1	6,4
13. Madrid	884.696	1.487.966	1.128.273	137,07	139,64	68,2	27,5	6,3
14. Murcia	518.655	850.785	647.724	80,36	79,84	64,0	24,9	5,7
15. Navarra	693.455	1.180.980	885.891	107,44	110,88	70,3	27,8	6,3
16. País Vasco	715.624	1.187.644	919.656	110,88	111,46	66,0	28,5	6,5
17. Rioja, La	692.473	1.126.594	870.900	107,29	105,73	62,7	25,8	5,9
18. Ceuta y Melilla	569.553	811.959	611.555	88,25	76,20	42,6	7,4	1,8
Total	645.415	1.065.572	813.979	100,00	100,00	65,1	26,1	6,0

Fuente: BBV.

regional. Se refleja en esa estimación que si bien Andalucía es aún la región demográfica más importante, y Madrid ha pasado a ser la más densa demográfica y económicamente, Cataluña es la primera en cuanto a renta global, con 1/5 del total nacional, seguida de Madrid y de Andalucía.

Un fenómeno decisivo es la composición del PIB regional, que nos da una idea de la estructura económica de cada región y de las grandes diferencias estructurales que median entre ellas. De ahí la importancia que de cara al futuro habrá de tener el Fondo de Compensación Interterritorial al que se refiere la Constitución y del que nos ocuparemos más adelante.

Por último, en el cuadro 17-3 se registra la evolución de la renta *per capita* entre 1983 y 1987.

2.1. Las diferentes formas del disfrute de la autonomía

En el Título VIII de la Constitución española de 1978 (artículos 137-158), se establece un nuevo Estado de autonomías, que «se organiza territorialmente en municipios, en provincias y en las Comunidades Autónomas que se constituyan», sin que las autonomías de esas distintas entidades puedan «implicar, en ningún caso, privilegios económicos o sociales» y con el propósito de un equilibrio económico que se vea facilitado con el principio de la solidaridad (arts. 137 y 138).

Por tanto, el Estado lo forman todos los citados entes políticos, debiendo existir entre ellos una serie de nexos que de un lado permitan el autogobierno en sus respectivos horizontes regionales, al tiempo que la solidaridad impida que se traduzca en mayores desigualdades. Por lo demás, en el artículo 139 se establece la condición básica de que ninguna medida pueda obstaculizar «directa o indirectamente la libertad de circulación y establecimiento» dentro del mercado español; lo cual es enteramente lógico, pues de otra manera se rompería el mercado común español.

Conforme a las previsiones constitucionales del Título VIII de nuestra ley de leyes, entre 1979 y 1982 se configuraron las 17 Comunidades Autónomas que se especifican en la figura 38 y en los cuadros 17-1, 17-2 y 17-3. La generalización de las autonomías al proceso restó la virulencia que sí se manifestó altamente con la Segunda República durante los años 30.

2.2. El contenido económico de la autonomía

En principio, en la Constitución, se dice que las Comunidades Autónomas *podrán* asumir una serie de competencias. Por ello, el campo que efectivamente abarquen depende de las que se asuman a través del correspondiente Estatuto, y siendo el mismo el techo autonómico para todas (del contenido del 143 al del 151 puede pasarse transcurridos cinco años), lo cierto es que habrá distintos niveles de autonomía según el Estatuto que se haya negociado.

En cualquier caso, y con carácter general, las competencias que pueda asumir una Comunidad Autónoma se detalan en el artículo 148, de donde textualmente recogemos las de carácter más estrictamente económico:

«3.º Ordenación del territorio, urbanismo y vivienda.

4.º Las obras públicas de interés de la Comunidad Autónoma en su propio territorio.

5.º Los ferrocarriles y carreteras cuyo itinerario se desarrolle íntegramente en el territorio de la Comunidad Autónoma y, en los mismos términos, el transporte desarrollado por estos medios o por cable.

6.º Los puertos de refugio, los puertos y aeropuertos deportivos y, en general, los que no desarrollen actividades comerciales.

7.º La agricultura y ganadería, de acuerdo con la ordenación general de la economía.

8.º   Los montes y aprovechamientos forestales.

9.º   La gestión en materia de protección del medio ambiente.

10.º   Los proyectos, construcción y explotación de los aprovechamientos hidráulicos, canales y regadíos de interés de la Comunidad Autónoma; las aguas minerales y termales.

11.º   La pesca en aguas interiores, el marisqueo y la acuicultura, la caza y la pesca fluvial.

12.º   Ferias interiores.

13.º   El fomento del desarrollo económico de la Comunidad Autónoma dentro de los objetivos marcados por la política económica nacional.

14.º   La artesanía.»

El área de competencias de las Comunidades Autónomas queda todavía mejor definida, desde el punto y hora en que el artículo 149 se delimita al campo de las actividades en que el Estado tiene *competencia exclusiva*.

En cuanto a los aspectos más estrictamente financieros, la Constitución establece las coordenadas de la autonomía en los artículos 156, 157 y 158. Los recursos de las Comunidades Autónomas estarán constituidos por:

a)   Impuestos cedidos total o parcialmente por el Estado; recargos sobre impuestos estatales y otras participaciones en los ingresos del Estado

b)   Sus propios impuestos, tasas y contribuciones especiales.

c)   Transferencias de un fondo de compensación interterritorial y otras asignaciones con cargo a los Presupuestos Generales del Estado

d)   Rendimientos procedentes de su patrimonio e ingresos de derecho privado.

e)   El producto de las operaciones de crédito

Las Comunidades Autónomas no podrán en ningún caso adoptar medidas tributarias sobre bienes situados fuera de su territorio o que supongan obstáculo para la libre circulación de mercancías o servicios.

Los impuestos cedidos, en todo o parte, y los recargos se fijan en cada Estatuto en función de los Servicios transferidos desde la Administración Central a la Comunidad Autónoma. En el caso del Estatuto Vasco, los impuestos cedidos son prácticamente todos; se exceptúan las aduanas, y los tradicionales monopolios fiscales (tabacos, petróleos y teléfonos). A cambio de ello, en el correspondiente concierto fiscal entre el Estado y cada una de las tres provincias vascas, se fijan las cantidades que anualmente deben entregarse a la Hacienda general del Estado. Concretamente, el régimen de concierto se detalla en el artículo 41 del Estatuto del País Vasco (Ley orgánica 3/1979, de 18 de diciembre).

En cuanto a Cataluña, los impuestos cedidos por el Estado a la Generalidad fueron el impuesto sobre el Patrimonio Neto, el de transmisiones patrimoniales, el de sucesiones y donaciones, y el de lujo cuando se recauda en destino. Análogamente se procedió en los demás Estatutos de autonomía.

En la Ley Orgánica de Financiación de las Comunidades Autónomas (LOFCA), Ley Orgánica 8/1980, de 22 de septiembre, en su artículo 11.2, se especifican los impuestos que en ningún caso podrán ser cedidos por el Estado:

a) Sobre la renta global de las personas físicas.
b) Sobre el beneficio de las sociedades.
c) Sobre la producción o las ventas, salvo lo dispuesto en el apartado anterior.
d) Sobre el tráfico exterior.
e) Los que actualmente se recaudan a través de monopolios fiscales.

El *Fondo de Compensación Interterritorial,* ya aludido en el artículo 158 de la Constitución, se desarrolló por la Ley Orgánica de Financiación de las Comunidades Autónomas, concretamente en su artículo 16. Conforme a esa ley, el Fondo de Compensación Interterritorial *se dotará anualmente* con una cantidad no inferior al 30 por 100 de la inversión pública que para cada ejercicio haya sido aprobada en los Presupuestos Generales del Estado.

El fondo se destina a gastos de inversión en los territorios comparativamente menos desarrollados y se distribuye de acuerdo con los siguientes criterios:

a) La inversa de la renta por habitante.
b) La tasa de población emigrada de los diez últimos años.
c) El porcentaje de desempleo sobre la población activa.
d) La superficie territorial.
e) Otros criterios que se estimen procedentes.

Capítulo 18

La adhesión de España
a la Comunidad Europea

1. La económica española ante la integración europea

Desde el estricto bilateralismo de los primeros años de la postguerra (1945-1947), hasta la adopción —en el invierno de 1962— de una política agrícola común, los seis países por entonces miembros de la CE, cubrieron un largo recorrido por la senda de la integración, en un lapso que históricamente puede considerarse bien corto. Durante la mayor parte de ese tiempo, España se mantuvo apartada del camino europeista.

La primera reacción oficial del Gobierno español ante la firma del Tratado de Roma (25 de marzo de 1957) apenas tardó cuatro meses en producirse. En julio de 1957 se creó la «Comisión Interministerial para el Estudio de las Comunidades Económica y Atómica Europea» (CICE). Según su reglamento, el objetivo esencial de la Comisión era «el estudio técnico de las posibles repercusiones en España del funcionamiento de las Comunidades Europeas creadas por los Tratados de Roma (CEE y Euratom) y las que se pudiesen derivar de la eventual creación de una zona de libre comercio».

Al parecer, los escasos frutos de esta Comisión deben ser atribuidos al escepticismo que su presidente manifestó desde un principio sobre la viabilidad de las Comunidades recién constituidas. La equivocación fue total, y de ahí la segunda reacción del Gobierno español. Como quiera que la marcha de la Comunidad Europea se reveló más dinámica de lo que inicialmente se previera, en diciembre de 1960 fue designado el primer embajador de España en la CE. Por esas fechas ya había quedado suficientemente claro que, en el marco de la OECE, era imposible alcanzar un acuerdo entre los Estados miembros de la Comunidad y los partidarios de la Zona de Libre Comercio para la formación de una gran área europea de libre comercio.

En febrero de 1962, cuando ya todo parecía indicar que las negociaciones Reino Unido-CE se desarrollaban satisfactoriamente, se adoptó la decisión; el día 14 de ese mes se dio curso a una carta del ministro español de Asuntos Exteriores, dirigida al presidente del Consejo de la CE. En nombre del Gobierno de Madrid, el señor Castiella solicitó la apertura de negociaciones al objeto de examinar la posible vinculación de España con la Comunidad.

A la carta española contestó la CE con un simple acuse de recibo, y en los meses siguientes de 1962 las negociaciones CE-Reino Unido tomaron un cariz muy poco favorable, hasta que en 1963 —por influencia directa de la Francia de De Gaulle— las conversaciones quedaron interrumpidas, prácticamente rotas por el veto francés. Esta situación indicaba claramente que no habría una inmediata reacción de la CE; los planteamientos de adhesión y asociación a la misma quedaron en suspenso. Así las cosas, la solicitud española no fue objeto de consideración por la CE entre febrero de 1962 y el mismo mes de 1964.

Ante la falta de una contestación precisa, tras dos años de silencio, el Gobierno español se decidió a escribir de nuevo al Consejo de la Comunidad. En su carta de 14 de febrero de 1964 recordó su solicitud anterior, pidiendo ahora la apertura de conversaciones exploratorias con la Comunidad para «proceder a un análisis objetivo de la naturaleza de las relaciones que podrían establecerse entre España y la Comunidad, a fin de facilitar la búsqueda de las soluciones apropiadas». El Gobierno de Madrid justificaba su petición señalando que el cumplimiento del plan de desarrollo propiciaba entablar conversaciones cuyo objeto consistiera en precisar «los compromisos que pudieran ser adoptados por una y otra parte, lo que permitiría... incluir tales compromisos dentro del plan».

El Consejo de la CE se tomó casi cuatro meses para responder a esta nueva carta del Gobierno español, pensando tal vez que ya no podía ser despachada con un simple y frío acuse de recibo, como se había hecho en 1962. Finalmente, el 6 de junio de 1964 el Consejo autorizó a la Comisión para entablar conversaciones, «cuyo objeto consistiría en examinar los problemas económicos que plantea a España el desarrollo de la Comunidad y en buscar las soluciones apropiadas».

Pasó el verano y caso todo el otoño, y sólo el 9 de diciembre de 1964 se celebró en Bruselas la primera entrevista entre las delegaciones de la Comisión y de España.

La última sesión de las conversaciones exploratorias se celebró el 19 de julio de 1966, y en el curso de ella la delegación de España «confirmó que su Gobierno deseaba un acercamiento progresivo de la economía española a la Comunitaria».

Tras la última sesión de las conversaciones exploratorias con España, la Comisión de la CE elaboró un informe sobre su contenido y sobre las posibles fórmulas que podrían definir las relaciones futuras entre España y la Comunidad. Este informe fue presentado al Consejo el 25 de noviembre de 1966, el cual lo remitió a su vez al Comité de Representantes Permanentes para su consideración. Tras una serie de exámenes y reexámenes, el Consejo aprobó finalmente (el 7 de julio de 1967) el proyecto de mandato a la Comisión. De las tres fórmulas propuestas como alternativas —asociación, acuerdo comercial, acuerdo preferencial—, el Consejo retuvo finalmente la tercera.

Ahorraremos al lector las numerosas incidencias que surgieron en el proceso de negociación. Lo cierto es que el 29 de junio de 1970, después de ocho años de intercambio de notas diplomáticas, conversaciones exploratorias y negociaciones, el ministro español de Asuntos Exteriores, Gregorio López Bravo, firmaba en Luxemburgo el Acuerdo Preferencial CE-España (del que en gran parte fue artífice Alberto Ullastres, embajador ante la CE desde julio de 1965), que entró en vigor el 1 de octubre de 1970.

2. El Acuerdo Preferencial CE-España de 1970

El Acuerdo Preferencial España-CE estableció un sistema general de preferencias de doble vía, con vistas «a la supresión progresiva de los obstáculos en lo esencial de los intercambios entre España y La Comunidad Económica Europea».

En lo esencial, la CE redujo a España su tarifa exterior común en un 60 por 100 en tres años, con diversas excepciones para los productos industriales. Para la agricultura, las concesiones en cítricos, hortalizas y vinos fueron reducidas. Por su parte, España redujo en un 25 por 100 su arancel de aduanas para una serie de productos e hizo mínimas concesiones agrícolas (en lácteos casi exclusivamente). El Tratado, pues, era limitado y claramente asimétrico en favor de España.

A pesar de las numerosas críticas que pudieran hacerse al acuerdo hispanocomunitario de 1970, lo cierto es que su aplicación permitió el juego de las elasticidades españolas de exportación. Como puede verse por el cuadro 18-1, la exportación española a la CE (1970-1972, de seis: desde 1973, de nueve, y tras 1981, de diez) fueron creciendo más rápidamente que las importaciones: hasta llegar a superar a estas últimas en 1983, lográndose un superávit, en 1984, de casi un 20 por 100.

El comercio global (importaciones más exportaciones) entre España y la CE pasó de 2,300 a 3,400 billones de pesetas, con un aumento real del 47,82 por 100 en el mismo decenio, lo cual no podemos por menos de calificar de espectacular.

No sería ocioso subrayar que en 1984, casi el 50 por 100 de las exportaciones españolas tuvieron como destino la CE, en tanto que el 33,43 por 100 de las importaciones procedió de la CE. Con la particularidad de que representando las compras energéticas españolas en el exterior un 37 por 100 de la importación total, si se detrae la energía a efectos de cálculo (no se importa casi nada de ella de la CE), el resultado sería que de la Comunidad procedió el 53,06 por 100 de nuestra importación no energética. Así pues, *alto grado de interpenetración* en ambas direcciones.

El cuadro 18 1 es bien expresivo también del progresivo aumento del *grado de cobertura,* de las importaciones por las exportaciones; de sólo el 55 por 100 en 1970 se llegó a casi el 120 por 100 en 1984.

Hemos preparado también el cuadro 18-2 con el detalle del comercio de España con la CE para tres momentos distintos: la Comunidad de Seis, de Nueve y de Diez; pudiendo apreciarse la importancia relativa del intercambio, y el saldo del mismo para con cada uno de los países miembros.

En resumen, puede decirse que el AP_{70} fue sumamente favorable para el intercambio hispano-comunitario, habiendo operado a fondo las elasticidades de exportación. Sin duda, no sólo por el impacto del Acuerdo, sino también por la profunda crisis de la demanda interna en España, que hizo buscar a las

CUADRO 18-1

Comercio de España con la CE, 1970-1984 (en miles de millones de pesetas)

Años	Importaciones			Exportaciones			1 peseta de cada año vale en pesetas de 1984	Intercambio en 10^9 pesetas constantes de 1984				Índice de cobertura (X/M ×100)
	A Total	B CE	% B/A	A Total	B CE	% B/A		Importaciones (M)	Índice 1970 = 100	Exportaciones (X)	Índice 1970 = 100	
1970	332	109	32,94	167	60	36,11	6,778	739	100	407	100	55,07
1971	347	113	32,70	205	76	37,14	6,256	713	96	475	117	66,61
1972	437	146	33,40	245	89	35,47	5,781	844	114	520	128	61,61
1973	561	240	42,92	302	144	47,85	5,191	1.251	168	753	185	60,19
1974	888	319	35,96	407	193	47,43	4,483	1.435	194	865	213	64,07
1975	931	323	34,70	491	196	40,09	3,835	1.239	168	755	186	60,93
1976	1.169	387	33,13	583	270	46,39	3,260	1.261	171	883	217	70,02
1977	1.350	464	34,15	775	358	46,28	2,619	1.215	164	940	231	77,36
1978	1.431	495	34,64	1.001	463	46,30	2,187	1.085	147	1.015	249	93,54
1979	1.704	612	35,93	1.221	586	47,98	1,890	1.157	157	1.107	272	95,67
1980	2.450	752	30,70	1.493	731	48,98	1,636	1.230	166	1.196	294	97,23
1981	2.975	864	29,04	1.889	812	42,99	1,427	1.233	167	1.159	285	93,99
1982	3.474	1.088	31,31	2.233	1.022	45,78	1,248	1.358	184	1.277	314	94,03
1983	4.177	1.348	32,29	2.846	1.366	48,00	1,113	1.501	203	1.520	373	101,26
1984	4.628	1.547	33,43	3.778	1.853	49,05	1,000	1.547	209	1.853	455	119,78

Fuente: Dirección General de Aduanas y elaboración propia, con los valores adquisitivos de la peseta del Informe Económico 1984 del Banco de Bilbao, 1983, pág. 392.

Cuadro 18-2
Comercio de España con la CE de los Seis, Nueve y Diez

1970 Europa de los Seis	Importaciones		Exportaciones	
	Millones de pesetas	%	Millones de pesetas	%
Alemania Federal........	41.930	38,35	19.716	32,67
Bélgica-Luxemburgo.....	7.724	7,07	3.596	5,95
Francia.................	33.154	30,32	17.281	28,64
Holanda................	9.240	8,45	8.759	14,52
Italia..................	17.298	15,81	10.984	18,22
Total Europa Seis.....	109.347	100,00	60.324	100,00

1973 Europa de los Nueve	Importaciones		Exportaciones	
	Millones de pesetas	%	Millones de pesetas	%
Alemania Federal........	76.565	31,79	35.586	24,58
Bélgica-Luxemburgo.....	13.439	5,57	7.927	5,47
Dinamarca.............	3.912	1,62	2.810	1,94
Francia.................	57.660	23,93	38.711	26,74
Holanda................	18.158	7,53	18.468	12,76
Irlanda.................	1.748	0,72	904	0,62
Italia..................	33.832	14,03	16.088	11,10
Reino Unido............	35.769	14,81	24.235	16,79
Total Europa Nueve..	240.993	100,00	144.819	100,00

1970 Europa de los Diez	Importaciones		Exportaciones	
	Millones de pesetas	%	Millones de pesetas	%
Alemania Federal........	458.737	29,64	361.796	19,52
Bélgica-Luxemburgo.....	67.596	4,37	96.171	5,19
Dinamarca.............	22.721	1,47	24.637	1,33
Francia.................	398.049	25,72	566.574	30,57
Grecia.................	9.900	0,64	22.294	1,20
Holanda................	92.959	6,01	198.304	10,70
Irlanda.................	21.169	1,37	14.841	0,80
Italia..................	195.322	12,62	225.641	12,18
Reino Unido............	281.083	18,16	343.042	18,51
Total Europa Diez....	1.547.536	100,00	1.853.300	100,00

Fuente: EUROSTAT y elaboración propia.

empresas una salida al exterior, cada vez más importante para el desarrollo de sus actividades, que de otro

modo se habrían visto aún más golpeadas por la depresión.

3. El Tratado de Adhesión de España a las Comunidades Europeas

La nueva negociación España-CE se abrió simbólicamente el 28 de julio de 1977. La joven democracia
española solicitó la adhesión a la Comunidad y,
superadas ya las dificultades políticas que se daban
bajo el franquismo, no hubo sino parabienes. Parecía
como si la entrada fuera a producirse rápidamente. Se
habló del 83 e incluso, del 82, como el año para iniciar
la adhesión.

Sin embargo, las dificultades económicas surgidas
en la negociación resultaron superiores a todo lo ima-
ginable. De hecho, así se apreció ya en el propio dictamen (*avis*) que la Comisión presentó al Consejo de
Ministros de la Comunidad en octubre de 1978, que
sirvió de base para una larga deliberación entre los
Estados miembros.

Las negociaciones se abrieron oficialmente el 5 de
febrero de 1979, y penosamente se estableció el procedimiento de negociación entre la delegación española y la compuesta por los nueve países comunitarios, y
por los diez desde 1981, tras el ingreso de Grecia.
Tratándose de adhesión, la Comisión Europea no tenía
otro papel que el de coordinadora, siendo los Estados
los verdaderos interlocutores.

Los problemas de la agricultura, de la pesca, de los
movimientos de trabajadores, se revelaron los más di-
ficultosos. Y todo se complicó cuando en las postri-
merías de su mandato, en 1980, el presidente francés
Giscard d'Estaing no vaciló en paralizar las negociaciones con España. Con ello se perdería casi un año,
hasta que el triunfo del socialista Mitterrand, en mayo
de 1981, desbloqueó, lento y por fases, un proceso
frente al cual Francia fue mostrando mil y una reticen-

cias, atizadas desde la extrema derecha y desde el PCF.

Pero aparte de los recelos franceses y no franceses, la realidad es que para hacer viable el ingreso de España —Portugal, por su mucha menor talla económica no planteó problemas especiales—, la Comunidad hubo de revisar su política agrícola, en materias tan complejas como hortofrutícolas, vinos y aceites vegetales. En cuanto a la pesca, hubo de negociarse largamente, sentar las bases de la «Europa azul», lo cual no sucedió sino en marzo de 1983. Los meses y los años iban pasando.

Por lo demás, estaban los problemas más arduos, derivados de la agricultura, por el coste creciente de la partida FEOGA en los presupuestos comunitarios. Eran necesarias nuevas orientaciones en la política de precios. Y había que resolver de una vez el tema de la financiación, no sólo para los fines generales de la CE, sino también para afrontar la propia ampliación a los dos países ibéricos.

La Comunidad entera se debatía en una crisis profunda de insolidaridad y pequeñas miserias. Sólo en junio de 1983, cuando el Consejo Europeo, reunido en esa ocasión en Stuttgart, estableció las bases de la futura financiación comunitaria, empezó a verse algo de luz al final del túnel. En esa sesión memorable, las nuevas aportaciones presupuestarias se ligaron a la propia ampliación a España y Portugal: con esta decisión se superó uno de los obstáculos principales que quedaban para el progreso final de las inacabables negociaciones.

A partir de Stuttgart, la negociación, con los inevitables altibajos, prosiguió ya con cierto ímpetu. En la idea de dar la entrada a España y Portugal el 1 de enero de 1986. En España esa fecha fue retenida como algo fundamental por el partido del Gobierno, el PSOE, y por el propio Gobierno. Sencillamente, como pieza clave de su estrategia electoral, de cara a las elecciones generales de 1986, esperando presentar el ingreso en el Mercado Común como el más importante

éxito político. Tal actitud permitió limar las diferencias
—a la baja y en disfavor para España— y, finalmente,
el 12 de junio de 1985, el Tratado de Adhesión se
firmaba con toda solemnidad, en la mañana en Lisboa
y en la tarde en Madrid.

A continuación estudiamos el Acta de Adhesión al
Tratado, donde se contiene toda la articulación prevista para la integración. Para mayor aclaración o actualización, remito al lector a mi libro *La Unión Europea,*
también editado por Alianza Editorial.

4. El marco general

Abarca esta sección todo lo relativo a la presencia
de España en las instituciones comunitarias, así como
las especificaciones concretas sobre las dos Comunidades Europeas que menos se menciona. Me refiero,
naturalmente, al Euratom y a la CECA, dos piezas de
la senda inicial de la integración europea de carácter
sectorial, sobre las áreas nuclear y siderúrgica, respectivamente.

4.1. Instituciones

La representación española en los órganos institucionales de la Comunidad queda a un nivel intermedio,
más cercano a los «Estados grandes» que de los pequeños. En la Comisión hay dos comisarios españoles,
igual que Francia, Alemania, Italia y Reino Unido. En
el Parlamento, España cuenta con 60 escaños (81 los
«grandes») sobre un total de 518. En el Consejo de
Ministros dispone de ocho votos (10 cada uno de los
grandes), pasando la mayoría cualificada a ser de 54
votos sobre 76. En el Tribunal de Justicia tiene, como
todos los demás Estados miembros, un magistrado. Y
dispone con 21 representantes en el Comité Económico y Social (24 para los «grandes») y con uno de los

seis vicepresidentes del Banco Europeo de Inversiones.

4.2. Euratom

España ingresó simultáneamente en la CEE, la CE-CA y el Euratom, o Comunidad Europea de la Energía Atómica. Dentro de esa última, España cumplió con el conjunto de la normativa comunitaria sobre energía atómica desde el mismo momento de la integración, es decir, desde el 1 de enero de 1986 (control de seguridad) y dispuso desde el primer día de los beneficios y ayudas comunitarias, e intercambió información con los demás Estados miembros.

Por otra parte, España no necesitó firmar el Tratado de No Proliferación Nuclear, que fue uno de los escollos de la negociación, en cierto modo por la pretensión de la Marina de guerra española de disponer de submarinos nucleares, una posición ampliamente criticada en España por todos los partidarios de la neutralidad, de los salida de la OTAN y del control de los gastos militares.

4.3. CECA

España dispuso de un período de tres años, a partir de la adhesión, para completar su reconversión industrial en la siderurgia con ayudas estatales, pudiendo la Comisión —que en estas materia tiene amplias facultades— aprobar medidas suplementarias a las del Gobierno español a partir del segundo año.

La capacidad española de producción de laminados en caliente quedó garantizada, al final de los tres años, en 18 millones de toneladas, muy por encima de los 13,5 millones de producción efectiva en 1984. Durante el mismo período de tres años, las exportaciones españolas al resto de la Comunidad quedaron sujetas a una cuota de 827.000 toneladas anuales.

En cuanto a las compras de chatarra comunitaria

por el mercado español, que es sumamente ávido de este producto, durante los tres primeros años Irlanda, Italia y Dinamarca pudieron contingentar sus exportaciones.

5. Libre circulación de mercancías

Agrupamos en esta sección las cuestiones relativas al movimiento sin barreras de toda clase de productos, vía desarme arancelario, y la aproximación al arancel común, así como la exigencia para España de asumir todo el amplio acervo de las relaciones exteriores de la CE en lo relativo a comercio exterior: es decir, los numerosos tratados suscritos por la Comunidad, que implican todo un complejo cuadro de relaciones, prácticamente con todo el mundo, que han sido reconocidos como propios por España.

Dentro de esta sección veremos, asimismo, las particularidades que la nueva relación supone para España en su aplicación a áreas geográficas concretas de su territorio: Canarias, Ceuta y Melilla, que desde largo tiempo atrás disfrutan de regímenes especiales de comercio, que de cara a la Comunidad se aspira a salvaguardar en lo posible.

Por su gran importancia, dentro de la configuración de la CE, y aunque en sentido general sea una parte de la libre circulación de mercancías, dedicamos a la Agricultura una sección especial. Y de forma análoga procedemos con la pesca.

5.1. Unión Aduanera

El desarme arancelario industrial se realizó gradualmente a lo largo de un período transitorio de siete años, con ocho reducciones, todas el 1 de enero, menos la primera (1-III-1986), conforme al siguiente esquema (que ya vimos con mayor detalle en el capítulo

5, pero que aquí reproducimos para tener en un solo capítulo la síntesis sobre el futuro de España en la Comunidad):

Años	% de reducción	% acumulado	% residual
1986	10,0	10,1	90,0
1987...................	12,5	22,5	77,5
1988...................	15,0	37,5	62,5
1989...................	15,0	52,5	47,5
1990...................	12,5	65,0	35,0
1991...................	12,5	77,5	22,5
1992...................	12,5	90,0	10,0
1993..................	10,0	100,0	0,0

En contra de lo que fueron las pretensiones iniciales de los países de la CE, no se previeron «descrestes». Es decir, no hubo desarmes acelerados para los productos sometidos a los tipos de derechos más altos en el arancel español. Sólo los automóviles comunitarios, se vieron sujetos a contingentes anuales, con un arancel especial del 17,4 por 100 durante los tres primeros años; las cifras de los contingentes (de 32.000 vehículos en 1986, 36.000 en 1987 y 40.000 en 1988), no llegaron ni siquiera, en 1987, al 5 por 100 de la producción española.

En cuanto a la Tarifa Exterior Común (TEC) de la CE, España la adoptó desde el primer momento para aquellas posiciones de su arancel en que la diferencia con las comunitarias sean, en más o menos, menores del 15 por 100. El resto quedó sometido a un sistema de aproximación gradual, con reducciones en las diferencias, idénticas, en fechas y cantidades similares a las ya vistas para el desarme arancelario.

La liberalización comercial no fue total de forma inmediata. De uno y otro lado se fijaron contingentes para varias categorías de productos textiles, fundamentalmente, a base de algodón. Por otra parte, hubo un período transitorio de dos años para adaptar la reglamentación española a la comunitaria en materia de tráfico de perfeccionamiento (desgravación fiscal, importación temporal, *drae back,* etc.).

5.2. Relaciones exteriores

La liberalización del comercio frente a terceros países por parte de España tampoco fue inmediata. Se previeron varias listas de productos concretos procedentes de países del GATT, del Este europeo con comercio de Estado y de Japón, que significaron restricciones cuantitativas concretas durante seis años. También se fijaron contingentes de importación por parte española para los productos procedentes del área mediterránea, países y territorios de Ultramar y beneficiarios del sistema de preferencias generalizadas.

España se integró desde la adhesión en los acuerdos especiales suscritos por la Comunidad con los miembros de la Asociación Europea Libre de Comercio (EFTA: Islandia, Noruega, Suecia, Finlandia, Suiza y Austria), el Mogreb (Marruecos, Argelía y Túnez), el Machrek (Egipto, Siria, Líbano y Jordania), China Popular, Yugoslavia, Rumania, Israel, etc. Asimismo asumió los mismos compromisos que los demás Estados miembros respecto de los países ACP (Africa, Caribe, Pacífico) vinculados a las Comunidades por la Convención de Lomé III).

5.3. Canarias, Ceuta y Melilla

Hay libre circulación de mercancías entre el territorio de la Comunidad ampliada y Ceuta y Melilla. Estas dos ciudades españolas en la consta norteafricana no aplican el arancel común, ni el IVA, ni la PAC.

En cuanto a Canarias, tampoco se aplicó hasta 1991 en el archipiélago la Unión Aduanera, ni el IVA, si bien la aportación se calculaba en el conjunto de la contribución financiera de España a la Comunidad.

Tampoco la Política Agrícola Común (PAC) y la Política Pesquera Común (PPC) fueron de aplicación en las islas, pero sí las ayudas estructurales y, en el caso de la pesca, las medidas para la protección de recursos. Por otra parte, y siempre que no se considerara discriminatoria, se podrá mantener una protección a la importación en Canarias para permitir el desarrollo de la industria insular, como hasta ahora venía haciéndose.

La exportación de productos agrícolas canarios quedó libre hacia el territorio comunitario, en el marco de unos límites definidos por el nivel medio de lo exportado en 1983, 1984 y 1985, límites que podrían haberse alterado en el futuro en función de determinados criterios.

Se mantuvo la reserva del mercado nacional español para el plátano canario. Y se estableció un contingente para el tabaco elaborado, libre de los derechos arancelarios de la CE, que se cuantificará con base en las corrientes tradicionales (media de los tres años mejores de los cinco últimos), a fin de permitir que se mantuviesen las tradicionales exportaciones tabaqueras canarias, que hasta 1985 se hacían casi exclusivamente a la Península.

Un elemento de flexibilidad, para el régimen especial de Canarias, consistió en que el Consejo de Ministros de la Comunidad quedó con capacidad para aceptar su modificación sin necesidad de modificar el Tratado de Adhesión. Y así se hizo efectivamente en 1991, por decisión tomada en el Parlamento de Canarias; de modo que el archipiélago —con algunas particularidades— se integró en la Unión Aduanera, la PAC, la PPC, y se estableció un sistema IVA de coste comunitario. En 1992 se renovó la reserva del mercado de la Península y Baleares para el plátano canario, y en 1993 se creó la OCM (véase pág. 124).

6. Agricultura

Se distinguieron dos grandes sectores para la integración de España en el Mercado Común Agrícola: la

transición clásica y la específica. La clásica consistía en
la gradual aplicación de los reglamentos de la PAC,
con una aproximación paulatina, a los largo de siete
años, de los precios españoles a los comunitarios, paralelamente al desarme arancelario. Durante esos siete
años funcionaron los llamados montantes compensatorios, fijados para *compensar* las diferencias de precios
de cada momento, y que lógicamente desaparecerán al
final del período transitorio. En el capítulo 3 ya vimos
el detalle de la aproximación de los precios agrícolas.

Lo principal del intercambio agrícola España-CE
quedó sometido al llamado *régimen de transición específica,* que se aplicó a frutos y hortalizas, vinos y aceites, en forma que seguidamente veremos. También hubo particularidades que examinaremos, asimismo, para
los denominados productos continentales.

6.1.   Frutas y verduras frescas

Para el sector hortofrutícola, el período de desarme
arancelario se fijó en diez años, con once descuentos
porcentuales. El primero de ellos (10 por 100) a los
dos meses de la adhesión y, el resto, el 1 de enero de
cada año: un 10 por 100 al final del primero, segundo
y tercer años; un 25 por 100 al cuarto, un 15 por 100
al quinto y un 4 por 100 los cinco años restantes.

Las mayores reducciones se produjeron, pues, en los
años cuarto y quinto, de modo que, transcurrido el
cuarto año, las frutas y hortalizas españolas se coloca-
ron al nivel de la preferencia comunitaria a Marruecos,
en 1985, el tercer país con un régimen preferencial
más favorecido arancelariamente.

A lo largo de la segunda fase (quinto al décimo año)
se creó el llamado Mecanismo Complementario de
Intervención (MCI), para concertar una serie de actuaciones y vigilar la marcha de los intercambios. Ese
régimen funcionó hasta 1992, pero en el marco del
proyectado Mercado Interior Único, la integración

quedó prácticamente perfeccionada desde el 1 de enero de 1993.

Para compensar la entrada de España en el Mercado Común funcionan los Programas Integrados Mediterráneos de ayudas a los agricultores, para mejorar su capacidad de competir en todo el Mediterráneo comunitario. Por su parte, Israel y todo el Mogreb solicitaron la franquicia de sus exportaciones agrícolas, para no quedar en peor situación que España.

6.2. Vino

En aplicación del acuerdo a que la CE llegó en Dublín en 1984, la cuota máxima de vino español de mesa con derecho a precio garantizado fue de 27,5 millones de hectolitros, lo que significó que por encima del 85 por 100 de esta cuota los caldos deberían ser destilados para alcohol, a fin de retirarlos del mercado. Ello sitúa el nivel de destilación obligatoria a partir de 23,375 millones de hectolitros anuales de vino de mesa, un rasero generalmente estimado como gravemente penalizador para el viñedo español.

La denominación de «Jerez», «Xeres» y «Sherry» quedó reconocida por la Comunidad. Sin embargo, en una ambigüedad calculada, no se suprimieron las denominaciones de *British Sherry* e *Irish Sherry* para las bebidas comercializadas en el Reino Unido y en Irlanda; tema sobre el que el Gobierno español se reservó la posibilidad de negociar con posterioridad con los Gobiernos de ambos países.

6.3. Aceite de oliva

En cuanto al aceite de oliva, se fijó una senda de aproximación anual del 5 por 100 entre los respectivos precios de intervención español y comunitario, sin que se aplicaran inicialmente a España las ayudas que al sector dispensaba el reglamento comunitario sobre grasas vegetales, que ha de ser revisado. Fue éste el caso más claro de *firma en blanco* por parte de España, un tema que se ajustó en 1991.

En lo que respecta a la comercialización de semillas, grasas y aceites de semillas, pudo mantenerse durante los cinco primeros años el sistema español para luego adoptar el general de la CE.

6.4. Productos continentales

Para los productores de este tipo, admitidos como sensibles para España, se acordaron unos contingentes máximos de importaciones desde la Comunidad para los primeros cuatro años, fijándose cantidades base para el primer año (1986) a los niveles siguientes:

— Leche fresca: 160.000 toneladas (10'12 y 15 por 100 anual).
— Mantequilla: 1.000 toneladas (15 por 100 anual).
— Carne bovina: 20.000 toneladas (10'12 y 15 por 100).
— Quesos: 14.000 toneladas (15 por 100).
— Trigo blando panificable: 175.000 toneladas (15 por 100).

Por otra parte, se estableció un cupo de producción para España de un millón de toneladas de azúcar y 83.000 de isoglucosa, así como un cupo de producción garantizada de tomate en los primeros cuatro años, por un total a lo equivalente a 667.000 toneladas.

7. Pesca

España quedó integrada en la Política Pesquera Común (PPC). Consecuentemente, el sistema de licencias fue suprimido. En el período transitorio, fijado en diez años, España tuvo derecho a un cantidad de pesca de merluza equivalente al 30 por 100 del Total Autorizado de Capturas (TAC) de este pescado, con un suplemento máximo de 4.500 toneladas, lo cual significó una cantidad anual inicial de 18.000 toneladas, revisables a los tres años, en función de la evolución de la especie en las zonas acordadas. Se han establecido igualmente cuotas para el gallo, rape, cigala, abadejo, bacaladilla y jurel.

Durante el período transitorio pueden faenar en aguas comunitarias 300 barcos españoles, de los que podrán hacerlo simultáneamente un total de 150. A partir del 31 de diciembre de 1995, fecha prevista para la remodelación de la PPC, los barcos españoles podrán tener acceso al célebre «box» irlandés (las aguas al sur de la isla, en torno a Bantry Bay).

En las pesquerías de la costa francesa, fuera de las doce millas, se tomaron medidas especiales para la sardina y la anchoa, especies sensibles para ambas partes. Se mantuvieron las condiciones actuales de pesca dentro de las doce millas francesas hasta la punta sur de la isla de Ré (a la altura del puerto de La Rochelle).

No se pactó ningún objetivo de reconversión para la flota pesquera española, pero se previó que la renovación de la flota se haría en la razón de dos a uno; es decir, que cuando se da de baja un buque, sólo cabe reponer el 50 por 100 de su tonelaje, salvo si se producen aumentos de la capacidad de los actuales Estados miembros.

Por lo demás, España perdió su soberanía para la negociación de convenios pesqueros, subrogándose la Comunidad en los vigentes en 1985. Y se fijó un período transitorio de seis años para poner fin a las empresas mixtas pesqueras de España con otros países comunitarios.

8. Libre circulación de factores

La Comunidad Europea es un vasto proyecto que no se limita a la Unión Aduanera y que está en curso

de transformarse en una verdadera unión económica.
Ello exige la libre circulación de los factores de producción: capital y trabajo, y de las distintas formas de asociación de ambos (servicios diversos).

8.1. Movimiento de capitales

La normativa comunitaria en el momento de la adhesión (total liberalización) fue de aplicación en los siguientes términos:
— Pagos corrientes: desde la adhesión.
— Transacciones invisibles: desde la adhesión.
— Inversión de cartera: la adquisición por residentes españoles de títulos extranjeros negociados en Bolsa, exceptuando los ya liberados, se liberalizó en tres años.
— Inversiones mobiliarias: las inversiones directas de residentes en España en valores de empresas de los actuales Estados miembros, se liberalizaron en tres años.
— Inversiones inmobiliarias: las realizadas por los residentes en España en los Estados miembros, se liberalizaron en cinco años.
Ya vimos en el capítulo 10, que el 1 de febrero de 1992 entró en vigor en España la libre circulación de capitales.

8.2. Circulación de trabajadores

En los diez Estados miembros de la CE vivían en 1985 unos 240.000 trabajadores procedentes de España, con 366.000 familiares a su cargo directo (cónyuges e hijos); es decir, un total aproximado de 606.000 ciudadanos españoles. De los trabajadores había unos 25.000 en paro, que desde la adhesión tuvieron derecho al mismo trato que los demás trabajadores comunitarios en lo referente a materias sociolaborales, fiscales, sindicales, de acceso a la vivienda, transportes y escolarización de los hijos.

Los emigrantes hispanos ya instalados en un país de la Comunidad que tenían miembros de su familia residiendo en España, comenzaron a percibir las prestaciones familiares del país de empleo tras un período de tres años.

En cuanto a la libertad de circulación, se estableció un período transitorio de siete años (excepto en el caso de Luxemburgo, donde se fijó en diez años) con cláusula de posible revisión a los cinco. Esta cláusula penalizadora se atribuyó al temor que originaba el elevado volumen de paro existente en España.

En lo que respecta al acceso al empleo por parte de los familiares de los trabajadores ya residentes en la CE, se les exigió tres años de residencia durante los tres primeros años, y dieciocho meses en el cuarto y el quinto; a partir del sexto año desde la adhesión no se exigió ningún tiempo de residencia previa.

8.3. Transportes

Se estableció el plazo de un año para la aplicación de las normas comunitarias en los servicios públicos.

La instalación de tacógrafo se hizo obligatoria desde la adhesión para todos los vehículos de transporte de viajeros y mercancías de nueva matriculación, y en los destinados a transporte de materias peligrosas y de transporte internacional.

Para los vehículos de transporte nacional de viajeros y mercancías se establecieron períodos de tres y cuatro años, respectivamente, para la instalación de este mecanismo de control y seguridad que registra gráficamente las horas de conducción, paradas, etc.

8.4. Libertad de establecimiento y prestación de servicios

Las inversiones directas quedaron liberalizadas desde el principio. En cambio, para la Banca se fijó un período transitorio de siete años en cuanto a la

concesión de autorizaciones de libre instalación de
Bancos del resto de los países comunitarios en España.
Durante ese plazo persistieron las limitaciones al régimen de creación de sucursales o filiales, captación de
pasivo, etc. Sin embargo, a los establecimientos de
crédito de países comunitarios que ya habían recibido
la autorización, se les permitió crear una sucursal a
partir del quinto año, dos tras el sexto y dos más a
partir del séptimo año.

En lo que concierne a seguros y coaseguros, se fijó
un período de seis años para eliminar el porcentaje del
contrato que pueden reservarse los aseguradores establecidos en España. Ese derecho de reserva se vio
gradualmente reducido al 75 por 100 a partir del cuarto año, al 40 por 100 desde el quinto, al 20 por 100
en el sexto, liberalizándose enteramente el sector al
final del séptimo año.

Todas las normas de aplicación con relación a las
profesiones liberales se adoptaron desde la adhesión.
La única excepción se refirió a los «practiciens de l'art
dentaire», para la que se concedió un plazo de adaptación de cinco años, por no existir la referida especialidad en España, hasta 1985, cuando fue creada en
previsión del proceso integratorio.

9. Fiscalidad y cuestiones presupuestarias y monetarias

Una parte importante de la formación de la unión
económica de las Comunidades Europeas radicó en los
temas que figuran en el epígrafe. Como no era por
menos de esperar, tuvieron su incidencia en el Tratado
de Adhesión.

En fiscalidad, en principio, no se trató sino de una
cierta armonización de la imposición indirecta, empezando por la implantación del IVA. En cuanto a las
cuestiones presupuestarias, de lo que se trató fue de
fijar criterios para las futuras aportaciones de España

al presupuesto comunitario. Por último, en el segmento monetario se establecieron algunas previsiones sobre la presencia de España en el Sistema Monetario Europeo (SME).

9.1. Fiscalidad

España aplicó el IVA a partir del 1 de enero de 1986, al iniciarse la adhesión. Con tres tipos: uno medio del 12 por 100 (15 por 100 desde 1992); uno incrementado del 33 por 100 (para los artículos considerados como de lujo), y uno reducido, del 6 por 100, para los bienes de primera necesidad. Para los minoristas que no excediesen de una cierta facturación anual, funciona la denominada «tasa de equivalencias», que facilita la recaudación del impuesto.

9.2. Aportaciones presupuestarias

En principio se aceptó el criterio de que durante el período transitorio básico de siete años, la contribución neta de España al presupuesto comunitario fuese nula. A tal fin, España recibió un reembolso de su contribución a las arcas comunitarias por la aplicación del IVA. Los porcentajes de esa devolución fueron los siguientes (en tanto por ciento del importe teórico a transferir):

— Primer año: 87.
— Segundo año: 70.
— Tercer año: 55.
— Cuarto año: 40.
— Quinto año: 25.
— Sexto año: 5.

Al final del período transitorio, España siguió siendo receptora neta de fondos comunitarios, por su *status* de país con renta media bastante inferior al promedio de la Comunidad de los Diez.

La aportación española al FED (Fondo Europeo de Desarrollo) quedó fijada en 499'6 millones de ECUs (unos 60.000 millones de pesetas). El FED financia proyectos en los ACP, que son los países menos desarrollados que reciben ayudas financieras comunitarias conforme a la Convención de Lomé III. Asimismo, se contempla la posibilidad de la formulación de un plan de cooperación con América Latina.

Se financió también la participación de España en el Banco Europeo de Inversiones con 1.100 millones de ECUs.

9.3. Cuestiones monetarias

Con respecto al SME, se dijo que España determinaría libremente el momento de su adscripción al mismo. La inclusión de la peseta en el ECU podría realizarse en el primer reajuste que se realice de la «cesta» de monedas que lo componen. Así se hizo en junio de 1989 al ingresar España en el SME.

Desde la adhesión, España participó en los mecanismos de apoyo financiero a medio plazo, con una cuota de 1.295 millones de ECUs. En lo que se refiere al mecanismo de sostenimiento monetario a corto plazo, las cuotas de España se fijó en 725 millones de ECUs como debitora, y en 1.450 millones como acreedora.

10. Política regional

Desde la adhesión, España aplicó en su integridad la normativa comunitaria sobre política regional, beneficiándose de las ayudas del Fondo Europeo de Desarrollo Regional (FEDER).

Antes de que se produjese la entrada efectiva de España en la Comunidad, ésta realizó las transformaciones necesarias en el reglamento del Fondo, especialmente a los efectos de la fijación de la cuota española de participación en sus recursos.

11. Cuestiones legales varias

Veremos en este caso algunos temas residuales de cierta importancia. Concretamente, lo relativo al derecho de patentes —algo decisivo en cualquier sociedad industrial avanzada—, y toda una serie de aspectos de la armonización de legislaciones.

11.1. Patentes

El sistema español de patente de procedimiento hubo de sustituirse por la adopción del de patente de producto, de conformidad con el Convenio de Munich, al que España se adhirió.

Seis años más tarde, el 7 de octubre de 1992 —se dijo—, el sistema español habría de adecuarse a lo establecido en el Convenio de Luxemburgo, lo que equivalió a establecer la «inversión de la carga de la prueba», de modo que será el denunciado por usurpación o plagio quien deberá demostrar la no utilización del procedimiento patentado; en lugar de ser al revés, como era lo legal en España hasta 1986.

Sin embargo, la inversión de la carga de la prueba no podrá invocarse para las patentes existentes hasta la fecha de su caducidad. Pero sí podrá invocarse desde el inicio del procedimiento para las patentes nuevas a partir de la adhesión.

11.2. Armonización de legislaciones

Todas las directivas comunitarias pasaron a ser de aplicación desde la adhesión. Con las siguientes excepciones:

— Plomo en las gasolinas: Respecto del valor límite de 0,4 g/l para la gasolina normal, desde la adhesión. Para las clases super y extra se pudieron mantener los límites vigentes (0,60 g/l y 0,65 gramos/litro, respectivamente) hasta el 1 de enero de 1987.

— Cacao y chocolate para alimentación humana. Se abrió un plazo de dos años, durante los cuales pudieron continuar a la venta las vigentes composiciones. Se examinaró la correspondiente directiva para incluir las denominaciones españolas.

— Leches deshidratadas parcial o totalmente, Se mantuvo la expresión «leche concentrada»; la traducción como «leche evaporada», y la de «lait concentré sucré», como «lecha condensada». Las autoridades españolas se comprometieron a regular el etiquetado de estos productos de forma multilingüe.

12. La aplicación del Tratado

Lógicamente, la incidencia de la adhesión de España a las Comunidades Europeas exigió reforzar la coordinación interministerial de la Administración del Estado.

Con base en ello, y previa deliberación del Consejo de Ministros en su reunión del día 2 de septiembre de 1985, se promulgó el Real Decreto 1567/1985, de 2 de septiembre, por el que se creó la Comisión Interministerial para Asuntos Económicos relacionados con las Comunidades Europeas.

La Comisión tiene las siguientes funciones:

a) Coordinar la actuación de la Administración del Estado en materias económicas relacionadas con las Comunidades Europeas.

b) Ser informada en las decisiones que adopten o hayan adoptado los Ministerios en temas de su exclusiva competencia relacionados con las Comunidades Europeas.

c) Examinar y resolver, en su caso, los asuntos que, afectando a más de un Departamento, no requieran ser elevados a decisión de la Comisión Delegada del Gobierno para Asuntos Económicos.

d) Elevar, a través de su presidente, a la Comisión Delegada para Asuntos Económicos aquellos temas que por su trascendencia lo requieran, o cuando así lo solicite cualquier miembro de la Comisión Interministerial.

La Comisión la forman los siguientes miembros:

a) Presidente: Secretario de Estado para las Comunidades Europeas.

b) Vicepresidente primero: Secretario de la Comisión Delegada del Gobierno para Asuntos Económicos. Vicepresidente segundo: Secretario general para las Comunidades Europeas.

c) Vocales:
— Director del Gabinete de la Presidencia del Gobierno.
— Secretario general de Hacienda.
— Subsecretario de Agricultura, Pesca y Alimentación.
— Secretario general de Comercio.
— Subsecretario de Industria, Comercio y Turismo.
— Subsecretario de Trabajo y Seguridad Social.
— Secretario general de Pesca.

d) Secretario: Director general de Coordinación Técnica Comunitaria.

Cuando se traten de asuntos que afecten a otros Ministerios distintos de los representados en la Comisión, serán convocados el Subsecretario del Departamento o el Secretario general correspondientes. Por otro lado, el Presidente de la Comisión podrá convocar a otros altos cargos de la Administración cuando puedan prestar una contribución singular al asunto de que se trate. Los Vicepresidentes, salvo cuando sustituyan al Presidente, y los vocales, podrán delegar en otros representantes de su Departamento con rango mínimo de Director General.

Por otra parte, por Real Decreto 1568/1985, de 2 de septiembre, se modificó la composición de la Comisión Delegada del Gobierno para Asuntos Económicos, de modo que de ella formen parte el ministro de Asuntos Exteriores y el Secretario de Estado para las Comunidades Europeas, cuando haya de tratar temas relacionados con las Comunidades Europeas. Además, el Secretario de Estado para las Comunidades Europeas informará a la Comisión Delegada del Gobierno para Asuntos Económicos de las actuaciones desarrolladas por la Comisión Interministerial creada por el Real Decreto 1567/1985.

13. El Acta Unica Europea y el Tratado de Maastricht

Tras su ingreso en la Comunidad Europea el 1 de enero de 1986, España entró en la dinámica conjunta de avance hacia la Unión Económica de los doce. En ese sentido, hay que subrayar la ratificación del *Acta Unica Europea (AUE)*, y del *Tratado de Maastricht,* Por medio de la primera se impulsaron los esfuerzos para la creación del Mercado Interior Unico (MIU), y por medio del segundo, se echaron los cimientos de la definitiva Unión Económica y Monetaria *.

---

* Para mayor detalle del AUE y de Maastricht, puede verse mi libro *La Comunidad Europea,* Alianza Editorial, 4.ª edición, Madrid, 1992. Un tratamiento más de síntesis se ofrece en mi obra *Estructura Económica Internacional,* Alianza Editorial, 16ª edición, Madrid, 1992.

A continuación se incluye una breve relación bibliográfica sobre Economía Española. Se ha intentado incluir en ella —seguro que sin conseguirlo, como sucede siempre en estas ocasiones— las obras de mayor interés para el conocimiento de nuestra Economía. En mi libro Estructura Económica de España [23.ª edición, Alianza Editorial (Textos), Madrid, 1993] figura una bibliografía mucho más extensa y detallada, a pie de página, a la cual podrá recurrir el lector como complemento de esta breve nota.

*

ANALES DE ECONOMIA (AnE):

Revista trimestral, desde 1942

Instituto de Economía «Sancho de Moncada», CSIC, Madrid. Artículos sobre teoría, historia, política y estructura económicas. En 1963 inició su segunda época bajo la dirección del profesor E. Fuentes Quintana.

ANUARIO EL PAIS

Publicado por PRISA, empresa editora del diario EL PAIS, el ANUARIO estuvo dirigido por Ramón Tamames, con la codirección a cargo de José Manuel Revuelta hasta 1992. Su primer número se publicó en marzo de 1982, con numerosos artículos sobre temas económicos y con abundante información estadística sobre economía española e internacional.

ANUARIO EL MUNDO

De características análogas al de *El País*, se publicó por primera vez en 1993. Lo dirige Ramón Tamames.

BANCO DE BILBAO VIZCAYA:

Renta Nacional Española y su distribución provincial. Año 1955

Servicio de Estudios, 1957. Ediciones sucesivas cada dos o tres años.

Informe Económico (anual)

De gran interés, y después de la desaparición del Banco Central, el único que publica la banca con ese nivel de calidad. Generalmente figuran en él las estimaciones de la Contabilidad Nacional antes de su publicación por el propio INE.

BANCO CENTRAL:

Estudio Económico

Publicación anual de gran interés para seguir la evolución de la Economía Española. El *Estudio Económico* fue dirigido hasta 1970 por el profesor J. Prados Arrate. Dejó de publicarse en 1978.

CAMPOS NORDMANN, R.:

Lecturas de Estructura Económica (con prólogo de J. Velarde)

CEU, Madrid, 1973.

CEBALLOS TERESI, J.G.:

Historia Económica, Financiera y Política de España en el siglo XX

Talleres Tipográficos «El Financiero, S.A.», Madrid, 8 tomos, 1931.

COLMEIRO, M.:

Historia de la Economía Política de España

Dos tomos Imp. C. López, Madrid, 1863. Existe una reedición de «Taurus», con una nota bibliográfica de G. Anes.

COMISARIA DEL PLAN DE DESARROLLO:

PLAN DE DESARROLLO ECONOMICO Y SOCIAL PARA EL PERIODO 1964-1967. IDEM PARA 1968-1971 (2 vols.). IDEM PARA 1972-1975.
Imprenta Nacional del «BOE», Madrid, 1963, 1969 y 1972, respectivamente.

COMISION DEL PATRON ORO:

Dictamen de la Comisión del Patrón Oro

Redactado fundamentalmente por A. Flores de Lemus. Ediciones de «El Financiero», «Documentación Económica» y de ICE.

COMISION DE LA RENTA NACIONAL (del Consejo de Economía Nacional):

La Renta Nacional de España en ... y avance de ...

Publicación anual desde 1946 a 1964, Madrid.

BANCO DE ESPAÑA:

El Análisis Monetario en España, Madrid, 1961

Trabajo realizado por don Antonio Sánchez Pedreño, bajo la dirección de don Juan Sardá, director del Servicio de Estudios del Banco de España.

BANCO DE ESPAÑA:

Boletín Estadístico

Mensual, con información muy completa sobre los diversos aspectos monetarios de la Economía nacional. Notablemente mejorada a partir de febrero de 1969. Desde junio de 1972 se publica también un suplemento de Indicadores económicos y otro de series históricas.

BANCO DE ESPAÑA:

Informe sobre la Economía Española

Anual, generalmente de gran interés, sobre todo para los aspectos financieros.

BANCO INTERNACIONAL DE RECONSTRUCCION Y FOMENTO

Informe del BIRF. El desarrollo económico de España

Publicado en *Documentación Económica,* núm. 35. Imprenta Nacional del «BOE», Madrid, 1962.

BIRF/FAO

El desarrollo de la Agricultura en España

Publicado por el Ministerio de Hacienda, Madrid, 1966.

BOLETIN DE ESTUDIOS ECONOMICOS (BEE):

Revista cuatrimestral publicada desde 1946 por la Asociación de Licenciados en Ciencias Económicas por la Universidad de Deusto, Bilbao, contiene trabajos técnicos y aplicados sobre economía, española fundamentalmente. Han aparecido en el BEE números monográficos de indudable interés.

BOLETIN MENSUAL DE ESTADISTICA:

Publicado desde 1918 por el Instituto Nacional de Estadística, Madrid. Es la publicación de base del INE, con series cronológicas sobre población, producciones, índices de precios y de coste de la vida, comercio exterior, etc. Su publicación se hace con un retraso considerable. Esta fue una de las razones de que se empezara a publicar la serie más sintética de los «Indicadores Económicos».

CARRION, P.:

Los latifundios en España. Su importancia, origen, consecuencias y solución

Edición de Ariel, Barcelona, 1973. La primera se dio a luz en 1932.

COMISION DE LA RENTA NACIONAL (del Consejo de Economía Nacional):

La Renta Nacional de España. Volumen I. Planteamiento General del Problema. Estimaciones indirectas y primeras cifras

CEN, Madrid, 1945.

COMISION DE LA RENTA NACIONAL (del Consejo de Economía Nacional):

La Renta Nacional de España, 1940-1964

Madrid, 1965.

De Economía

Revista trimestral desde 1948, Madrid. Artículos de teoría, historia, política y estructura económicas; reseñas bibliográficas. Atravesando fases de muy distinto carácter e interés. Tal vez su mejor momento lo alcanzó en 1953 con los polémicos números sobre la decadencia económica de España.

CORTADA REUS, F.:
Geografía Económica de España
Madrid, 1952.

EDICIONES DEL MOVIMIENTO:
Notas sobre la actual política económica española
Madrid, 1954. Introducción de J. Velarde Fuertes.

ESTEFANIA, JOAQUIN
La Trilateral Internacional del Capitalismo. Su poder
en España
Akal, Madrid, 1979.

FACULTAD DE CIENCIAS ECONOMICAS-INSTITUTO DE ECONOMIA «SAN-
CHO DE MONCADA»:
La Contabilidad Nacional de España
Cuentas y cuadros de 1954. Fábrica Nacional de Moneda y Timbre,
Madrid, 1958. El equipo, dirigido por M. de Torres, estaba com-
puesto por V.A.Alvarez, J.L.Sampedro, E. Fuentes, A.Alcaide, A.
Santos, J.F. Castañeda. Este mismo equipo confeccionó la C.N. hasta
1964, año en que pasó a ser un cometido del INE.

FOESA:
Informe sociológico sobre la situación social de Es-
paña
Euramérica, Madrid, 1966 y 1971.

FUENTES QUINTANA, E., PLAZA PRIETO, J.:
Perspectivas de la Economía Española 1940-1953
REP. Vol. IV, núms. 1 y 2, mayo-septiembre 1952.

FUENTES QUINTANA, E., VELARDE, J.:
Política Económica
4.ª edición, «Doncel», Madrid, 1964. Hay ediciones ulteriores.

FUENTES QUINTANA, E., y otros:
El Desarrollo Económico de España
Juicio crítico del Informe del Banco Mundial, recopilación de...,
«Revista de Occidente», Madrid, 1963.

FUENTES QUINTANA, E., ALBIÑANA, C.:

Sistema fiscal español y comparado

Apuntes de los cursos de la Facultad de Ciencias Políticas y Económicas, Madrid, 1958; existen ediciones posteriores.

GAMIR, L. (y colaboradores):

Política Económica Española

Guadiana de Publicaciones, Madrid, 1972, y sucesivas ediciones.

GARCIA DE BLAS, A., y RUESGA BENITO, S.:

Economía irregular en el mercado de trabajo: algunas líneas de investigación

«Información Comercial Española», núm. 587, julio 1982.

Empleo agrario y crisis económica

«Agricultura y Sociedad», núm. 19, abril-junio, 1981

GARCIA BARBANCHO, A.:

Las migraciones interiores españolas desde 1900

Instituto de Desarrollo Económico, Madrid, 1967.

GARCIA DELGADO, J.L. (ed.)

España. La Economía

Espasa Calpe, Madrid, 1989.

Información Comercial Española (ICE)

Revista mensual del servicio de Estudios del Ministerio de Comercio desde 1946. Sus números se configuran generalmente en torno a un tema básico; un sector de la economía nacional, una región, un problema internacional, etc.

INSTITUTO DE ESTUDIOS POLITICOS:

Estructura de la Economía Española. Tabla Imput--Output (de 1954)

IEP, Madrid, 1958, con un «prólogo» del profesor Valentín Andrés Alvarez y un «epílogo» del profesor Manuel de Torres. Trabajo elaborado por A. Alcaide, G. Begué, J. Fernández Castañeda y A. Santos. La Tabla I-O la publica actualmente el INE.

INSTITUTO DE ESTUDIOS FISCALES:

Hacienda Pública Española

Revista mensual, de gran interés para temas fiscales.

INSTITUTO GEOGRAFICO Y CATASTRAL:

Atlas Nacional de España

Publicación de gran formato, sin terminar.

INSTITUTO NACIONAL DE ESTADISTICA (INE)

Anuario estadístico

Madrid, publicación anual, en gran formato y en edición manual. Aunque sigue siendo indispensable para cualquier estudioso de la economía española, lo cierto es que su concepción se ha quedado obsoleta y los datos figuran con bastante retraso.

INE:

Principales actividades de la vida española en la primera mitad del siglo XIX

Madrid, 1952

INE (en colaboración con el Ministerio de Agricultura y la Organización Sindical):

Primer Censo Agrario de España,1962. (Idem, 1972)

INE:

Contabilidad Nacional de España (1964-1972, y 1970-1976 (nuevo sistema))

Madrid, 1974 y 1978, respectivamente.

JOVELLANOS, M. G. DE:

Informe sobre la Ley Agraria

«Biblioteca de Autores Españoles», tomo L. En la edición del Instituto de Estudios Políticos, con un prólogo de V.A. Alvarez, Madrid, 1956.

KLEIN, JULIUS:

The Mesta. A study in Spanish Economic History

Cambridge (EE.UU.), 1920. Versión española de «Revista de Occidente», Madrid, 1936.

LARRAZ, J.:

El ordenamiento del mercado triguero en España
Centro de Estudios Universitarios, Madrid, 1935.

LARRAZ, J.:

La integración económica europea y España
Espasa-Calpe, Madrid, 1962.

LINDNER, E.:

El derecho arancelario español. Defensa de la producción y nacionalismo económico en España bajo tres regímenes: hasta la posguerra, durante la Dictadura y con la República
Bosch, Barcelona, 1934

MACIAS PICAVEA, R.:

El Problema Nacional
Librería de Victoriano Suárez, Madrid, 1899.

MALEFAKIS, E.:

Reforma Agraria y revolución campesina en la España del siglo XX
Ariel, Barcelona, 1971.

MALLADA, L.S.:

Los males de la patria y la futura revolución de España
Madrid, 1890.

MARTIN ECHEVERRIA, L.:

España, el país y los habitantes
«Edit. Atlanta», Méjico, 1940.

MINISTERIO DE HACIENDA (SGT):

Contabilidad Nacional de España. Años 1954, 1955 y 1956
Fábrica Nacional de Moneda y Timbre, Madrid, 1959.

Contabilidad Nacional de España. Años 1954 a 1960
Fábrica Nacional de Moneda y Timbre, Madrid, 1959.

EDITADA POR LA SOCIEDAD DE ESTUDIOS Y PUBLICACIONES:

Moneda y Crédito
Revista de Economía; trimestral desde 1942, Madrid. Con artículos sobre teoría, historia y política económica; no pocos de ellos referentes a España.

NAREDO, J.M.:

La evolución de la Agricultura en España
Editora Estela, Madrid, 1971.

OCDE:

Informe sobre la economía española realizado por la OCDE (1959 a 1978) con motivo del examen anual de la situación económica de los países miembros

OCDE:

Contestaciones al cuestionario económico del Gobierno
Sobre la estabilización y la integración económica, del INI, Facultades de Ciencias Económicas, Banco de España, Consejo de Economía Nacional, etc., Madrid, 1959.

Evolución de la Economía Española
Publicación anual desde 1959 a 1963, OCDE, Madrid.

ORGANIZACION SINDICAL:

Relaciones estructurales y desarrollo económico. Las tablas Input-Output (1954-1957), como instrumento para la programación económica de España. (Idem para 1958, 1962 y 1966; 1968 en prensa)
Trabajo elaborado bajo la dirección de M. de Torres, por V.A. Alvarez, J.L. Sampedro, E. Fuentes, A. Alcaide, J. Fernández Castañeda, A. Santos, J. Velarde y J. Alcaide en sus versiones hasta 1960.

PAPELES DE ECONOMIA ESPAÑOLA:

Revista cuatrimestral del Fondo para la Investigación Económica y
Social de la Confederación Española de Cajas de Ahorro. Dirigida
por el Prof. E. Fuentes Quintana, los números tienen carácter mono-
gráfico.

PERPIÑA GRAU, R.:

Contribución al estudio de la constitución económica
de España
Apéndice al libro de G. Haberler *El Comercio Internacional,* «Labor», Barcelona, 1936.

De estructura económica y de economía hispana
Rialp, Madrid, 1952. (Reedición de Ariel, Barcelona, 1972.)

PLAZA PRIETO, J.:

La Economía Española desde 1950 hasta 1960
Confederación Española de Cajas de Ahorro, Madrid, 1961.

PUGES, M.:

Cómo triunfó el proteccionismo en España (La forma-
ción de la política arancelaria española)
Editorial Juventud, Barcelona, 1931. Con un prólogo de P. Gual
Villalbí.

REVISTA DE ECONOMIA POLITICA (REP):

Cuatrimestral desde 1945. Edición del Instituto de Estudios Políticos, Madrid
Se puede decir que entre 1945 y 1962 fue la revista de base de los
estudiosos españoles de la Economía. En ella vieron la luz algunos
artículos de gran interés sobre economía española.

REVISTA DE ESTUDIOS AGROSOCIALES:

Trimestral desde 1952, Madrid. Es la revista española de mayor rigor
en el tratamiento de los problemas del sector agrario.

REQUEIJO, J.:

Introducción a la Balanza de Pagos de España
Tecnos, 2.ª ed., Madrid, 1987.

ROLDAN, S., MUÑOZ, J., y SERRANO, A.:

Qué es el capitalismo español

La Gaya Ciencia, Barcelona, 1977.

La Internacionalización de la Economía Española

EDICUSA, Madrid, 1978.

RUESGA BENITO, S., y CAMPOS PALACIN, P.:

El futuro de CAMPSA (El Monopolio de Petróleos en España)

Ed. Gráficas Espejo, Madrid, 1982.

La economía oculta: aproximación al caso español

Dirección General de Estudios y Planificación. Presidencia del Gobierno, Madrid (mimeografiado).

SAMPEDRO, J.L.:

El futuro europeo de España

En «Estudios sobre la Unidad Económica de Europa», vol. IX, Madrid, 1961.

SOCIEDAD DE ESTUDIOS Y PUBLICACIONES:

Perfiles económicos de las regiones españolas

SEP, Madrid, 1961. Dirigido por J. L. Sampedro.

TAMAMES, R.:

Estructura Económica de España

Sociedad de Estudios y Publicaciones, Madrid, 1.ª edición, 1960; 22.ª edición, Alianza Editorial, Madrid, 1986.

La República. La Era de Franco

12.ª edición, Alianza Universidad, Madrid, 1978 (la primera, en 1973).

Diccionario de Economía

6.ª edición, Alianza Editorial, Madrid, 1992.

Guía del Mercado Común

Alianza Editorial, Madrid, 1986.

La Comunidad Europea
Alianza Editorial, Madrid, 1987.
3.ª edición, Alianza Editorial, Madrid, 1991.

La formulación económica y política de España (con Fernando Becker)
Universitas, Madrid, 1991.

TERAN, M. DE:

Geografía de España y Portugal
Bajo la dirección de Manuel de Terán, Montaner y Simón, Barcelona, 1952 y sigs.

TERCEIRO, J. B.:

La economía encubierta
Anuario EL PAIS, 1982.

Estudio sobre el mercado de valores
Texto completo editado por la Bolsa de Madrid, 1988. Síntesis en el núm. 36 de *Papeles de Economía Española,* 1988.

TORRERO, A.:

Tendencias del sistema financiero español
H. Blume Ediciones, Madrid, 1982.

TORRES MARTINEZ, M. deL

Juicio de la actual política española
Aguilar, Madrid, 1956.

VELARDE FUERTES, J.:

Sobre la decadencia económica de España
Editorial Tecnos, Madrid, 1967, ediciones ulteriores.

La Política Económica de la Dictadura
Guadiana de Publicaciones, Madrid, 1968, ediciones ulteriores.

Lecturas de Economía Española
(Selección e introducción de J. Velarde.) Editorial Gredos, Madrid, 1969.

VICENS VIVES, J.:
Historia Económica de España
Editorial Teide, 1.ª edición, Barcelona, 1959 (en colaboración con J. Nadal Oller). Ediciones ulteriores.

Indice de figuras

Indice general

El Libro de Bolsillo   Alianza Editorial   Madrid

Ultimos títulos publicados